U1010227

庚裕良

广西省社科院历史所同志与法国学者巴斯蒂夫人合影（左二为庾裕良）。摄于1983年12月9日。

巴斯蒂夫人在历史所交流（左一为庾裕良）。摄于1983年12月9日。

“刘永福与中法战争研讨会暨三宣堂一百周年纪念会”合影，摄于1991年10月25日，广西钦州（第三排左九为庾裕良）。

1991年10月25日，庾裕良（右二）与友人摄于广西钦州市刘永福故居三宣堂。

1982年4月20日，“广西历史学会第三次代表会”全体与会代表合影（后排右三为庾裕良）。

1985年9月，『纪念抗法战争镇海口战役胜利100周年学术研究会』合影（第二排右六为作者）。

1995年4月19日，庚裕良在“纪念中法战争镇海战役110周年研讨会”上发言，左为人大校长李文海先生。

1995年4月19日，作者与戚其章教授伉俪和黄振南教授（左一）摄于浙江宁波镇海招宝山饭店。

1995年4月29日，与黄振南（左一）、刘子明（左三）、陆方伉俪（左四、五）合影于江西省星子县周瑜点将台（左二为庚裕良）。

1997年10月10日，钦州市“纪念民族英雄刘永福诞辰160周年座谈会”合影（二排左四为庾裕良）。

作者与中国社科院近代史所张振鹍研究员摄于广西南宁市南湖公园。

广西社科院历史所盛况一（后排左二为庾裕良）。

广西社科院历史所盛况二（左一为庾裕良）。1990年3月20日摄于广西南宁市青秀山景区。

中法战争史研讨会后与牟安世研究员（前排左一）、沈奕钜研究员（后排右一）、杨志本（前排右一）研究员等合影（后排中为庾裕良）。

1986年11月7日，广西社科院历史所同志与钟文典教授（后排右三）共同参加“广西历史学会第五届年会”时合影于贵港市东湖翼王亭（左一为庾裕良）。

2000年10月2日，作者与广西社科院范阳副院长合影。

庚裕良与老友沈奕矩合影。

庾裕良文集

庾裕良 / 著

世界知识出版社

图书在版编目（CIP）数据

庚裕良文集 / 庚裕良著作 .—北京：世界知识出版社，2020.6
ISBN 978-7-5012-6247-2

Ⅰ. ①庚… Ⅱ. ①庚… Ⅲ. ①中法战争—文集 Ⅳ.
①K256.207-53

中国版本图书馆CIP数据核字（2020）第096299号

书　　名	庚裕良文集 Yu Yuliang Wenji
作　　者	庚裕良
责任编辑	范景峰
责任出版	王勇刚
责任校对	陈可望
出版发行	世界知识出版社
地址邮编	北京市东城区干面胡同51号（100010）
网　　址	www.ishizhi.cn
电　　话	010-65265923（发行）　010-85119023（邮购）
经　　销	新华书店
印　　刷	艺堂（天津）印刷有限公司
开本印张	165mm × 240mm　1/16　29印张
字　　数	505千字
版次印次	2020年8月第一版　2020年8月第一次印刷
标准书号	ISBN 978-7-5012-6247-2
定　　价	86.00元

版权所有　侵权必究

致　谢

回眸数十年来的专业研究工作，内心深谢史学界的老年、青年良师益友，其中特别感谢对中法战争史造诣高深的学者：其一是自治区通志馆中法战争史研究小组组长沈奕钜研究员，他是我的带路人，启蒙老师，如果说我在学术方面有什么称得上的进展，是向他潜心学习，和他坦诚相助的结果。其二是中国社会科学院近代史所资深专家，原学部委员张振鹍研究员，是他临缺上阵，鼎力相助，出任中国近代中资料丛刊续编《中法战争》主编，撑起大伞，而我这个副主编却是不太合格的副手，我虽然竭尽全力，力求将法文档案的翻译校对工作做好，但遗留问题仍多，全书三百多万字，他费力最多，尊称现在流行的“恩师”名至实归。同时我也深谢广西社科院历史所、广西历史研究会、广西中法战争史研究会的同志们。

序

庚公说拟收集旧作，申请出一本文集，嘱为之作序。都94岁的老人了，写书、出书倒不是第一回，出个人文集则是头一遭，理应鼓之呼之。唯落到我头上，却左右为难：一是自个儿不佞，不善运笔；二是有违我不为他人作序的初衷，不敢轻易下笔：三是黑发人给白发人写序世所罕见，不敢贸然动笔。

为此，我在推辞之余提出让数位长辈执笔，庚公一一否定，一句“就请你写!”使我难以再辞。是呀，他这个岁数，有多少既年长又能写作的呢？即使有比我年长的，也不一定有比我更了解他老人家的。我们之间的廿载共事，论谊属、道问学，我也得硬着头皮握笔了。

庚公生于广西灵川县，就是山水甲天下的桂林市郊县，一个风景如画的地方。早年在桂林中学就读，中华人民共和国成立之初进入广西革命大学政治学院求学，毕业后留校，后到广西省人民政府文教办及科协工作，1960年到自治区通志馆。1971年被下放到荔浦县大江林场劳动锻炼，直至1979年得以平反，被借调到自治区博物馆。翌年5月，正式调到新成立的广西社会科学院，在历史研究所供职，直至退休。

与他的同龄人一样，庚公一参加工作便频繁调动，颇具“时代特色”。到广西通志馆后相对稳定了，却又受到“文革”的冲击，能真正做学问的时间不多。接着被下放从事体力劳动，为时长达八九年，更与志趣绝缘了。纵观他走过的路，在社科院历史所工作的时间最长，自然是他最有成就的大好时光。

从事中法战争史研究的学者都知道，庾公是中国研究中法战争史的重要开拓者。半个多世纪以前，他在广西通志馆中法战争史研究组开始了这项工作，除撰写黑旗军评价的论文外，还与该组的同仁到广西、云南两省（区）的数十个中越边境市、县进行中法战争史迹调查，后以《中法战争调查资料录》一书于1982年由广西人民出版社出版。庾老治学的良好开端被突如其来的“文革”断送了，直至运动结束，调入广西社会科学院历史研究所，才有机会重操旧业，从此，他日以继夜，一心扑在中法战争史研究上，尽力夺回政治运动损耗的时间。可以说，中法战争史研究是庾公的最大追求，成为他后半生的基业。

庾公对中法战争史研究的最大贡献，是编写《中国近代史资料丛刊续编·中法战争》一书。这套6册（其中第6册分上、下两本，共7本）的史料集，是国家古籍整理出版规划项目之一，由中国社会科学院近代史研究所张振鹍研究员任主编，庾公与张胤联袂任副主编，中华书局出版，是广西社会科学院，尤其是该院历史研究所的重头科研成果之一。尽管庾公只是副主编之一，但实际上整个工作是在他的组织、协调下开展的，从20世纪80年代初开始张罗，到2017年最后一册付梓，时间跨度长达20余载，个中艰辛，非局外人所能详。这套史料的最大亮点是辑录了法国海军部和外交部档案的译文，为了购买这批档案，庾公从申请经费和外汇指标，到请全国各地的法语专家翻译这些手写的原始文档，所花的心血是常人无法企及的。庾公没有学过法语，工作起来的难度更难以想象。作为参与者，我最能体会他的难处，也最佩服他不屈不挠的精神。举个例子来说，中法战争时期，法国的海外殖民主要靠海军推进，故当时法国的海军和殖民工作由一个部门来管，该部门的法语名称叫“ministère de la marine et des colonies”，曾被译为“海军殖民部”。初始，我们认为应采用旧译法，以保持史料的连贯性。但庾公觉得旧译未能体现该机构的性质，因为“殖民”是动词，与名词“海军”连用会引起误解；“殖民地”（les colonies）才是名词，其与“海军”（la marine）之间的连接词“et”（与、和、以及）也不应省略。这么一说，使学过法语的我如梦初醒，主编张振鹍先生也接受了。于是，在我们编的这套书中采纳了庾公的意见。庾公研究历史的较真劲，由此可见一斑。

作为“文革”结束后恢复高考的第一届大学生，我于1982年初自武汉大学毕业后被分配到广西社会科学院历史研究所工作，是该院成立后第一批到院的大学毕业生，比庾公到所晚一年多。当时历史所是院里兵强马壮的研究所，全院科研人员中尚无研究员职称获得者，在仅有的三位副研究员中，历史所便占了两位。历史所设立太平天国史、中法战争史、民国史三个研究室，庾公是中法战争史研究室主任，是我的“顶头上司”。即便是后来我升任副所长、所长之后，成了他所谓的“领导”，但他在我心目中的“顶头上司”地位从未改变，在他组织下进行的中法战争史研究工作也未改变，对他老人家的敬重更是至今没有改变。

庾公对中法战争史研究的另一贡献，是在20世纪八九十年代组织召开了一系列中法战争史学术研讨会。这些研讨会相当密集，是“文革”结束后社科研究繁荣的标志。中法战争与云南、福建、浙江等省关系密切，故这些地方都举行过中法战争史学术研讨会，绝大部分我都陪庾公出席。但从数量上比较，广西召开的中法战争史学术研讨会远比其他省份多，这是庾公积极努力、多方争取的结果。记得他说得最多的一句话是:“我们无官无钱，要办会得到处求爷爷、拜奶奶。”确然，靠他的老面子，邀领导到场，请有关部门支持，都是为了学术研究啊。初始我跟在他后面跑，都觉得面子上过不去、难为情，但他的执着又深深打动我，这些研讨会我基本上都参与筹办，内中的难处和辛苦，难以忘怀。收入本文集诸文，是庾公数十年研究成果的精华，既有鸿篇大论，也有精悍名篇；既有学术综述，也有著作前言；既有纪念文章，也有感怀诗作。林林总总，不一而足。因其中大部分已经公开发表，无须我这个后生作那些画蛇添足的介绍，我只想略谈此集庾公的若干思想闪光点。

一是学术研究的创新精神。学术贵在创新，人尽皆知。庾公常以此鞭策、勉励晚辈，也以此要求自己。兹举一例：历史上中国和邻国越南的关系，学人多以中越宗藩关系表述，庾公认为不妥，改用“清阮宗藩关系”代之，遂有《清阮宗藩关系与中法战争》《试论中法战争中清阮宗藩关系的实质和作用》等文的问世。“中越”乃国名并列，绵延日久；“清阮”为朝代名称，其特定的历史含义更加凸显。此提法虽未广为接受，但其创新精神已可概见。

二是探讨问题的求实精神。从早年参与黑旗军评价的讨论，到后来黑旗军评价问题意见趋于统一，庾公始终抱着实事求是的原则参与其中，他撰写有关评骘黑旗军的论文较多，从不因社会政治环境的变化随风拜柳，朝令夕改。这对于一个经历风云变幻的人来说，是难能可贵的。

三是拓宽领域的治学精神。毋庸赘言，看看本文集收入文章的篇名，读者便可看到一位学术前辈治学领域之广了。记得当年读他编写《广西人民反洋教斗争》这本不起眼的小册子（广西人民出版社1986年2月版），我还以为他头脑发热而突发奇想，其实，前此数月，他与人合编的《天主教、基督教在广西资料汇编》即于1985年10月由广西民族出版社出版。有数十万字的史料打底，写数万字的通俗读物，这才叫厚积薄发。有趣的是，我奉调到高校任教以后，上述资料汇编和庾公主持选编的《广西会党资料汇编》等多次被本科生、研究生撰写学位论文所引用，庾公的大名从中法战争领地中华丽转身，是我始料未及的。

四是提携晚辈的奉献精神。庾公奖掖后学，世所公认，受其恩惠者颇多。20世纪八九十年代，只要是他策划的中法战争史学术研讨会，他都主张尽量邀请青年学人参加，会上还尽量给青年人创造出人头地的机会，组织与会青年学者座谈等。有一年，中山大学一位研究生以中法战争为选题撰写学位论文，来到我们所阅读史料，庾公不但为他安排食宿，还手把手教他收集史料、撰写论文，致使该生大为感动。

长期在庚公身边，我受到的泽被更多。国家社科基金项目创设的头一年，我有幸以《中法战争诸役考》获准立项（青年项目），成为广西获得国家社科基金第一人，庚公知道后十分高兴，勉励有加，结项时还亲自撰写鉴定书，令我感奋不已。成果出版后，获得社科院、自治区科研成果奖励，庚公再次向我道喜，其敢当伯乐，扶携后人的精神，令人终生难忘。

在与庚公共事的20年里，我们的合作十分融洽、愉快，这得益于庚公乐于扶植后辈的热心与襟怀。每想及此，我心中充满感激之情。除合编大部头的《中国近代史资料丛刊续编·中法战争》外，我们还在召开多次中法战争史学术研讨会后编过多本论文集，成为全国编辑出版中法战争史论文集最多的地区，得到学术同仁的赞许。其间，我们还合写过综述、论文、著作，编《广西会党资料汇编》时，我遵嘱到田林县浪平乡江垌村毛拜陀去搜集手抄会簿，山路上的犬牙石划破了我的皮鞋底，我咬牙前行，顺利拿回会簿，庚公十分高兴。该书1989年由广人民出版社出版，获广西第三次社会科学研究优秀成果佳作奖。我们参编的《近代中国海军》，由庚公和我撰写中法海战部分，该书于1994年由海潮出版社出版，曾获第九届中国图书奖。所有这些，都是我成长过程中的片段，我与庚公虽非学堂里的师徒关系，但他对我的帮助却非一般的师徒关系所能比。

2002年8月，因工作调动，我离开了曾经工作过整整20年的广西社会科学院，离开了敬爱的庚公，来到广西师范大学执教。说实在话，最挂心的是尚未完成的中法战争史料选编工作，最艰难的法文档案后半部分的筛选，完全落到了年迈的庚公身上，于心不忍。但事已至此，又能奈何？好在该书已经问世，庚公当可安心。

黄振南书于桂林寓所

2017年11月20日

目 录

清阮宗藩关系与中法战争

一、简要的历史回顾

在当前尚难以深入考证的远古年代，生活在黄河流域的华夏先民们，就利用水源、地势、物产、气候、交通、人文等有利条件，艰苦努力，从繁衍后代，组建家庭，结成家族，团结部族，形成国家，逐渐创建、发展成灿烂的中华文化，不但成为炎黄子孙的光荣历史，也是举世公认的亚洲发展史上的光辉篇章，为世界文明作出了杰出贡献。

封建制度，是地主阶级及其代表——各级官员、皇帝，利用他们强占、剥削得来的土地资源财富及手中的特权建立起来的等级森严的社会制度。随着综合国力尤其是军事实力的消长变化，形成以强凌弱，以大控小，或者以弱附强以抵御外侮、平息内争的不平等关系。这种由大国强国皇帝册封、支持小国和弱国国王的关系，就是封建国家间的宗主国与藩属国之间的宗藩关系。实质上是封建等级制度的延伸，是封建国家间的等级关系，其权利和义务等虽然大体近似，而实际内容则根据双方实力的消长而变化，时而严如郡县，时而各自为政，时而反藩为宗，时而另靠新主；有时只反映某个宗主国与藩属国之间的军事实力，有时又出于平衡某个地区国家间的需要而徒具虚名，变化多端，层出无穷。

宗藩关系是封建等级制度的产物，也是封建国家之间、地区之间发展不平衡和力求维持某种平衡的反映。它的产生和衰亡也必然和封建制度的兴亡相一致，随着封建制度被资本主义所取代，这种充满封建等级制度的形式和内容的宗藩关系也必然退出历史舞台，被殖民主义宗主国与殖民地的关系所取代。宗藩关系既然是社会发展进程中发展不平衡和维持平衡的必然现象，那么，清阮之间在历史上存在的不平等的宗藩关系以及所产生的纠葛，应由清阮封建皇朝承当，与被他们统治、奴役的两国人们无关，也不因为这种不平等关系造成的影响，而影响两国人民的荣辱尊卑。

在中国历代封建皇朝中出现的藩王（或称郡王）有内藩、外藩之分，内藩多封赐皇室近亲如叔伯、兄弟、子侄以及有贡献的大臣，用封爵赐禄缓和皇帝和近亲显臣之间的矛盾，是安定政局的权宜举措。藩王对所受封管辖郡县有一定的治理权力，诸如任免官员，征粮收税，维护治安，但仍需遵行朝廷法统，无权对外交涉。而自私、贪婪、残暴的阶级本能往往驱使藩王们拥兵自立，割据称雄，相互残杀，逼宫篡位等，内讧不断，国无宁日，民不聊生，削弱甚至毁灭中央政权的悲剧，屡见不鲜；外藩多用于册封宜于笼络、不便兼并控制的周边国家和部落的首领，称郡王或国王，一般情况下，宗主国只册封其国王，绝少干预其内政及正常对外交往，而一纸敕令当然不能使雄心勃勃的枭雄降尊称臣，确定及维持宗藩关系，往往出于双方需要，有利于双方权益，宗主国固然可以趁压服藩属册封国王扩大势力，显示皇帝尊严，抬高国家地位，而藩属国王也时常能够从中得到急需的政治后台来巩固自己的地位，或压服内争，或消除外患。这种从本质上说属于以强凌弱、以大控小的不平等关系，在特定情况下有时还有缓和矛盾，减少战乱的若干作用，因此，对宗藩关系的具体情况应作具体分析，不宜一概而论。

二、中越宗藩关系的由来和演变

由于地缘、人文等多种原因，中越各族人民之间的交往可以追溯到远古传说时代，中国古籍《吕氏春秋》《史记》《淮南子》等都辑有黄帝、神农抚育交趾的传说；越南重要史籍《大越史记全书》等也有尊神农为始祖的记载。随着时间的推移，中越各族人民的联系也不断扩大、加深、交融，沿着一条十分相近的道路向前发展，形成相同或近似的政经制度和文化习俗，在相当长的历史阶段，共同蒙受过漫长而黑暗的封建统治。

封建制度也和其他社会制度一样，受生产力所制约，当它适应生产力发展时便兴旺，不适应时则衰微。中国封建制度在李唐皇朝到达顶峰。安史之乱，藩镇割据，国无宁日，大唐皇朝四分五裂，日渐式微，封建制度也开始走下坡路。赵宋当政，为了应付北方新崛起的契丹族的威胁，被迫将国防重心北移，放松对南方的控制，宋太祖开宝六年（973年），交趾部族领袖丁璿崛起，力平群雄，统一各郡，建立瞿越国，自号大胜，但为了平息和应付内部及周边的敌对势力，他仍然需要借助宋皇朝的国威，于是向宋皇朝请封为交趾郡王，是为交趾脱离中国封建皇朝独立建国之始，同时也是形成中越两国之间以大控小、以弱附强的宗藩关系的开始。

这两个封建国家间的宗藩关系从宋太祖开宝初年到清光绪德宗中叶，除在明朝初期稍有变动外，共延续900多年，随着双方国力的消长，其形式虽无大改，而实质却不断变化。从表面上看，交趾历代国王都曾向中国皇帝上表称臣，请求册封，世守藩职，定期觐见，贡献方物；中国皇帝也照例派大员到河内颁赐封册、金玺，代表皇帝参加登位大典，行礼如仪，不干预内政，不染指领土，就是在接受贡献方物时，也总是厚赠礼品（包括生产工具、文艺著作方面的交流），表示大国风范、友好和关怀。即使在颁旨册封国王这样的国家大政问题方面，主动权也往往不操在中国皇帝的手中，多半是被迫承认交趾政局变化的既成事实，用以维持受到威胁的和平友好局面。例如，交趾新崛起的地方首领黎桓，率部夺取曾受宋太祖册封的丁氏世袭王位，宋朝应丁氏王族所求而派兵入越维护丁氏政权，完全出自封建国家间即宗主国与藩属国之间的责任与义务，并无领土及其他方面纠葛，后因黎军势盛，宋军屡败，丁氏王朝因而难以立足。黎氏所部在占领交趾大部领土后，即修表向宋朝谢罪请封，宋朝只得承认既成事实，乃于淳化四年（993）改封黎氏为交趾郡王，甚至当黎氏自恃兵强马壮，派兵侵犯宋朝边境，深入内地围攻邕州时，宋朝自顾实力不足，没有派兵讨伐而是耐心谈判，睦邻为重，劝其退兵，维持固有边界；又如公元1009年，交趾地方豪强李公蕴势力迅速壮大，一举推翻黎氏王朝，事成之后才遣使修表向宋朝请求册封，宋朝为了顾全大局，维系两国睦邻关系，颁旨改封李氏为交趾郡王。更有甚者，后来李朝趁宋朝南部边防空虚，派兵大举侵犯，连续攻占廉州、钦州等重镇之后北上围攻邕州，屠杀、掠走居民数以万计，宋朝不得已派大军讨伐，驱逐入侵者，李氏兵败之后即援例遣使服罪，宋朝不但立即罢兵修好，而且破例允准李朝提出的领土要求，以邕州所辖广源州相赠。这是由于宋朝当时国力衰微，面临北方强邻南侵，已自顾不暇，当交趾郡王请求派兵维护政权时，竟冒险派兵出关，两次干预失利，实力大损，连南部边疆也无力巩固，宗主国权威丧失殆尽，宗藩关系形同虚设。

公元1279年，元蒙灭宋入主中原，政治、经济、文化等许多领域都引起巨大变化，战乱时间长，牵涉面广，对周边各国包括交趾的军事讨伐也异常激烈，交趾郡王最终被迫向新的宗主上表臣服。而这一时期，神州大地也处于强烈的军事风暴笼罩之下，是华夏历史进程中的特殊时期。

公元1368年，明朝建立后，曾经为了维护交趾陈氏王朝的正统，派兵协助陈氏剿平造反的黎氏武装，后来又以陈氏无嗣无人世袭王位为由，将脱离中国而受藩封300多年的交趾郡王国土收回，划归明朝地方官布政使司管辖。明永乐年间，交趾豪雄黎利率部反对明朝直接统治，明朝鉴于黎利声势浩大，实际上已控制交趾局势，只得照例承认既成事实，沿唐代安南都管旧制，赐黎利权署安南国事，名为安南都统使，后来还陆续承认了莫氏的篡权和黎氏的复辟。

公元1644年，爱新觉罗氏的清皇朝建都北京，经明代皇帝册封的安南黎氏国王深谙时势豪杰要旨，主动向宗主国新皇帝呈验逊明所颁国玺封册，要求赐与新封号。清圣祖康熙皇帝顺水推舟，将明朝所封一直不受交趾朝野欢迎的“安南都统使司”改封为“安南国王”，从而恢复了600多年前交趾独立建国时的国名和建制，新主人的宽宏包涵，使黎氏王朝喜出望外，宗藩交谊格外亲近。清高宗乾隆年间，安南新兴的阮光平率部向黎氏王朝夺权，黎氏不敌，援例请求清廷派兵保护。不知乾隆是缺乏历史知识或是过于自信，全然不顾历史教训及面对孤军远征的艰难，轻率派清军出关，再做违背安南人民意志的扶危继绝蠢事，重蹈历史覆辙，孤立无援的清军连遭败仗，黎氏王朝也终于败亡。阮光平建立政权后，和他的前任一样，需要清皇朝的支持，照例遣使上表请封，甚至亲往北京觐见，乾隆不记援黎兵败之仇，照例封阮光平为安南国王，而且赏赐有加，安南史称新阮。清仁宗嘉庆七年（1802年），安南山西阮福映举旗起事，连遭败北，后在法国兵舰的援助下取得胜利，自号嘉隆皇帝，是交趾建国以来公开称帝之始，史称旧阮。但鉴于国内反对势力不断作梗，嘉隆仍然需要借助宗主国的声威和援助，以取得合法地位来压服对手，只得援例向清廷请封。不知阮福映出于什么目的，主动要求将安南国名改为“南越”。

众所周知，“南越”是早在秦朝末年，南海郡龙川县令（后为南海尉）赵佗趁秦朝行将瓦解，局势混乱，割据桂林、南海、象郡以自保而建立的临时政权，自称南越王。公元前196年（汉高祖十一年）汉皇朝鞭长莫及，乃正式承认并给予封号，其范围大致包括今广西、广东以及越南中北部。吕后擅权时，赵佗趁机僭号“南越武帝”，曾发兵攻掠长沙等边邑，企图与汉皇朝逐鹿中原，后知难而退。公元前156年，汉景帝即位后，国势增强，赵佗自知难以久持，主动上表内附，以缓和矛盾。公元前111年，（汉武帝元鼎六年）汉皇朝统一南疆，南越国也随之画上句号。汉朝改秦朝三郡为九郡，其中六个郡在两广，只有三个郡在交趾境内。这一系列的斗争和变化，都在中国封建皇朝框架内部进行，没有涉及交趾各部族的建国问题。“南越王”或者说“南越武帝”

赵佗，为真定（今河北省正定）人，其主要官员亦无交趾籍贯，国都在南海郡（今广东），其国土三郡之一的象郡虽在交趾境内，也是沿袭秦朝旧制，亦非交趾郡内的变革。虽然一时还查不到阮福映在请封奏表申述更改国名的理由，但从清仁宗嘉庆帝的批复中可看出他对阮福映要求更改国名一事十分认真，处理也极为得体。首先，他清醒、正确地估计安南的政治和军事局势，看到旧阮得国已属不可逆转，不宜再为履行宗主国扶持藩属正统的义务而兴师动众，理应顺应安南民意，承认既成事实，接受旧阮。他在答复阮福映的诏书中，先是大力嘉赞他主动请封的悃忱，但接着便坚定地将阮氏请封的“南越”国号改为“越南”，还婉转而耐心地晓之以理，动之以情，有史有据，堪称典范：“南越曾是汉朝赵佗所建之国名，其疆域甚广，两广均在其中，而今阮氏所领疆域不过越裳、交趾故地，在百越故地之南，以越字冠于上，乃示仍其先世疆域，以南字列于下，乃表其新赐藩封，不致与古南越国相混淆，字义亦属吉祥。”（见《清仁宗实录》一一一卷）。是为交趾故地以“越南”取代“安南”为国名之始。嘉庆帝这一批示，未改动请封原文，只置换请封国名二字的秩序，当然不是在凭借宗主国皇帝的权威和个人爱好而玩弄文字游戏，实质上是在严肃认真地斟酌和确定紧密相连的属国的合理、合情、合乎实际的国名以及它的疆域大事。正是由于这一英明、正确的一字置换，避免了中国南方边界内外、相去2000多年的两个不同国家国名的重叠，从而减少和杜绝因国名相同，混淆疆域概念而出现的疆土纠葛和边界争斗。即使当年阮福映的请封新国名，无意借用“南越”古国广袤的疆域来为自己及后人的扩张预留地步，而放眼国际风云，纵观古今争战，野心勃勃的扩张狂人们，借历史版图为口实发端者比比皆是。因此，应该高度评价嘉庆帝的明察秋毫和良苦用心。俗话说“一字值千金”，而这一字的置换为当时及后世界定了中越两个邻邦的边境并带来长久和平，又何止亿金！

从以上简要的回顾可以看出，封建社会宗主国的皇帝拥有册封及废黜藩属国国王等许多权力，毫无疑义是封建等级制度在封建国家间的反映，具有以强凌弱的不平等性质。而历史的进程又是极其复杂的，被欺凌控制的藩属国有时出于内部争斗，特别是在争夺王位的关键时刻，往往急需宗主国的支持和援助，以取得合法地位，或加强军事实力。所以这种公认的不平等关系的出现和维持，并不总是靠武力威胁，有时是相互依赖的反映，它的实质也总是随着双方实力的消长而不断改变，宗主国的干预时紧时松，藩属国的依附也时近时远，当藩属国的综合实力得到增强时，也会攻掠宗主国的边境甚至攻城略地，公然提出领土要求。

三、清阮宗藩关系与中法战争

1840年和1856年两次分别由英国和英法两国发动的所谓鸦片战争，是赤裸裸的侵略中国的战争，帝国主义的坚船利炮不但轰开了闭关锁国的封建帝国的国门，也沉重打击了清朝统治阶级及知识界的上国优越感；列强的一连串军事入侵和一个接连一个的割地赔款和开辟通商口岸等不平等条约，使昔日的文明古国，沦为列强鱼肉。树倒猢狲散，昔日依附于它或受它控制的周边藩属国，有的被列强抢走，有的另找靠山，本来就貌合神离的宗藩关系因而更为松弛疏散而徒有虚名了。

越南阮朝眼看清皇朝不堪列强侵扰，日渐式微，边疆危机四伏，应接不暇，已无力控制更无能帮助藩属国解决重大危难，自然会产生摆脱封贡约束，抛掉藩属名分，建立名实相符的自主封建帝国，戴上至高无上的皇帝皇冠，只是苦于内部争斗时起时伏，不时仍需要这个尚有一定影响力的宗主国的支持，所以两国间仍维持不即不离，有事启用无事搁置，迹近虚设的所谓宗藩关系。例如奉行数百年的“三年一小贡，五年一大贡”的贡献方物制度几乎已被遗忘，即使偶尔由于政治上需要而向宗主国派遣贡使，贡献方物时，也总是随手购买市场粗品搪塞，回国时却得到大量中朝珍品赏赐；贡使及其随员夫丁们还可大做不纳关税的买卖，入关时随身带进大量越南货物，沿途推销，回程时又沿途收购中国商品，回国图利；严肃的政治交往——贡献方物，沦为获取暴利的走私勾当，但遇越南国内有事，需要筹饷动兵，准会不失时机上表求援。

1868年（清穆宗同治七年）太平天国起义已基本平定，清政府可以集中优势兵力追击各省小股农民军，广西会党首领吴亚忠顶不住强大清军的围剿，率部将黄崇英等从靖西安德避入越南边境，广西边境各地小股农军见大事不妙，也相继涌入，越南边境的牧马、通携一带聚众二万余人，连营二百余里。农军突然聚集边境，虽然矛头仍对准清军，而越南阮朝则担心农军有朝一日可能南下攻城略地，感到较大压力，便一再向清朝上表求援。次年4月，广西提督冯子材奉命率桂军出关追剿，吴亚忠因腹背受敌，不久便战死于越南那宥，冯子材获胜班师回国。而无家可归或有家难归的农军们，在各支头领黄崇英、刘永福、邓志雄、陆之平等人率领下，化整为零，分散深入越南北部山区活动，声势更大，越南阮朝剿不胜剿，防不胜防，只好再奏请清朝派兵入越追剿。冯子材奉命于1871年6月再次率桂军出关，而农军已积累应战经验，和桂军大玩“捉迷藏”游戏，当桂军来到时，便化整为零，待桂军一退，又聚集成队；而山高林密，交通闭塞，粮食弹药供应不便，桂军作战行动和处境都十分困难，半年后无功而返。

清朝这两次派冯子材率领广西防军进入越境追剿农军，都是应越方要求，自备粮饷弹药，事平兵撤，未附任何条件，更无领土及经济方面要求，虽然某些官兵不时流露趾高气扬或抚恤属邦之类的不平等心态或举止，当属于个人涵养及素质问题。清皇朝从大局着眼，将为藩属的边境安全而劳民伤财，损兵折将等沉重损失，当作宗主国自身的责任和对藩属国的义务而坦然处之。而越南阮朝方面却并未因屡获帮助而消除或减少他们心目中的“北边大国”的疑虑心和威胁感，对清皇朝仍然貌合神离，戒心重重。就在清廷派广西防军第二次入北越协剿苏国汉等农军，事平撤军入关不久，越南政局获得相对安定，而越南阮朝竟不顾刘永福率黑旗军驰援河内，阵斩法国侵略军头目安邺

（Garbnuer）而出现的有利时机，无端接受法方威胁、愚弄，背着清朝与法国签订《法越和平同盟条约》，承诺向法国开放红河，允许法国在河内、海防设立领事馆和驻军；法方的回报则是承认阮朝“独立自主”的虚名口惠。显然，这时越法双方的矛头都出于自己的切身利益而指向清朝，即：越南终于找到摆脱藩属国的帮手和机会，法国则将在远东获得一大片廉价的殖民地。清朝虽然隐约看到这些暗中进行的不光彩交易造成的不利形势，也曾为此而发过怨言：“法国与越南所订约款，越王并未先行奏闻，其受法所饵，乐为自主之国，不愿为中国统属，居心实不可问。”（中国近代史资料丛刊《中法战争》第五册第159页）但并未行使宗主国的职权出兵讨伐或公开申斥。而实际上，所谓和平同盟条约，只不过是冒险侵入北圻的法军为谋求安全而抛出的美丽花环，而越南阮朝却在关键时刻为了摆脱对它并无大碍的约束而陷进丧权亡国的殖民地火坑。

1875年（清光绪德宗元年），越王又以广西农军首领黄崇英在越南西北部山区坐大，并与侵占河内、海防等地的法军来往密切，走私军火，居心叵测，再求清廷派兵讨伐，清廷不计前嫌，立即派广西候补道员赵沃、总兵刘玉成率部入越协助追剿，在活捉黄崇英，驱散黄旗军后于次年春将广西防军撤回关内。事隔一年，光绪四年秋，广西浔州总兵李扬才，因不堪上级凌辱，在钦州、灵山等地招兵起事，声言自己是越南前朝李氏国王后裔（越南李朝败亡时，不少达官贵族确曾携族人避居广西边境各地，李扬才出生于钦州，祖籍不详），他既以御职官员招兵起事，却声言入越继承祖业，显然是希望避开清朝的镇压。边境农军及无业游民闻声响应，队伍迅速扩大，先头部队闯入越南边境，占领长庆，围攻谅山等地，这一突发事件又使边境大震。

这时法军的触角已伸至河内，伺机向边境延伸，阮朝官员已从法军不断北侵的实际行动中，深知法军绝非帮助越南独立自主的盟友，实为亡国改制的心腹大患，但已无力抗拒，只好借李扬才之变，再请清军出关，遏止法军北侵气焰。乃不顾法国阻挠，重新启动久置不用的宗藩之谊，紧急派遣特使向清廷朝贡、求援。由于事体重大紧急，清廷也不顾法方抗议，立派李扬才的顶头上司并有同乡之谊的广西提督冯子材率兵出关助剿，严旨必获。李扬才与冯子材私交既笃，相知亦深，冯子材既身奉严旨，率大军出关讨伐，李扬才自知力单缺粮，难以久持，为了挽救部属、士兵，经过几次并不激烈的交锋之后，便在越南北部山区者岩投案被擒（民间流传以假代真，但事关重大，很难想象冯会冒死罪相救），他的部属及聚集各路农军也顺势悄然星散。当冯子材得胜班师入关时，清阮双方似乎对越南所面临的严峻形势达成了某种共识，而阮朝仍未便公开要求清朝协助抗击法军，只好以继续追剿分散在各地农军为由，再三要求桂军留数营暂驻北圻，“……近日又接广西抚部院张大人会叙，讯将李、陆歼除，即行班师。下国披阅之下，不胜惶惑……兹李逆就擒而陆匪尚逸，积年余匪剿抚尚未完局，诚恐大军遽撤，余匪又复纠结，下国边民，不免重遭蹂躏，恐非贵大人所安，而大皇帝怀徕字小之心又将不忍以恝视。幸蒙体顾，速为咨商提督冯大人，姑留清办……如有不便，则另委陈以谟等四五营留同下国官兵，分行剿抚。……”（见《中法越南交涉档》（一）第84页。）清廷虽认定分散农军应由越方自己解决，但鉴于法军北侵迫在眉睫，乃答应留下数营桂军协防谅山，以示声援，壮越军威。是为清皇朝派广西防军长驻越境协助抗法之始。

1880年（光绪六年），法国政府命驻西贡交趾支那总督加快侵略越南北部的步伐，不顾阮朝商舶大臣的一再反对，强行在越南北圻架设涂山—海宁—海阳—河内各城市之间的电报线，为占领海防—河内沿线并打通红河作前期准备。阮朝大臣们见形势急转直下，议论纷纷，而军备久疏，御敌乏策，乃不顾法方威胁阻挠，派阮述以进贡方物为名，到北京向清廷求援。清廷深知阮朝积弱已深，势难抗御强敌北侵，而环顾本国，也危机四伏，实难派遣大军长期支援，年前派驻谅山四营桂军，势孤力单，也难当大敌。乃建议阮朝设法收编边境各股农军共同抗法，以解燃眉之急。而阮朝大臣对中越边境一带的农军长期据地自雄，不纳赋税，不服管束，与官府对峙，成见甚深，突然提出收编，难于着手，内心深处也忧虑这些“打家劫舍”之徒，一旦成军得势，更难对付，迟迟未敢试探。清廷见越南迟迟无实际行动，而这场关系到中国南部边境安危和越南存亡的恶战势难避免，必须有所准备。曾密令广西当局派干员秘密进入越南边境，与农军首领陆之平、覃四弟、叶成林等接触，商议收编抗法事宜。可惜，朝廷提出的边防要务，既无专饷下拨，也未设立固定编制，广西当局唯恐招编农军会加重地方负担，也只应而不行，敷衍了事。但此事却给黑旗军首领们有所启发，他们感觉到时局将会发生剧烈动荡，虽然安处保胜，温饱无虞，而沉寂的北部山区为法军入滇必经之地，难免会受到时局波及而发生变化，应该有所准备。于是派干员积极向十州发展，联络各方头领，捐弃前嫌，克服困难，收编黄旗军余部叶成林、朱冰清等，壮大力量，迅速发展成为中越边境农军的龙头大哥。

大敌当前，清、阮两个积弱不振，貌合神离，充满危机感的封建皇朝，虽然有靠近、合作的意向，可能因事机未迫，都在观望，尚无具体措施出台。

1881年1月，法国基本统一内部分歧，决意向越南大举入侵，但他们心中仍有疑虑，即一旦动兵，越南定会以藩属国的关系向中国求援，法国势必要与中国在越南交战，因此，必须在出兵动武之前。设法否定或者离间、割断中越两国之间的宗藩联系，这一关键任务便成为外交部门的当务之急，对外关系部长法来西纳（Fretcinet）在致驻中国公使宝海（Bouree）的信中充分暴露了法国最高当局利用1874年《和平同盟条约》获得的特权来否定中越宗藩关系的野心和专横态度：“商犀（San Jaunario）（法驻圣彼得堡公使，当时，中国驻法公使曾纪泽兼任驻俄公使，进行过讨论。）将军的谈话已足以使曾侯明白，我们不会同中国政府讨论我国干预东京事务的权利，我们的意见是：1874年签订的条约已经使安南摆脱了与外国的一切联系，……我已要求商犀将军让中国公使明白：我们的立场是坚定不移的，我们的安南政策绝对没有商量的余地，……至于您，我请您坚决防止可能使您就某个不应该明确表态的问题向北京朝廷作出解释的倾向，特别是涉及它和安南的睦邻关系，因为归根结底这是和我们的关系。（法国外交部档案M.D.亚洲.第32卷第30页）既然法国对越南的侵略已剑拔弩张，而外交工作重点却仍然放在否定中越之间的宗藩关系方面，迫使当时中国驻法公使曾纪泽挺身保护越南，以宗主国的身份向法方提出政府声明："现在本爵大臣所应声明者，中国国家并未认可贵国与越南所订之约，且该国王既受中国大皇帝册封，无论如何不得以所奉之权授与他人，而况授与外国乎。"（见（中法越南交涉档）（一）第177页）义正词严，有据有理。法国外交官虽然故意冷落曾侯以贬低他的声明的分量，而实际上正是这一纸声明震撼着法国政坛、军界正在蠢蠢欲动的侵略扩张野心。从某种意义上说，这是1840年之后中国外交官第一次站直腰杆和列强办理外交事务。至于将越南的藩属地位作为证据方式公之于世，似有损越南国家的尊严，但若与共御外制，挽救危亡的巨大意义和利益相衡量，也就可以理解了。

7月，法国政坛经过紧张的派系角斗、妥协，议会终于投票通过侵越军费预算案，其名为促使红河通航通商，其实是调派强大海陆军队攻占越南红河三角洲各处要镇。在此之前，法国内阁总理兼对外关系部长法来西讷在写给海军及殖民地部长游列居伯利（Jaureguebery）的信中有十分详细的说明："通过研究有关东京的新材料，我认为您对如何占领这个国家的第一种意见是正确的，而单纯控制红河口的设想是不完全正确的，但内阁会议同意后一种意见，并为此提交了补充经费案。然而依我看来，我们应该回到进行一次真正的远征，牢固占领红河直到它的上游地区的方案上来。根据我们得到的最新情报，3000人足以完成这一任务。而且可以用设在红河港口的海关收入，用作这批人员的开支是绰绰有余的。对中国方面，也没有任何值得担心的麻烦问题，……最后，德国人也曾向我表示，他们对我们在东京建立自己的殖民地一事并不在意。（法国外交部档案M.D.亚洲，第36卷第295页）

9月，法国军舰公开闯入越南海防、海阳、河内侦察地形，测量航道，军事进攻迫在眉睫，越南朝野涌现抗法浪潮，清廷大臣们看在眼里急在心头，为越方做了四件事：

一，中国驻法国公使曾纪泽以越南宗主国名义，继续抗议法国向越南派兵，攻占越南城市，从外交渠道据理力争。

二，先后以搜捕农军为名，增派数十营广西和云南防军进驻越南边境，为抗法援越作后盾。就当时的周边局势而论，是尽力援助友邻的重大举措。

三，派兵船游弋越南洋面以牵制法国海上补给运输，"广东兵轮各船应尅期整顿出洋，藉壮声威。"（见《中法战争》（五）第111—112页）

四，派招商局道员唐廷庚，以商议招商局公务为名，赴越南都城顺化，当面向国王通报法国即将派军攻占北圻的消息，并了解越南军事部署情况，但越国王阮福时却不愿降尊接见清朝派来的道员小吏，借口法国耳目众多，不便公开接见，指派大臣阮文样秘密与唐廷庚会见笔谈。当越王闻报战祸即将临头时，又惊慌忙乱，束手无策，只好再行奏请清廷援助，"唯求垂念下国世守藩封，速赐解救。"（见《中法越南交涉档》（一）第273页）

1882年（光绪八年）1月1日，法国内阁总理刚必达（Gambetta）拒绝中国驻法国公使曾纪泽代表中国政府向法国政府提出关于不承认《法越和平同盟条约》的声明，中法双方政府及外交官员便展开了关于中越之间的宗藩关系是否仍然存在，法国在越南建立殖民统治是否合法，中国是否有权干预法军对越南的侵略等问题的外交论战。法国外交部及其驻中国和越南的外交人员们挖空心思，否定中越之间已经存在数百年之久的宗主国和藩属国的关系，用以阻止阮朝向清朝求援和劝阻清朝向阮朝派兵。当时，清朝政府是越南阮朝的唯一外援，否定清阮间的宗藩关系，就完全孤立了抵抗力不强的越南，成为法军囊中之物。从某种意义上说，当时外交方面的斗争比军事方面的斗争更为重要。具体的做法是：

一，法方再三强调曾将《法越和平同盟条约》知会中方，中方并未公开表示反对或者抗议，便以此为借口，认定中方早已承认法国对越南的保护权。因此，越南已是法国承认的自主国家，它的一切行动与中国无关，中国无权干预越南事务，也无权干涉法国在越南进行的任何事务。

二，法国驻华外交官员，故意歪曲中国总理各国事务衙门当时给法国照会的原意，将“越南本系中国属国“（见《中法越南交涉档》（一）第12页）歪曲为“越南昔为中国属国，”认定中越之间的宗藩关系不过是历史上的往事，早已不存在了，今天中国不应该依据早已不存在的宗藩关系来干预越南和法国之间的任何事情；

三，法国驻中国公使宝海在天津与李鸿章会谈《天津协议》时，用心极其险恶，以空泛不实的所谓“法国保证中国南部边境的安全”为诱饵，胁迫李鸿章接受“中国不干预法国过去及将来和越南签订的各项条约”等具有陷阱性质的条款，变相割断中国政府与越南的宗藩关系。

就当时的斗争情况面言，中国若放弃对越南的宗主国权利，也就是放弃援助越南的权利和责任，任由法国侵略、吞并越南，事关中越两国的根本利益，也是法国并吞越南的最大障碍，毫无妥协余地。所以，利令智昏的宝海，当协议尚未经双方政府最后认可，就迫不及待向法国外长报功，自诩略施小技便战败了中国一等外交名臣李鸿章，割断了中华帝国和南部邻邦维系了数百年的宗藩关系，排除了越南的唯一外援，为法兰西建立了不朽的勋业。可悲的是，宝海只因为在自以为得意的天津协议中保留了“法越签订条约时，不使用有碍中国体面的字句”，以及拟在中越边境“划出缓冲地带”等无关大局的让步，而被新上任的茹费理（Jules Ferry）内阁大臣们认为违背了不承认中国有权干预法国与顺化朝廷事务的政治原则而丢掉乌纱帽，法国新政府宣布不承认天津协议，召回宝海。（法国外交部档案C.P.中国，第61卷第9页）。

由此可见，清皇朝与越南阮氏王朝之间一直维持的“无事置之，有事启用”迹近虚设，临事承认的宗藩关系，竟成为做贼心虚的法国侵略者挥之不去的心病，他们虽然不担心越南的抵抗，却担心中国的暗中或公开援助，因此，这项平时不为人们重视的宗藩关系，竟成为中法战争前后，中法交涉中双方都力求把握的重要环节，甚至也成为法国发起对中国沿海动武的原因之一。

清皇朝专管对外交涉的总理各国事务衙门的大臣们面对法方的阴谋，当然也要把握这张“名正则言顺，言顺则事成”的王牌，以各种事实来证实中国对越南的宗主权，不但已延续数百年，现在依然存在，而且是中越两国都一致承认的合法合理的存在，只是这时清朝的主要目的不是确定数百年来一直存在的中越宗藩关系以维护自己的特权，而是为了对付法国否定宗藩关系从而否定、阻止中国援助越南的阴谋，因为这时拥有宗主权实质上就是拥有援助越南的合法权，拥有共同抗击法国侵略者的合法依据，于是有针对性的做了许多回击和宣传解释工作。

总理衙门于同治十三年（1874年）六月十五日，回复法国的照会中就明确申明：越南为中国藩属，法越签订的条约，不过是普通的通商亲善条约（邵循正《中法越南关系始末》第53页）。

光绪三年（1877年）九月，清廷隆重接待越南阮朝以阮文禩为首的赴北京朝贡使节，以事实来回击法国所谓越南“独立自主”条约所造成的不良影响，而且这一朝贡、求援活动是由清阮两个王朝政府公开、共同完成的外交活动，就更有说服力。

光绪五年，清廷应阮朝所请，不顾法国驻华公使罗淑亚（Rochechouart）的抗议，毅然责成广西提督率部入越协助追剿李扬才，公然行使宗主国的权利和责任，当李案事平撤军入关之际，再应越方要求，留桂军四营协防谅山。

光绪八年冬，法军加紧向北圻侵犯，攻占河内、南定等重镇，事机紧迫，清廷接受越南使臣阮籍转达越国的恳切求援：“满朝臣子望天朝拯救”（见《中法越南交涉档》（一）第353页），加派广西记名提督黄桂兰、道员赵沃以及云南总兵沈寿榕、藩司唐炯分别率桂、滇防军入越协防。

应该说这些有针对性的行使宗主国权力和责任的举措，不但以确凿的事实证明宗主国的存在，而且在延缓、阻止法国的侵越战争方面起到一定的遏阻作用。所以法军获悉桂、滇两省防军入越支援，感到自己兵力不足难以对付，拟撤出河内，派员与阮氏朝廷谈判撤军条件，阮朝大臣们见法军有退兵之意，形势有所缓和，反而对中国政府及援越防军的协防产生疑虑。事有凑巧，正逢顺化有两位谈判代表被河内法军拘留，他们为了援救谈判官员转而谋求与法方妥协，不惜以撤退桂滇援军作为谈判砝码。这样一来，曾经迫使法军撤退的桂滇援军，在一夜之间竟成为越法之间妥协的筹码。阮朝大臣陈叔讱在会见前来联系的清朝官员马复贲时说：“彼族疑忌万端，见内地云、广各路陈兵，谓下国借天朝之声威，是以不守旧约。若不及早为料，则上列此来徒劳无功。”（见《中法越南交涉档》（一）第488页）用意十分明白，希望立即撤回桂滇援越防军，以免影响他们与法方的谈判。清廷考虑到法军似有撤军迹象，阮朝也沉迷苟安于一时，对中国的态度再次出现疑虑和反复，于是放慢了援越步伐，地方官员及朝中大臣不断提出撤回援军的议论。

其实，法军之撤出河内和改变北侵计划，一是面对从桂滇南下援军，自顾兵力不足，后援难继；二是法国议会和内阁对越政策有较大分歧，不少有影响的人物顾虑欧洲局势不稳，法国本土安全堪虞，不宜在越南投入过多兵力，冒险与中国开战。但是，1883年2月21日，当侵略成性，有“近代殖民主义后起之秀”外号的茹费理内阁当政，情况就发生了根本变化，他们抓住法国痛失埃及，急需在越南得到弥补的时机，压制了反对意见，一面通过增拨经费议案，向越南增派援兵4000人；一面在外交上对中国采取强硬态度，一再公开否定中越宗藩关系，以减少和断绝中国对越南的援助，以便尽快吞并越南，法国驻华公使宝海在与李鸿章草拟天津协议时，本已从中得到意想不到的好处，但仍不能满足新内阁完全将中国排除在越南事务之外的要求，因而无端被免职召回，就是法国新政府加快侵越步伐的明显讯号。

1883年（光绪九年）3月，得到法国海军及殖民地部明确指示和大量增援的侵越法军，再次北侵，攻占南定重镇之后，立即分兵攻掠邻近各省，气势汹汹，志在必得。这时，老于世故，身染沉疴的越南嗣德帝真的慌了手脚，紧急派大员赶赴广州，向两广总督曾国荃求援：

“越南国王阮为咨呈事，窃照法国违约，兵侵下国北圻情形，节具文开，谅久在英照中。兹据下吏报称，法总兵于本月带得师船就南定省江次，十八日，法兵放击大炮攻该省城，该省悉力坚守。十九日该再悉众合攻，该省相持至日中，为炮弹伤死数多，抵敌不住，法兵闯入该省城踞守，该省官兵散落。其现驻河内法兵，又分往北省攻掠各等情，窃下国世守外藩，久荷天朝封殖顾恤，现法国之事，蒙上宪列位大人硕划，于事方来即已筹为措理周密，下国实所倚庇。兹法国全不顾名义，肆其虿毒，深恐下国兵力单虚，难以抵御，现情紧迫，将谁因极字小恤患，实唯上国是赖，辄此具由布达，统维贵大人钧照，特派海道水运轮船并接界陆路诸营兵迅来下国应援。凭仗天威，下国索赋以从，兵民誓心同仇，必期雪此耻恨，以保疆围。

再，希速寄信递达中堂李相公及总理衙门王大臣核夺，特委诘责该国公使，早为排解，庶下国赖以克靖，不致亏损，永守藩服。……”（见《中法越南交涉档》（二）第807、808页）

求援奏书虽然言辞恳切，但对越法签约，谋求独立自主而落入法人陷阱一事，仍秘而不宣，甚至当为联络刘永福抗法而放弃官职，冒生命危险入越考察实情的唐景崧，当面向阮朝枢密院大臣陈叔讱，问及有无这类签约时，陈也不愿公开承认。唐景崧问：“……现彼族所要约者究系何款？其大款在保护一节，究当如何了结？我朝廷覆载之仁，自不忘藩属之难。”陈叔讱信口否认：“……至其要以保护一款，下国实不敢从，……兵征之事，下国从来无此意，只愿天朝理论，俾下国赖以可无亏碍。”唐景崧只好直言不讳并恳切表明朝廷态度：“贵国与法立约，其第二款有并非遵服何国之语，在贵国之意以为如此措辞即系自主之国，可与彼平行，然措辞失当，遂使彼族得以借口……我皇帝天容地涵，未加责问，但恐贵国授人以矛陷己之盾矣。”陈叔讱见已无退路才勉独承认，但仍然为国王解脱：“此是立约之辰为他所赚，国王久已谴责，唯天朝包涵大量不屑责问，而下国自心愧矣，从前通使今应仍旧，则下国为属国亦已分明。”（参见《中法越南交涉档》（二）第680、684、685页）唐景崧及时将会见纪要呈送两广总督曾国荃转送总理衡门，应该说清朝当局是了解越南阮朝的貌合神离态度的，但从大局着眼，仍积极部署有关加强西南各省防务，令滇粤各军照旧进扎，镇静防范；令有关部门缜密研究援越抗法的事宜，最为重要的举措当是：

一，继去秋派云南布政使唐炯率云南防军入越抗法后，又于3月中旬，命广西市政使徐延旭，立即赴越，预筹布置，“越法交涉一事，现尚无成议，亟应先事绸缪，越南北圻为粤西门户，若能保护北圻，即以固吾疆围，藩司徐延旭于关外情形颇为熟悉，著即出关，相度机宜，预筹布置，准其专折奏事……倪文蔚当仍遵前旨，督饬关外各营择要扼扎，妥筹防范。”（见（中法越南交涉档）（二）第698页）。清廷命徐延旭赴越预筹布置，实际上是派他统一指挥出关援越的广西部队，协调援越桂军与滇军及越南地方官员的关系，使云南广西两支援军互为犄角，并分别进驻北圻重镇山西和北宁；接着又将唐炯、徐延旭擢升巡抚，成为能独当一面的地方大员，显示清政府的援越态度日趋强硬，援越规模逐步扩大。

二，鉴于法国议会陆续讨论通过向越增兵的拨款议案，法国加速增兵步伐，强占中国招商局在越南海防等地的粮食及资财，公开宣布禁止大米南运，还一再宣布中国无权干预越南事务，咄咄逼人，越南形势吃紧，也就是我西南边防吃紧。被迫急令丁忧回乡守制的李鸿章即回北洋大臣署任，前往广东督办越南事宜，“现闻法人在越势更披猖，越南孱弱之邦，蚕食不已，难以图存，该国列在藩封，不能不为保护，且滇粤各省，壤地相接，倘藩篱一撤，后患何可胜言……亟需有威望素著，通达事变之大臣前往筹办，乃可振军威而顾大局，三省防军进止亦得有所禀承。著派李鸿章迅速前往广东督办越南事宜，所有广东、广西、云南防军均归节制，应调何路兵勇前往，著该大臣妥筹具奏……”（见《中法越南交涉档》（二）第771页）。虽然后因北方防务告警及李鸿章有抵触情绪，认为派他去指挥援越军事是“以珠弹雀”，最终没有到任，但也充分显示了清政府援越抗法的决心。

广西和云南两支援越部队陆续出关，极大地鼓舞了抗法越军及活跃在抗法最前线的黑旗军的士气，5月初，黑旗军挺进河内市郊，攻击法军外围哨所及为法军收买利用的教徒村庄，用战书激怒法军头目调动法军到城郊会战，对法军形成无法逃避的军事和政治压力，以扭转法军在红河三角横行无忌的猖狂局势。5月19日，法国东京分舰队司令李维业（Riviere）感到无法避开刘永福公开的凌厉挑战，气势汹汹率领部队出城攻击黑旗军，在纸桥遭黑旗军迎头痛击，李维业及副头目韦鹥（Villers）等当场毙命，伤亡官兵近百人，约占参战人数的四分之一，其余残兵败将狼狈溃奔城内，是为黑旗军威名远播的第二次“纸桥大捷”。而黑旗军之所以敢于向法军公开挑战，与云、桂两省援军大力声援有密切关系。

黑旗军在关键时刻取得的“纸桥大捷”威震遐迩，及时鼓舞中越各族人民的抗法斗志，还对各方产生了巨大影响：法国当局在军事方面受到沉重打击后，无法自圆其说，更无法向法国人民交代，不检讨自己的侵略行径和战略战术方面的错误，反面倒打一耙，诬称黑旗军是强盗，奉行不文明的强盗战法，阻碍法军开通红河航线和商务的伟大计划，发誓要增派大军为蒙羞的李维业和伤亡法军复仇；越南阮朝大臣则认为法军两个头目都已阵亡，部属溃不成军，危机已经过去，在为刘永福加官晋爵稳定军心的同时，重心已转向寻求重新和法军打交道的有效方法；清政府则高兴意外发现一支可以依赖的抗击法军的得力先头部队，乃急命援越滇军进驻山西，桂军进驻北宁，以实力支持刘永福遏止法军北侵气势，连请缨入越联络刘永福黑旗军而颇受舆论好评，但一直受岑毓英冷落的吏部候补主事唐景崧也因此而得到朝廷重视，奉命由广西当局派赴山西为刘永福筹划战守事宜，并派数哨桂军作他的卫队，他到达山西便立即将护送他的百余名桂军并入黑旗军，从某种意义上说，是为清军正式帮肋黑旗军抗法的开端。这时清廷中枢大臣们的用意十分明显，是要使援越的滇军和桂军更逼近河内，对河内法军形成更大、更明显的压力。可惜，当时的前线指挥官及后方督阵大员都只顾私利，畏葸不前，没有抓住战机，更没有从实战着想，积极联络或支持越南抗法中坚、北圻统督黄佐炎和士气高、名声大、战斗力强的黑旗军三面夹攻，收复河内并将孤军深入的法国侵略者逐出红河三角洲。竟闲若无事，稳坐钓鱼船，坐等法国从数千里之外调来人数更多、装备更精良的援军来加强河内、海防等地的军事力量，致使初露曙光的越南北圻抗法形势很快又陷于被动。

1883年6月，法国当局紧急就近抽调西贡驻军司令波滑（Bouet）率部增援河内，先后与黑旗军在怀德、丹凤等地激战。法军虽然有炮艇和大炮等新式武器作掩护，还极其残忍地炸毁红河提坝来攻击、威胁黑旗军，迫使黑旗军避水后撤，但仍难以掩饰法军在几次战斗中损兵折将的败绩，从而使顾虑重重的波滑与急功近利的民政特派员何罗芒（Harmand）之间由策略分歧发展成职权之争，甚至发展到人身攻击，最终迫使波滑不得不以“回法国请援”而丢官离职。（见法国海军部档案BB—4第1951卷第258页）法国海军当局趁机改派以好战喜功著称的孤拔（Courbct）海军少将率东京舰队及海军陆战队来主持侵越军事。众所周知，何罗芒和孤拔都是法国向远东扩张的急先锋，气味相投，一拍即合。他们抓住越南国王阮福时病故，朝廷内讧，政局动荡的时机，改变战略，派舰队攻占顺化，胁迫新王签署《越法顺化条约》，接受法国保护，趁势挟持国王严命北圻抗法部队首领黄佐炎、刘永福退屯山西待命，基本解除了对河内等地法军的威胁。越南新国王的屈服，实际上是宣告延续多年的由阮氏王朝领导的抗击法军北侵的战争的结束，不但大大挫伤越南人民的抗法情绪，也给援越清军造成很大的影响，如进驻山西的滇军主将见顺化形势突变，今后政局如何发展，很难预料，援军的处境将更为困难；加之自身军需供应运转维艰，便顺势率部退驻大滩，仅留三营协助黑旗军防守山西；越南人民号称抗法中坚的北圻统督黄佐炎及其部队，在军事上一直以黑旗军为屏障，面对新王退兵严旨，也不敢公然抵制，便以动员民众，筹措军需为由，将主力分散驻扎于山西省城郊外，仅派少数部队协守省城，名为犄角，实为观望。这样一来，防守山西的重任便自然而然甚至是不可推卸地落在黑旗军、滇军三营以及由唐景崧带来的百余名桂军的肩上。由于法军获得大量增援，舰船炮艇等先进攻城利器陆续到位，步步进逼，越南北圻形势岌岌可危，这就迫使作为越军抗法后盾的援越桂滇防军走上代越守土的第一线，直接与法国侵略军对垒。

自恃拥有先进武器的孤拔东京舰队，又在政治上挟天子令诸侯，更是不可一世，决意消灭曾两次使法军损兵折将的黑旗军并驱逐越南的唯一外援——援越滇、桂防军。1883年11月25日，孤拔踌躇满志，派遣炮艇轰击驻守锦江的桂军阵地，桂军联合当地抗法武装，奋力回击，将法舰击退，是为援越桂军与法军开仗之始。与此同时，援越桂军曾联合越军夜袭侵占海阳的法军，由于缺乏攻城利器，久攻不克，又担心法舰夹击，黎明撤围。12月16日，孤拔在判定驻守北宁的桂军不会主动攻击河内之后，即倾巢出动进攻山西。此前，唐景崧曾令黑旗军将士穿清军号褂在阵地上故意走动亮相，以表示山西城内有清军驻守，告诫法军不要轻举妄动。而骄横成性的孤拔根本不把数营清军当回事，悍然发令向山西城区炮轰。黑旗军、滇军三营、唐景崧带去的百余桂军以及守城越军奋力投入保卫山西的战斗，抗击共同的敌人。由法国当局派遣的侵越法军挑起的中法战争因而爆发，并将中越两国人民推进了反抗侵略者的民族自卫战争的共同战壕。

就当时越南北部局势的主流而论，援越清军已被战争形势推动，演变成为侵越法军在越南北部建立殖民统治或者如他们所称为“保护国”的主要障碍、主要敌人，因为援越清军由于政治、军事形势的遽变而取代越军成为保卫越南北部的主力。清政府还出于“保藩固圉”的实际需要，出于地缘政治唇亡齿寒的严峻局势，不得不一再增派援军；而法国当局则妄图凭武力迫使清政府从越南撤军，竟然将战火扩大到中国沿海，形成密切相关的越北和中国沿海两处战场。这一转变的契机和罪责固然是法国当局的侵略野心和东扩政策，而中越两国人民之所以联合并坚持抗击强敌，其关键则源于中越两国人民的深厚情谊。“兄第阋于墙，外御其务”，一直是华夏各族人民共同恪遵的古训，也可以说是处理公私要务的思想行为准则之一，理所当然，也是具有共同文化传统的中越各族兄弟所熟悉和遵行的准则。但无论多么纯洁深厚的友谊，毕竟不属于法定关系，不具备法律效用，不能当作对敌斗争的依据和武器来运作，尤其在斤斤计较，针锋相对的外交斗争场合更是如此。而法军北侵，的确对中越两国人民的安全和生存造成严重威胁，必须团结抗法，于是数百年来只在某种特定场合才被官员们从档案中翻出来的中越宗藩关系，在法军的隆隆炮声中被推到前台，成为越南阮氏王朝向清皇朝请求军事支援以及清皇朝公开派大军援越的法律依据，成为号召、联络、团结中越各族人民共同抗击法国侵略军的结实纽带，在共同抗法斗争中，在政治、军事、经济、文化等方面都发挥过巨大作用；而宗藩关系固有的不平等性质以及越南大臣们对这种带有羁绊性质的关系的厌恶情绪，似乎被来势汹汹的法国侵略者带来的亡国改制的威胁所冲淡；若从理论上分析，则是法国当局赤裸裸的吞并或者说建立“保护国制度”的暴行和越南人民生死存亡的严重民族矛盾，将从不关碍国家根本利益、长期和平相处的宗藩关系的不平等概念降居次要地位。

综观中法战争的突然爆发和仓促停战，以及其间的外交谈判，军事进退，政局变化等许多重要环节，都与清阮宗藩关系密切相关。因此，清阮宗藩关系也理所当然是中法战争史研究工作中的重要环节。而多少年来由于复杂的历史原因及多种人为因素，使这段影响广泛而深远的历史，蒙上一层神秘的迷雾，要揭示她的真相，就得使用这把当时清阮两朝的政治家都久弃不用的钥匙去拨开神秘的中法战争的锈锁。

百年以还，由于史料欠缺，或居心不良，一直流传许多不符史实，贬低、攻击清政府的正确决策的言论，诸如：

一、阮氏王朝是清政府外藩，有守土之职，有悖职守；

二、清廷腐败无能，贻误战机，断送越南；

三、冯子材被“十二道金牌”召回，遗恨千古；

四、越南阮朝积弱不振，难抵强敌，情有可宥；

五、清廷乘法军北侵之机，派防军入越抢占地盘，两个侵略者瓜分越南。

因此，澄清史实，还历史原貌，虽任重道远，而势在必行。

试论中法战争中清阮宗藩关系的实质和作用*

庚裕良、宗麟、壮强

中法战争是由法越战争演变而来的，导致中国卷入这场战争的一个重要原因，是由于清、阮王朝之间存在着宗藩关系。宗藩关系是封建等级制度在封建国家关系上的反映，这种关系的产生、演变和消亡过程，不但与封建制度的盛衰密切相关，也与宗主国和藩属国的强弱顺逆情况息息相连。在清阮宗藩关系存在的90多年中，也经历了不寻常的演变。认真地研究这些演变过程及原因，对于我们了解它在中法战争中的实质和作用，无疑是有帮助的。遗憾的是，长期以来，这些本来值得我们重视的问题，却被认为有碍于两国人民的友谊而人为地束之高阁，没能及时、深入地研究。以致形成了虽不大可也不小的薄弱环节或者说夹缝。随着中越关系出现波折，越南的一些政治家和史学家，便趁机而入，不惜歪曲历史的真相，把早已成为陈迹而且只残留某些封建礼仪的清阮宗藩关系硬与帝国主义的殖民侵略相提并论，借此来丑化中华民族、中国人民的形象，在越南国内煽动民族仇根，以达到反华排华的目的。他们这些违背历史事实的恶意宣传，不但充斥于越南国内的报刊书籍，而且在对外宣传品中也是连篇累牍，惑乱视听。因此，纠正被歪曲的历史事实，不但有益于中国近代史、中越近代关系史的研究，也可以揭穿一些别有用心的人制造的谎言，以正视听，既有历史意义也有现实意义。

---

* 原载峤粟、宗麟、壮强:《中法战争史专集》,《广西社会科学》(增刊，1986年)，第1—18页。

一、清阮宗藩关系的建立和演变

中越人民之间的联系，可以上溯到远古的神话传说时代，例如我国古籍《淮南子》《史记》《吕氏春秋》都记载了关于神农、颛顼、尧、舜、禹等神圣抚育交趾的传说。与此相应，在越南重要史籍《大越史记全书》中，也有越民始祖为神农的说法。这些远古传说中的共同神话，往往反映了这些先民的紧密联系。后来，随着经济、文化交流的进一步加强，中越两国人民还形成了共同的文字、习俗以及相似的政治制度。

众所周知，华夏先人曾率先利用黄河、长江流域的地理、气候、物产、人口、文化、交通等有利条件，经过长期的艰苦奋斗，建立起一个雄踞中原的封建大国，并逐步将封建制度推向历史的高度，形成了光辉灿烂的文化，对整个人类世界产生了广泛的、深远的影响，并使国内的社会生活以及与周围小国间的交往都打上了封建等级制度的烙印。一般说来，奉行封建等级制度的统治者，都会依据本身的力量及周围的局势而执行附强凌弱的政策，形成大国控制小国、小国依附大国的宗藩关系。显然，这种宗藩关系是一定历史时期中特定地区的封建国家、集团间力量消长的反映，它既然是封建制度的产物，也必然会随着封建制度、封建国家的盛衰而逐渐演变。

由于复杂的历史原因，中越人民自公元前214年秦设象郡始就曾作为兄弟民族而长期生活在同一个封建大国之中，历经秦、西汉、唐、宋多个朝代，长达一千余年。不管是同属一国，还是睦邻而居，中越人民携手并肩走过的两千余年的历史进程，在政治、经济和文化等各个方面都有着广泛而深入的历史融合与互学互鉴。如果恢复历史原貌，则应该充分认识到中越人民之间一直保持着水乳交融、有无相济的兄弟情谊，两千余年来，中越一衣带水、守望相助，尤其是在共同反殖反帝斗争中患难与共，结成的战斗友谊更为深厚，“源远流长、兄弟情深”，显然是符合历史事实的概括，说出了中越人民的心声。

自从中唐发生安史之乱后，中国这个泱泱封建大国开始走下坡路了，到了宋代，为了对付新崛起于北方的契丹族的威胁，被迫将防务重心北移，从而放松了对南方的控制。宋太祖开宝三年（970年），越南丁部领统一各郡，建立了瞿越国，自号大胜。但为了应付内部及周围的敌对势力，他仍须借助宋皇朝的声威，于是向宋皇朝请封为交趾郡王，是为越南脱离中国封建王朝而独立建国之始，同时也是形成中越之间以大控小、以弱附强的宗藩关系的开始。

宗藩关系，在不同的时代和地区有不同的形式和内容。从表面上看，藩属国的国王必须由宗主国认可册封，而且定期向宗主国进贡和觐见，似乎宗主国对藩属国的控制很严，但从宗主国绝少干预藩属国的政治、经济、内政、外交的实际情况分析，则不难发现这种降尊事大的从属关系不过是偏重于表面形式的政治联系，或者说是一种礼仪性的交往。从宋开宝初年到清光绪中叶，中越宗藩关系保持了九百多年，其中经历了数不清的册封、朝贡，但究其实，许多堂皇的册封往往都只是对既成事实的承认，主动权并不完全操在宗主国之手。例如，公元979年，黎桓篡夺了丁氏政权，开始，宋王朝曾派兵为丁氏撑腰，后因出师不利，只得接受黎桓的谢罪表，封他为交趾郡王，甚至当黎桓起兵侵犯邕州时，也以睦邻为重，不加讨伐；又如公元1009年，李公蕴夺取黎氏政权，遣使请封，宋王朝便照封不误，后来李朝乘虚攻陷钦、廉，围攻邕州，屠杀并掠走数十万居民，宋王朝被迫发兵声讨，但当李朝遣使“服罪”后，便立即罢兵修好，还允李朝之请，将邕辖广源州相赠。由此可见，宗藩关系中的不平等性质并不是一成不变的，它不但会随着宗主国和藩属国之间实力的变化而增强或削弱，甚至还会出现藩属欺凌宗主的情况。

13世纪中叶，元蒙入主中原，不久便开始对周围诸国展开了历史上罕见的军事讨伐，交趾也因此屡遭兵燹，不得不在强大的兵威下屈服称藩，被迫一再声明要世守职贡。尽管这次黩武扩张风暴的形成原因尚有待深入探讨，但有一点应该肯定，即当时的中国各族人民也是生活在水深火热之中。

1368年朱明王朝建立后，曾为了维护越南的正统而派兵入越扶持陈氏王朝，助剿反陈的黎氏，后又以陈氏无后，便将藩封三百多年的安南改由明王朝的地方官布政使司管辖；永乐年间，黎利起兵反对明王朝对安南的直接统治，明王朝见黎氏已实际控制了安南局势，便照例承认既成事实，封黎利"权署安南国事"，后来又先后承认了莫氏的篡权及黎氏的复辟。

清廷取代明王朝后，越南黎氏王朝主动向清廷缴送明王朝所赐敕印，要求给予新的册封，康熙皇帝遂将安南都统使司改为安南国王。乾隆年间，阮光平推翻黎氏政权，建立了阮氏王朝，并请求清廷册封，清王朝不记援黎兵败之仇，不但循例照封阮光平为安南国王，而且赏赐有加。嘉庆七年（1802）阮福映虽然是借法国兵推翻了阮光瓒，自称嘉隆帝，但为了取得合法的统治地位，他也不得不援旧例向清王朝请封，并图谋要求将国名改为"南越"。但嘉庆皇帝十分清醒，没有被奇异的贡品和动听的谀辞所迷惑。他一面下诏嘉奖阮氏请封的悃忱，一面又将所请国名由"南越"改为"越南"，封阮福映为越南国王，同时在册封诏书中明确指出：汉时赵佗的南越国疆域甚广，两广亦在其中，而阮福映所领不过是交趾故地，其所封之地在百越故地之南，以越字冠于上，乃仍其先世疆域，以南字列于下，乃表其新赐藩封，不致与古南越国相混淆，字义亦属吉祥。①这一封赐，固然是越南国得名之始，这一明谕，也是区分赵佗带领岭南各族人民创建于汉初的"南越"，与阮福映领导安南各族人民创建于清代中叶的"越南"两个截然不同的概念的界线。由于历史的原因，汉初赵佗的南越国疆土曾包括交趾北部，但交趾自970年独立建国后，九百多年来一直活动在印支半岛的交趾故地；即使阮福映的实际领地也只限于这个半岛的中北部。既然如此，当然就没有理由沿用两千年前的"南越"国名造成混乱。事实上，阮福映所以要求赐国名为"南越"，当然不是由于突发慕古幽思，而是妄想有朝一日，凭着“南越”的名称，将它统治下的安南国土扩张到昔日的南越疆域。所以，清嘉庆皇帝为越南国赐名，不只是显示宗主国权威的简单文字游戏，而是一个影响深远的英明决策，不但维护了中华行政主权，也严实地堵住了阮氏后世向北扩张的各种口实。

从以上简单的历史回顾可以看出，在中越宗藩关系中，由于宗主国控制了藩属国王位的册封大权，还要对方定期朝贡、觐见，因此，它们之间毫无疑义地存在着以大控小的不平等性质，是封建等级关系的反映，但是，藩属国由于内部原因，特别是在政权更迭的时期，也需要依附宗主国的威望来确立和维护自己的统治。因此，可以说，历史上中越宗藩关系的长期维持，原因在于与两国封建统治者的切身利益需要，并不是单纯地依靠暴力征伐。同时也要看到，它们之间的不平等关系的程度也不是一成不变的，而是随着双方实力强弱的消长而不断变化，历史上发生过的许多关于宗主国干涉、征讨藩属国的事件，大多属于维护旧藩属的统治权，亦即维护宗主国的册封权，并没有领土的要求。在藩属国方面，也曾发生过攻掠宗主国的边境、提出领土要求的事例。但在历史的长河中，这些都是带着很大偶然性的微波细浪，主流则还是两个国家的人民之间的互相依存和联系。

但是，近几年来，越南史学界和政治界的一些人，却矢口否认中越两国人民友好交往的历史，我们认为这种做法是不可取的。

中越两国的紧密历史联系，是在长期的历史发展中逐步形成的，已经存在了九百多年，这些客观历史事实绝不能因为某些人的不承认而将它抹掉。其实，承认历史上中越两国各个历史时期的政治关系也决不会有损中越两国的形象，否定中越友好交往历史。马克思主义者认为：人们自己创造自己的历史，但是他们并不是在他们自己选定的条件下创造，而是在直接碰到的、既定的、从过去承继下来的条件创造。中越两国人民在漫长的历史演进过程中，山水相连，守望相助，结下了深厚的历史情谊和不解之缘，进入近代以后，两国人民都被西方殖民者打下了屈辱的烙印。但是，苦难磨炼了人民，更在共同的抗击侵略、反抗殖民统治的历史时期同仇敌忾，休戚与共，结下了血浓于水的传统友谊。中越两国人民是酷爱自由的人民，他们不甘奴役，而是奋起斗争，经过了长期的流血牺牲，终于赶跑了侵略者，作了自己国家的主人，屹立于世界民族之林。几乎每个民族都经过曲折、艰苦的历程，但这些既然是历史，就不会影响它经过奋斗而应享的荣誉。

二、清阮宗藩关系在中法战争中的作用

两次鸦片战争后，资本主义国家的坚船利炮不但轰开了大清帝国闭关锁国的封建帝国的大门，而且也打击了清朝统治者以我为中心的上国优越感，西方列强的步步进逼，使它不但逐渐拆其藩篱，就连它的本土主权也难保而沦为列强掠夺的目标。它与周围藩属国的关系也更为松弛，有的甚至变得名存实亡了。

越南阮氏王朝看到清王朝已经日渐衰落，自顾不暇，就千方百计地设法摆脱清王朝的控制。它不但不再遵守历代的朝贡制度，还想投靠西方列强之一的法国，希冀借助法国的势力来摆脱清王朝的约束，以便建立一个独立的封建王国。于是，它背着清廷和法国订立了有“越南为自主之国”条款的条约，“法国于同治十三年（1874）与越南所定约款，越王并不先行奏闻，其受法所饵，乐为自主之国，不愿为中国统属，居心实不可问。”②

这时的阮氏王朝虽然已对清王朝怀有二心，但由于越南国内各派力量之间的激烈斗争，它仍需要借清王朝的影响和帮助来维护自己的统治地位。光绪初年，它请求清政府派兵入越帮助平定李扬才之乱就是一个典型的例子。当剿平李扬才后，清军准备班师回国时，阮氏王朝又再三请求清政府留军北圻，剿灭各股农军后再撤。清政府鉴于北圻农军聚散不定，大军难以一一追剿，只同意选留数营清军驻扎谅山附近，一面继续搜捕农军，一面作阮朝的声援，以遏止企图在占领南圻后继续北犯的法军的侵略势头，这是清政府派兵援越抗法的开始，

也是它依据宗主国保护藩属国的惯例对越南的安危继续承担义务。从清阮双方的文献纪载考察，这种“派兵助剿”及“留军助守”都没有领土要求。

从光绪六年（1880）起，法国侵略者加快了吞并越南的步伐，光绪七年夏间，“法国海部商之议院，欲筹款添置兵船于安南东京一带”，[③]以驱逐黑旗军、保护商路为名，悍然派兵侵犯北圻，战火蔓延到中国边境。

清政府获悉法国的阴谋后，出于维护自己的西南边疆以及越南北圻的安全，于光绪七年底派出道员衔的招商局员唐廷庚前往越南国都顺化，向越王代表阮文祥等通报了法国的阴谋，越王闻信，忧闷无已而又束手无策。只得于十二月二十八日派阮文祥通过唐廷庚向清政府提出援助请求：“唯求垂念下国世守藩封，速赐解救。”[④]这是阮氏王朝看到法军居心叵测，局势垂危，才转而求清政府发兵抗法，从这时开始到光绪九年冬（1883）的将近两年的时间内，据不完全统计，阮氏王朝通过各种渠道，以不同的方式，共向清廷提出30余次请援要求。

光绪七年冬，阮氏王朝通过唐廷庚向清廷的求援，由于是据唐廷庚通报的敌情，而尚没有看到法军的实际行动，加上猜疑清廷，所以态度比较消极，侧重要求清廷在外交上与法方理论，而没有提出军事援助，所以清廷的反应也比较冷淡。

光绪八年三月，背信弃义的法国侵略者突然发兵攻打河内，形势骤然恶化。越南阮氏朝廷经过多方衡量商议，才决定向清廷提出军事援助的要求，阮文祥请唐廷庚代禀两广督抚宪，“发兵救助”。[⑤]越官阮籍来粤会晤唐廷庚说：“事情甚迫，下国王甚忧闷，满朝臣子望天朝拯救，如婴儿之望父母。”[⑥]鉴于形势严重以及阮氏王朝的求援迫切，清政府很快做出反应，于四月十四日指示滇、粤两省官员“即当乘时合力经营，毋落后著，广东兵轮各船应克期整顿出洋，藉壮声成。”[⑦]五月初二日，又指示云贵总督刘长佑：“即著饬令道员沈寿榕带兵出境，与广西官军联络声势，以剿办土匪为名，保护越南，即所以屏蔽吾圉。”[⑧]

同月，又指示徐延旭出关督办军务。清政府的这些行动，对于越南军民的抗法斗争是及时而有力的支持。

攻占河内的法军兵力有限，闻知中越两国各路援兵前来，即匆忙撤出河内，然后假惺惺地派人和越南政府谈判，形势暂时和缓下来。这时，阮氏王朝对中国的态度也起了变化，对于中国的出兵援越和允助刘永福抗法的做法，明确表示不满。五月二十九日，越官陈叔讱会见前来联络的中国官员马复贲提出："彼族疑忌万端，见内地云、广各路陈兵，谓下国藉天朝之声威，是以不守旧约。若不即早为料，则上列此来徒劳无功。"又说："日昨刘团申奏，谓现受中国大宪密嘱，令其保护通云之路。若果大宪暗助刘以拒彼族，则专顾内地，不恤下国，各大宪何忍出此？"[⑨]由于阮氏王朝态度的反复，清政府放慢了出兵援越的步骤，甚至打算撤军回国。

但是，法军并未因清军放慢援越步伐而推迟对北圻吞并，阮氏王朝才意识到法国侵略的严重性，只好重新向中国提出援助的要求。光绪八年十月二十三日，越南国王咨署两广总督曾国荃，以法军赖住河内不撤，请求中国援救："法国兵船仍然泊住河内省津次，城内住兵则既不肯撤出，而又于住所构作廨房，砌作限墙炮门，城外日夜演习兵炮，其情实未可测……唯望列位大人鼎力扶持，作何办法。得蒙荫庇早一日，则下国兵民受一日之赐，实有不胜盼祷。"[⑩]这封咨文的求援之心虽切，但仍吞吞吐吐，没有明言请中国出兵。延至光绪九年元月，形势更加严重，十四日，越南国王致函曾国荃，以法军闻知清军准备撤回竟复肆横，要求中国留军越南以胁制法军："仍饬诸营兵各留下国择地遥扎，搜匪卒功。遇彼横发何处，即协与下国出力剿除，诸营统领已得奉有钧令，不至迟应，俾下国赖以安静，不胜翘企之至……希将此情转咨广西、云贵督抚部堂列位大人钧审，各饬下诸统领一体留扎，以资援应，是切祷也。"[⑪]二月初九日，抵达天津的越南陪臣范慎遹等向李鸿章呈递了越南国王的密函，要求与清军合作战斗："近得唐（景崧）主事笔议云：有词令必有干戈，方能兼济，上国一定办法，如此是诚然矣，但念下国诸省皆属沿海，而京都甚近顺安汛，最为深广，防不胜防，是以不敢轻试，如不得已出此，必赖上国如何布置周密，可保十分无碍，方免为德生祸。若他敢尔先发，亦必有诸道贵弁在此，方敏应援，则他未敢妄动矣。”⑫

对于阮氏王朝的求援，署左副都御史张佩纶建议敕令徐延旭出关治军：“经划北圻，大修战备，与黄佐炎、刘永福联络声势”，争得主动，“以战则可以胜，以守则可以固，以和则可以成。”⑬清政府纳奏，于二月十五日降旨：“藩司徐延旭于关外情形较为熟悉，著即出关，相度机宜，豫筹布置，准其专折奏事，该藩司务当与黄桂兰、赵沃等和衷商榷，妥慎筹办，并将布置情形随时具奏。”⑭接旨后，徐延旭于三月二十日由陆路前赴边防，四月十六日出镇南关，五月初二日行次北宁，调遣增募勇营至五十余营约二万人，以之布置北宁防务。

二月十八日，穷凶极恶的法军悍然开炮轰击南定城，战至十九日占领该城，接着又分投攻掠各省。二月二十六日，越南国王紧急咨呈曾国荃请援：“兹法国全不顾名义，肆其虿毒，深恐下国兵力单虚，难以抵御。现情紧迫，将谁因极字小恤患，实唯上国是赖。辄此具由布达，统维贵大人钧照，特派海道水运轮船并接界陆路诸营兵迅来下国应援，凭仗天威，下国索赋以从，兵民誓心同仇，必期雪此耻恨，以保疆圉。”⑮

三月，刘永福率领黑旗军在纸桥痛歼法军，阵斩敌酋李维业。法军老羞成怒，出动大军侵入北圻，越南面临亡国的严重危机。五月初三日，越南国王咨呈署北洋大臣张树声告急求授：“飞调水陆各道营兵速来援助，保藩封以固边圉，又下国都城地势滨海，而屯炮又甚生疏，未必十分能守，希为即委文武干员乘兵轮船三四只，炮械精足，先顺安汛镇压，俾他有所慑而不敢肆，下国亦有所恃，悉力供应以俟命，庶期周固。”⑯

七月，法军进攻越都顺化，十六日，越南新王阮福升禀告广西巡抚倪文蔚求援：“现则下国唯有力为守拒，以待朝命……希即设法乘兵轮援助，俾得早舒。是仰赖列宪大人救灾恤患之恩，下国啣感于无既矣。”⑰

随着越南战局的逐步恶化以及越南政府求援的日益迫切，清政府也加紧入越援助，三月初八日指示滇、粤督抚：“事已中变，情殊叵测。在我保护属邦，固守边界，均关紧要。著岑毓英、倪文蔚、杜瑞联督饬关外防军，挑选劲旅，扼要进扎。”⑱二十五日，又派李鸿章前往督办三省军务，并调江南防军赶赴前敌：“现闻法人攻破越之南定，势更披猖。越南积弱之邦，被其蚕食，难以图存，该国列在藩封，不能不为保护，且滇、粤各省壤地相接，倘藩篱一撤，后患何可胜言？本日已谕令李鸿章前赴广东督办越南事宜，此时防务紧要，必须厚集兵力，进止足恃，方可相机因应。江南防军何营堪备调拨，著左宗棠悉心筹划，迅速奏闻，钦此。”⑲但清廷限于自身的财力兵力，只能从陆路派军援守北圻，难以派海轮前往顺安。七月，法军攻破顺化，阮氏王朝签约投降。九月三十日，清政府谕令前敌清军：“法人既与越南立约，必将以驱逐刘团为名，专力于北圻。滇、粤门户岂可任令侵逼！现经总理各国事务衙门照会法使，告以越南久列藩封，历经中国用兵，力为保护，为天下各国所共知。今乃侵陵无已，岂能受此蔑视？倘竟侵及我军驻扎之地，唯有开仗，不能坐视等语。如此后法人仍欲逞兵北圻，则我之用兵，固属名正言顺。”⑳并指示徐延旭、唐炯速赴前敌，力保北圻。

十月，广西巡抚倪文蔚函称：徐延旭接到越南国王咨报三件，“详其文义，意似谓中国若露面管理，此便是告急之文，不露面管理，此即是告绝之文。故不咨我军中，不行彼各省，以俟中国回音。”㉑十一月，法军不顾清政府的警告，悍然攻占有清军驻守的山西，而且直指由清军驻守的北宁，清政府为了应付这种咄础进逼的局势，“严饬各军力保完善之地，毋使（法军）再行深入。”㉒及时表明了“保藩固圉”、代越守土的鲜明态度。于是在北宁爆发了中法军队的直接正面交战。事后，醇亲王奕譞提及这段时间清政府出兵援越抗法的做法说：“窃维自去年法越事起，在事诸臣多方筹措，臣于去年夏间恭膺简命，从事其间，初以为义当拯难，师出有名，故凡调停之说，迁就之论，皆商诸同事，坚持不允。”㉓

综上所述，当法军加紧侵略越南时，越南阮朝在绝望中不断地向清政府呼救求援，一再申明：“下国久赖天朝封殖，豫列职方，二百余年，尺土一民，皆天朝隶属”，提醒清政府“字小之仁，保属之义，想不忍膜视。况疆土皆其所属，岂忍听人占取，以薄藩篱？”㉔要求清政府履行保护藩属国的义务，及时出兵援救。而法国则根据不平等的《法越条约》，强调越南是自主之国，中国无权过问。而清政府则以为属国有难，岂能坐视，于是在“保藩固圉”“义当拯难”的名义下，毅然出兵援越抗法。开始是派唐廷庚、唐景崧等文士为越南君臣出谋划策，继而指示滇、粤督抚派兵入越声援，随着形势的恶化，又令疆臣给予北圻抗法军民以军火饷项的物质援助，支持他们坚持斗争，到了越南国破君降的最后关头，援越清军更挺身而出，参加了保卫山西、北宁、谅山诸役。清政府甘愿冒着与法国决裂的风险，投身抗法斗争，虽然也有保护中国西南边圉的因素，但更多是为了援救和保护越南。所谓：“保护属邦，固守边界，均关紧要。”㉕

清军早在光绪初年便应邀驻扎越南，光绪九年更是大规模驻兵北圻，超过越南北圻的兵力数倍，但是，清政府并没有夺取越南领土的野心，从未试图控制或永久占领越南的任何一块地方。可见，清阮宗藩关系这时已成为越南向清廷求援、清廷支援阮朝的依据和义务，实际上已经成为中越两国政府和人民联合抗法的纽带，促进了中越军民共同的抗法斗争事业。对于打击法国的侵略，延缓越南的沦亡起了一定的作用。

三、清军代越守土，有利于抗法斗争

在越南阮氏朝廷的一再恳求下，清政府从1881年10月起先后派了近十万军队入越，到1885年6月底撤回，历时近四年，由侧重道义上的声援发展到代越守土，成为保卫越南北圻的主要军事力量，最后挺身与敌交锋，终于爆发了中法战争。这一系列的演变，对中、越、法三方说来都是有影响的大事。由于立场、观点的不同，对于入越清军的评价，在当时及后世都有不同的看法。但是，即使是当时清军的对头——法国侵略者及越南阮氏朝廷中的投降派，也没有人将入越清军看作是和法军瓜分越南北圻的入侵者，因为援越清军始终和越南的抗法将士、人民并肩作战。然而，后世的一些越南史学家却随着近代政治气候的变化，而不断地加码上纲，歪曲事实真相。

如陈辉燎先生在60年代的著作，还只是采用攻其一点，不及其余的手法，将清军入越说成只是为了巩固清政府的封建统治和对越南的宗主国地位，实际上是与法国争夺对越南的控制权，是清政府推行扩张政策的一种手段。[26]随后，杜文戎先生则直截了当地说清军入越是中法两只野兽争夺越南这块肥肉。[27]文造先生的《从一八八五年法中协定以来中国背叛的一百年》，则更加离奇刻毒，他不但任意歪曲史实，将当时以“保藩固圉”为宗旨而出兵助越的清政府说成是对越南存在领土野心的扩张主义者，而且一面将《中法天津条约》的签订看作是中国统治者两千年来图谋在东南亚建立霸权的终止，一面又出尔反尔地说这又为中国霸权主义者、扩张主义者与殖民主义者、帝国主义者的私利相勾结来危害越南人民的利益开了头，而且卑鄙和粗暴地连续了一百年。[28]他们不顾起码的逻辑常识，一面随心所欲地将清军入越抗法说成是与殖民主义者瓜分越南，一面又将清军撤回关内说成是对越南的背叛，甚至不惜歪曲众所周知的事实——中华人民共和国在1954年日内瓦会议上的正义态度以及后来中国对越南的一系列的无私援助，真可谓集谎言之大成。为了让读者了解事情的真相，我们不得不对文造先生的“妙论”予以澄清，并对入越清军的任务作一些说明。限于篇幅，对文造先生文章中涉及其他问题，另文驳斥。

当法国侵略者疯狂地进兵北圻，阮氏朝廷惊慌失措，一筹莫展，国将不国的紧要关头。清政府应阮氏朝廷的一再恳求，派大军入越协助抗法。不容讳言，这一行动的主旨首先是维护清朝封建统治阶级的利益，维护清政府宗主国地位，有着不平等的因素。但它毕竟没有领土野心和损害越南主权的计划，也没有危害和奴役越南人民的暴行，这就不能将宗藩关系的不平等因素无限扩大来与法国的殖民侵略相提并论。事实上，清政府适应阮氏朝廷的恳求而制定的“保藩固圉”政策，在客观上与越南人民的最高利益、长久利益相一致，有利于抵抗法国侵略和延缓越南的沦亡。近十万清军在北圻驻防四年，他们自筹粮饷，自备军需，自始至终和越南抗法将领黄佐炎、吕春蕨、梁辉懿等并肩作战，伤亡逾万，为抗击法国侵略者作出了牺牲，这是中越人民迄今还在怀念、歌颂的历史事实，只有别有用心的人，才会一概否定援越清军的历史作用。

至于清政府中各级官员的奏折和言论，由于封建意识和大国优越思想的影响，难免会有不当之处，例如，光绪八年正月初八日，翰林院侍讲学士张佩纶上奏《保小捍边当谋自强折》，建议中国出兵暂取越地而还封之：“法诚窥越，滇军循洮江右岸以攻其背，粤军长驱越富良以取河内诸省。越君劫〔怯〕于法威，越民困于法赋，中国有德于越，兵以义动，争致箪壶，三圻可断而有也。夫我不取越，越终折而入于法，不如暂取而还封之，戍越裳即以固吾围。”[29]三月，法军攻破越南河内，越南国王仓惶求援清政府。四月初十日，张佩纶与侍讲学士陈宝琛联衔上奏《存越固边宜筹远略折》，主张趁出兵援法抗法之机，“迫越南内属”，请以中国水师“直趋顺化港以至富春，告越王以内属之利而代守其都，因以兵略下诸城。”[30]

张佩纶等人建议“迫越南内属”，是在越南阮氏王朝无能抗法，越南面临沦亡的危机，而清政府愿意承担保护越南北圻安全的背景下提出来的，用意是要利用中国的人力物力优势，支持越南人民的抗法事业，在打败法国侵略者后，还封之，让越南重新独立成国，并不是要在越南建立殖民统治。但是，迫越南内属的做法，即使是一种权宜措施，却也会导致短期内取消越南的独立，与清政府“保藩固圉”、援越抗法的既定国策相抵触。所以，尽管当时张佩纶等人主战激烈，声誉鹊起，颇受宠任，所奏事亦多被采纳，但是，清廷对于他的“迫越内属”的建议，却没有任何批复，可见清廷当局并不同意这样的计划。

光绪九年三月，唐景崧入越，初说黑旗军首领刘永福据越为王：“足下诚能收关外之亡命，简越卒之精锐以为兵，就膏腴之地以为粮，植七省之物税以为财，礼罗贤俊以为辅助，然后请命中国，假以名号，据北图南，事成则王。”[31]八月，再向刘永福提出：“越南国破君降，社将屋矣，足下宜乘是时倡举义旗，号召北圻七省，申请边疆督抚，谓越社再兴，仍归故主，不能，则率土来归，听候天朝部署。”[32]唐景崧的这些建议的提出，除了基于自己的封建意识外，也有一些客观事实的反映。

光绪八年七月十九日，唐景崧上书清政府请缨入越，提出鼓动刘永福倡义抗法的建议：“臣维刘永福者，敌人惮慑，疆吏荐扬，其部下亦皆骁勇善战之材，既为我中国人，何可使沉沦异域？……必至其地，相机引导而后操纵得宜，可否仰恳圣明，遣员前往，面为宣示，即与密筹却敌机宜，并随时随事开导该国君臣，释其嫌疑，继以粮饷。刘永福志坚力足，非独该国之爪牙，亦即我边缴之干城也。”[33]显然，唐景崧这时还对越南的阮氏王朝抗法存有幻想，因而还未产生劝刘为王的想法。十二月，唐景崧入越，会晤阮氏王朝的执政大臣，交谈之下，发现不能依靠这样腐败的越南政府来进行抗法战争，于是幻想顿消，二十九日，他报告清政府：“查得该国君臣昏愚萎靡，战守绝无经营，即议和亦毫无条理。其国政令酷虐，民不聊生，自锢利源，穷蹙已甚。每岁所入，大概不及百万，法人又从而愚之，饴以甘言，则欣欣窃喜。而于中国转多疑忌之心，无可扶持，一言已决。”[34]这时，唐景崧的思想已由“联阮抗法”变为“联刘抗法”，光绪九年二月，他赴山西会晤刘永福，临行时致函广西巡抚倪文蔚转呈清政府，其中提及说刘事：“崧现拟即赴山西迎会刘永福，属其仗义兴师，檄告天下，不必遽出于战，可先以理折之，示以力，扼保胜之势，散布下扑河内之言。现彼增兵，无非胁制会议，永福亦以兵胁之，且观其进退如何，再定办法。唯永福疑虑甚多，必许以暗助，而后志坚力果。”[35]也未言及劝刘为王事。三月，唐景崧会晤刘永福，从交谈中，得知越南君臣排斥刘永福，刘永福剿除土匪有功，“黄佐炎不上闻，廷臣亦窃多疑忌。”[36]严重干扰了刘永福的抗法斗争，所以唐景崧才向刘永福提出“代越为王”的建议。八月，唐景崧再说刘永福为王，也是基于“永福为将，若无黄佐炎遏抑于上，越之君相掣肘于朝，则永福战功必大可观”[37]的想法，从而提出“弃阮扶刘抗法”的主张。可见唐景崧是在越南阮氏王朝已经无法承担抗法斗争重任的情况下提出这些主张的，目的是要让抗法斗争顺利发展。而且在提出这些建议时，唐景崧还强调声明，“谓越社再兴，仍归故主”，可见，他的本意也不是利用刘永福来侵占越南的领土，根本不同于法国对越南的殖民侵略。

同时，也应该指出，唐景崧是封建士大夫中的一员，头脑中存在浓厚的封建意识，只着眼于抗法斗争而不讲求方式，显然是行不通的。因为刘永福虽然受任为越官，但毕竟是流寓越南的中国人，以刘永福取代阮氏王朝，就可能使清阮宗藩关系发生根本的改变，会伤害越南人民的民族自尊心而破坏共同的抗法斗争事业。到了九月，唐景崧上书都中诸大臣，提出：“越南君臣昏愚悖谬，实万无可扶持，若我不见机早图，于北圻沿边各省收其土地人民，势必全委于法人。”[38]也是属于同一类型的错误。

唐景崧劝刘永福取代越王的主张，尽管出发点是为了维护北圻的抗法斗争，但并不符合清政府制定的“保藩固圉”政策，所以，唐景崧的有关言行一直没有得到清政府的允准，而是以个人名义悄悄行动，他的所作所为与清政府并无直接联系，不能看成是清政府本身的行动。其实，如果唐景崧公开向清廷提出这样的主张，肯定会遭到驳回。如光绪九年十二月，颇受宠信的山西巡抚张之洞曾提出“请立刘永福为王”的建议，清政府明确表示不同意：“越王传闻遇酖，似不宜别立假王，转生枝节，应请俟岑毓英出关后，将如何立贤存越之处，相机办理。”[39]

综上所述，可见无论是“迫越内属”抑或“以刘永福取代越王”，都不是清政府愿意接受的主张，这恰好证明清廷对越南没有领土和主权的野心。那种抓住清朝廷臣的只言片语，便大作文章的手法，说穿了就不值一谈。

至于批判清政府在抗法斗争中的软弱无能，妥协退让、昏庸腐败等，这是我们已经进行了多年的工作，正是腐朽没落的清政府在反帝斗争中不断失败，使得中国一步一步地沦为半殖民地国家。但是，越南所以沦为法国的殖民地，罪魁祸首应该是法国侵略者和阮氏朝廷。正是法国殖民当局制定了吞并越南使之成为法国殖民地的野蛮计划，并进行了一系列残暴的侵略活动。也由于阮氏朝廷投靠法国殖民当局，出卖了中越两国人民的抗法斗争成果，自绝于友邦，自绝于人民，才造成了严重的后果。如果按照越南某些史学家的说法，历史上根本不存在清阮之间的宗藩关系，即使有的话，也不过是对强大敌人的利用。那么，清阮王朝就是两个毫无相干的政府,《中法天津条约》的签订，清政府不过是承认越法之间各项条约的既成事实，表示不再过问越法之间的事务，一切都由阮氏朝廷自食其果，那又何来什么背叛？何从谈得上背叛？文造先生的大作，将一切责任都加到清政府身上，甚至不惜篡改历史，歪曲事实来加重罪责，但对签订丧权辱国的两次顺化条约的阮氏朝廷却无半句责言，这种态度很难说是公允的。更令人费解的是，众所周知清政府是一个腐败的封建政府，早已被中国人民扫进了历史垃圾堆，它在历史上的过失和罪责只能由它自己负责，而文造先生却故意用“中国”来与清政府混为一谈，并把它贯穿到一百年以后，用这种含沙射影的手法来诬蔑、侮辱中国人民，绝不是什么光明磊落的行为，更难使人相信是学术研究。

总的说来，清阮之间的宗藩关系是封建制度的产物，是封建国家间力量消长的反映，具有以大控小的不平等性质，但延续到19世纪后期，由于清政府已日暮途穷，自顾不暇，加以阮氏朝廷不择手段地谋求“独立”，这种关系已变得十分松散、脆弱。待到法国殖民主义者的侵略对清阮王朝的独立和生存造成严重威胁时，这两个在死亡线上挣扎的封建王朝，曾利用这种具有不平等性质的宗藩关系来求援和援助，借以抵御共同的敌人，并在外交、军事等方面展开了激烈的抗法斗争。这种共同的对敌斗争，使得清阮宗藩关系中本来已经残存不多的不平等性质降到次要地位，而在当时的具体历史条件下，它还成了联合清阮王朝共同抗法的纽带。虽然在抗法斗争中，两国政府的主旨都是为了维护封建统治阶级的利益，但在客观上也与中越两国人民的长远利益相一致，曾得到中越两国人民的拥护。应该客观评价它在抗法斗争中的积极历史作用，不应该把它和帝国主义的殖民侵略混为一谈。与此相联系的清军入越，虽是应阮氏朝廷的恳求代越守土，却绝不是与法国侵略者瓜分越南领土，而是协助越南军民共同抗法。

注释：

①《清仁宗实录》一一一卷。

②⑦⑧⑬⑱⑳㉒㉓㉔㉚《中法战争》（五）第159、111—112、119、140、143、223、252、335、141、107—108页。

③④⑤⑥⑨⑩《中法越南交涉档》（一）第161、273、319、353、448—449、576—577页。

⑪⑫⑮⑯⑲㉟《中法越南交涉档》（二）第692—694、701—703、808、945、771、779页。

⑭《清光绪朝中法交涉史料》卷3第31页。

⑰㉑㊴《中法越南交涉档》（三）第1290、1362、1537页。

㉕《中法战争》（五）第143页。

㉖〔越〕陈辉燎：《关于刘永福和黑旗军在越南抗法斗争的评价》，见越南《历史研究》1962年9月号。

㉗〔越〕左玉联等：《批判中国史学界歪曲越南历史的扩张主义与

霸权主义观点》，见越南《历史研究》1985年第2期。

㉘ 越南《历史研究》1985年第3期。

㉙ 张佩纶《涧于集》奏议卷2第7页。

㉛㉜㉝㉞㉟㊱㊲㊳《中法战争》(二)第72—73、92—93、43、59、72、90、100页。

论清廷援越抗法战争的性质和失败原因*

中越两国山水相连、唇齿相依，人民之间的交往和友谊，亲密无间，源远流长。尤其是近百年来，两国人民在反帝反殖的共同斗争中，用鲜血结成了深厚的战斗情谊。其中1873——1885年的第一次援越抗法战争，虽然远不能和中国人民在马克思主义、毛泽东思想指导下的中共援越抗法战争相比，但仍然是中国人民用鲜血支援越南人民抗击法国侵略者的民族自卫战争，是具有巨大作用和深远影响的正义事业。越南人民和他的正直史学家早有公正的论断。黑旗军和入越清军抗法的战斗故事，在越南北部边区一直传颂不绝，便是明证。

一、清廷援越抗法战争的时代背景

中越两国的关系，历时既久，共同经历了漫长的封建社会；联系亦密，形成了十分复杂的边区、藩属、互为邻国等关系。不管两国的统治者在政治、军事上如何变化，而两国人民始终保持相互支援的传统友谊，这是任何人都不能否认的历史主流。

从公元前3世纪到公元10世纪，中越两国人民一直处于多民族的大家庭之中。随着历史的发展，越南虽然形成独立的国家，但由于社会制度和一系列复杂因素的制约，仍长期保持着藩属关系。它既包含

---

* 原载广西历史学会秘书处编:《广西历史学会第三次代表会暨一九八二年年会会刊》，第163—170页。

不平等的封贡关系，也带有相互依赖和支援的义务。其实，所谓册封藩王，很多是既成事实的追认；接受贡品，也总是和回赐礼物大体相当，近似国际贸易。而每当越南受到攻击时，中国总是有求必应，往往需要付出沉重的代价和牺牲，逢难赴援，事平告退。正如越南国王阮福映在清光绪五年（公元1879年）正月写给清廷的奏章中所说："窃念臣国世受封殖，永作藩篱，虔供职贡，始终一心。从前中国久安，臣国幸无事。自咸丰年间，上国偶遭多故，臣国孤立，以致已失南陲六省土地，兵财渐形贫弱……。"（《中法越南交涉档》91页）

（一）阮福映开门揖盗

18世纪末，欧洲列强在激烈扩张、搏斗之余，逐渐将魔掌伸向远东。在欧洲处于不利地位的法国，更是极力在亚洲谋求补偿，以便抑制它的宿敌英国在远东的势力。而越南延续多年的内讧和起义斗争，又正好给法国侵略者以可乘之机。以传教为幌子在越南窥测方向的法国伯多禄主教，看准了下手的机会，将赌注全押在旧阮余孽阮福映身上，以借兵协助夺取王位为诱饵，迫胁他以儿子为质，向法王路易十六"求援"，接着由伯多禄导演了臭名昭彰的《越法凡尔赛条约》丑剧。虽然正遇上法国资产阶级革命，路易十六无力东顾，而伯多禄竟不顾主教的身份，在法国某些官员协助下，自己出面募集亡命之徒，协助阮福映屠杀越南人民。

阮福映依赖法国人的兵舰和大炮统一越南后，有感于引狼入室，国无宁日的横祸，又千方百计靠清王朝的力量抑制咄咄逼人的法国势力，同时使自己的王位合法化，曾上表向清廷请封，并以疆域包括旧越裳地为辞，请将国名改为越南。中越之间，藩属关系虽存，但因清廷外侮日亟，国力日衰，无力南顾，加以阮朝开门揖盗，为法国殖民主义势力大开方便之门，以至不可收拾。

19世纪中叶，帝国主义瓜分殖民地的斗争日趋激烈，处于落后状态的远东各国，大都成为它们争夺的目标。法国为了适应与英国在远东争雄的需要，极力将伯多禄早年提出占领越南，打进中国西南部的建议变成行动，中国和越南便一同成为法国侵略者的掠夺目标，一同沦为被侵略对象。如1856年，法国以传教士马奥斯汀（俗称马赖）擅入广西西林县为非作歹而被杀为借口，勾结英军发动第二次鸦片战争之后，又勾结西班牙海军以保护传教士为借口，进攻越南土伦港（今岘港）；1859年，法西联军攻占越南西贡之后，法军再次联合英军进攻北京，烧毁圆明园；1862年，法国侵略者在残酷镇压越南起义者的同时，积极参与对太平天国起义者的屠杀；阮福映引狼入室，法国势力自南向北扩张之际，曾公开声言要通过红河进入我国西南各省。因此，中越之间，尽管藩属关系仍然保留，但实际上已同时成为法国侵略者掠夺的对象，共同反抗法国侵略者，不但成为中越两国人民共同的历史使命，在一定程度上，也迫使两国封建统治者为自己的生存而联合作战。

（二）黑旗军挺身抗法

1871年（同治十年），为法国殖民事业效劳多年的堵布益（又译涂普义）等，终于证实红河是沟通云南的捷径，为主子找到避开由英国人占上风的长江的新航道。法国海军部门便积极支持他们以武力闯通红河。1872年10月，堵布益曾因运武器入云南，回运铜锡矿产而获取暴利，满以为从此成为法国独占鳌头的便捷航道。但当他再次率领庞大船队北上时，却因不报关，不服盘查，恃势行凶而被河内当局扣留。法国殖民当局便乘机启衅，派安业率领舰队奔赴河内，名义上是调查处理堵布益事件，实际上却令他相机配合堵布益打通红河。

安业是法国海军中有数的狂人，鼓吹建立“法兰西东方帝国”最力，甚至幻想毕其功于一役。他在攻占南定、海阳、河内时，因肆无忌惮地屠杀无辜人民而臭名昭彰（见中国近代史资料丛刊《中法战争》（一）册第432—435页）。正当安业声言要以武力开放红河、北圻岌岌可危、中国南疆告警之际，早年避居越境的广西天地会余部——黑旗军挺身抗法，蓦越宣光大岭，进驻怀德。1873年12月21日（同治十二年十一月初二）大战法军于河内西郊罗池，法军首领安业连同他的“伟大法兰西东方帝国计划”都“毙于一役”，残部龟缩河内死守，是为黑旗军第一次河内大捷。

正当黑旗军紧缩包围，架梯攻城的关键时刻，越南阮氏王朝却屈服于法军的讹诈和愚弄，强令黑旗军撤围退兵，签订《越法媾和条约》（又译和平同盟条约，即二次西贡条约）。法军以退出朝不夕保的河内等地为代价，却换得了吞并北圻的有利条件。

黑旗军第一次河内大捷的成果虽然被阮氏王朝的妥协政策断送了，但英勇保战的黑旗军，却拉开了中国人民援越抗法的战斗序幕，为完成两国人民反侵略的时代使命作出了光辉的榜样。黑旗军的胜利，不但中国人民欢欣鼓舞，越南人民亦依为北圻长城，即一贯仇视黑旗军的清朝封疆大员刘长佑也不得不向清廷称赞这一仗使“法人寝谋，不敢遽吞越南者将逾一纪。”因此，第一次河内大捷的意义，绝不止是阵斩一个狂妄自大、残杀成性的安业，而是用实际行动挫败了法国侵略者的北犯计划，给这一伙不可一世的狂徒一个当头棒喝：越南人民的抗法斗争并不是孤立的，勇敢顽强的中国人民誓作越南的后盾，从而抑制了侵略者的气焰。

1880年（清光绪六年），法国资产阶级向外扩张的吹鼓手茹费理当政，更积极为向远东扩张筹款增兵，派李威利（又译李维业）率军东来。经过周密策划，于1882年秋，以法国人古丁等在红河上游被黑旗军扣留为借口，率大军北犯。分别攻占北圻各重要城镇，公然宣布要以武力打通红河，消灭黑旗军，将北圻置于法国殖民统治之下。越南河内总督阮知方殉国，部属畏缩不前，北圻又危在旦夕。这时，又是黑旗军闻风而动，挥鞭南下。1883年5月19日（光绪九年四月十三），河内西郊纸桥一战，李威利和他的副手韦医等数百人又作了刀下鬼，少数跑得快的赖以生还，喧嚣一时的打通红河计划，不过走出河内数里就被彻底摧毁了，是为名传中外的纸桥大捷，又称第二次河内大捷。

如果第一次河内大捷有人怀疑是安业冒险轻进，黑旗军侥幸取胜的话，对于这次双方约定的会战的大获全胜，就不可能有其他借口了。身临其境的法国军官也不得不承认他们遇到的对手可以与欧洲第一流军队相媲美。战斗的结果，法军不得不向巴黎求援来“恢复威信”。

接着，黑旗军又在丹凤、怀德、山西、宣光、临洮等地多次抗击法军，在极端困难的情况下，给法军以沉重打击，他们自己也作出了巨大的牺牲。

黑旗军为捍卫祖国边疆，为保卫越南国土而英勇奋战、壮烈献身的精神，不只成为当代军民抵抗外侮的表率，而且对以后的革命斗争也有深远影响，百年以还，一直受到中越人民的赞扬。后来越南革命者潘佩珠在拜会一直以实际行动支援越南革命斗争的刘永福时，曾感慨地说，当年如果没有黑旗军的英勇抗法，我们甚至难以找到一滴染红敌人尸体的血。

（三）清军应邀入越抗法

19世纪中叶，由于帝国主义势力横行无忌，清王朝江河日下，越南阮朝早已不将藩属关系当作一回事。而清廷为了顾全政治上的影响，仍然承担对越南的支援义务。从1868年（同治七年）以后十年间，就应阮氏王朝的请求，三次派兵入越协助攻剿逃入越境的广西农民军余部，都是军需自理，事平兵撤，对阮氏王朝勉慰有加，不附任何条件。

1876年，清军应邀入越平定叛将李杨才班师回国时，鉴于法国吞并北圻的势态十分严重，公然派人到谅山、镇南关（今友谊关）一带测绘地图（见《中法越南交涉档》第166页），南疆防务堪虞。乃再应阮朝恳求，从左江防营中酌择数营，留防谅山、高平各地。表面上说是继续追剿陆之平、覃四弟，实际上是为阮氏王朝撑腰，是为清军援越抗法之始；1881年秋，清廷曾趁法议会通过侵越军费的时机，向法国提出抗议，宣布不承认《越法媾和条约》，但因没有实力作后盾，法国未予置理，继续向越南增兵。清廷乃命记名提督、左江防营总兵黄桂兰率部出关增防；随着法国当局派李威利北犯，使北圻局势更为紧张，阮朝又再三要求清军增援，并要求入越清军进驻河内附近的北宁、山西，还恳求将入越联络刘永福抗法的唐景崧留越协调抗法事宜（见《中法越南交涉档》第820—826页）。清廷应允派广西藩司徐延旭、云南藩司唐炯（后来均升巡抚）率兵入越南北圻东西两线布防。还不断从两广、云、贵、川、楚等省抽调将领率部入越增防，甚至先后命李鸿章、张树声、彭玉麟、曾国荃、岑毓英、张之洞等知名大将主持南疆防务，统筹援越事宜。这一系列措施，显然是给阮朝撑腰，遏止肆无忌惮的法军，使阮朝有整顿防务，自立自强的机会。既出自阮朝的恳切要求，也基于对藩属的义务。内中虽有巩固南疆边防的用意，也属于民族自卫性质。

二、清廷援越抗法战争的性质

战争的性质，通常是由交战双方的阶级属性，交战的目的和实际形成的后果等因素来决定的。法国资产阶级当局以掠夺殖民地为目的，残酷屠杀越南、中国人民，毫无疑义属于侵略者；而清王朝是适应中越人民的民族自卫使命的需要，作为被侵略一方支援藩属，保卫边防，毫无疑义属于被侵略者而站在正义的一方。清王朝适应人民要求，不顾自身安危，派兵入越抗法的具体行动，是最有力的例证。

（一）捐弃旧嫌，支持各种抗法力量

众所周知，刘永福及其黑旗军，原是广西天地会首领吴凌云父子的部属，曾在桂西各地坚持反清斗争，颇有影响，清廷恨之入骨，故在打败太平军之后，即集中兵力予以围剿。虽然避居越境有年，但在清廷心目中仍然是势不两立的外逃叛逆。清廷和刘永福之间的联系，虽可追溯到1870年（同治九年）对黄崇英的围剿，而那时只不过相互利用，真正捐弃前嫌，共同对敌，则始于清军入越抗法以后。清廷不

但主动派人联络刘永福，宣示皇恩，而且情愿承担饷械供应，解除黑旗军后顾之忧。对其他避居越境的农军如梁俊秀、农秀业、叶成林、覃四弟、梁正理等，也都既往不咎，但求一致抗法。就一贯奉行残酷镇压政策的清王朝来说，一反常态，化敌为友，确非易事，这是清廷认真对待法军威胁，重视援越抗法的反映。当然，由于阶级的偏见，清廷内部在如何对待黑旗军以及其他农军的问题是有分歧的。什么“驱狼斗虎，一举兼得”；“明用暗除，以消后患”；“为固边圉，非为刘团”；“狼子野心，后患无穷”等，不一而足；法国侵略者也从旁挑拨。但清廷始终以抗法大局为重，排除内外干扰，坚持联络、支持的方针，不但在极端困难的条件下，再三关照滇粤当局，及时供应黑旗军的军饷、枪弹、还破格起用刘永福及诸将领，同意黑旗军回广西边境补充兵员，甚至派唐景崧专司联络。虽内中曾有留难、克扣、坐视不救等事发生，究属某些中层官员所为，并不反映清廷决策。

（二）顾全大局，扶持阮朝自立自强

法国侵略者攫取越南南方六省之后，阮朝便有意避开清廷，一味向法国殖民当局忍让妥协，背着清廷签订了一系列屈辱丧权的条约。后因法国侵略者贪得无厌，得寸进尺，志在全吞，阮朝在无可奈何的情况下，才又回过头来向清廷求援，希望借清廷的护卫，遏止法国的吞并，清廷当然也了解阮朝的处境和两面派手腕。但从未追究既往，只着眼于扶持阮朝自立自强，共同抗法。除直接派大兵入越守卫北圻重镇，派海军游弋北部湾，形成联合抗法声势外，还不断通过两广总督的招商局派员入越，协助整顿吏治，充实军备，尤其是徐延旭率桂军入越后，直接向越南各地抗法武装提供军饷、弹药，精心协助地方官员制订作战方案，还再三表示清廷抗法的决心，希望萎靡不振的阮朝有一番振作，能抵抗法军的入侵。任何尊重历史事实的人，都应承认这是正义的援助。

（三）不计自身安危，毅然对法宣战

清廷对越南的援助，由陈兵声援，到暗中资助，再到守卫战略重镇直接和法军对垒，不但投入庞大的兵力，还耗费了巨大的资金。尽管法国殖民当局不断在军事、外交上施加压力，甚至叫嚣“凡华兵所据兴化、山西、北宁三城，皆当取来”，(《清光绪朝中法交涉史料》一三卷，第23页）“要像对待阿拉伯人一样地去处置中国人”。(鲍维《茹费理与法兰西帝国主义的复兴》166页，转引自弁安世《中法战争》第50页）还故意放出风声，将攻击中国沿海，攫取抵押品，等等，极尽威胁的能事。而清廷虽然在对策上有失当之处，但并未抛弃邻邦而自行妥协。当北宁、谅山溃败后，立即改组软弱无能、措置失当的军机处，严惩督促不力，弃城先逃的徐延旭、唐炯、黄桂兰、赵沃；又将首失炮台和援救不力的陈得贵、党敏宣军前正法；并紧急抽调湖南、广东、四川等省军队入越增援。当法军攻击台湾基隆和福建船厂等地时，清廷不顾日、俄、法、英蠢蠢欲动，狼狈为奸的危险，不顾经费支绌的困境，毅然向法宣战，单独负起抗法重担。清廷先后入越增援参战的部队达一百三四十营，连同随军担任运输等任务的民工将达十万。广西、广东、云南、湖南、福建、江西以及江南各省投入支援前线的各种民工，当有数十万。沿边各县人民更是不分男女肩挑背负，推车牵缆，全力以赴。其中战死沙场、触瘴病故的将士数以万计，流血洒汗、工伤罹疾的军民更无法统计，与此相适应的军费开支也十分浩大。从1881年起，除广西、云南的收入全部移作援越军需外，还每年从广东、四川、湖南、江西等省调拨“协饷”数十万两支援，当战事紧张时刻，甚至以广东海关收入作抵押，向香港各银行举外债饷将近一千万两。而福建、台湾海战的兵饷和造成的巨大损失还未计算在内。显然，这些重大的民族牺牲，为援助越南抗法、为延缓法国殖民当局对越南的吞并，起了一定的作用。虽然由封建统治者主持，而实质上是适应人民愿望，合乎潮流，并由千百万人的社会实践而构成的正义事业，它

已经而且必将继续产生巨大而深远的影响。

三、清廷援越抗法战争失败的原因

清廷援越抗法战争也像其他许多正义事业一样，在应该取胜的情况下却不幸遭到失败，而且以大胜的形势导致大败的结局，不但当时的抗法将士含恨终身，就是百年以后也常使有志之士掩卷叹息。那么失败的原因何在？如何分清主次？多年来众说纷纭，莫衷一是。早年的史书中常见的说法：清廷昏庸无知，消息闭塞，不了解前线情况，受外人愚弄而草率签约，早已因不符合史实而淘汰了。继之而起的时兴说法：清廷本无援越之意，只是被群众的抗法浪潮卷入漩涡；一贯在打中求和，最后乘胜妥协，是投降政策的必然产物；或者直截了当说清廷的腐朽本质和投降卖国政策，断送了中越人民的胜利果实，等等。虽然较前说进了一步，但也未必尽符史实。起码不能回答：清廷为什么应邀调派十万大军入越，为什么动员数十万民工，挤出数千万两白银支援前线，为什么严惩督促守土不力的官员，为什么不顾列强威胁和自身安危对法宣战等一系列问题。其实，导致战争失败的原因也和形成战争的原因一样，是十分复杂的，它不但和战争的起因相联系，更和交战各方在战争期间的经济、军事实力、政治环境以及政策、措施等相联系。这次战争的主旨既是援越抗法，而作为抗法主角的阮氏王朝的决策和造成的影响，显然是不能忽视的重要因素。只在清廷身上兜概念圈子，推它作替罪羊，只能泄愤于一时，却不能达到全面、正确总结历史经验的目的。因此，有必要根据历史实际，认真进行总结。

（一）阮氏王朝一蹶不振，未能形成有效的联合抗法阵线

援越抗法，或者说请清军出关支援，顾名思义，是以当时的越南统治者阮朝所率领的军民的抵抗为主，清军从中予以军事等方面的支援的联合抗法局面。但昏庸腐败的阮朝，对关系国家民族生死存亡的

抗法大业，几乎全无部署。当法军入侵初期，越南军队和越南人民曾不怕强暴，奋起抵抗，涌现了许多英勇不屈、壮烈殉国的动人事绩。但经过法国侵略者几次残暴屠杀之后，阮氏王朝便惊慌失措，一蹶不振，甚至公开向法国殖民当局妥协，暗中又向清廷求援。正如请缨入越考察情况的唐景崧在奏稿中所说："查得该君臣昏愚萎靡，战守绝无经营，即和议亦毫无条理。其国政令酷虐，民不聊生，自锢利源，穷蹙已甚，每岁所入，大概不及百万。法人又从而愚之，饴以甘言，则欣欣窃喜，而于中国，转多疑忌之心，无可扶持，一言已决。"（见《中法战争》（二）第59页）在大敌压境的严重时刻，阮氏王朝还"家庭构衅，苟活自娱"，对各地抗法武装置之不理。先是依靠黑旗军当盾牌，法军打到那里，便将黑旗军调到那里；后来又依赖入越清军作屏障，守卫北宁、山西等北圻重镇。而当黑旗军、清军沉重打击法军、或拖住法军主力时，阮朝既不部署越军协同作战，也不派兵袭击敌后，出奇制胜。甚至当唐景崧积极提出分兵抄袭南圻，切断法军供应，分散法军兵力，使之首尾不能相顾的正确意见时，也以无兵无饷无武器弹药推诿。所以，尽管近百营清军云集北圻，分守东西两线，并曾在山西、宣光、北宁、谅山等地和法军展开激战；尽管黑旗军取得过两次河内大捷，围困法军于城内，怀德、丹凤诸役，曾拖住法军主力，使之伤亡累累，形成对越军的有利形势。但阮氏王朝却毫无作为，坐失战机，没有和清军、黑旗军组成联合阵线，更未能制定共同抗击敌人的作战方案。致使法军能从容不迫，安全稳妥地调动援军，渡过难关，进而集中兵力，各个击破，这是抗法战争中我方一直处于被动挨打地位的主要原因。

（二）阮氏王朝投降附敌，动摇了援越抗法的政治基础

如果说越南阮氏王朝在治国治军方面昏庸腐败，无可扶持的话，在玩弄花招，搞两面派方面则颇为内行，有独到之处。早在1873年和法国签订《越南媾和条约》时，阮氏心目中已有依赖法国势力保护，

和清王朝脱离藩属关系的打算。但后来发现法国殖民主义者并不如想象那样前来帮助越南独立，也不只是攫取南部三省而已，最终目的是吞并整个越南，置于法国统治之下，才又转过身来向清廷“求援”，并制定一套玩弄两面派手法，在两个大国间走钢丝的策略。

1882年，当法军大举北犯之际，阮朝在政治上、军事上都没有作有效的部署，但却一再恳求清廷大量增派援军，而且要求入越的清军进驻北宁、山西，以阻挡河内法军继续北上。而更为主要的目的是让清军和法军直接冲突，即使不能坐收渔利，也可以坐山观虎斗，有个喘息的机会。尤其是阮福时死后，阮氏王朝大大加快了向法国殖民当局投降的步伐，王室争立的斗争，使阮福升重蹈阮福映覆辙，幻想依靠法国殖民当局的势力巩固王位，于1883年签订《法越新订和约》即第一次顺化条约，公然宣布同清廷脱离一切关系，接受法国保护（见摩尔斯:《中华帝国国际关系史》卷二531页）并于次年1月由法国驻华大使脱利古完成了所谓法定手续。这一丧权辱国条约的签订，虽然不完全像英国驻东京记者斯各特所说:“安南人现在已不再把法国人当敌人而是同盟者”,（转引自《中法战争》（三）第367页），但在政治上的确产生了很坏的影响。例如，在黑旗军纸桥大捷的鼓舞下，援越清军主力已分别进驻北宁、山西，并积极支持黑旗军规复河内，还建议越军分兵袭击法军后方或切断供应线；黑旗军在清军支持下，基本上消除后顾之忧，士气大振，怀德、丹凤之役，使法军付出沉重代价，不得不死守待援。但阮氏王朝却屈辱投降，又来一个趁胜撤兵。致使黑旗军用自己的首领邓世昌等数百将士生命换来的胜利，尽付东流，莫不义愤填膺，含恨退兵；入越清军正踌躇满志，有所振作，见此巨变，也迷惑不解，观望不前（《请缨日记》，见《中法战争》（二）第62页）；即使像以援越抗法为素志的唐景崧也愤慨指责:“富春已举国降寇，奈何欲中国用兵?”（《中法战争》（二）第92页）不得不建议改变援越抗法的策略:“为今之计，只能顾及南交之土地人民，而不能顾阮氏之社稷”（《中法战争》（二）97页）；这一巨变，对清廷的影响也很大，主和派首领李鸿章立即叫嚷:“越已阴降于法,而我代为力征经营,……似为不值。”(《清光绪朝中法交涉史料》卷六第20页)从而加快了清廷谋求妥协脱身的步伐,加速了《中法简明条约》的进程。

另外,阮氏王朝的投降附敌,对越军的影响也很恶劣。黑旗军在怀德、丹凤和法军拼搏之后,元气未复,就协同越军守卫山西,但越军却貌合神离,借故刁难,战斗一打响,便不告而退;当法军占领山西,堵住西线门户,掉头攻击北宁清军的前夕,阮氏王朝的要臣阮文祥,却在河内欢迎法军司令波里也,设宴招待,异常亲热(见《中法战争》(三)368页);驻守北宁附近的越军,名为协同清军共守北宁,而暗中协助法军侦察清军部署情况;守城越军,待法军临境,就开城先逃,无异引敌入城(见《中法战争》(二)376页)。

1884年6月,阮氏王朝和法国殖民当局签订的越法第二次《顺化条约》,投降的面目就暴露得更加充分了:不但公开重新宣布断绝和清廷的藩属关系,接受法国的“保护”,由法国驻越总督行使主权,而且将象征中越间的关系、由清廷颁发的中文国印、封册等,送交法国代表何罗芒当众销毁。(见《中法战争》(一)第344页)咸宜在8月即位时,便完全由法国官员监督。这样一来,阮氏王朝便主动割断了与清廷的一切联系,完全投入法国殖民当局的羽翼之下。这一政治转变,立即在越军中产生连锁反应。如北圻实权人物黄佐炎,与清军合作抗法有年,这时竟故意给清军出难题,提出借军饷十万两、快枪二千支,并暗示只有解决这些问题之后,才能继续合作;靠近河内的越南地方官员,这时也来一个180度的转变,公开站在法国殖民当局一边,动手拘捕、惩罚与清军合作抗法的越南军民;阮朝的新贵阮仲合更是以法国殖民当局官员自居,对援越抗法名士唐景崧发号施令,使唐景崧感慨万千:“越使阮仲合通饬一纸,极背慢之词矣,此不能全归咎于法人之胁制也,彼都人士之心,渐多趋附法人。”(均见《中法战争》(二)第96页)至于越军在协助清军收集情报,采购、运输粮食方面的刁难、作梗,甚至公然助敌为虐的事,更层出不穷,对清军构成了严重的威

胁。(见《中法战争》(一)第376、394、409页)

清廷援越抗法的初衷本是“扶邻邦、固边圉”，清军出关的主旨是“遏强敌，存越祀”，但阮氏王朝，先是萎靡不振，扶之不起，后又投降附敌，无祀可存。使清廷十数年艰辛、百万人血汗、千万两军饷，尽付东流。只好相机妥协，撤兵自保。

(三)清廷风雨飘摇，和战不决，坐失戎机，被动挨打

尽管清廷不顾自身安危，一再派兵援越抗法，但由于封建统治已经日暮途穷，人民起义使它惶惶不可终日，列强掠夺瓜分，更使它胆战心惊。加以内部派系林立，相互牵制。在援越抗法决策上总是和战不定，幻想通过虚声恫吓来保存越祀，巩固边圉。所以，虽派大军出关，又严禁“衅自我开”，束缚自己手脚，任由法军东奔西突，从容不迫调动兵力。甚至在法军进攻在即的关键时刻，还轻信和谈谣言，下令撤兵。在复杂的军事搏斗和外交谈判过程中，外交斗争和军事斗争脱节，给法国侵略者有机可乘，挑拨离间，各个击破。最后，在军民奋起杀敌，取得镇南关、临洮大捷的关键时刻，清廷又没有充分利用这些有利形势，为越南的抗法力量创造更有利的条件，而是草率停战撤兵，加速了败局的进程。

总之，长期以来，中越两国人民休戚相关、患难与共。当法国侵略者吞并越南，危及中国南疆的关键时刻，中越人民曾共同对敌，浴血奋战，屡败法军。但因阮氏王朝既开门揖盗于前，又玩弄两面手法，投降附敌于后，破坏了两国共同抗法的基础，断送了两国军民同仇偕作的胞泽情谊，也断送了一切胜利成果，是导致援越抗法战争失败的主要原因；清王朝战和不定，坐失戎机，草率停战撤兵，虽有罪责，毕竟是次要的。

论清政府在中法战争中的策略*

1883—1885年的中法战争，是由清政府主持、得到各族人民广泛支持的民族自卫战争，是我国近代史上错综复杂，影响深远的重要事件。马尾惨败、镇南关（今友谊关）大捷又是其中引人瞩目的重要战役，几乎所有中国近代史论著都有程度不同的述评，而且都将它作为批判清政府投降卖国的典型罪证。毫无疑义，批判清政府昏聩无能、祸国殃民的罪责是我国近代史研究中的一项主要任务，但是，它既然曾在列强环伺、危机四伏的艰难条件下，勉力“保藩固圉”并起了一定作用，就应该放在当时的历史条件下作具体分析。本文谨就清政府在马江惨败后及时对法宣战，镇南关大捷后却乘胜议和两种迥然不同的策略为基点，对它在中法战争中的策略作一些分析，就教于史学界同志。

一、保藩固圉是应付边疆危机的有力措施

19世纪七八十年代，是世界资本主义从自由竞争阶段转入垄断市场、瓜分殖民地的激烈搏斗时期。地大物博、生产力落后、市场广阔、政治腐败的中国已沦为列强角逐的场所。英、俄、日、法、德、美等列强，都明火执仗，赤膊上阵，或染指藩属，或窥视边疆，或逼租海港，或割据本土，公开的挑衅、暗中的破坏层出不穷。清王朝的封建

* 原载《广西社会科学·创刊号》，1985年11月，第69—88页。

统治已日暮途穷、四分五裂，难以对付列强的军事和外交压力，甚至认为平定内乱重于抵御外侮。这就形成了清政府对外妥协苟安以维持摇摇欲倾的政权这个总趋势。但是，清政府毕竟还是一个尚未完全崩溃的封建大国的统治者，手中的军政大权，还有相当分量，它仍在作最后挣扎，只有当它被不可调和的对手逼至绝境时，它才会和虎视眈眈的列强沆瀣一气；在内患不急的情况下，它和列强之间的矛盾仍然是十分尖锐的。它既然要力争维持自己的统治权，就不可能事事妥协，处处投降，否则，中国幅员再辽阔，也经不住40多年的大拍卖。因此，对中国近代史的研究，在把握清政府腐朽无能、妥协投降的总趋势的同时，对它在不同历史条件下，对付不同对手所采取的策略措施，也应作具体分析，不宜一概以妥协投降论罪。

就中法战争的具体情况而论，法国侵略者是趁列强在远东掀起掠夺殖民地高潮之机，侵略越南领土，染指我边疆资源。用法国殖民主义急先锋安邺的话说就是："我们如能从这里（指越南）开辟一条又经济又迅速的路径，通往云南和四川，则我们在商务上所能取得的利益，将是不可估计的。"又说："法国征服西贡……是在印度支那建立一个与英国抗衡的大帝国。"[①]用法国总理茹费理的话说，则是：每个资本主义列强，都应在广大无边的中华帝国内，竭力地攫取他们自己的一分。自然，必须征服那个巨大的中华帝国。[②]不但英、俄、日、意、美纷纷将侵略的魔掌伸向中国，连葡萄牙、西班牙也跃跃欲试，趁火打劫。因此，清政府同时承担着来自各方的重压。既要派大军出关支援越南遏止法军的北犯，又要着手加强海防，应付法国海军的骚扰；既要派重兵东渡援助朝鲜顶住日本的压力，又要加固北方防务，对付俄国的威胁；既要警惕英国在西部边陲图谋已久的煽动，又要密切注视它在中部地区咄咄逼人的扩张。危机四伏，警报频传，处处需要设防，处处需要驻守。而它的主观条件却又四分五裂，奄奄一息，集中兵力于一面，尚勉强可以应急，四面分兵把守，便感到十分空虚，尤其是来自日、俄的露骨威胁，几乎使清政府坐卧不安。

清政府当时既然不只对付一个法国侵略者，也不只顾全越南一个藩属，更不只加强西南边境的防卫。它的战略决策，理所当然也不可能只着眼于一个地区、一次战役。而是需要做好全局的安全措施。实际情况表明，在这一时期，清政府虽然昧于国际形势，在军事部署、外交谈判方面有不少失误，但也作过很多努力，并取得较好的效果，这一点法国侵略者也不得不承认。既然是充满矛盾的斗争，无论在军事方面或外交方面，都必然要根据主客观情况来部署进攻，坚守或退却，有进无退的斗争是不存在的，关键是这种进退的部署是否符合敌我力量的实际变化，是否有利于全局，不能将所有的谈判、退让都斥为妥协投降。如清政府鉴于自己的实力地位不强，在列强环伺的情况下，北方及沿海防务空隙较多，如果将过多的兵力，财力投入援助越南及南疆海防，就会削弱自己在北面及东北面的防务，给俄、日可乘之机；又鉴于法国当时有事于非洲及本土，并不是无隙可乘，所以，它在派军出关，加强海防的同时，也开展外交活动，包括利用各种渠道与法方进行接触、谈判，希望第三国出面调停等；当清政府了解到越南阮朝中的掌权派已投入法国殖民主义者怀抱来巩固自己的权势，考虑到法军将利用这种局势骚扰、封锁我沿海时，全面权衡固边和保藩的轻重缓急，适当调整自己的军事部署和外交策略，无疑是必要的。

深入考察越法战争转变为中法战争的复杂过程，将有助于全面评价清政府当时执行的“保藩固圉”策略。既然“保藩”是当时决策中的一环，又只好从宗藩关系说起。

众所周知，宗藩关系是封建等级制在邦交上的反映。它的形成与延续，既是宗主国、藩属国统治者之间政治、军事、经济实力消长的反映，也是一个地区各封建王朝为适应角逐形势的临时平衡。这种依附性的封建邦交关系，不仅在中国封建统治者与其邻国间存在过，也曾在越南封建王朝与其邻邦间存在过。它的实际内容在随着封建制度的盛衰、封建王朝实力的强弱而变化，危害程度、历史作用也不尽相同。就清王朝与越南阮朝在同光年间所残存的宗藩关系而论，已是名存实亡，或者说流于形式。例如宗藩间唯一的标志册封、朝贡这类礼仪性的制度都已时断时续，而且双方都不在意。这是由于清政府已面临崩溃边缘，阮朝也力争摆脱这种不光彩的藩属国地位。但是，这种历史上遗留下来的关系，并未正式宣布作废，一旦有利用的价值时，往往又被当作一种国家间的政治义务提出来。清同光年间，清王朝政府不得不三次应越南阮朝政府的请求，派广西提督冯子材亲率大军出关，协助越军追剿来自两广及越南北部边境的农民起义军。虽然具有巩固自己边防的用意，但主要是通过巩固阮氏王朝来“固我藩篱”。清军自带枪械、自备粮饷，事毕兵撤，无附加条件。显然，宗藩关系起了联合两个封建王朝政府共同镇压农民起义，只有利于两国封建统治者而不利于两国人民的反动作用。但1880年法国侵略者加快了吞并越南北圻地区的步伐，情况便发生了急剧变化。不但越南阮氏王朝的生存、越南各族人民的生存受到严重威胁，而且清王朝政府的利益，中国各族人民的安全也受到严重影响。这时，越南与法国侵略者之间迅速加剧的是属于帝国主义与殖民地之间的矛盾，大大超过了它与清政府之间徒具形式的宗藩矛盾。法国侵略者成为清阮两个封建王朝的敌对势力，也是中国和越南人民的共同敌人。在这种具体历史条件下，越南阮氏王朝再次利用宗藩关系请求清政府派兵援救。③清政府也根据宗藩义务来“保藩固圉”，派兵入越。④虽然主观上都是为了维护他们的封建统治，而在客观上也符合中越两国人民反抗帝国主义维护民族生存的要求。这时的宗藩关系，其实质虽然仍属不平等的封建等级关系，但已退居次要地位。法国帝国主义的入侵还使它起到了联结中越两国人民共同进行反帝斗争的纽带的作用，成为清阮两个封建王朝联合抗法的政治关系依据，甚至成为它们进行外交斗争的武器。所以，法国外交官一直在挖空心思否认它的存在。⑤

清政府针对法国侵略者并吞越南、掠夺我西南边疆资源的罪恶计划，提出“保藩固圉”的策略，其过程虽然十分复杂，而用意则非常明确。1880年清军在越南平定李扬才班师之际，鉴于法军的势力已扩张到越南北圻各地，北上并吞北圻各省的企图昭然若揭，乃命广西防营选留数营驻守谅山一带，作为阮朝政府抗击法军北犯的后盾；随着法军北犯规模的不断扩大，清政府应越南阮氏政府的恳求，除在外交方面极力为越南申辩外，还从广西、云南甚至江南各省陆续调拨防营援助越南；清廷中有影响的大臣李鸿章、曾国荃、张树声、彭玉麟、张之洞、岑毓英先后筹划援越事务，冒与法军直接对垒的风险，令援越清军进驻北宁、山西，为越南守土；[⑥]山西、北宁之役，清军成了北圻战场上抗击法军的主力，形成了中法对抗局面；观音桥事件后，清政府宁愿冒战火燃及南疆、沿海被骚扰的风险，仍然顶住法军的压力，坚持不赔款、不撤军。[⑦]即使在基隆被攻，福建海军及船厂都被毁的严重时刻，不但不退让，反而迎难而上，毅然向法宣战。纵观清政府为时六年的援越抗法斗争策略、措施，虽然有软弱、妥协、撤军许多不足与失误，但也尽了很大的努力，而且取得了积极的成效。据初步统计，清政府曾先后调动八省近十万军队全力援助越军抗法。广西、广东、云南、湖南等省动员的支前民工达数十万，数以万计的勇士为此而流血牺牲，耗费的财力数千万两，在军情紧急之际，甚至不惜以广东海关收入为担保，高息向香港财团借外债来保证援越清军的粮饷、军需。正是因清政府认真对待当时西南边疆的危机，努力执行“保藩固圉”的策略，在军事、外交上曾经给法国侵略者以沉重的打击。虽然，中法战争结束后，法国侵略者从战场上，谈判桌上基本上得到了它发动这场战争所追求的目的，但清政府的军事外交斗争，在阻挡、延续越南北圻殖民地化过程中，起到了积极的历史作用，在保卫祖国西南边疆及东南沿海的安全上作出了积极的历史贡献。在批判清政府昏庸腐朽、投降妥协，将中国带向半封建半殖民地深渊的罪责的同时，也应具体分析、积极评价它在中法战争期间所做的有利于中越两国人民反帝斗争的策略、措施及成效。撇开历史事实，将本来充满着各方矛盾，经历过极其复杂的斗争，曾给侵略者以沉重打击，对后世有积极影响的中法战争史，描绘成彻头彻尾的投降妥协史，既不能反映历史真相，也难以达到总结历史经验，吸取教训的目的。

二、对法宣战维护了国家尊严

1883年8月，法国侵略者趁越王阮福时病死、王室争权夺位之机，派孤拔率舰队攻占顺化，胁迫新王签订《法越顺化条约》，攫得了在北圻建立殖民统治的权利。于是推翻了还容许越南阮朝政府与清政府保留形式上的宗藩关系的李宝协定，召回宝海。令脱利古来华进行威胁，一面肆无忌惮地攻击驻守北圻、山西、北宁的清军，妄图以武力驱逐清军，迫使清政府承认它已控制北圻的既成事实。清政府鉴于越南政局不定，新王态度暧昧，[12]致使清军孤军无援。虽然仍继续派兵增强防务，但也在寻求妥协。于是有1884年5月《中法简明条约》的签订，可是，法国侵略者在6月初旬进一步迫胁越王签订完全接受法国保护、断绝与清政府的宗藩关系的新约之后，气焰更为嚣张，俨然以北圻新统治者的姿态，挑起了6月23日的“观音桥事件”。[13]法国侵略者不满足于清军的撤离，而是要以越南北圻为跳板，向清政府要求赔款，及其他权利。在孤拔率舰队窜到我沿海示威声言要自己夺取担保品的同时，加强了外交讹诈，茹费理、巴特纳、谢满禄、利士比一伙，以不同的脸谱轮流出场，极尽威胁能事。手段的卑劣，即使在帝国主义阵容中也属罕见。

清政府面临战火从越南烧到西南边境及东南沿海，而海防空隙尚多的不利局势，在谈判中虽然比较软弱，但始终坚持不赔款，力争保全越南领土、保存阮朝政权。[14]还运用各种途径揭穿法方阴谋，利用法国与欧洲列强间的矛盾，吁请有关国家出面调停。尽管欧美各国外交官玩弄花招，清政府毕竟利用有利时机，重新部署军力，相应加强了防务。

法国侵略者在列强的默认、鼓励下，扩大了军事威胁的规模。为了不妨碍英国及其他列强的在华商业利益，他们选定“攻占台湾为索取赔款的担保品，并于1884年8月5日对我台湾基隆进行海盗式袭击，在我守军的还击下，损失较重，只好退回舰艇虚张声势。事实教训了孤拔，台湾的军民绝不是几颗炮弹就能吓倒的，“三千人可扰七省”的狂言一开头就现了原形。孤拔为了消除后顾之忧，并向清政府发出更直接、更具有威胁性的信号，便集中兵力于8月23日偷袭固守马尾的福州海军舰队，破坏船政局，无端宣布封锁我沿海，阻止大米北运。法国殖民当局之所以一再拒绝孤拔提出北上骚扰旅顺、烟台，威胁津京的刻毒建议，一方面顾虑兵力单弱，供给难继，而更为重要的是他们认定将福州海军舰艇击沉，破坏船厂之后，清政府必然惊慌失措、屈膝求和。不但北圻的清军会乖乖撤出，二亿五千万法郎的赔款等项要求也会唾手可得。不少列强也抱同样心情，在等待利益均沾机会的到来。但事出意外，法军的海盗行径，受到爱国官兵、人民群众的坚决反击，也受到清政府的有力抵抗。清政府既不打算撤军，更反对巨额勒索，而是于8月26日下诏对法宣战。痛斥法军吞并越南，攻击我海港的种种罪行，号召军民奋起严惩侵略者。[15]主张抗法最力的两广总督张之洞等爱国官员闻风而动，立即张贴告示，悬重赏激励歼敌有功的勇士。全国各地军民包括港澳同胞，也纷纷响应或抵制法国侵略者，或声讨法国侵略中国的罪行，或以实际行动保卫边疆，形成了抗法浪潮。尽管清政府在马尾战役之前有不少严重失误，如对冒险成性的敌人缺乏警惕，没有采取必要自卫措施阻止法舰入境，入境之后没有采取必要的措施来对付敌人的突然袭击，过多依赖、相信列强的“调停”等。但一旦国土被犯，国家尊严受侮，爱国军民受到残杀，尚能不怕危词威胁，及时作出决定，义正辞严地向法国侵略者宣战。对于这一关键时刻的正确决策，应该实事求是地给予评价。

（一）对法宣战，表现了清政府维护国家尊严，奋力抗暴的胆略

当狂妄成性的孤拔率领法国远东舰队窜到我国沿海进行露骨的威

胁时，清政府虽然拥有三支海军舰队，但大部分为陈旧小艇，有的还是用木壳机帆改装的战船；新买的几艘大舰，有的仍是刷新了的超龄赝品，时速慢、炮位小、舰种不全、战斗力差。加以南北洋门户森严，互不统属，分布千里海防，合则见多，分则嫌少。即使南北洋全力与装备先进的法国舰队对垒，亦难操胜券，何况当时朝鲜局势如箭在弦，北洋防务繁重，南洋地处要冲也不宜派主力远离。故当军机处传谕南北洋派舰援救闽难时，除张之洞受命即派“飞云”“济安”两舰回援外，其余都藉故拖延。曾国荃“一经出口，必被抢去，诚恐自送败局，反助法焰”的耽心，李鸿章“我船虽埒，力不敌，不如赔款保和”[16]的无耻，虽然可恶，但其中也不是毫无苦衷。因此，清政府在边警频传、海防空虚、强敌压境、部属怯战、福州海军覆没、船厂设备被毁、台岛被封、接济艰难的不利情况下，一反忍辱妥协常态，毅然下诏对法宣战。这表明它决心不计任何风险来维护自己的边疆安全，维护国家尊严。这一决策，澄清了清政府内部多年来对法举棋不定，和战不决，各行其是的混乱局面，初步统一了策略。进而支持、鼓励各级爱国官员一再呼吁的抗法主张，振奋了广大爱国官兵的抗法斗志。在海防、台防、边防前线，都一扫“不准衅自我开”的束缚和影响，代之而来的是“沿海各口，如有法国兵轮驶入，著即督率防军、合力攻击，悉数驱除；其陆络各军，有应行进兵之处，亦即迅速前进。……凡我将士，奋勇立功者，破格施恩。”[17]积极抗拒，乘机进攻的策略。所以，沿海各地迅速增强了防务，广西、云南各线防军也陆续出关向法军出击。[18]连一贯主张和谈妥协的李鸿章这时也强调宣称“中国现在除同法国开战，别无抉择。至于赔款，在福州事件以后，一个子也不给。我宁愿看到十八行省陡沉海底。”[19]这一决策，还动员广大群众同仇敌忾，共同抗法。宣战谕旨中要求“各省团练，众志成城，定能同仇敌忾。并着各该督抚、督率战守，共建殊勋，同膺懋赏。”[20]还特别表示捐弃前嫌，启用刘永福，命黑旗军奋勇出击，规复河内。[21]在客观上反映了各族人民反抗外来入侵，保卫国家独立，保卫民族生存，保卫家园安宁的殷切愿望，因而起了鼓舞群众踊跃投身抗法斗争行列的积极作用。使中法战争后期和前期大不一样，各地陆续出现群众性的抗法活动；这一决策，还在对外关系方面产生了积极影响。当时虎视眈眈的东西方列强，莫不认为马尾一役后，清政府必然屈服议和。但是，完全出乎他们意外，正当法国强盗还在从后侧袭击金牌炮台时，清政府就公布了宣战诏书，行动之快速，态度之坚决都是前所未有的。法军的偷袭竟然激起中国军民更强烈的义愤和反抗，无情的事实在向他们宣告：中国不可侮，中国人民不可侮。在中国海关任总税务司的英国代理人赫德获悉清政府对法宣战的消息，对中法局势曾这样估计："中国只要有坚忍和毅力来持久作战，最后胜利可能是它的。"[22]

（二）对法宣战，粉碎了法军的如意算盘

以孤拔为首的一伙法国殖民主义急先锋，一贯轻视中国，轻视中国人民的实力。他率领法国远征军到越南北圻以武力驱逐援越清军时曾夸下海口："中国军队不堪一击"；当他在山西的三天激战中，受到黑旗军、清军的沉重打击，最后只是依靠密集的机枪掩护才侥幸挽回败局时，他只好用"黑旗军的战斗力比清朝正规军强"来自我解嘲；观音桥事件后，他又奉命率领法国远东舰队到我国沿海向清政府炫耀武力，又狂妄叫嚣：三千人就可使中国沿海七省不得安宁，有力量北上占领旅顺、烟台，威胁中国直隶津京地区的安全。[23]可是，基隆之役，他的舰队遇到的虽然全是清政府正规军，他的舰队却一筹莫展，只好退到军舰上来发炮威胁。孤拔虽然没有认输，但也改变了腔调，他要求法国当局至少要增加三倍兵力才能完全攻占台湾或执行北犯计划。[24]而法国殖民当局又因与英国角逐非洲，不可能集中大量兵力来远东执行更大的冒险计划，当然也不甘心放弃即将到手的利益，只好同意巴特纳等人提出的攻占台湾为担保品、袭击马尾加强战争声势的讹诈方案。在他们看来，台湾远悬海外，物产丰腴，容易袭取，无论是作短期的担保品或长期占据，都十分有利。而他们袭击或占领台湾，受威

胁最大、最直接的莫过于福州海军。因此，袭击马尾的福州海军并破坏炮台及造船设施，既可去掉他们攻占台湾的后顾之忧，更可借攻击中国本土的军事设施来加强对清政府的军事压力；他们还认定将战火烧到中国沿海，清政府便会接受赔款，放弃对越南的援助而撤军自保。因此，对马尾的偷袭，是法国侵略者进行外交讹诈、军事威胁的契机，即使冒“海盗行径”的臭名，却有一战定全局的巨大利益。

但是，清政府在忍无可忍的情况下，下诏对法宣战，加强沿海（包括台湾）防务，令各路援越清军奋勇出击。这个出乎他们意外的决策和行动，不但粉碎了法军的讹诈计划，而且打乱了他们在远东的军事部署而陷于被动。这是因为他们本来就外强中干、以势压人。如果依照孤拔的增兵计划，再增加一万至一万五千人来攻占台湾或北上冒险，在短期内无兵可增，即使有兵可调，运输及后勤供应也跟不上；如果只令孤拔率舰游弋海上，执行这种对中国战船作用不大、对外国商船还颇具威力的海上封锁，于事无益而且会增加英、德、美各国的抱怨。更使他们担心的是，孤拔的威慑作用即使没有完全破产，也不可能再增加，而清政府加强援越清军的攻势，就是将孤拔调回越南，也未必能应付那里的不利局势。唯一的出路，只能是适可而止，着手寻找下台的方案。因此，清政府宣战后，法国殖民当局表面上虽然气壮如牛，但在不少外交场合，已从漫天要价降到以津约为基础。这就是茹费理一再拒绝英美的调停之后却接受赫德的和谈条件的背景。事实已经证明，如果没有清政府的下诏宣战，决心加强抗法的决策，法国侵略者的胃口会更大，要价会更高，战局也会拖得更长或漫延更广，中国人民将付出更大的代价。

过去，不少中国近代史论著在涉及这一事件时，大都拘泥于清政府的反动腐朽本质，或过分强调它在前一阶段的备战不力、用人不当、战志不坚、贻误戎机等许多失误而不予正视。只批不评，或笔锋一转，说是风起云涌的群众抗法怒潮迫使它对法宣战；有的人甚至将这一重大决策贬作掩盖败局、推诿罪责的手法，将义正词严痛斥法国侵略者罪行的宣战诏书贬为掩饰错误、转移目标的遮羞布，等等。这些论点似与史实有不小的距离，应深入探讨，重新评价。

三、乘胜议和是阮氏王朝投降附敌的恶果

几乎所有以强凌弱的侵略战争，都在不同程度上交替使用军事威胁和外交讹诈两手策略，法国在侵越侵华战争中也不例外，而且由于它实力不足，在欧洲、非洲都有较大的纠葛，而清政府更是日暮途穷，外患边警日益紧迫，忍让妥协几乎成为惯例。因此，无论在越法战争阶段或是中法战争期间，一直存在军事冲突、外交谈判两条战线。尤其是1884年6月“观音桥事件”之后，法国侵略者在摆出骚扰沿海的架势的同时，也加强了外交方面的诱降活动。双方的触角在北京、天津、上海、巴黎、伦敦……以各种方式进行接触、试探。中国海关总税务司赫德也曾一度奉命出场摸底、斡旋。但由于谈判者用心不一，各国外交官多从本国利益来处理调停事务，浑水摸鱼，加以双方要价相去太远，以致头绪纷繁的多边接触毫无进展，使两国专司谈判的外交官都晕头转向，不知所措。马尾战役之后，虽然战争规模、声势在不断扩大、加强，而战争双方都面临许多困难，难以将战争长期打下去，都有意寻找较体面的下台机会。惯于看风使舵的赫德，看准了双方的弱点和意图，趁机沟通总理衙门和茹费理之间的信息，撇开双方外交官员、将谈判大权揽于一手。中法之间的谈判，便于1884年12月底悄悄地在巴黎开场。[25]经过三个月的摸底和讨价，到1885年3月中旬，已大体达成相近意见，以《天津简明条约》为基础，只等待商议如何完成草签的外交手续。但是，贪婪成性的法国陆军当局不甘心就此了结，妄图趁和约将签未签之际，以强兵压境来逼清政府作出更多的让步，承担相当数量的赔款。于是不顾法军前线指挥官的反对，强令在谅山与清军对峙的尼格里旅团及外籍、土著兵团等，不惜代价夺取广西边境重镇龙州，最少也要求击溃驻守镇南关一带清军，摆出向龙州挺进

的态势。于是在谈判桌下又突然爆发了1885年3月23日的镇南关战役。

镇南关战役也和其他战役一样，是政治斗争的继续。但由于政治背景、地理环境、参战人员的不同，使它具有颇为神秘的色彩。它之所以名震中外，为后世关注，不仅在于军事战略方面出现神秘莫测的急剧变化——装备精良、准备充分，志在必胜的尼格里旅团，一夜之间便由不可一世的进攻者，变成溃不成军的失败者。更为重要的是这一戏剧性的变化在政治方面造成了极广泛、极深刻的影响：长期受法国大资产阶级宠信的茹费理，本来是信心十足地挑起侵越侵华战争，正值他将要渡过不大的难关的关键时刻，只由于想多捞一点油水便招来镇南关、谅山溃败的横祸，全局败坏，以至失去总理宝座，成为臭名昭彰的"东京佬"，影响整个法国政局，清政府则在获得镇南关大捷之后，没有按常规乘胜直追，收复北圻，竟然照原来的谈判计划，签订停战撤兵草约，遭到全国人民的谴责，沦为国贼，从而加快了它的覆灭过程。两相比较，发人深省：茹费理的垮台，原因虽然很多，而法国人民能抓住这一有利时机唾弃这个双手沾满鲜血的刽子手，可以说显示了法兰西民族的正义气概；清政府的覆灭当然是历史的必然，而我们对它的批判，虽然反映了历史前进的步伐和殷切的爱国心，而其中也有待澄清的是非。

（一）1883年秋阮福时病死，在法军胁迫下，越南政局严重分化，一派投入法国殖民主义者怀抱，逐渐得势；另一派以国家民族的独立生存为重，坚持联合援越清军及各地义军继续抗法，因得不到必要的支持而渐被削弱。至1884年秋后，法军通过签订新约等一连串活动，控制了由投降派当政的顺化朝政，又通过他们来控制了北圻的军政局势。北圻这个曾经被法国殖民主义者指责为独立于顺化王朝的"藩王国"也由观望，不介入，坐待两个大国的战败而转变成刁难、抵制清军，最后竟然公开协助法军来攻击清军。甚至一贯坚持抗法的北圻统督黄佐炎及其部属，也经不住投降派的威胁，逐渐消极、畏缩，不但不再在军事上与清军配合，就连协助清军购买食品等日常工作，也借故推诿，[29]致使援越清军的处境由孤军奋战变成四面受敌。如北宁战役打响后，不但有以“教民”的面目出现的越南武装队伍配合法军作战，偷偷拆除清军在新河设置的障碍，引法艇在涌球登岸，配合法军偷袭清军重要阵地涌球炮台，大开城门迎接法军，而且还公然组织群众参加各种攻击清军的作战行动；越南地方政府也通令各地，“法到即降，他不必理”。于是“教民纷纷四起，从谅江两岸以至浪山府各村，皆为动摇。”连清军东西线的联系也时常受“教民”切断。[30]许多严峻事实证明，由于法国侵略者的胁迫，阮朝新政府的态度已起了根本变化。从藩属、盟友转变为法国侵略者的附庸、帮凶。这是清政府始料不及而又不能不严肃对待的严重局势。清廷核心人物奕谖在奏折中说：“越之忘仇事敌，自外生存，实有出于意料所不及者。”[31]因此，清政府的谕旨中也一再指出阮朝“首鼠两端”，甚至宣战诏书中公开谴责“越南君臣暗懦苟安，私与立约，并未奏明。法国无理，越亦有罪焉。”

阮朝新政府既然公开宣布中断与清廷一切关系，公开销毁封册、国玺，[32]在行动上又公开站在法国侵略者一边而与清军为敌。因此，清政府援越抗法的“保藩”义务也就被阮朝新政府彻底废弃，而且难以扭转、恢复。清政府只好回过头来，认真对待自己的边疆危机：台澎被攻占；东南沿海被封锁、南米不能北运；尤其是在日本当局的挑拨下，朝鲜局势紧张；津沽安全堪虞等一连串严峻问题。既然无藩可保，当然要抓紧时机从牵动半个国家的军力、财力的中法冲突中脱身自卫。所以，即使镇南关大捷、法军狼狈逃窜，而清政府鉴于越南阮氏新政府已完全转向法国，单靠东线清军的五十营兵力，不可能改变北圻局势，即使将法军驱出北圻，在政治上不易找到出路，军事上也难以久守。何况孤军深入，很可能再陷北宁溃败的覆辙。当时亲临前线的云贵总督岑毓英对越南局势作颇切实际的分析：“……且暗查越事，自法酋夏文、德理固先后到越京胁主立约，越之君臣已受其挟制，并派兵二千到河内助守。又有密谕，饬黄佐炎等罢兵议和，所收赋税，法越分用。越臣多受其蛊惑，黄佐炎等初意不以为然，自北宁、太原失守，颇怀异心。窃揣越事，如将倾大厦，断非一木所能支。臣与诸将领纵力图捍御，即幸获胜，而法人断不甘心，势必大举报复，兵连祸结，漫无了期。今兴化城无半月存粮，转瞬江水涨发，烟瘴盛起，官军守既难而退更难。……如乘此全师撤回，退守边境，可免伤精锐。”[34]纵观全局，这一不幸局面的造成，清政府内部危机深重，态度软弱固然有关，而更为重要的因素则是阮朝新政府的背信弃义，投降附敌，以及其部属的为虎作伥的帮凶行径。

当时及后世学者对这件事的评论，往往只从微观着眼，只就一个地区、一次战役来就事论事，将一切罪责都加在清政府身上；忽略从宏观方面来综合分析清政府当时面临着边疆危机、财政困难、海防空虚、军火缺乏、越南新政府投靠法军后出现的复杂局势，难于单方面挽回这一连串实际困难。从军事方面说，当时驻守镇南关一带的清军不过60多营，相当部分是临时改编的杂牌军，装备简陋，弹药蓄备不足。如果要攻击法军坚守的阵地，困难较多，勉强打无准备的战，将战线拉长，我军的优势将转为劣势；从政治方面说，越南阮朝新政府既然公开宣布接受法国保护，单方面宣布不再承认宗藩关系，我军出关追歼侵犯南疆的逃敌，是名正言顺的事。如果再派大军深入北圻各地，为越南收复国土，虽然符合中越两国人民的愿望，但在当时是行不通的。

（二）1885年6月签订的《中法天津条约》是清政府屈服于外来压力的铁证，有损国家权益，罪责深重，但就越南沦为法国殖民地而言，始作俑者应是引狼入室的阮福映，最后断送则是阮朝新贵投降派，他们才是断送这个国家的主权的真正罪魁祸首。清政府只是在作了一系列“保藩”努力，直到无可挽回的绝境才被迫不再反对阮朝政府与法方秘签密订，一直不向清政府透露实情的几次卖国条约，也就是被迫承认阮朝政府投降卖国的既成事实，所谓承认，实际上是形式上的不继续反对。清政府作为曾经接受越南阮朝前政府请求而派兵援助的宗主国或者说友邻、盟友，只应负援助不力、和战不定而贻误某些戎机的责任。不少论者，将越南沦为法国殖民地的罪责完全加在清政府头上，不符合史实，不利于总结历史教训，而且容易授人以柄。

（三）中法战争期间，清政府内部已四分五裂、派系林立，门户之见极深，如淮系与湘系、清流派与实权重臣、李鸿章与左宗棠、刘铭传与刘璈、潘鼎新与王德榜之间……，争名夺利几无宁日，甚至将派系、个人利益置于国家安危之上，在大敌压境的危难时刻，仍念念不忘将对手置于死地。加以当时的决策者慈禧太后手段圆滑阴狠，在处理国家大事时，往往用广集各派意见的方式来了解各派的思想动态、平衡各派之间的力量和争端。所以，当时的御史言官、封圻大臣、文人学士，上书言事者颇不乏人。尽管这些官样文章慷慨激昂，披肝沥胆，而立足点大多在自己以及自己的派系利益，或明或暗地攻讦对手。当时有人将他们概括为主战派、主和派，标明他们的政治见解，后人为了便于考察他们的言行在客观上形成的影响，是反映了中国人民反帝斗争的意愿，或是屈服于外来军事压力成了侵略者的应声虫，或者前彼后此，或两者不沾，根据他们的实际活动和影响作出不同的评价，便于总结历史教训，都是十分必要的。但是，如果过分拔高，将他们列为两个迥然相异的政治集团，一个卖国、一个爱国，将李鸿章、何如璋、刘铭传、潘鼎新等人的过失，统统记在清政府投降卖国的账簿上；将张之洞、彭玉麟、冯子材、苏元春、杨玉科、陈嘉等人的功绩统统放在人民群众奋起抗法的行列里，必然会越分析越复杂，离事实越远。

总之，以慈禧为首的清王朝政府，对旧中国沦为半殖民地负有直接罪责，残酷镇压盘剥各族人民，更是罪恶累累。揭发批判它的罪行当然是大方向。但对于它在某些具体问题上，如反对法帝国主义者入侵，维护本阶级利益的斗争中，客观上也维护了国家的尊严而与各族人民的根本利益一致时，也应该予以肯定。历史既然在充满矛盾的复杂情况中前进，各个阶级、集团的代表人物在各个场合的表现和作用并不总是一成不变，我们在反映历史事件，总结历史经验时，没有必要按照一个模式而掩盖一面、夸大另一面。许多文献包括清政府留下的档案、个人著述，以及法国的档案，都详细记载着清政府当时在军事、外交各个方面的艰苦斗争。既然一贯轻视它的对手都承认它是他们吞并越南的主要障碍，我们又有什么理由去抹煞它在和民族大敌斗争中的积极事迹？如果清政府投降成性，连打了胜仗也愚昧地签字投降，又如何解析它在马尾惨败后却毅然下诏宣战？只有将问题放在当时的历史条件下具体分析，才能解析清楚。

注释：

① 诺曼：《法国与北圻》，转引自《中国海关与中法战争》第12页。

② 鲍维：《茹费理与法兰西帝国的复兴》第169页，转引自牟安世：《中法战争》第28页。

③ 越南国王阮福升给清政府两广总督咨文“……下国仰荷天朝封殖，列在职方。先兄王获缵旧服，凭仗宠灵，以靖其国；属以封内，屡有寇氛，皆藉天威，命将出关，迄底安辑，去岁忽有法国兵侵之事，适当建节粤东，顾念下藩，即先备将事情并应办机宜入奏，……现唯与国人同心，一循先兄王措划，不敢毫有差池，以待处置。伏乞念下国当危难之际，哀先兄王之志，曲予成始成终，为之扶持。愚当举国以听，长铭恩造……”见《中法越南交涉档》第1260—1261页。

④“……越南孱弱已甚，如果法人意在吞并，该国即自全。论藩属之义，中国即应派兵救援；……广西防营现扎关外谅山等处，本为剿除积匪而设，但能保护越南境地，即所以屏蔽吾圉。”见丛刊《中法战争》(五)第104——150页。

⑤ 见《中法越南交涉档》第149—152页。

⑥ 见《中法越南交涉档》第825页、丛刊《中法战争》(五)第240页。

⑦ 见丛刊《中法战争》(五)第427—428页。

⑧ 越南陈辉燎：《关于刘永福和黑旗军在越南抗法斗争的评价》，

见越南《历史研究》1962年9月号。

⑨ 1884年4月30日（光绪十年四月初六）清廷上谕:“……近年以来，越事益急，朝廷轸念藩服，不忍漠视，特命云南、广西督抚率师扼扎北圻地方，俾壮声威，此固字小之义，为保护该国计，因以为屏蔽边境计也。乃该国昧于趋向，始则首鼠两端，继则纵令教民抗我颜行，肆意侵偪。山西北宁之失，皆系该国民人纷纷内应所致，辜恩悖义，莫此为甚。”见丛刊《中法战争》(五)第325页。

⑩ 法方称为北黎事件。

⑪ 1884年5月4日（四月初十）上谕:“越南世修职贡，为我藩属，断不能因与法人立约，致更成宪，此节必与之切实辨明。”见丛刊《中法战争》(五)第334页。

⑫ 见丛刊《中法战争》(一)第276页。

⑬⑳㉑㉕ 邵循正:《中法越南关系始末》第159、155、163、193页。

⑭⑰⑱ 见丛刊《中法战争》(五)第517页。

⑮ 见丛刊《中法战争》(五)第503页。

⑯ 巴夏礼: 223号密件。转引自季南:《英国对华外交》第151页。

⑰ 见《中国海关与中法战争》第169页。

㉓ 越南《大南实录》正编第四纪六十八卷十二页记载:“……富派(引者按，指法军)闻清兵厚集，亦增来兵船，竝(并)驶泊山兴白鹤等处各二艘。……敕统督与靖边二副使、三宣北太谅等道兵，系有清弁附住者，名戢属闲静以俟，无得妄动，看两边作为举动如何，飞奏。”

㉔ 见丛刊《中法战争》(二)第96—100页。

㉕ 见丛刊《中法战争》(五)第296页。

㉖㉙ 见丛刊《中法战争》(五)第362、375、335页。

㉗㉘ 见丛刊《中法战争》(五)第312、325页。

㉚ 见丛刊《中法战争》(一)第344页。

㉛ 见丛刊《中法战争》(五)第312—313页。

败后宣战与乘胜议和*

——试论清政府马尾、镇南关战役后的策略

中法战争，是由清政府主持得到全国各族人民广泛支持的民族自卫战争，是我国近代历史上错综复杂、影响深远的重要事件，马尾惨败、镇南关大捷又是其中引人瞩目、发人深省的重要战役，几乎所有中国近代史论著，都有程度不同的述评，而且毫无例外地将它列为批判清王朝政府投降卖国的典型罪证。批判腐朽的清王朝政府昏聩无能、祸国殃民的罪责，固然是我国近代史研究中的一项主要任务，但清政府既然曾在"列强环伺、危机四伏"的艰难情况下，勉力援越抗法，在保藩固圉方面起了一定的作用，似应该放在这一具体历史条件下作具体分析。本文仅就清政府在马尾惨败后对法宣战、镇南关大捷后却乘胜议和的策略，作粗浅分析，就教于史学界同志。

一、把握总的趋向作好具体分析

19世纪七八十年代，世界资本主义从自由竞争转入垄断市场、瓜分殖民地的激烈搏斗。地大物博、生产落后，市场宽广，政治腐败的中国，不可避免地成为列强角逐的场所。英、俄、日、法、德、美等列强都毫不犹豫地伸出魔爪，或染指藩属，或窥视边疆，或租借海港，或割据本土，公开的挑衅接踵而至，暗中的破坏层出不穷。而清王朝

* 原载福建社会科学院历史研究所编:《中法战争史学术讨论会论文集——纪念马江战役一百周年》，福州：福建论坛杂志社《福建论坛》丛书—3，1984年12月版。

的封建统治却已日暮途穷，濒临崩溃边缘，人民起义的烽火此起彼伏，统治阶级内部四分五裂。这就形成了清政府对外妥协投降，籍以苟延残喘的总趋势。但是，清政府毕竟还是一个尚未完全崩溃的封建大国的统治者，手中的军政财文大权，还有相当份量。只有当它被不可调和的死对头逼于绝境时，才会和居心叵测的列强沆瀣一气；当内患不急，它与威胁它的切身利益的列强之间的矛盾还是尖锐的。而且，它既然要求苟延残喘，就不可能事事妥协，处处投降，否则，它的地盘再大，也经不住40多年的大拍卖。在中国近代史研究中，把握清政府腐朽无能的本质、妥协投降的总趋势的同时，对它在具体历史事件中的策略、措施，也要根据具体情况作具体分析，不宜一概以妥协投降论罪。

就中法战争的客观情况而言，法国侵略者是趁着列强在东方掀起掠夺殖民地高潮的时机，吞并越南领土，染指我边疆资源。当时，帝国主义之间虽然没有形成公开的侵华联盟，但他们十分清楚，清政府及中国人民的任何得势，都会对入侵者不利。所以，法国总理茹费理曾公开叫嚣，必须征服这个古老的帝国，[①]各自在这个广袤的国土上，攫取自己的一份。在这个前提下，列强之间，实际上有一个不成文的默契：一国发难，各国响应；一方得利，各方均沾。因此，清政府表面上虽只受到法国侵略者的挑战，而实际上它却同时承担着几个强国的重压：既要派大军出关支援越南抵制法军北犯，又要着手加强自己的海防，应付法国海盗骚扰；既要派重兵东渡援助朝鲜顶住日本的压力，又要抓紧加固北方防务，对付俄国的威胁；既要警惕英国在西部边疆图谋已久的煽动，又要防止它在中部地区咄咄逼人的扩张；既要设法顾全藩属的政权，又要谋求充实边界防务。烽烟四起，警报频传；处处需要设防，处处需要驻守。而清政府的主观条件却与实际需要相去甚远。它的军事、财政实力，经过太平军严重打击之后，已一蹶不振，虽然经过近20年的休整图强，讲求洋务，国防力量稍有起色，但内部派系林立，相互倾轧，不过徒有其表，加以政治腐败，积重难返，就很难应付列强环攻的危急局面。

中法战争时期，清政府既然不只对付一个法国侵略者，也不只顾全越南一个藩属，更不只保卫一个方面的边境，它的战略决策，当然也就不可能只着眼于一个地区，一次战役，而是照顾全局的平衡与安全。实际上，这一时期清政府的决策，虽有许多失误，但也有力不从心的难言之隐，有避狼拒虎的缓急之分，失中有得。不宜将通过外交途径谋求某种缓和，谈判中某种拖延时间的敷衍，军事上为避免某种不利局势而作出的退让，统统都当作投降、妥协加以批判。既然是斗争，无论是军事的，或外交的，都必然要根据具体情况有进有退，有进无退的斗争是不存在的。关键是进退的部署是否符合敌我力量的实际变化，措施是否得当。就清政府“存越祀、固边圉”的政策而论，它付出的代价很大，用心艰苦，而后人在述评中法战争时，往往忽视它当时所面临的复杂局势，抓住决策中某些不果断的环节或者失误措施，便否定全局。甚至将越南沦为殖民地的过失全加在它身上，而对有独立自主权、对战争负主要责任的越南阮氏王朝政府的罪责却撇在一边。清政府在当时已代人受兵，事后还代人受过，不但不能分清历史是非，而且这些无原则的批判，正好授人以柄，为别有用心的人制造混乱提供方便。

众所周知，中越人民之间，有着悠久的、共同的历史传统，在漫长的历史岁月中，不管共同生活在多民族的大家庭或是分属不同的国家，统治者挑起的征战固然时有发生，而人民之间的患难相扶、有无相济毕竟是主流。历史上某些不幸事件的发生和结局，因受当时政治、经济、军事等因素的影响，很难一言以蔽。单就中法战争时期两国的关系而论，所维持的松散藩属关系，既具有封建等级性质，但对双方又都有一定的利用价值，它的维持，并不完全是强制性的。早在同、光年间，基于宗藩关系的权利和义务，清政府应越南阮朝政府的请求，曾三次派兵入越追剿来自两广的农民起义军，巩固阮朝政府在北圻的政权，出关清军自带粮饷，自备枪械，军需消耗浩繁，官兵伤病减员严重，事毕兵撤，无任何附加条件。它既是清政府残酷镇压农民起义反动面目的暴露，也是它大力顾全藩属的例证。

从1880年（光绪六年）起，清政府鉴于法军北犯之势已成，再应阮氏政府的请求，从入越攻剿李杨才的广西绿营中，选留数营，驻守谅山一带，作越南政府抵抗法军的后盾；随着法军北犯规模的不断扩大，清政府不顾自身面临许多困难，一面在外交上为越南辩护、抗议；一面从广西、云南等省抽调大军入越支援，甚至无条件满足越南政府的请求。曾派朝中有影响的大臣李鸿章节制三省兵力，专顾越事，还先后委派曾国荃、张树声、彭玉麟、张之洞、岑毓英等封圻重臣到南疆筹画援越事宜，并令援越清军，进驻北宁、山西、兴化、太原一带，构成了北圻的坚固防线，其中虽然有妥协求和，束缚自己手脚的谕旨，而总的说来，清政府为援助越南出了不少力，作了许多有影响的决策。只是由于越南阮氏政府玩弄两面手法，在很大程度上对消了清军的作用和影响。

在政治上，越南阮氏政府玩弄在两个大国间走钢丝绳的把戏。一面与法国签订《法越和平同盟条约》，借法国的力量摆脱清王朝的约束，甚至签订《法越顺化条约》完全接受法国保护，公开宣布断绝与清政府的关系；但另一方面，又花言巧语掩盖事实真相，再三向清政府表示恭顺友好，恳求支援，要求直接为越南收复国土。希望两个大国的直接冲突能为越南带来独立；在军事上，阮氏政府虽然再三要求清政府派大臣率领大军入越，收复北圻各重要城市，特别要求清军进驻北宁、山西等地，②使清军和法军一触即发，直接对抗。但却严令越军袖手旁观，不介入实际战斗。③所以，援越清军虽在东西两线形成巨大声势，除了北圻统督黄佐炎的部队从旁协助解决供应外，阮氏政府统率的其他越军，从未与清军配合。援越将领及请缨入越联络黑旗军的唐景崧等，曾数次建议越军集中兵力从侧面配合清军行动，或袭击法军后方基地，或切断法军运输线等，而黄佐炎等因得不到阮氏政府批准而不敢动作，致使法军在越南各地，畅通无阻，供应无虞，而援越清军在军需供应方面反而困难重重，被迫孤军奋战。从代越守土，与法军直接对抗，发展到引火烧身，战火由北圻曼延到广西边境和东部沿海。对此，阮氏政府不但毫无配合作战的部署和表示，甚至由旁观转为协助法军作战，公然出告示严惩协助清军的群众和官员④完全投入法军怀抱，颠倒了敌我关系。即使如此，清政府仍以大局为重，不但不加任何责难，还多方募集兵力，源源派往越南前线，抗击北侵法军，希望阮朝政府悔悟来归，可谓仁至义尽。据初步统计，在为时六年的援越活动中，清政府曾调动八省近十万兵员，为此而动员的支前民工达数十万；为援越而流血牺牲、工伤病故的人员数以万计；广西、广东、云南还有其他协饷省份，每年为援越清军开支百余万两；在战争紧张时期，为了及时供应前线，甚至不惜高息向英国香港财团借款千余万两。清政府这些决策和措施，既反映清政府的艰苦努力，也反映了中国人民为此而付出巨大的民族牺牲，在反抗法国侵略者的斗争中，起过相当重要的积极作用。批判清政府在抗法斗争中的昏庸无能，软弱妥协等谬误的同时，恰如其分地肯定这些正确决策、措施的积极作用，正是如实反映历史真相。

二、对法宣战，是维护国家尊严、反映中国人民反帝意志的正确决策

1884年6月23日，法国侵略者挑起观音桥事件之后，一面开展外交攻势，通过各种途径，向清政府进行讹诈；一面增加北圻的兵力，公开宣传要用武力将援越清军逐出北圻。同时派海军中将孤拔率舰队窜到我国沿海示威，一再扬言要攫取赔款的抵押品。茹费理、巴特纳、谢满禄、福禄诺、孤拔和利士比一伙，以不同的脸谱轮流出场，赔款数目从二亿五千万法郎，减到八千万法郎。茹费理甚至作出暗示，只要清军退出北圻，可以考虑在红河至边界间划出什么缓冲地带。而孤拔、利士比则不断叫嚣要攻占基隆、福州、烟台、旅顺，利诱威胁，

双管齐下。清政府虽然在谈判中表现软弱，但却始终坚持不赔款、不撤军、不承认法军吞并越南领土。一面增加援越实力；一面利用各种外交途径，驳斥法国的诬蔑。尽管英、美、德各国的外交官员从中玩弄花招。一面表示同情清政府，愿意出面调解；一面又暗中鼓励法军攻占除上海、广州及长江沿岸商埠以外的港口。俾斯麦甚至明目张胆鼓励法军攻占台湾，俄国人则嘲笑法军攻台湾，无异于蜂刺象背，无关大局，示意法军应该北犯旅顺，它便可以顺手牵羊。法国侵略者便在列强的默许下，一步一步将外交讹诈及军事威胁升级，于8月5日开炮攻击台湾基隆，8月23日又袭击马尾港，接着又宣布封锁我沿海，妄图卡住大米北运，向清政府加压。但事出意外，他们的海盗行径，既受到清军官兵和人民群众的反击，也受到清政府的坚决抵制。清政府不但不承认赔款，并于8月26日下诏对法宣战，痛斥法国军队吞并越南，骚扰我沿海的罪行，决心严惩侵略者。主战最力的两广总督张之洞，立即悬重赏奖励对法作战有功将士。各地军民也纷纷声讨法国强盗的罪行，奋起杀敌。在全国掀起了抗击侵略者，保卫祖国的浪潮。

不少近代史论著，在涉及这一事件时，拘泥于清政府的反动和腐朽本质，拘泥于它前一阶段的备战不力、用人不当、轻信调解等错误，多不予重视，或避而不评，或一笔带过，或笔锋一转，说是风起云涌的群众抗法怒涛迫使清政府宣战，甚至将这一重大决策贬低是清政府为了掩盖马尾败局，推卸罪责的手法，将痛斥法国侵略越南、中国罪行的宣战诏书，也贬为掩饰错误的遮羞布……就当时的实际情况而论，尽管清政府在马尾战前有不少错误决策，但当我们的国土一再受到攻击，祖国的尊严受到损害，军民受到残杀的危急关头，它能以全局为重，不顾列强的威胁，冒着相当大的风险，义正辞严地向侵略者宣战，这是正确的决策，应该实事求是地给予肯定的评价。

（一）表现了清政府的抗暴胆略，反映了人民的反抗殖民侵略的意志，维护了国家的尊严。

当好战成性的法国海军中将孤拔率领法国远东舰队进入我东部沿

海进行露骨的军事威胁时，清政府虽然已拥有三支初具规模的海军舰队，但大部属陈旧小艇，有的甚至是木壳机帆船，即使新买进的几艘大舰，有的仍是改头换面的超龄船。加以南北洋各立门户，互不统属，分守万里海防，显得十分薄弱。与装备先进的法国舰艇相比，力量悬殊，故清政府数次命南北洋派舰援助福州。除张之洞派飞云、济安两舰回援外，其余都诡词推诿。曾国荃认定我派援之船“一经出口，必被抢去，诚恐自送败局，反助法焰”。李鸿章说得更无耻；“法船窥闽，我船虽埒，力不敌，不如赔款保和。”⑤清政府在部属离心，海防空虚的情况下，又受到福州舰艇全军覆没的沉重打击，不但没有屈服，反而毅然下诏宣战，应该肯定这是清政府决心抵制法国威胁的胆略，也及时反映了中国人民不畏强暴，反对外来侵略保卫祖国的坚强意志，维护了国家尊严。这一正确、及时的决策，不仅大大鼓舞了各族人民的抗法斗志，对外也产生了积极的影响。蠢蠢欲动的列强，莫不以为清政府必定经不住压力而屈服，但宣战诏书一下，全国人心振奋。事实在说明：中国不可侮。

（二）粉碎了法国侵略者军事讹诈，打乱了他们的军事部署。以孤拔为首的一批殖民先锋，一贯轻视中国的实力，他初到越南时曾夸口中国军队不堪一击，当他在山西受到黑旗军的沉重打击，依仗密集的火力才侥幸逃脱厄运后，又以“黑旗军的战斗力比清朝正规军强”自我解嘲；当他率舰队到我东部沿海骚扰时，又狂妄叫嚣：几千人就可使中国沿海七省不安，他的舰队完全有力量攻占旅顺、烟台，威胁中国直隶津京地区。⑥但在基隆被守台军民痛击之后，虽不认输，却一再要求增加三倍兵员，才能完成攻占台湾或北犯计划。⑦而当时法国的手伸得很长，重心在欧洲和非洲，不可能很快在远东投入更多兵力。于是同意巴特纳等人的袭击马尾的讹诈方案。他们认定将福州舰队击沉，将福州船厂击毁，平掉部分炮台，摆出北上威胁华北的姿态，清政府便惊慌失措，接受赔款、撤兵条件。因此，袭击马尾，是法国侵略者讹诈的契机。而清政府的宣战，对全世界痛斥法军暴行，便及时粉碎了法国当局的讹诈，将法国置于十分被动的地位，也打乱了它的军事部署。要增兵北犯，或攻占台湾，在短期内做不到，只能让远东舰队游弋海上，执行形式上的封锁，又有失体面，心中不甘。面对清政策增兵越南，加强沿海陆防措施，法国当局已无计可施，被迫知难而退，着手寻找阻力小、收获多，又可体面下台的妥协方案。法国外交官在外交场合，从武力解决、漫天叫价降低到以“天津条约”为基础，这就是茹费理接受和谈的背景。事实已经证明，如果没有对法宣战的决策，法国侵略者讹诈、威胁的局面将会拖得更长，中国人民付出的代价将更大。

三、乘胜议和，是阮朝政府投降附敌造成的恶果

几乎所有以强凌弱的侵略战争，都在交替运用军事进攻和外交讹诈两手策略，法国侵越侵华战争也不例外。而且由于它自身的虚弱，欧洲、非洲的纠葛又使其不能集中兵力于远东，就更重视运用外交讹诈来达到目的。因此，无论中法战争的前期和后期，一直存在军事冲突和外交谈判两条战线。尤其是观音桥事件之后，法国侵略者摆出加强军事行动的同时，特别重视外交讹诈活动。双方的触角在北京、天津、上海、巴黎、伦敦……以各种方式向对方试探。中国海关总税务司赫德也一度奉命出场。但由于介入谈判者的用心不一，国内主战主和两派攻讦不休，各国外交官们又企图混水摸鱼。以致头绪纷繁的多头接触徒增烦扰，两国专司谈判的外交官都昏头转向，不知所措，惯于看风使舵的赫德，趁机揽住谈判大权，设法直接与茹费理挂勾，正好茹费理也在寻求体面妥协的机会，于是，中法之间的真正谈判，在1884年2月底，已暗中在巴黎进行。[⑧]经过三个月的相互摸底，讨价还价，到1885年3月中下旬，双方条件大体接近，等待完成草签过程中的外交手续。但法国当局有人不甘心就此了结，妄图再向清政府施以军事压力，攫取更多的让步，便不顾前线军官的反对，下令夺取广西

边境重镇龙州，于是发生了3月23至25日的镇南关战役。

镇南关战役，也和其他战役一样，是双方政治策略的延续，但又是一次十分复杂，影响深远、发人深省甚至带有神秘色彩的重要战役。它之所以受时人瞩目，为后世关注，不仅在于军事方面出现神话般的、神秘莫测的急剧变化——装备精良、准备充分、志在必胜的尼格里旅团，一夜之间便溃不成军。更重要的是这次带戏剧性的战役的变化，在政治上、造成了十分深刻的、值得探讨的影响：长期受法国大资产阶级称赞的茹费理，一直在中法战争中掌握主动权。正在他胜利渡过不大的难关之际，却为了想再捞一点油水便出乎意外地出现了镇南关、谅山溃败而全局败坏，全国哗然。使他失去总理宝座，成为臭名昭彰的“东京佬”；而清政府则因为在镇南关大捷之后没有乘胜直追，仍然批准停战、撤兵草约而沦为国贼，一切成就都被剥夺殆尽，相比之下，耐人寻味。

法国人民唾弃双手沾满鲜血的刽子手，充分显示了这个伟大民族的正义气概。而我们对清政府的批判，虽然反映了历史前进的步伐和爱国热情。但其中将某些应该肯定的因素，也当作谬误予以扬弃，则不能不深入研究，分清是非。

（一）1883年8月越王阮福时死后，越南政局发生了严重分化。一派投入法国殖民主义者的怀抱，借助法国势力夺取、巩固政权，逐渐得势；另一派以国家民族利益为重，坚持抗法，因得不到有关方面支持，顶不住法军的打击，日渐衰弱。到1884年秋，法国军队完全控制顺化王朝中央政权之后，阮朝政府在中法冲突中，便由袖手旁观发展到为虎作伥，暗中或公开协助法军攻击清军。一贯坚持抗法的北圻统督黄佐炎等也因受到王室的责难而徘徊观望，改变态度。使越南的政治、军事局势发生了根本变化：由藩属、友邦、盟友转变为侵略者的小伙计、附庸、帮凶，这是清政府始料不及但又不能不正视的严重局势。

阮朝政府既然自绝于中国，援越的义务也就被它背信弃义的行为捏断了。作为正面临严重边疆危机，台澎被侵占、海域受封锁的清政府，趁机从牵动半个中国的军力、财力、人力的困境中脱身自保，是可以理解的。所以，镇南关之役，清军在痛歼入侵之敌之后，虽然还可以乘胜作更大规模的追击，但鉴于越军已经转向，单靠清军的力量不可能改变北圻局势，若孤军深入，将再蹈北宁覆辙。清政府只好忍痛放弃可望不可及的有利局势，照原计划签约停战、撤军。其中某些错误的造成，清政府本身固难辞咎，而主要是阮朝政府背信弃义、投降附敌所促使。因为在当时那种复杂而紧迫的情况下，清军不可能继续为一个单方面中断了宗藩、友邻关系和援助义务，为侵略者帮凶的阮朝政府去投入无限兵力，代复国土。

（二）《中法天津条约》也和其他不平等条约一样，是帝国主义军事、外交高压的产物。清政府软弱妥协，出卖了国家权益，有难以推卸的罪责。但就越南的沦亡而论，始作俑者是引狼入室的阮福映，最后断送则是阮福时和他的继承者。清政府是在作了一系列努力也无可挽回的情况下，被迫承认阮朝政府投降卖国的既成事实，承认法越间已经签订而又一直不向清政府透露真情的卖国条约。史实俱在、铁证如山，因此，批判清政府在援越抗法过程中曾经出现的犹豫不决，软弱妥协，寄望于列强调解等，是罪有应得，但若夸大宣称是因为清政府的投降政策而断送了越南，将越南沦亡的主要罪责转到清政府肩上，则主次不分，不符合历史事实。至于有人利用我们批判清政府的错误，炮制什么反华的“历史依据”，则肯定是徒劳。

（三）中法战争时期，清政府中有所谓主战派、主和派。有的是对具休决策有不同意见，有的则是借机攻讦，他们的历史作用虽有不同。有的意见，在客观上反映了人民的要求。而他们都是奉行清政府决策的政府成员，很难将他们与清政府分开。更不宜将主战派的意见、行动、功绩记在中国人民反帝斗争的账上，主和派的意见、行动、过失记在清政府账上。其实，李鸿章、徐延旭、潘鼎新、唐炯、张成是清政府委派的官员，他们的失败和过失与清政府的决策有关；彭玉麟、曾纪泽、张之洞、唐景崧、冯子材、苏元春、刘铭传等也是清政府重用的官员，他们的胜利与功绩也很难与清政府的决策截然分开。只有如实反映事实，才能认真总结历史。

总之，清政府作为腐朽的封建制度的政治代表，罪责累累，对旧中国沦为半殖民地负有直接责任。但当它在反对殖民者入侵、维护本政权的利益的斗争中，在客观上与人民的利益一致而维护了人民的利益时，也应该实事求是予以肯定。历史既然充满了这种矛盾，我们总结历史也就没有必要掩盖一面，夸大一面。许多文献其中包括清政府留下的档案、个人著述以及法国档案，都记载着清政府当时在军事、外交各方面艰苦斗争的过程。既然一贯轻视清政府的侵略者，都承认清政府、清军是他们吞并越南的主要障碍，并且和它作了艰苦、曲折的斗争，我们有什么理由和必要在批判它腐朽、投降的本性时抹煞它在和民族大敌斗争中的事迹？如果清政府投降成性，连打了胜仗时也愚昧地签字投降，为什么马尾惨败后却又下诏宣战？！必需既从全局着眼，又从具体分析着手，才能说清问题。

注释：

① 鲍维：《茹费理与法兰西帝国的复兴》，第169页。

② 见《中法越南交涉档》，第817页。

③ 见越南：《大南实录》第五卷一，第21页。

④ 见《中法战争》（二），第96页。

⑤ 转引自邵循正《中法越南关系始末》，第159页。

⑥ 同上书，第155页。

⑦ 同上书，第163页。

⑧ 同上书，第193页。

试论清政府在中法战争中的外交策略*

庚裕良、田辰

美国刘易斯·米尔额·奇尔先生在《1883—1885年中法战争的外交》一文中曾作过这样的概括："如果能厘清中法战争的复杂头绪，将来也许有一天能搞清第一次和第二次世界大战。"①此话虽有言过其实之嫌，却道破了长期以来一直没有受人们重视的一个重要问题——中法战争中外交斗争的重要性和复杂性。如果说19世纪末叶资本主义、帝国主义掀起争夺原料基地、商品市场和瓜分殖民地狂潮以后的战争已经很难找到只牵连交战双方利害的事例的说法能够成立，那么也可以断言，中法战争的发生、演变和结束，都交织着中、法、越以及有关列强的利害得失，它是一场影响广泛而深远的战争。而发人深省的是，三个交战国的政治家乃至后世的史学家都曾利用这次战争的外交活动作为攻击自己的对手的证据，进而又努力缩小它的影响。因此，认真总结中法战争的外交活动，尤其是总结清政府的外交策略，是中法战争史乃至中国近代史研究中不可忽视的课题。清政府在这场战争中外交活动频繁、牵涉面广、过程复杂，本文只论及其中一些比较重要的环节。

* 原载《广西社会科学》（1987年第三期），第171—184页。

一、对法国的斗争

中法关于越南问题的交涉始于1875年5月（清光绪元年四月）法驻华公使罗淑亚向清政府递交1874年3月签订的“越法和平同盟条约”稿本，并以越南保护者的姿态要求清政府撤回驻越清军，禁止中国军民进入越境；要求在云南择地停泊法国商船。②这份名为敦睦友谊的照会，实质上是赤裸裸的挑战书。20天后，清政府在照复中庄严声明：云南不是对外开放省份，不能停泊外国商船；越南本系中国属国，边境商民自可照旧例自由过境贸易；中国军队有义务入越援剿土匪。③但照会却没有针对“越法和平同盟条约”中关于越南接受法国保护等谬误进行正面驳斥。更有甚者，9月18日罗淑亚再次向总署抄送《法越通商章程》29款及补充专条5项，公然提出越南的对外贸易及税务诸事均归法国管理，清政府也未予置理。同年10月，清军统领赵沃在河阳俘获七名法国间谍，清政府竟同意礼送河内，绝口不提禁止法军到边境活动的事。这当然不是什么谦让风度，而属于外交失策。究其原因，固然与清阮之间的宗藩关系松散，阮朝政府始终未向清政府申报实情有关，但更为重要的是清政府昧于世界局势、昧于外交斗争中的诀窍和惯例。

1880年1月25日（光绪五年十二月十四日），出使英、法、俄大臣曾纪泽风闻法国将向北圻增派军队，便主动求见法外长法来西讷，法外长想不到清政府会主动提出质问，一时不知所措，只含糊其词应付一番，对曾纪泽一再强调的宗藩关系也未置可否，只答复法越并无不和，不必疑虑。④曾纪泽的查询虽无结果，却表明清政府对法国在越南的侵略行径已有所警惕，法国外交人员也立即将清政府的态度与李扬才事件联系起来，建议正式发表“法国不会将完全属于自己的事务让给别人”⑤的声明，中法两国关于越南问题的交涉从此被提到议事日程。

1881年春，法向越增兵之事，在法国各阶层引起反响，议论纷纷。

曾纪泽再次向法国声明：越南国王受封于中国，该国一旦有事，中国不能置若罔闻，并要求法国尽快照复。[⑥]法国外长圣提莲通过法驻俄公使商犀递交的照复再次避开正题，只声明法越之事按照1874年条约办理。[⑦]曾纪泽旋即扶病拜访商犀，详细申述中国依据宗藩义务保护越南的决心及不愿与列强为邻的立场，表现了一个外交官的洞察力和责任心。但他却擅自发表中国愿与法国分享保护权的政策性意见，这种既无原则又不合时宜的妥协，显然在助长侵略者的气焰。

曾纪泽身兼出使三国大臣，外交活动频繁，但自从法国并吞越南的野心暴露后，他深入了解法国当局及各阶层的动向，看到法国的侵略政策已定，绝非口舌所能挽回，建议速派陆海军到越助守，使法国有所顾虑。[⑧]他的策略思想是：我方越强硬、防务越周密，法国进行军事冒险的可能性便越小。[⑨]他还将保护越南视为防止列强拆我藩篱、维护国家威信的首要任务。[⑩]

1881年10月，法国不顾清政府的善意劝告，在向越南增派军队的同时，也不断向阮朝施加政治压力，而阮朝不但不加抵抗，对清政府一再发起的外交支援也保持沉默。清政府只好向法国政府正式声明，不承认越法1874年的《越法和平同盟条约》，希望法国以友谊为重，停止向越南派兵。[⑪]这一维护自己尊严兼顾友邦主权的庄严声明，击中要害，在法国公众中引起了反对侵越政策的强烈反响。

从此，不承认清阮之间的宗藩关系和不承认《越法和平同盟条约》的斗争，便成为中法交涉的中心课题。频繁的外交活动，既反映了清政府极力避开与法国发生军事冲突，谋求政治解决的意图，同时也显示了它为争取时间，加强南疆及沿海防务的斗争艺术。

曾纪泽的活动，给茹费理内阁在通过拨款增兵议案方面造成了许多困难，茹费理及其谋士们便挖空心思，一面造谣中伤，对曾纪泽进行人身攻击；一面将中法交涉从巴黎移到天津，于是出现了李宝会谈及其协议三条。

宝海原是法国外交部处理东方事务的官员，颇了解中越情况，调任驻华公使后，与李鸿章过从较密。这次法国将他推出来与李鸿章会谈的主旨是用谈判来掩护法军北进。所以，会谈一开始，他就提出撇开双方都难以让步的宗藩关系及保护权问题，而将会谈的重点放在用清政府的撤军来换取法国不干涉越南的内政，保证其领土、主权完整的声明；以划分中法巡逻区、留出瓯脱地带来换取开放红河。[12]显然，这些条件对清政府是有吸引力的。可是，当清政府还在广泛征求对三条协议的意见时，法国的远征舰队已控制了河内及三角洲各处重镇。接着又以李维业授首为借口，煽动复仇情绪，大肆向北圻增兵；利用阮福时病死，宫廷内讧的机会，迫胁阮福升签订《越法顺化条约》，控制了越南政局，然后将宝海调回，彻底推翻了李宝协议。清政府从此失去对越南局势的控制，戎机尽失。这一大错的形成，决不单是李鸿章个人的轻率，而是清政府目光短浅，优柔寡断，对法国侵略者的奸诈手段缺乏警惕所致。

1883年8月《越法顺化条约》的签订，使越南政局发生了巨大的变化，但清政府与法国的外交斗争并不气馁，仍坚持不承认《越法和平同盟条约》，坚持保护越南的义务，坚持以实力来支持前定的保藩固圉政策，但由于援越前线不断失利，使岑毓英出关、彭玉麟赴粤、左宗棠驻守长江等一系列颇有声势的军事部署都黯然失色。法国侵略者除加强北圻的军事行动外，也加强了对清政府的外交讹诈，于是出现了李鸿章与福禄诺谈判。

李福谈判，是在法军完全控制了越南政局，基本上控制了北圻重要军事据点的形势下进行的。一个法国海军中校肆意向清政府的总督要挟，为外交史上所罕见。尽管军事上不断失利，清政府还是制定了这样的谈判方针："中法邦交从此益固，法越之事由此而定，既不遗后患，仍不失国体。"[13]具体要求和步骤是：宗藩关系不能更改，通商口岸不能设于滇境，黑旗军不能任人驱逐，不认赔款。应变措施是：一面留以可和之机，一面示以必战之局。[14]与此同时，清政府在军事上也作了相应的部署：命吴大澂、陈宝琛、张佩纶为帮办北、南洋及福建海疆大臣，命张之洞为两广总督，并起用一批宿将，以求尽快充实沿海防务，应付法国的军事威胁。但是，面对政治和军事上的节节失败，揣情度势，放弃宗主权、有限度地开放滇境都势在必行，清政府被迫从“保藩固圉”退到“固守边境”，这就是李福天津简约五款。这一被动局面的形成，主要是越南政局中变，北圻军事失利，不是外交上的失误，更不应过多追究李鸿章个人的责任。

1884年秋，法军虽然已经控制了越南的军政大权，但北圻的抗法斗争却此起彼伏，法国人认为北圻存在一个不受顺化王朝控制的独立王国，而且正因得到清政府源源不断的支援而有恃无恐。在他们看来，要在山岭重叠的北圻山区和这支既庞大又分散的当地武装周旋，不但要投入巨大的兵力、财力，而且很难看到战争的尽头。最有效的办法是尽快压服清政府放弃宗主权、放弃对越南抗法武装的支持。于是出现两件怪事，一是“观音桥事件”这样的小纠纷，居然成为将战火转移到中国沿海的导火索；二是巴德诺在与曾国荃的谈判中，对赔款、撤军问题的追逼，最后通牒之多，语气之横，令人发指。接着，法军又连续在基隆、马尾逞凶。这是中法战争期间，清政府最困难的时刻，列强有关人士都估计茹费理的讹诈计划可能成功。但清政府也估计法国内部的困难，短期内不可能大量增兵，局势不致失控，便以基隆、马尾事件为契机，公开声讨法军以和谈为掩护，毁我船厂的海盗罪行，对法宣战。这一决策，不但鼓舞了沿海沿边各省军民的抗法斗志，而且及时扭转了轻视清政府的各种舆论，孤立了法国侵略者。从战略上说，这一出乎意料的决策，使茹费理不知所措，进退维谷。当国家的尊严和领土完整受到严重威胁时，清政府不畏强暴，不怕风险，及时作出正确的决策，为保卫国土而战，这是清政府外交史上的奇迹，也是中法战争期间清政府最得人心的决策。

中法双方经过三年的较量，各自都因各种牵制而困难重重，为这场看不到尽头的战争而苦恼，并且都在寻求体面的下台机会。中国海关总税务司赫德看准了时机，充当了秘密中间人，提出了双方都认为可以考虑的停战条件，经过两个多月的讨价还价，终于在1885年3月初达成了停战协定草案。可是，法国当局却贼心不改，竟然用突然袭击龙州来迫使清政府承担赔款。和侵犯淡水一样，法国人再次犯了错误，事实不是法军逼近龙州，而是清军镇南关、谅山大捷。这一突然变局，不但无情地粉碎了他们想趁机捞一把的美梦，而且断送了茹费理内阁，这是中法战争中清军最辉煌的大捷。

镇南关大捷为清政府争得了一个十分有利的军事和政治局势，但清政府竟然不知所措，不但未能及时组织军事上的有效反击，而且未能利用有利的政治局势来争取更合理的停战协定。迫不及待地签署了军事上处于不利地位时商定的屈辱协定，实际上是断送了前方将士用血肉换来的胜利。

清政府这一决策，虽然有其不得已的苦衷，如越南阮朝完全投靠法国，公开声明中断宗藩关系，已无藩可保，而我台、彭被占，当务之急是保全国土；朝鲜局势垂危，不宜南北分兵等。但这种乘胜撤兵，弃藩辱国的协定，毕竟大大挫伤了中国人民的民族自尊心，政治思想方面的创伤要比军事上的失策严重得多，这是清政府外交史上最严重的失误。

二、对越南阮朝的支援

清阮之间的宗藩关系确定于1802年（嘉庆七年），在形成的初期，以弱附强较为明显。随着清王朝的衰微，这种依附也迅速被削弱。到19世纪末，清王朝已岌岌可危，自顾不暇，对越南事务已鞭长莫及，只在严重关头才勉力应付。而阮朝的依附本不出于真心，只有当它的统治受到威胁时才来求助、朝贡，危机一过，便反目相对，一旦有机可乘，还制造事端，从中渔利。因此，即使象征宗藩关系的某些礼仪活动，这时也断续无常，这就是中法战争前夕清阮关系的素描。

1880年（光绪六年），法国侵略者加快了吞并越南北圻的步伐，因威胁到云南、广西的安全，理所当然引起清政府的不安，于是多次向阮朝探询情况。由于阮朝玩弄两面手法，掩盖实情，清政府也无可奈何。

1881年，法国海军部公开向议院申请侵越拨款，公然将吞并北圻、开通红河、通商滇境等联在一起。清政府再次通过外交、商业交往渠道了解法军动态，并期望越南及时振作，加强防范。[15]而阮朝碍于它已接受法国保护，对法越关系守口如瓶。虽迫于事机，有借清军遏止法军北犯的意愿，但在咨文中只罗列“唯求垂念下国世守藩封，速赐解救”[16]一类不着边际的奉承话以图应付。面对玩弄两面手法的阮朝，清政府只片面强调采取怀柔政策，不从大局着眼来根本挽救危局，以致阮朝政权不久便为法军所控制。

1882年2月，法军不顾清政府的一再抗议悍然攻占河内，控制红河三角洲。法军的残暴行径，再次使阮氏朝廷领略到“保护”的滋味，独立的幻想也在许多大臣心目中破灭。阮朝权衡轻重，向清政府求援总算落到实处，从要求增派陆军助守山西、北宁进而要求派舰艇到顺化协防，从要求留唐景崧在北圻筹划战守方略进而要求加派封疆大吏统率援越诸军，一时间求援使节、告急文书不绝于途。法军的无情炮火，果真将这两个若即若离的封建王朝走进抗法战壕当然是好事，可惜，这个刚出现的转折，很快又被阮朝的观望态度所断送。

面对阮朝的一再恳求和越南的严重局势，清政府的确已做到据理力争，竭力助守。确定了“中国为藩篱计，实不能以度外置之，唯有审势量力，中外合谋，以期保全大局”，[17]以及“保护属邦、固守边界都属紧要”[18]的方针。面对宝海的挑拨，清政府还一反惯例，及时通知阮朝派了解情况的大臣到天津共筹对策。

1883年7月，越王阮福时病死，宫廷内讧，清政府还来不及查清情况，而法军已趁机攻占顺化，胁迫新王阮福升签订新约，攫取了内政、外交、财政、军事等方面的监督大权。阮福升已成为法军羽翼下的儿国王，他虽然在即位之初暗中向清政府请封，说什么“下国为势所屈，只得抱恨长叹而莫知所措。兹如循例遣使，则水陆难通，一有为他执阻，更增艰碍。遥瞻帝阙，恋慕弥殷。”[19]其实，这不过是敷衍清政府的一纸空文。阮朝政权既受法军控制，很快就波及北圻，大批抗法官员被撤换，由法国走卒阮仲合之流接管，他们公开出告示禁止越南军民接济、协助清军，即使像黄佐炎这样与清军合作有年的高级将领，也被迫退避自保。局势的逆转，立即增加了援越清军的困难：敌情不明、供应不继、文报难通、士气受挫，连西线统帅岑毓英也一再哀叹“越事如将倾大厦，断非一木所能支。”[20]尽管越南政局已充满了难以挽回之势，但这时清政府对越的策略，还是顾全大局，不提新约，不究违例，着眼于争取阮朝新王幡然悔改，共御强敌。甚至从海防前线抽调军队、装备源源援越，用费之巨，伤亡之多，几难数计。清政府对越南的支援，近乎仁至义尽。

1884年6月“观音桥事件”后，战火蔓延到中国沿海，清政府被迫对法宣战，清政府事实上已从援越抗法转为捍卫国土，军事和政治格局起了巨大变化。鉴于阮朝政府已完全投入法国怀抱，北圻的越军已服从法军指挥，有的甚至已加入攻击援越清军的行列。很多事实已经证明，昔日的藩属关系既已不复存在，也就无藩可保，清阮间的联系也是淡漠、敷衍以至完全中断，这时清政府之所以仍然重视北圻战场，之所以仍然不断增强滇、桂边境的军事力量，目的在于改“保藩”为“固边”，并借以牵制法军在中国沿海的军事活动。即使在镇南关、谅山大捷之后，清政府丢车保帅，确定了乘胜即收的政策，主要原因即出于此。

纵观清政府的对越外交政策，用心虽苦，代价也高，而失误也不少：

（一）优柔寡断

关于阮朝积弱不振，毫无战守部署等情况，唐景崧等人早有奏报，并提出救越之道，首在保全越南土地、人民，不宜只顾保全阮祀等许多正确意见。[21]但清政府却一直在为保存阮祀煞费苦心，既没有及时采取措施扶持、引导阮朝明辨是非，共御强敌，眼看投降派坐大，又未能当机立断，册封新王，稳住朝政。尽管当时清军无力深入顺化，刘永福未孚人望，但北圻尚有黄佐炎等可负重任。正是由于清政府的优柔寡断，给法军操纵阮朝中枢提供了方便，北圻的抗法局面也很快被断送。

（二）越俎代庖

在法军北犯，阮朝一再求援的情况下，清政府派军入越助守是必要的，而且是得力的援助。但抗法不同于“剿匪”，它既是全民族的自卫战争，就必然具有广泛性、长期性。必须依靠越南人民奋起作战，不可能依赖清军在几处要镇布防、黑旗军打几次伏击战就可解决问题。如果清政府将援越清军的饷械的一半，用来装备、供给越南军民，或者如接济黑旗军那样，源源接济越南的抗法武装，可以肯定，清阮之间的关系，清军与越南军民的关系，北圻的抗法局势，都会蔚然改观。

（三）见危不扶

1885年6月，越南咸宜帝阮福明及摄政大臣阮说等不堪法军挟制，率部攻击顺化法军，败走清化，再逃滇边，叩关求援。[22]咸宜的濒危求援，有别于阮福升的敷衍应付，咸宜的铤而走险，更有别于阮福升的两面手法，而且咸宜号召勤王，得到越南人民的拥护，体现了越南人民救国图存的意志。论理、论势、论情，清政府都应予以支援，滇、桂督抚及边区官员莫不热情接待，及时奏闻，但清政府却以阮福升首鼠两端，投降附敌为戒，不予置理，实际上是见危不扶，这是清政府在处理越南事务中最大的失误。

三、与列强周旋

中法战争中的清政府，正处在众矢之的的弱者地位，要在“只论力、不论理”的强权外交圈子里周旋，困难之多，成效之微，是完全可以想见的。纵观这一时期清政府与列强关于越南问题的交涉，即利用列强之间的矛盾来牵制、阻挠法国侵略者的策略方面，虽因懦怯不振，情况不明而失误不少，但也有若干成效。

以往一些涉及中国近代史的论著，一提到清政府的外交策略，几乎都用“以夷制夷”来概括，而论者又多望文生义，提高了“制夷”的标准。所谓“制夷”多被理解为利用列强的力量来制服列强，或者说是挑起列强之间的战争来制止列强的侵略行径；如果只是利用了列强之间的矛盾，借列强的力量、影响以牵制、阻挠、延缓列强的侵略行动，都认为达不到“制夷”的要求，根本说不上“制夷”。因而得出这样的结论：弱国无外交可言，腐朽的清政府根本失去运用“以夷制夷”的条件。或者说，当时列强正在勾结起来瓜分中国，“清政府不可能施展“以夷制夷”的策略。其实，这些评论只涉及清政府外交活动的一个侧面，而且将“以夷制夷”绝对化了。资本主义、帝国主义掀起的争夺殖民地高潮，同时也将世界各国推入“全方位”外交时代，无论强国弱国，几乎都不可能不争取同盟者去对付自己的敌人。因而也不可能不运用“以夷制夷”的外交策略，而“制”的标志，应该是在牵制、分化、延缓敌人的活动方面产生相应的作用，或者说有一定影响。

中法战争时期，世界上几个资本主义大国如德、法、英、俄、美、日、意等之间，在欧洲、非洲、亚洲，既有共同利益，也有矛盾，而后者是主流。它们在对华问题上，也大体如此。有矛盾就有可以利用的机会，就有运用“以夷制夷”的条件，以下是一些主要事例。

（一）利用德法世仇，牵制法国兵力

中法战争初期，清政府就有意利用德法的世仇，令驻德国使臣密切与其外长及首相的联系，摆出联德制法的姿态，接着又以高价购买德国武器等方式进行拉拢，这些活动虽然与德国当时极力鼓励法国到远东冒险的外交政策格格不入，没有得到德方的积极配合，甚至在吁请德国出面干涉法国禁运大米时，还碰了钉子，但是，这些频繁的联系，必然会引起法国政治家的瞩目，甚至会形成压力。法国内部派系林立，当时的确存在反对向越南扩张，反对与清政府开仗的派别。它的形成固然有多方面的原因（如经济利益等），而担心德国不怀好意，需要以全力保卫本土，则是反对派常提的理由。清政府越拉拢德国，对茹费理向远东扩张政策的牵制就越大，这也是限制法国不能在远东投入过多兵力的原因之一。

（二）利用英法争端，限制法军在中国沿海的行动

法国与英国在欧洲、非洲、亚洲的矛盾是众所周知的，即使清政府不涉足其间，这种斗争也会愈演愈烈，事实上，清政府的涉足的确起了一些微妙的作用。

当法国的触角伸向越南北圻的初期，清政府估计自己的实力难以与法国抗衡，曾建议越南政府主动向欧美各国开放红河，并特别令曾纪泽鼓励英国不要落于人后，这显然是想利用列强之间的矛盾、英法之间的争端来遏止法国人的行动，英国虽然自顾一时难以与法国在越南争雄，将兴趣放在从缅甸进入云南，但清政府招商局在越南的活动，却引起英商的兴趣，也引起法国当局的关注，他们担心其中有英国、德国财团的影子，因而加剧了双方在远东的矛盾。

中法战争临近爆发，清政府在吁请英国出面调停时，英国政府态度暧昧，甚至想讨好法国，压制中国，说什么英国只在中国的要求可能为法国接受时方愿出面调停。[23]为了要在对华问题上与法国采取一致

行动，以重新建立英法间的“一种亲密关系”[24]，英国当局竟然置清政府“中法之间的战事将不可避免”[25]的忠告不顾。清政府在碰壁之后，也找到一些新途径，即同时争取英国商人尤其是与中国商业来往密切的商界巨头，反复向他们强调：如果法国不加节制，挑起一场入侵中国的战争，很可能会诱发一场良莠难分的排外运动，届时政府未必能够完全控制局势，势必波及在华的外国侨民的商业利益、生命安全，英商集中的五处通商口岸、长江流域的大城市，更是首当其冲。这些显而易见的形势分析，理所当然地会引起英国商业界的忧虑，引起英国当局的忧虑。所以，英外交大臣葛兰维尔曾坦率地对法驻英公使瓦定敦说，他不断受到高级人物的有力敦促，要求法国有所节制，并接受调停。[26]而法国当局自然也十分了解英国在远东的实力地位和商业利益，为了平息英商的抱怨和讨好英国政府，便被迫限制法军在中国沿海的骚扰范围，甚至在攻袭淡水时，也因市区有英国公司而限制法军只能攻击市郊。这就相应地束缚了孤拔一伙的手脚，也是使他们在基隆、马尾、石浦、镇海等地肆虐后进退维谷，一筹莫展的原因之一，这与清政府施展“以夷制夷”的外交攻势是有关的。

（三）争取美国，稳住日、俄

中法战争期间的美国，在许多方面还不能与欧洲的列强并驾齐驱，但已是世界事务尤其是远东事务中一支不可忽视的力量。清政府吁请美国出面调停，目的很明确，是为了孤立法国，尤其是将招商局的商船改挂美国旗一事，绝不只是消极地逃避法舰的攻击，而意味着中美暗中妥协对付法国的海上封锁。它不但引起法国当局的猜疑、忧虑，也削弱了法国海上封锁的影响。所以，法国当局虽然大骂美国不够朋友而怒气冲冲地拒绝美国转达的调停方案，但它在决策上却不能不考虑美国在日益靠近清政府并已从中得到好处所引起的一系列问题，美国的牵制作用也是显而易见的。

对于虽没有积极卷入中法交涉，但却虎视眈眈，伺机而动的俄国、日本，清政府采取了稳住阵脚的策略。鉴于周围形势的恶化，清政府十分担心日、俄趁法国挑起越南纠纷之机在朝鲜或华北边境制造事端，进而和法国勾结，形成南北夹击之势。而日、俄两国也的确在密切注视越南和中国沿海事态的发展，寻求下手的时机。例如日本曾提出为法军解决煤的供应问题，为法军伤员提供医疗基地，由俄国代管法国在华侨民等，都是当时比较敏感的问题。由于清政府采取稳住日、俄的策略，总算基本上渡过了难关，在中法战争期间，朝鲜虽然出现过动乱，但很快便控制了局势，到1885年春，朝鲜问题有再次升温的趋势，而这时清政府已可以从越南抽出手来应付新的挑战了。

总而言之，清政府在中法战争期间的外交活动和政策，因受政治、经济和军事实力的制约，加上落后的思想意识的影响，处境的确艰难。以一个没落腐朽的封建王国迎击一伙野心勃勃的资本主义、帝国主义的挑战，经济、军事实力薄弱固然是失败的症结所在，而缺乏有力的思想武器，也是清政府外交陷入困境，无力自拔的重要原因。前者已是众所周知的事实，后者却尚未受到应有的重视。从越南纠纷被列进中法交涉日程之后五年多的情况分析，曾纪泽利用各种机会仗义执言，揭露法国殖民主义吞并越南、染指滇疆的阴谋，可以说得上侃侃有力，清政府中许多仁人志士也为挽救越南大声疾呼，四处奔波。但是，他们凭借的思想武器，总是离不开"保藩固圉"的老调，"固边"当然义正词严，无可厚非，而"保藩"则是肯定"越南修贡二百余年"的藩属地位不能动摇，同时也是肯定清王朝的宗主国地位、册封受贡特权不能改变。所以，他们在对法交涉中都是用宗藩关系赋予的封建特权去反对帝国主义强加给越南的殖民地特权。宗藩关系的羁绊比殖民地统治也许宽松、脆弱，但是它同样具有不平等性质。因此，只要清政府在为了维护已为时代所淘汰的宗藩特权，它在批判、反对建立殖民地特权的斗争中，就必然受本身条件的限制而软弱无力，很难改变被动局面。这就是清阮之间总是若即若离，同床异梦，不能共赴戎机的根本原因，也是清政府在与列强的周旋中理不直、气不壮的主要原因。

历史潮流既已着手消除落后的宗藩关系的陈迹，正如后来消除殖民地陈迹一样，是任何力量都难以挽回的。这是清王朝必然失败的总趋势，也是它的外交策略困难重重的总趋势。我们之所以要深入论述它的外交策略，不过是在清王朝覆灭的总趋势中，勾画出这种趋势中一些起伏所构成的曲线，以便于汲取教训。

注释：

① 该文系美国华盛顿大学历史系1978年博士论文。

②③④ 郭廷以等编:《中法越南交涉档》第一册，第3、12、148页。

⑤ 1880年1月29日巴德诺致法兰西讷函，见法国外交部档案《政治通信中国》第58卷。

⑥⑦⑧⑨《中法越南交涉档》第一册，第148、149、168、230页。

⑩ 中国史学会主编:《中国近代史资料丛刊·中法战争》(下称《中法战争资料》)第四册，第268—269页。

⑪⑫《中法越南交涉档》第一册，第177—178、534页。

⑬⑭⑮《中法战争资料》第五册，第332、334、88页。

⑯《中法越南交涉档》第一册，第273页。

⑰⑱⑲⑳《中法战争资料》第五册，第89、143、253、312页。

㉑㉒《中法战争资料》第二册，第59、222页。

㉓㉔《中法战争资料》第七册，第185、184页。

㉕ [英]季南:《英国对华外交》(1880—1885年)中译本第92页。

㉖ 中国近代经济史资料丛刊编辑委员会主编;《中国海关与中法战争》，第49页。

李宝谈判的由来、实质和影响*

中法战争期间，中、越、法三方的执政当局所面临的复杂、棘手的国内、国际形势，迫使他们不断改变策略，在不同的场合不同的对手面前，以不同的脸谱登场。或谈或战，忽进忽退，以致侵略战争中常见的外交讹诈重于军事攻击的丑剧在这里表演得更为充分。人们常说的“中国不败而败，法国不胜而胜”的不甚确切的结论，似可说是没有充分了解内情而片面强调军事进退而忽视外交斗争的结果。

中国近代史学术界根据常规以军事冲突为主线，将中法战争的界限始于1883年12月16日的山西失利，终于1885年3月下旬的镇南关大捷，对在此之前或以后的频繁外交活动，概作附件补前缀后，似已约定俗成。其实，法国当局围绕越南的主权、地位等问题向清政府施展的外交攻势，至少可以上溯到1881年秋，而且其激烈程度和影响并不亚于几次激烈的战役。较为世人瞩目的有曾（纪泽）法（法来西讷）谈判、李（鸿章）宝（宝海）谈判、李（鸿章）脱（脱利古）谈判、李（鸿章）福（福禄诺）谈判、金（金登干）茹（茹费理）谈判等，这些外交活动，表面上彬彬有礼，实际上却是赤裸裸的讹诈，往往左右战局变化甚至影响政局起伏。由于这些斗争大都在特定的条件下以外交语言表述，或以绝密方式传递，不少内幕在当时固鲜为人知，即百年之后有的仍然未充分披露，因而很难说对中法战争史以及中越法三方的

---

* 原载广西中法战争史研究会编:《中法战争史论文集·第四集》，广西人民出版社，1992年11月版，第168—182页。首发于《学术月刊》1992年5月号，上海：上海人民出版社1992年5月，第68—73页。

外交策略研究没有造成影响，某些一向视为正确的结论也很难说完全充分。我因工作之便，接触中法战争有关档案的机会较多，感触较深，特就1882年11月下旬在天津进行的李鸿章与宝海谈判的背景、实质、撤使毁约的内幕和影响等，放在中法战争的全局中作些探索，以教正于方家。

一、李宝谈判的背景

1862年，法国当局为了落实徒有虚名的《凡尔赛条约》并攫取更多权益，回师扰越，迫胁阮朝签订《柴贡条约》，建立以西贡为中心的南圻殖民统治，接着又得陇望蜀，将魔掌向北延伸，只是限于本国处境及欧洲局势，才被迫暂时收敛以待时机。

1873年堵布益强运军火、私盐纠纷为法国当局提供了北侵借口，西贡总督以调解为名派安邺率军北上，妄图凭几艘炮艇和数百陆战队员平定北圻，幸黑旗军及时赶赴前敌，1873年12月21日河内罗池一役，安邺及其副手班尼以下数十人伤亡，只得收起打通红河的计划而龟缩河内。随后，法军竟使出海盗伎俩，扣押阮朝谈判代表为人质，迫胁阮朝签订《法越和平同盟条约》并别有用心地以交还河内城、承认越南自主，加强越南海军等为诱饵，控制越南阮氏王朝的内政、外交。至此，法国当局便自以为完成了在整个越南建立殖民统治的前期法律程序，于是致力于排除清政府对越南的影响，割断清阮宗藩关系，加快北侵步伐。例如法国海军及殖民地部联合外交部针对1881年3月阮氏王朝派贡使到北京求援之事，训令西贡总督严格限制越南阮朝的外交活动，并立即联合向议会申请增派援军的军费。

1881年7月，法议会通过了增派援军拨款案，于是法国援军源源开往越南，西贡总督派李维业率舰队北上，表面上打着驱逐黑旗军、维护红河通航的旗号，实际上是着手控制红河三角洲，着手在北圻建立殖民统治。法外长杜克列曾明确训示驻华公使宝海："内部已原则上同意采取一次强硬行动，以便在事实上确保我们对东京的统治，……我们的计划是在嗣德王管辖的各省建立正式的保护国制度，为了达到这一目的，我们要采取一切必要措施。我们在东京的主导地位将以足够的军事力量为后盾以保证该地区的安全。……您可以从这些绝密的指示中得到启示，以便您处理您同北京朝廷的关系。”①

针对法国的威胁，清政府也采取了相应的对策和措施，如增派广西记名提督黄桂兰率广西防营入越增援，派北海舰艇到越南沿海巡逻，以表明援越态度；在外交方面主要是通过驻法大臣曾纪泽及时、反复向法外交部提出交涉、抗议，曾氏在批评法国殖民扩张政策、维护越南主权、维护清阮宗藩关系的辩论并争取法国政界、舆论界的活动中，有理有节，有一定建树，但曾氏也因而成为法国殖民当局推行扩张政策的障碍。法国外交部便挖空心思，捏造曾氏出言不逊有损法国尊严，以个人意见作交涉依据等莫须有罪名，并单方面宣布不再与曾纪泽交涉越南事宜，改由宝海在北京磋商，还故意造成照会不复，求见不理的不正常局面。目的是避开曾纪泽的锋芒以及由他在巴黎掀起的反对侵略越南的舆论压力，以便调换一个容易蒙蔽、拉拢的谈判对手和对法国影响不大的谈判环境，显然这是法国殖民当局一箭三雕的如意算盘。

清王朝总理各国事务衙门昧于外交情报，不了解法方的险恶用心，对此竟毫无戒备，虽然也曾照会法国外交部为曾氏撑腰，说明曾氏的意见乃奉命行事，曾氏言辞并无不当；但却没有针对法国当局的无理措施据理力争，听任法方冷落、诋毁、抵制曾氏，后来还将曾氏调离巴黎，对法国驻华公使宝海不但不采取外交上的对等措施予以抵制，反而礼遇有加，在北京亲切接见后又专门指定李鸿章作为有特殊权力的代表在天津与宝海协商签订一项解决越南问题的协议。这实际上是屈服于法方压力临阵易帅，用政治认识模糊、策略思想片面、斗争意志薄弱的李鸿章取代思想敏镜、了解敌情、勇于进取的曾纪泽谈判越南问题，首失要着，而总理各国事务衙门是这一严重失误的始作俑者。

二、李宝谈判的内幕与实质

法国当局继决定用武力占领北圻、胁迫阮氏王朝接受保护国条款之后，再压服清政府承认既成事实的两步策略，法军若只是驱散控制红河沿岸的黑旗军及制服北圻统督黄佐炎的部队是比较容易的。但是，如果援越清军暗作刘、黄后盾或直接卷入冲突，法军便会陷入一场即使投入巨大军力也无法在短期内取胜的丛林消耗战，这正是法国当局最忌讳的。因此，他们一再训令宝海关注清政府与阮氏王朝的交往及清军动态，设法稳住清政府，延缓清军援越参战的进程。但任凭宝海如何游说，清廷始终不为所动，而是根据法军不断向北圻增援的情况，陆续抽调桂滇防营援越，并于1882年10月18日明告宝海："扫平这些贼伙以确保安南的和平及中国自身边界的安全，是中国负有的最起码的义务。因此，广西部队目前驻扎在安南的高平省、谅山省和北宁省，……云南部队……屯扎宣光省……这些省份的高级官员尚未决定这些部队是继续前进或是撤回。"[②]一改过去否认有清军留越的回避态度，而且十分坚定。宝海见清政府决心援越，势难挽回，更担心法军在众寡悬殊的情况下会遭受惨败，所以，他要尽力在离京赴沪等候撤离之前，作最后努力："不管事情看来已多么不可挽回，我仍要在如此紧急情况下试图进行最后的努力，以便至少推迟发生敌对行动。"[③]"要做到这一点，就有必要在相当程度上安抚一下中国政府受到强烈刺激的过激情绪。"[④]以"满足中国人挽回面子的强烈愿望，……我称之为民族虚荣心。"[⑤]一句话，宝海在挖空心思玩弄缓兵之计。

宝海于1882年11月27日在天津与李鸿章会谈越南问题，仅两天就完成了协议草案：

1. 当清军从滇、桂边境以外撤退至各自省份至少不越出一定里数时，宝海先生将向总理衙门提交一份声明，法国在这一地区无任何征服意图，并不侵犯安南国领土、主权的公函。

2. 法国要求开放云南通往海上的航道，为了利用这条航道绝对有必要使该航道通至中国某地，以便有可能在那里建立商业设施、商店、货栈、码头等。

3. 为驱逐歹徒，确保东京的安全，两国政府同意在红河至中国边境的中间施划（管控）界线，界线以北由中国监护，以南归法国监护。中法约明，永予保全。⑥

正值法国急剧向北圻增兵、清政府也被迫应急之际，为什么会突然在天津出现“十分友好的会议”，并提出法方得尽实惠、清政府徒有虚名的协议呢？显然与李鸿章、宝海两人的交往有关。现摘录几段他们的谈话记录，当可见其内幕一斑。

早在1882年1月4日宝海在致法国外长圣提莲的信就汇报了他与李鸿章的某次谈话内容：

宝海：“我们于1874年与安南签订协定，由于特殊原因，条约的许多内容至今尚未执行。根据条约，东京的三处港口和红河本来早应向外国开放……我们对别国政府和对我们自己，不仅有权利而且有义务使我们为安南、为我们自己以及一切国家的利益而发挥更为有效的影响。这根本不是人们所传说的征服计划。因此，我不理解中国为何对我们准备做的事激动不安。”

李：“这是因为安南王国是中国的属国，而东京属于安南。因此，中国的宗主权也适用于它。”

宝海：“……我们的计划跟我们1875年正式提交给中国政府的毫无差异，当时并未引起任何明确的抗议……难道中国曾参与安南与法国之间的争端吗？它干涉过导致占有下交趾……的武装冲突吗？或者参加过确认这一征服而举行的谈判吗？……一切都证明，安南对中国的依附关系不过是名义的而不是真实的，这样的关系，你们犯不着牵连到一些使你们必须反对我们并会危及法中两国目前存在的如此友好和相互信任的事情中去。”

李：“这么说来，你们并不打算用武力来灭亡安南王国吗？你们愿意让它生存下去，它的主权不会受到威胁是吗?”

宝海:“绝对不会的，如果我们派兵去东京，他们将作为治安部队而去，嗣德帝本人也不会不赞成他们的帮助。……这并不是征服。”

李:“啊！如果真的如此，事情就同人家对我们说的完全不同，我衷心感谢您上述的解释，它可以完全解除我们的忧虑，我请您对总理衙门重复一遍您刚才对我说的话。”⑦

可见，正当曾纪泽在巴黎慷慨陈词抗议法军侵占北圻时，被宝海誉为在中国政坛上举足轻重的李鸿章已被宝海一席甘言解除武装，他不但为法国当局冷落、抵制曾纪泽壮了胆，而且也为宝海向总理衙门游说出了点子，理所当然，也为李宝下一轮会谈奠定了基调。

1882年11月27日，李鸿章到天津法国领事馆与宝海会谈，法国领事馆狄龙，李湾章的随员马建忠、罗丰禄在座。

在简短的开场白之后，宝海便将上次与李鸿章及总理衙门游说的一套搬出来:“首先让我们撇开有关保护权或宗主权这样的理论问题不谈，因为目前讨论这些问题只会枉费口舌。……我们（在安南）想干什么呢？我们要履行1874年的条约所规定的义务，维持东京的治安，保证红河的自由通航。……这难道是征服吗？当然不是。……请别忘记，我们强烈的愿望是给云南和海上之间建立一条便利的商业通道，在安定的条件下开发东京的矿产和其他资源，……因为是在你们的边界附近消除黑旗军匪徒，你们的利益跟我们是一致的。”

经过宝海反复解释后，李鸿章严肃而友好地阐明清政府的意图：同意开放云南边境贸易，但蛮耗不能作对外口岸；宗主权必须保留，对法国在东京的行动可以不予过问。

当宝海虚晃一枪提出:“我不坚持请你们撤军，但我建议你们这样做”时，李鸿章竟满口答应，“立即请朝廷降旨撤军。”⑧

仅三小时谈判达成的协议，使这位本来已处于走投无路，打算到上海候讯离境的宝海竟然使李鸿章拱手送上宗主权，大开云南大门，而且率先向清廷建议单方面撤军，这就难怪宝海得意忘形，连连向上峰报告取得了“难以置信”的胜利。

五天之后，李宝举行第二次会谈，李鸿章听到宝海提到援越清军曾到河内活动的消息时，对请旨撤军十分积极，当场应允以最快的速度命令桂滇防营撤回，而宝海的对等措施却是：“不会以任何方式妨碍我军的行动。”[⑨]也就是说清军的撤退不影响法军的增援。

正当宝海忙于会报胜利果实之际，法国政坛更迭，第二次组阁的茹费理决心用武力占领北圻而不再顾虑清政府的干预，对清军的进退已不感兴趣，对宝海骗来的清军撤回边境的胜利也不屑一顾。相反，对宝海即使表面让清政干预北圻部分地区事务的许诺，也认定是不能容忍的让步。便于1883年3月5日发电报结束宝海的驻华公使职务，李宝的三条协议草案也随之被茹费理撕毁。

三、李宝协议的评价

1883年2月，茹费理一上台便撤使毁议，大举向北圻增援，公然进攻山西清军阵地，爆发了中法正面军事冲突，接着便在越南全境建立殖民统治。因此，茹费理的狰狞面目已举世公认，而另一个殖民主义吹鼓手宝海却一直披着“受害者”的外衣避过了批判，当然，所以要揭穿宝海的丑恶面目，主要是为了更充分揭示法国侵越政策的演变过程。

（一）李宝谈判及三条协议，是法国殖民扩张政策的组成部分

正是因越南一直是清朝的藩属，所以“自1874年以来，一直决定着法国的态度”，法国于是用“安南的主权和完全独立”来割断清阮间的宗藩关系，排斥清政府对越南事务的干预。[⑩]只因各方阻力太大和自身实力不足，法国才没有继续进行南圻六省那种的吞并，正如当时的海军及殖民地部长所说：“欧洲的局势不容许法国以费时伤财之经营为累。”[⑪]但法国历届政府都以不尽相同的方式在执行这一政策，宝海也

一直在遵守、坚持，甚至有所发展。如他在1881年7月12日致外长圣提莲的信中，甚至情不自禁地流露出染指中国的心情：

中国人不无道理地认为他们取得了一个真正外交胜利（按：指中俄谈判收回伊犁），我已向阁下指出过，这会激发他们傲慢情绪从而产生恶劣的后果，因为他们自以为是不可战胜的，只有在他们担心会失败时才会变得灵活些。因此，我发现他们比任何时候都更加固执、更加居心叵测、更加抵制我们的思想、更加仇视我们的同胞。……在这种情况下，我们在东京便更需要采取坚定的策略，……只要我们的政策要求我们对可能引起严重不满的中国政府使用报复手段时，我们就有随心所欲地深入中国的领土的可能性，我对这种可能性会为我们带来的种种好处激动不已。……我认为对于法国驻中国公使来说，如何以更为强硬的语气说话，并在必要时用实际行动来显示力量来支持他说的话是绝对必要的。现在，我们在这里只是靠1860年远征的余晖而存在着，然而这种余晖已很遥远了。……但是，一旦东京成为法国的殖民地，我们的局面立即会发生根本的变化。⑫

可见宝海对中国人民怀有比一般侵略者更为恶毒的仇恨心理，难怪法国内阁总理兼外长杜克列曾表彰他：“我和您一样，认为我们应该尽可能消除中国政府的疑虑，但同时又不放弃1874年条约给予我们的地位。您是共和国政府观点的忠实表达者。”⑬又说：“当您知道共和国的决策之后——其实您已经预见到了——您就可以策略地、坚定地使这些决策取得胜利。”⑭宝海不但在外交工作上竭尽全力为他已深刻领会的法国殖民扩张策略效劳，而且在如何占领东京，驱逐黑旗军及援越清军方面，也有更为阴险的招数：

夺取河内时，曾引起过一阵真正的惊愕，……当时我们没有利用这一非常有利的局势，而让中国人从惊恐中定下神来，于是派军队来干预。现在应该叫他们的军队滚蛋。……我深信，我们现在就应组建辅助部队，只要我们给蒲真尼主教的15万基督教徒发放武器，就会使我们的事业大有进展。只要一个月，东京就不再有一名黑旗军或黄旗军，也不再有一个中国人……上帝作证，即使我们深深尊重天朝的宗主权，天朝也不会向我们提出进一步的要求。⑮

宝海的殖民主义嘴脸已跃然纸上，如果说还有什么需要补充的话，最恰当的当然是宝海被撤职后他向主子的剖白：

我认为我们能够通过纯粹和平的途径，以微小的让步使中国接受我们在几乎整个东京建立的保护国制度，同意向我们开放云南，并向我们保证将来红河的平静、领地和我们要开发的所有矿区或农区不受任何外部入侵。那么，我要指出，我们将能够获得我们希望的一切和给我的指示要求我致力追求的一切。”⑯

显然，宝海已一语点明了三条协议章案的本质——满足了法国当局短期内的目标，又回答了他如此卖力行动的苦心。因此，大量的史实证明，宝海的丢官不过是政坛上的遮羞表演；他的骗术和胜利果实虽然不受法国政坛新贵的欢迎，而他所奉行的殖民政策，正是法国殖民扩张政策的组成部分。

（二）宝海的欺骗伎俩必须揭穿

法国外交部的档案充分证明，宝海对法国当局即将在北圻采取军事行动是十分清楚的，他甚至决定赶在封河之前到上海等待宣战撤使的命令。可他又为什么在最后关头自作主张提出三条协议草案，三条协议的实质和宝海的真正用心如何？揭开其内幕，不但可完全显露宝海的险恶用心和卑鄙伎俩，而且也可揭示当时法国殖民当局的狂妄和贪婪的一面。

宝海曾任法国外交部高级官员，主管过远东事务，他深知清、阮王朝之间的宗藩关系虽然十分松散，但法军一旦在北圻建立殖民统治，不可能绕过清政府；如果得到清政府的理解，可望大减阻力。所以，他曾根据不同情况，提出大打、早打和安抚中国，从长计议的建议。1882年冬，当他了解到训练有素、装备精良的正规清军源源增援北圻，还可能有英、德教官临阵协助，特别是了解到“中国征兵15万，就是对付我们向议院申请拨款和派遣1500名援兵支援交趾支那的回答。”[17]时，便异常担心法军会在北圻即将爆发的冲突中受到沉重打击，他认为当务之急是稳住清政府，为法军的增援、部署争取时间。对此，宝海在谈判前后给外交部长的会报和辩解信中，也有十分“坦率”的记载。如他在1882年12月20日的信中说：

面对这样的局势，我极为关心的是要防止对峙的部队可能发生的冲突，首先必须使他们脱离接触，而要做到这一点，就有必要在相当程度上安抚一下中国受到强烈刺激的过激情绪。[18]

在1883年3月16日的辩解信中则说得更加具体：

请不要忘记，当时东京正受到两支中国军队的入侵，而这对于行使安南政府1874年赋予但一直未获批准的权利来说，确实比任何其他问题都更为严重，……这个许诺的第一个效果（似乎人们今天对它已忘记得一干二净）是使中国的部队撤离东京，退至边境，从而使我们在众多敌人包围而陷于灭顶之灾的河内驻军解脱出来。如果仅仅是出于这种考虑而无其他，那也不可能促使我向您呈报我们在天津草拟的条款，哪怕只是为了争取时间。[19]

将这些发自宝海内心的表白与在李宝谈判中善意许诺相对照，很难想象，一位道貌岸然，信誓旦旦的法国公使的心灵、手腕竟然如此卑劣。

（三）李宝协议的实质和影响

李鸿章、宝海都是奉命行事，协议草案虽属临时动议，却曾得到法国杜克列内阁首肯；虽甫出笼即遭撕毁，可炮制者和撕毁者的着眼点都在维护法国殖民扩张利益。所以，尽管协议的炮制和撕毁带有若干偶然成分，但却是法国殖民扩张政策的必然产物。随着宝海诈骗面目的败露，协议草案也就变成宝海作伪行骗的道具，一文莫名。但考虑它毕竟是已公之于世并在不同程度反映了中、法当局的对越意图的外交文件，曾经使一些人上当受骗，产生过一定的影响，在揭露之余，就协议草案本身作一些评述，似不无裨益。

1. 协议草案第一条规定清政府从北圻撤回援越清军，法国即发表声明不侵犯越南王国的领土主权。清阮王朝之间自确立宗藩关系之后，清王朝对越南既不干预内政，也从无领土要求，但一直保持册封国王、接受朝贡、保护社稷等宗主权。同光年间曾应阮朝之请，三次派大军援越，都是事平军撤，从无领土、主权纠葛，史有明证。这次清军入越的任务更为明确，即协助越南阮朝遏止法军北侵，保藩固圉。如果法国真如会谈中的保证，“决不实行任何征服计划，也不侵犯安南领土、主权。”[20]威胁既然消除，李鸿章请旨撤军，似无不当。但实际情况却远非如此，宝海在会谈中虽然好话说尽，娓娓动听，但他一再强调法国根据1874年条约赋予的权利，派兵维护红河通航及三角洲的治安这一前提不能更改，也不容论证，而且将这一侵略行径，解析为“不是征服”，只用一纸不着边际的声明来交换清军的撤离越境。李鸿章接受这一安排，实际上就是承认法国的保护权，放弃了清王朝的宗主权；而且，既然越南的内政、外交、军事、经济都受法国控制，还有什么领土、主权可言，所谓保证又有什么实际意义？更有甚者，主持外交多年的李鸿章，竟然只凭宝海的空口许诺，连法国政府的一纸空文都未到手，就迫不及待地单方面请旨撤军，与其说是出于轻信或受骗，不如说是不择手段的谋求妥协。由于法国殖民当局出尔反尔，不但很快撕毁了协议草案，而且利用清军后撤的时机进行增援和部署，李鸿章单方妥协之过失虽未构成，而坐失戎机之罪责难逃。

2. 法方要求开放云南之事，总理衙门早有明文拒绝。李宝谈判的主题，本来只限于越南北圻，只因宝海重新要求而且将开放云南说成对中法双方都有好处，当作签订协议的重要条款之一，李鸿章便慷慨应充，只是提出将通商口岸设在云南境外以维护利权。一般说来，通商并不全属坏事，也不等同入侵，但在政治不平等，经济不平等的不利条件下被迫开放通商口岸、限制税率、搜刮原料、倾销商品，实质上是主权沦丧、是经济掠夺。何况法国殖民当局除攫取云南的财富资源外，还有不可告人的阴谋，用宝海的话则是：

我希望我军尽快占领东京的主要理由之一，是想看到我们的统治一直扩张到毗邻天朝南部边境的省份，便可由于与中国贴近而使它对其侧翼提心吊胆、惴惴不安；同时，我们便有可能轻而易举地深入广西乃直至广州——如果他们给我们口实的话——这样就会使这个国家听我们摆布。而且，我们届时只要依靠自己的正确政策，便可能比1860年更容易成为它的精神上的主人。……通过东京，通过与中国的接触，我们将在这个辽阔的帝国建立起我们的霸权。[21]

因此，对于开辟通商口岸问题，不能书生气十足，只看表面的白纸黑字，而要看到它的实质和影响。

3. 第三条涉及驱逐黑旗军及划界两项。驱逐黑旗军一直是法国当局所梦寐以求的大事，清政府虽有意扶持黑旗军，但在法方强求和李鸿章的影响下，出现屈服压力另行安置的趋势，显然是封建统治阶级在关键时刻的舍车保帅的软弱性的具体表现；至于划界，通常被认为是协议的重要部分，其实并不尽然，协议草案中涉及的“划界”并不是重新划分中越边界，而是设想留出一片名义上归清政府监护或称巡视，实际上是双方都不控制的缓冲地带，如果说协议草案中的“中法在滇桂界外与红河之间之地区划界，界北归中国巡查保护，界南归法国巡查保护”在文字上仍含糊不清的话，宝海在给他上司外交部长的报告中则说得十分明确：

请内阁总理先生注意：……这里指的保护，并不是最终获得领地。[22]

我刚才提到的微小让步，可以放弃一块与中国南部边境接壤、穿过一些未经勘查、住着未开化居民的山岭地区，其界限大小还有待讨论，而且我预先得到保证，在这个地区我们还可以保留我们中意的和任由我们挑选的矿藏资源地点。我在先前的报告中说过，从我们方面说，纯粹是形式上的让步。[23]

因此，这里涉及的划界，只是临时确定巡查保护区域，实际上是宝海玩弄的另一个阴险花招，他抓住清政府不愿与强敌为邻的恐惧心理，抛出这个位置和面积均由法方决定的荒芜山区归清政府巡查保护——与法军的缓冲区——作诱饵，胁诱清政府上钩。很显然，李宝协议本质是中法正式交战前的军事缓冲协议，是中法在越南势力范围的划分草案协议，将协议草案列为清政府勾结法国殖民主义者瓜分越南领土的罪证，有悖历史事实。因为还可找到许多具体事实证明清政府对越南并无领土要求。如中法谈判初期，清政府曾提议请越南阮朝派大臣到京备询并参加谈判，中法双方协商的方案要征求阮朝同意后再定案，只是后来受到法方一再反对才被迫放弃。可见清政府尚无背着阮朝与法方瓜分其领土的初衷，后来李脱会谈中涉及边界时，李鸿章也明确回答：“此系越南土地，亦须与该国王商办。”[24]

总之，李宝谈判及其三条协议草案，虽出笼方三月，即被法方撕毁，它以“草案”面世，立即又以“草案”告终，法国只不过以一纸电令撤换了宝海，而清政府则撤回数十营军队，坐失戎机，得失十分明显；李宝谈判虽然只是一次外交欺诈，但毕竟产生了不能忽视的影响。

首先，法国撤使毁议，主旨不只是不承认清政府对越南的固有宗主权，即使是保留若干类似的影响，而是极力阻止清军援越，极力清除清政府在北圻的影响，这就充分暴露了它急于在北圻建立殖民统治的险恶用心。而清政府则针锋相对，极力阻止法军吞并北圻，既维护藩属也保护自己的西南边疆，一旦发觉受骗，立即饬清军回防。所以，中法双方都通过李宝谈判进一步摸清了对方的意图和策略，并从造声势的试探阶段转入军事入侵和实力对抗阶段；其次，法国当局在侵越战争中虽然也是运用外交讹诈配合军事威胁的惯用策略，但由于实力严重不足、补给困难、牵制甚多，故特别依赖外交讹诈来达到目的。李宝谈判固然是讹诈伎俩，而撤使毁议，摆出气势汹汹的架势也是讹诈故伎，后来的迭次重演，就不足为奇了。清政府在应付法军的威胁进攻方面，曾转被动为主动，给法国侵略者以沉重的打击；而外交方面反而由相应主动转为被动，甚至频频失策，轻易断送了军事方面来之不易的胜利果实。军事方面的教训固然应认真总结，外交方面的教训更应深入探讨。

注释：

①②③④⑤⑦⑧⑨⑩⑬⑭⑮⑱㉑ 法国外交部档案《政治通信·中国》卷60，第345—346、341、401—411、431—444、347—358、12—19、431—471、161、108—110、250、291、323—333、431—471、359—370页。

⑥ 协议文字，中、法文本不尽相同，文义近相。此处摘自法国外交部档案《政治通信·中国》卷60，第431—471页。

⑪ 邵循正:《中法越南关系始末》第66页。

⑫ 法国外交部档案《政治通信·中国》卷59，第250—253页。

⑯⑰⑲⑳㉒㉓ 法国外交部档案《政治通信·中国》卷61，第111—118、243—247、111—118、273、274、111—118、111—118页。

㉔《中法战争资料》册4，第55页。

镇南关—谅山战役刍议*

中法战争是中国近代史以及中越、中法、越法近代关系史上的重要事件，镇南关—谅山战役又是中法战争中的著名战役，长期以来，被公认为中国人民反帝斗争史上的光辉篇章。不少中法战争史专著和论文，曾深入探讨过它的起因、经过和影响，作出了具体明确的评价。毫无疑问，这些努力，都为我们继续探索提供了很好的条件。但是，由于史料、学术思想以及其他因素的限制，对于镇南关—谅山战役的论述，也如许多历史事件的论述一样，曾受到各种影响，仍需要我们继续努力，使它一步一步更接近史实，从而有利于从中汲取教训。

近几年来，我因工作关系，有机会查阅、选编法国有关这方面的历史档案、回忆录、专著等，并做了一些考证，感到有必要对这一历史事件作一些补充，以供研究、讲授中国近代史、中法战争史、中越关系史时参考。

一、战役前的政治局势和军事部署

军事斗争是政治斗争的延续，是解决政治争端的一种手段。中法战争从越法战争演变而成，而法国侵略者的战略目的是吞并越南，染指中国边疆；清政府则出于保持宗主国地位，同时维护自己的边防；越南则处于从藩属国沦为殖民地的危急关头。处在交战状态的三者之

---

* 原载梁巨祥主编:《中国近代军事史论文集》，北京：军事科学院出版社1987年11月版，第166—184页。

中的法国侵略者正凭自己的经济和军事实力，疯狂向亚洲、非洲扩张，虽然受到列强制约，但也得到列强默许，在外交、军事等方面都处于优势。它是这场战争的发动者，许多事件的主动权大都操在它的手中，故影响也较大；清政府虽然已从太平天国革命的沉重打击中逐步复苏，在增强国防力量等方面作了一些努力，但由于封建制度面临崩溃边缘，政治腐败、经济衰退、军备陈旧，加上强敌压境，边疆岌岌可危，尤其是朝鲜及北方领土问题有一触即发之势，使它穷于应付而处于劣势；至于越南阮氏王朝，虽然日薄西山，奄奄一息，但无论是前期的越法战争或是后期的中法战争，它都是当事者之一，战争一直在越南境内进行，它的政治动向直接影响中法双方的政治和军事策略。

（一）法国当局的政治意图

众所周知，茹费理第二次组阁后，更卖力地推行对外扩张政策，在越南确立法国的殖民统治正是他的扩张政策中的重要一环。但是，出于对维护法国利益的理解不同，由于本身利益的差异，当时法国国会中存在反对在东京投入巨大兵力、反对因越南问题而与中国陷入一场旷日持久的战争的反对派。他们在许多问题如经费开支、派遣军队等方面都对茹费理内阁有所掣肘，这就迫使茹费理设法加快侵越步伐，及早摆脱困境。

1884年法国政府一面令福禄诺通过李鸿章向清政府施加压力，迫使清政府签订《中法简明条约》，从越南撤军；一面又派巴德诺用小恩小惠与越南阮氏朝廷妥协，以缓和阮氏朝廷及民间的对抗情绪。从此以后，法国便推行一种较为温和、介于并吞和建立保护权之间的殖民统治，以威逼、诱骗阮氏朝廷再次声明完全接受法国的保护，断绝与清廷的宗藩关系。这时，法国统治者便确认他们在越南建立“保护权”制度的工作已基本完成，剩下的工作是建立殖民制度方面的行政事务。例如：茹费理在给巴德诺的信中就这样说：“我们在东京采取的行动不会再遇到重大的困难。在这种情况下，我认为有必要将法国与安南之间因最近事件造成的新关系从根本上处理一下。至于中国，目前我们可不必担心。"[①] 这样一来，他们也可应付国内反对派的指责。

但是，法国当局还担心清政府中的主战派会从中作梗，暗中支持越南的抗法力量。正好这时由于米乐总司令的急躁冒进、杜森尼中校的蛮横无理，发生了观音桥事件。法国当局便紧紧抓住这一难得的机会，以攻为守，用贼喊捉贼的伎俩，向清政府施加压力，将战火烧向中国沿海，提出赔款、撤军、弃越三条无理要求，否则将自行夺取赔款的担保品。他们满以为只要法军攻占基隆、炮轰马尾，摆出北犯大沽的架势，[②] 清政府必然乖乖坐到谈判桌边签字。

北宁战役之后，法国军事当局从北圻抽调1000多陆军及山炮连由杜森尼中校率领，组成"福摩萨兵团"支援孤拔，但孤拔要求的是3000~5000人，才能占领基隆及附近据点，如要北犯，则需要数万人增援。显然，当时法国无力作这种冒险，所以一再电诫孤拔切勿妄动，[③] 甚至告诫他在淡水的军事行动也只能限于郊外，不能波及市区，以免影响欧洲人的贸易利益，加上当时的海上封锁，也不见得有多大实际意义。鉴于局势严峻，茹费理一再降低赔款数字，寻求体面的下台阶梯。但清政府坚持不能支付赔款，连一贯赞成妥协的李鸿章也拍案而起，说出宁愿九州沉沦，也不付一文赔款的豪言，可见当时中国各阶层抗法决心之强烈。[④] 茹费理内阁因而进退维谷，一筹莫展，只好接受中国海关总税务司赫德的调停。因此，从1884年冬起，这种讨价还价的交易便在巴黎紧张地进行着。妥协，已势在必行，只是在作最后挣扎，以便争取更有利的妥协条件。

---

① 法国对外关系部档案《资料与论文·亚洲》，第43卷。

② 同上，第44卷。

③ 法国海军部档案BB4—1964、P11。

④ 巴夏礼：223号密件。转引自季南：《英国对华外交》，第151页。

（二）越南阮氏朝廷的动向

由于复杂的历史原因，越南阮氏王朝和清廷之间一直维持着标志封建王朝间实力强弱的藩属关系。19世纪中叶以后，由于封建制度的衰微，清王朝自身已奄奄一息，这种封建等级关系只是徒有虚名，但毕竟还残留册封、朝贡等一些略带羁縻、依附色彩的礼仪形式。就越阮氏王朝而论，虽然有依赖清延的册封、支援来使自己的统治合法化或巩固自己统治的一面，但也具有积极要求摆脱清廷的羁绊的一面，尤其是当它自以为羽翼已丰，具有相当实力时，这种自主的要求更成为主流。因此，这种藩属关系十分微妙，它们之间根据自身的利益而忽亲忽疏，若即若离。

自法国殖民势力侵入越南之后，越南政局就更为复杂、动荡。阮氏王朝面临从藩属国变成殖民地的双重矛盾，但前者不过是名义上称臣受封，而后者则属于吞并而有亡国之灾。如何在两个强国之夹缝间求生存，如何应付和利用两强之间的矛盾，便成为阮氏王朝政治上的主要课题，因而也是它玩弄两面手法的政治背景。从阮福映到阮福时，都一脉相承，不断玩弄借法国势力摆脱清朝的羁绊，借清廷力量遏止法国吞并的各种手法。1883年8月，法国当局逼迫阮福升签订《法越顺化条约》之后，越南阮氏王朝不但接受法国保护，还将平顺等省割让给法国，整个北圻也置于法国管辖之下，越南真是“国已不国”，阮朝中的抵抗派才认清了严峻的亡国局势，决心废除阮福升，向清廷求援。但北宁、兴化战役清军溃退到边境之后，阮氏王朝对清廷的援助濒于绝望，不单是依赖法国扶持而上台的朝臣和法国侵略者沆瀣一气，就连曾经公开抵制孤拔在北圻行使行政权的阮文祥、阮说等也改变态度，转而讨好法方。法国驻顺化代办在致交趾支那总督的信中说：

……自从我们占领北宁以来，以阮文祥、尊室说两位摄政王为代表的安南政府，似乎开始转向我们一边。在此之前，他们显然没有放弃过抵抗的念头，他们总是期望发生某种事情，使局势变得更与我们不利……自从北宁一战之后，一切都发生了变化，中国的鬼把戏像纸牌架成的房子，一下子全完蛋了，所有幻想，全熄灭了。这时，第一摄政王安南最精明的首脑人物，马上作出决定，他们知道，他们和中国人的同盟完蛋了，以他为首领和中坚的抵抗派也垮台了。为了避免发生像顺化把他和年轻的国王赶走那样的晴天霹雳般的事件，他急于改变他的策略，……承认我们在宁平任命的官员（引者按：在1884年2月，阮文祥等曾拒绝承认孤拔在山西委派的总督）……处决了屠杀基督教徒而曾判刑的王子，……撤掉省长，逮捕了八个王室领导人。[①]

（三）清政府的政治动向

清政府出于维护自身的边界安全和政治威信，对法国侵略、吞并越南是极力反对的。从宗主国的立场出发，它有助越抗法的义务，而且符合保卫南部边疆的利益。1882年，法国以保护红河通商为借口，派李维业率北圻舰队北犯，使侵越战争升级，清政府也应越南阮朝的恳求，先后从广西、云南派防军近百营入越助守，甚至不顾自己海防力量的单薄，从广东派炮舰到北部湾游弋，以牵制法军在北圻的行动。其间虽然由于边警频传，实力不足，朝廷内部对保藩圉边的政策和措施有许多分歧，对越南阮氏朝廷玩弄两面手法的政治态度有所疑虑，对法国旨在通商的阴谋有幻想和误解，在援越抗法的指导策略和具体措施上摇摆不定，进退失据，甚至坐失良机，造成了损失，在一定程度上影响到阮氏朝廷的抗法决心。但总的说来，清政府援越抗法是严肃认真的。正如光绪九年三月初八日上谕所说："保护属邦，固守边界，均关紧要，亟应妥筹备豫。"[②] 清政府不但曾冒着相当大的风险，动用半个中国的军队和财力来代越守土，1884年6月观音桥事件之后，还冒

---

① 法国对外关系部档案《资料与论文·亚洲》第43卷。

② 《中法战争》（五），第143页。

着法军骚扰沿海、攻占基隆、炮轰马尾、封锁海疆、北犯塘沽的风险，向法宣战，坚持不撤军、不赔款、不承认法国吞并越南。但清政府的援越抗法也受到许多因素限制。如边疆危机日益加重，尤其是朝鲜局势垂危，自己的军事、财政实力都日渐枯竭，难以长期支持一场对外战争；越南阮氏王朝已公开声明割断宗藩关系，接受法国保护，并派军协助法军攻击援越清军；列强频施压力；自己的国土被占、海域被封等。它感到战争继续坚持下去，会出现更加困难的局面，因而也加快了妥协的步伐，寻求体面下台的机会，所以，尽管各战场仍然炮火连天，而当轴者心目中只不过是当作临时应变措施，主导思想已在寻求妥协的时机和考虑妥协的条件。故当赫德一介入调停，并担保能直接与茹费理商量双方都可接受的条件时，清政府就将调停全权付与。到1885年年初，日本的威胁日增，朝鲜局势加剧，从越南撤军势在必行，而对越法间已订或未订的条约已无力去干预，剩下的只是坚持不赔款和保持自己领土的完整。

至于镇南关—谅山战役前的双方军事部署，总的说来，双方都是为了达到各自在政治上的目的。军事部署大体如下：

据法国有关部门的档案记载：1884年秋，北圻的法军为两个旅团，连同炮兵、骑兵等共1.7万余人，配备30多艘舰艇，他们先集中兵力攻击西线的黑旗军、滇军，然后掉头攻击北宁、兴化的桂军。当他们分别将滇桂两军压回边境之后，便认为北圻大局已定，军事行动已基本结束。米乐写给海军及殖民地部长的信说："我已完全控制东京，请你下达政治指令。"[①] 茹费理给巴德诺的信说得更具体；"自从攻克北宁、兴化之后，红河三角洲重新回到我们手中，黑旗军及中国军队的溃败，基本结束了军事行动阶段。"[②]

但是，实际情况远非波里也所料，清军并不是毫无作为地待在边境一边。滇军在积极组织兵力围攻宣光，桂军也在边境集结，活动于

① 法国对外关系部档案《资料与论文·亚洲》43卷。

② 同上。

谅山附近，随时有南下收复北宁、山西，会攻河内之势。波里也见势不妙，又要求增援，将每个连由200人增加到250人，第一旅团、第二旅团连同附属部队共80个连，增加4000人，还增加10个炮兵连，北圻法军达到2万余人，另外还有万余越南兵供他们驱使。他们除分兵留守各防区外，集中在北宁谅山一线的兵力约为1.2万余人。法国当局鉴于在法军增援后清军不敢再冒险南下，而法军在北圻不可能取得更多的进展，故将战略重点放在中国沿海，妄图用加强海上军事行动来给清政府造成更直接的威胁，迫使清政府在谈判桌上作更多的让步。

清政府从1884年8月26日对法宣战之后，已经用“如有侵犯，并力还击”代替过去的“不准衅自我开”，[①] 因此，军事部署上也出现新的局面，如苏元春、方友升、周寿昌等曾迎战法军于陆岸、船头、郎甲一带，不再是消极防守，而是抓住法军薄弱环节，伺机出击；唐景崧也不再如过去只充当联络员，而是奉旨亲率四营赴西线协同黑旗军作战，黄守忠、吴凤典主动攻击宣光之敌等。接着又命冯子材招募团丁成立萃军赶赴前线，命鲍超改道由广西归顺州入越，联络东西两线，前敌兵力达100余营约5万余人。当法军在东线逞凶、攻击谅山时，西线立即围攻宣光，牵制法军兵力。清政府的战略重点虽是加强沿海防御力量，而战略目的则是用加强对北圻法军的攻击，以牵制沿海法军的军事行动，但当时并无驱逐法军、恢复阮氏王朝在北圻的统治的作战计划。

越南阮氏朝廷在军事部署方面则出现十分复杂的局面。它一方面屈从法方要求，派遣万余名士兵配合法军作战；另一方面又不严格限制北圻统督黄佐炎部队的抗法行动。黄佐炎的态度虽然有了改变，在紧要关头观望不前，但毕竟还打着抗法的旗号，有限度地协助援越清军。

---

① 《中法战争》（五），第416页。

二、镇南关一谅山战役的战略目的及兵力部署

镇南关—谅山战役发生在中法双方的谈判代表讨价还价已告一段落，正着手解决签署停战草约的技术细节的1885年3月下旬，而且是法方一手挑起的。这次战役的战略目的是什么，双方的兵力部署如何？这些问题，不但需要在评述战役得失之前予以说明，而且还因为它一直是一桩悬案。

1885年1月，法国当局认为要迅速消除签订条约的最后障碍，最有效的办法是将援越清军驱出北圻。法国政府公开宣布在红河三角洲地区戒严，赋予北圻法军统帅波里也指挥、调动各方力量完成平定北圻的任务和绝对权力。同时下达了“发起进攻，占领谅山，夺取我们尚未占领的北圻土地”的命令。[①] 虽然，波里也在获得一连串的胜利之后，于2月24日给陆军部的电报提出对广西军的基地采取行动的请求，但法国政府却未予以明确答复。可见，法军在攻占谅山甚至炸毁镇南关时，战略目的只限于驱逐援越清军出北圻，并没有侵入广西的计划和部署。等到宣光告急，为了解救宣光的法军，同时也准备将云南军队从宣光赶走并牢固地占领这一个最后的据点，完全消灭兴化上游、红河右岸的黑旗军。波里也率领约翰尼奈利旅4300多人赶往西线，留尼格里旅驻守谅山的任务也只是防止清军再度南下。

3月初，尼格里见清军在油隘、镇南关、七溪一带部署了众多兵力，构筑了坚固工事，运集较多的作战物资，虽担心清军可能南攻谅山，但仍无越界进攻清军的计划。3月16日，他突然接到波里也的电报，说陆军部长令他“对龙州有所动作”，“对正进行的似乎有诚意的谈判将大有裨益”。[②] 尽管尼格里汇报了许多困难，但仍不能改变陆军部长的决定。就这样，迫使尼格里发动一场冒险的进攻。限于兵力，尼

---

① 法国海军部档案BB4—1966。

② 《中法战争》(三)，第438页。

格里的原意，最多也只是“跟踪追入他们一个阵地，在击溃他们之后，随即回来”。[1]所以，完全可以肯定，法军对关前隘清军阵地的侵犯，是为了达到压服清政府承认赔款这一政治讹诈而进行的有限度的军事冒险。

关于尼格里投入这次战役的实际兵力，众说纷纭，冯子材的《军牍集要》及无名氏的《克复谅山大略》估计有万余人；黎贡德的《法军谅山惨败》及一些法方著作则说仅为千余人，加上总预备队共计2千余人。事情过去一个世纪才着手核实参战人数，的确有许多不易克服的困难。但从法方的档案及记述中也还可以找到一些蛛丝马迹，证明法军参战人数虽达不到冯子材万余人的估计，但绝不止黎贡德所说的2137人加10尊大炮。[2]

黎贡德的名单上只列了143团狄格营440人、三团的浮尔营327人、外籍兵团二团二营370人，共1100余人，加上预备队，即寿非率领的外籍兵团二团一营及罗北炮队1000人，共2100多人。雅克·阿尔芒的《谅山撤退的真相》则说尼格里留下必要的部队负责谅山的安全，另留两个连保卫同登之外，集中所属部队前往攻击板布（即关前隘）的中国人阵地，计有925支枪、6门炮。但是，我们从法方档案和著作中却发现参加战斗的法军远不止上述的四个营，而且按照当时法军每连250人，每营4连加上炮连计算，即使是四个营也应为4000多人。其实，还有外籍兵团第二团第三营（编制为1011人），东诺的东京步兵营（原属第一旅，该旅调宣光后划归第二旅指挥）。[3]原属第二旅指挥的另一个东京步兵营以及另几个轻步兵营（朱阿夫营）等也参加了战斗。法国海军部档案中清楚记载：尼格里旅属第三、第四两个挺进团，其中爱尔明加率领的第三挺进团（又名“选民”步兵团），由23、111、143步兵营组成，第四挺进团则由外籍兵团第二、第三营和朱阿夫轻步营

① 同上。
② 《中法战争》（三），第444页。
③ 法国海军部档案BB4—1963。

组成，加上旅部直属部队及罗北、萨克雪、马丁炮兵连、骑兵等，共有军官169人、士兵7833人，[①] 所以各营人数绝不止200~300人，因111营上报的伤亡名单为321人，143营的增补名单为262人，[②] 再加上有名可查的两营东京步兵，他们既曾配合111营在正面发动攻击，又曾协同143营偷袭五号炮垒。据初步统计，当时属尼格里指挥的总人数约为万人左右。除在谅山等地留守外，参加镇南关之役的战斗人数当不少于5000人。

关于清军的战略目的，比法军更为复杂。尽管清政府屡颁严旨催各军出关牵制法军，但在前敌的桂、粤、湘、淮、滇、鄂等省部队，分别由潘鼎新、苏元春、陈嘉、冯子材、王德榜、王孝祺、方友升等率领，上级虽三令五申“前敌各军均听潘鼎新调遣，倘有不遵调度，即严参治罪”，[③] 两广总督张之洞也特别告诫粤军“遵旨援剿，听潘调度”。[④] 但由于派系、畛域等原因，各军之间仍然貌合神离、相互掣肘，加以潘鼎新受李鸿章的“宁和勿战”思想影响，战意不坚，排除异己，诿过于人。他一会以“不听调度，不及时援应”[⑤] 参王德榜，一会又用“守关不需萃军”支开冯子材。而当法军北犯，前敌紧急之际，他却撤龙字五营自保。接着从谅山逃回镇南关，退幕府，避海村，致使前敌诸军因无主帅而纷纷溃散，国门被毁，军心涣散，一时也无法制定较完善的作战方案。当时主持前敌大计的张之洞也只要求保卫边境，保全谅山沿线阵地，保持北圻的对峙局面，以牵制法军。所以曾严催萃军在关外截击，不计得失；后来又悬重赏攻复谅山、谷松。冯子材奉旨帮办广西军务后，多方斡旋，统一前敌诸将思想，率部到关前隘布防，潘鼎新还以“士气未复”相阻，前敌诸将掣肘之深，可以想见。幸得冯子材以大局为重，挺身守关，才形成了以关前隘为中心，以油隘、

① 法国海军部档案BB4—1963。
② 法国海军部档案BB4—1966、收文94号。
③ 《中法战争》(六)，第294页。
④ 《中法战争》(四)，第464页。
⑤ 《中法战争》(五)，第584页。

扣波为两翼，以幕府为后援的纵深配置的临时防线，初步形成了严守阵地、伺机出击、诱敌深入、迎头痛歼的作战方案。当时，他们只知法军有“入关取龙”的意图而“思为先发”，并不理解法军实际上是制造紧张气氛的一次佯攻。

因此，似乎可以这样概括：法军攻板布阵地的目的，是为了击溃清军主力，制造夺取龙洲的假象；清军在关前隘布防，是为了痛歼侵入国境的法军。双方都没有更进一步的作战计划。

至于清军参战人数，尼格里曾估计为4~5万人。[①] 由于清军各营人数为300~400不等，也难以核实，大体为冯子材萃军16营、王德榜10营、王孝祺8营、苏元夏10营、陈嘉10营、马盛治6营、蒋宗汉10营、方友升4营、魏刚4营、潘鼎新10营等共约90多营，近3万人，而实际参战的只是萃军16营、勤军8营、毅新军10营、镇南军10营、楚军8营等共50多营，近2万人。越南义军及群众，虽曾与萃军联络，提供情报等，但并未作为军事实体参加战斗，无法也不必计算。

清军与法军人数大约为3∶1，占绝对优势；法军与清军在火力配备方面大约是3∶1，法军占绝对优势。

三、战役胜负的关键

关于于镇南关—谅山战役的经过，不少论著（包括当时中法双方参加战斗的将领的报告和回忆、论述等）已作了相当详细的记述，虽然其中有些细节不尽相同，而眉目大致清楚。这里拟着重新探索这次战役胜负的关键。

（一）扬长攻短是制胜的关键

镇南关—谅山战役之前，张之洞曾令前敌各军不惜任何代价，在

① 《中法战争》（三），第436页。

关外截击法军，以稳住清军在谅山等处的阵地，保持双方在北圻的对峙局面，增强清政府在谈判中的地位。但冯子材鉴于三年来历次战役的教训，除了夜战、伏击能发挥清军优势，避开法军的炮击而取得胜利外，其他作战方式都有许多不利因素，即使打退了法军的攻势，自己也要付出沉重的代价。主要原因是清军武器陈旧，虽然也配有林明敦、温查斯提、毛瑟步枪，以及诺登菲尔德机枪等，但由于为数不多、子弹少、型号不一，不善保养等原因，火力大受限制，尤其是清军的旧式克虏伯炮、臼炮的火力根本不能与法军的新式80毫米、40毫米炮相匹敌，致使战争的主动权几乎完全操在法军手中。清军后来倡议挖地营避炮，也只能暂避一时。冯子材作为一员久经沙场、经验丰富的指挥员，在制定作战方案时，没有盲目听从张之洞“率九营在关外相机奋力一战，胜败俱有可原”的电令；[①] 也没有接受彭玉麟“移数营回救钦廉”的劝告[②] 分散自己的兵力。他还顶住潘鼎新关于镇南关缺粮，不如退守凭祥的错误指挥，而是亲临前线，遍勘从板山到幕府的各处山隘，最后确定在镇南关后8里、幕府前6里的关前隘（隘口）作为痛击法军的战场。事实证明，冯子材这一抉择显示了一位有才干的将领的智慧和勇敢，是取得这次大捷的首要关键。关前隘是一个两面有高山屏障，地势由北向南倾斜的山谷。联结东西岭构筑一道有沟有栅的防御长墙之后，就形成一个易守难攻的理想阵地，不但可以充分发挥清军在数量及近战方面的优势，而且因地形北面宽南面窄、山高坡陡，大大限制法军的迂回战术和大炮火力，使爱尔明加的偷袭徒劳无功，萨克雪、罗北炮队无用武之地。[③] 而清军既能坚守正面的长墙，又可从容从油隘、扣波作侧面抄袭，切断法军的供应线，改变敌我间在武器配备方面的优劣形势。

选择在关前隘与法军决战，还相应拉长了法军的供应线和防守线，

---

① 《中法战争》（四），第463页。

② 同上，第472页。

③ 《中法战争》（三），第452—453页。

使清军有机可乘。法军的前沿基地在谅山，前哨在同登，而谅山到关前隘有30多公里，山峦重叠，只有一路相通，随时有被清军从两翼切断之虞，法军不能不分散兵力保护同登及镇南关沿线各据点。运输线一拉长，不但增加了运输和接济方面的困难，而且暴露防务上的许多薄弱环节。所以，当王德榜抄袭同登，法军的运输就出现了混乱，造成炮弹供应中断，军心动摇。

（二）诱敌入瓮是破敌的中心环节

就这次战役来说，部署了有利的伏击阵地，构筑了坚固的工事，只是完成了主观方面应作的一半努力，更大更难的任务是诱敌入瓮。如果后者不能完成，前者也成徒劳，冯子材将两者完成得恰到好处。当时，他虽然不十分清楚法军的战略目的只是击溃清军主力，伺机向龙州佯动。但他却摸准了法军即将发动攻势的动向，运用先发制人的攻势，迫使尼格里不等运输工具运到就仓促发动进攻，这就大大限制、削弱了法军的战斗力。如果等待尼格里将100头骡子运到前线并修好同登以北的道路，将供应基地推进到同登之后再发动进攻，形势就大不一样。冯子材指挥得当还表现在正面坚守、两翼迂回、纵深援应都能密切配合，形成有机的整体。应该指出，法军对长墙正面的攻击火力是异常猛烈的。法军从三号炮垒上轰击长墙虽有死角，但对西端和中段仍具有相当威胁。长墙内外，弹坑累累，没有高昂的士气和誓死报国的决心，是很难坚守到底的。冯子材看准了这是关键所在，不但全用萃军当正面，而且亲自在长墙督阵，拼死顶住法军进攻，并在法军攻势于三鼓临竭之际，及时联系两翼抄袭敌后，正面也抓紧时机出击，使尼格里四面受击，失去招架之力。完全可以这样说，镇南关战役不但正面、两翼和纵深的兵力配备得当，更重要的是援应及时。如苏元春率部及时支援东岭，有效解除长墙的后顾之忧；麦风标等及时从摩沙抄袭后路，王德榜袭击同登，都给法军极大打击，为正面反击创造了有利条件。

（三）主动出击，使法军措手不及

在镇南关战役之前，萃军及前沿诸军，主要注意力都放在保卫边境上，并没有立即南下收复北圻的计划，因而也没有相应的物资储备来支持南下歼敌的艰难战斗。以前储存的军备，几乎全毁于北宁、谅山；尤其萃军属于新募初来，连简陋的武器尚未配齐。但是，他们在3月24日下午将法军从关前隘击溃后，只经过一天半准备，便于26日中午出关追击，立克同登；27日晚，杨瑞山率前锋迂回谅山东侧，冯子材等于28日分三路攻谅山，先以锐不可当之势攻法军前哨阵地驱驴，致使督战前沿的尼格里重伤。这就等于打乱了法军的神经中枢，不但迫使他们从驱驴溃逃，谅山守军也怕陷于包围圈，丢弃大部辎重逃向屯梅、同松。鞍马甫下，又慌忙逃向郎甲，溃不成军。清军乘胜追击，六日之内，尽复船头、郎甲以北的城镇。

当时，在谅山、驱驴的法军不下7000人，加上构筑的工事，不能不承认有相当雄厚的防卫力量，冯子材等清军将领敢于攻击有大炮、机枪守卫的谅山，而且一鼓而下，应该说他们有过人之勇，更有胜人之谋。因为出关作战，清军自己也面临运输线长、补给不易等一系列困难。这种由勇敢和智慧凝结而成的指导艺术和爱国精神，在当时的清军中是难能可贵的。

四、镇南关—谅山战役的影响

镇南关—谅山战役是中法战争最后一次战役，在军事上粉碎了法军击溃清军主力、向龙州佯动的阴谋，在政治上导致法国内部矛盾激化，迫使茹费理内阁倒台，产生了巨大影响。但是，由于它发生在签订停战撤兵草约的前夕，未给当时处境维艰的清政府带来任何转机，没有成为清政府要求修改草约的筹码，反而加快了签订停战草约的步伐。接着，清政府下了“乘胜即收”的命令，强迫得胜之师入关，不但当时的爱国官兵含恨终身，即后世有志之士也掩卷长叹。其实，这种局面的形成，是十分复杂的，既有军事方面的因素，也有政治方面的限制。而人们多注意政治方面的不利影响，忽略了当时军事上的实际情况。前者固然要如实评价，后者更应认真总结。

（一）镇南关—谅山战役是中法战争的尾声而不是转折

许多中国近代史论著都认为镇南关一谅山战役是中法战争的转折点，清军从此节节胜利，从而扭转了中法战争的局势，只是由于清政府的昏庸，才造成中国不败而败、法国不胜而胜的奇怪结局。1985年钦州—凭祥举行的纪念镇南关大捷一百周年学术讨论会上，有的同志提出另一种意见，从1884年夏季以后，中法双方的注意力或者说战略重点已从越南战场转到我国沿海，因为法军战略进攻的主要方面已转移到基隆、马尾和对沿海的封锁，对中国本土构成了比失去越南更大、更直接的威胁。中法战争的焦点便已从保护与吞并越南转移到加强海防和夺取“担保品”方面。[①] 前一种论点虽已约定俗成，而后一种论点也符合实际，应深入探索，明辨是非。

1884年秋，法军已基本控制了北圻局势，对越南的占领或者说建立保护权，已成定局。他们的注意力已转移到尽快压服清政府承认这个既成事实。清政府为了应付法军在沿海的压力，只好将注意力放在加强海防、确保台湾方面。它之所以还不断向越南加派援军，目的已不再是“保藩固圉”（因为阮王朝已一再公开声明不再承认宗藩关系转而接受法国的“保护”），而是为了迫使法军回救越南战场，以减少或消除沿海的威胁。当时双方的政治、军事形势都已相当明朗，无论海上、陆地的军事行动，都不过是增加自己在谈判桌的筹码的最后努力，战争既不可能再有较大的升级，也无生死存亡的危险。一句话，双方都在抓紧时机争取对自己更为有利的结局。如果说中法战争存在转折

① 《中法战争论文集》第二集，第36—45页。

点，应该是北宁战役。它是中法双方经过长期筹划的一次战役。北宁战后，法军便基本完成了对北圻的占领，而清军则不得不退回边境，因而失去越南广大抗法军民的依靠和信任，对越南转向法方的不幸政局的形成，对清政府承认法方已控制整个越南局势这一既成事实等都有很大影响；另一个转折点则是马尾海战，法国的海盗行径，引起了中国人民的极大愤慨，也为各国主持正义人士所不齿，导致清政府对法宣战，竭力加强海防和向越南增援以牵制法军，使法军顾此失彼，进退维谷，只好接受调停。

1885年3月中旬，赫德一手拉着奕譞，一手挽住茹费理，用连哄带骗的手法使双方同意在津约基础上停战，大势便已定局。余下的工作只是由谁代表中国签字才能更节约时间，如何赋予金登干的合法资格等技术性问题。由于法国陆军部长李瓦尔（或者他的背后还有主使人）异想天开站出来挑衅才形成这场本不应该发生的战役，因此，在军事意义上说，镇南关—谅山战役，是冯子材等爱国军民及时粉碎了李瓦尔们的挑衅，解除了他们对清政府所施的额外压力。由于法军败得很惨，他们不但没有捞到好处，反而成了迫使茹费理内阁倒台的导火线。这一战役对整个战局的影响是巨大的，如迫使法国议会立即讨论通过向越南增援的拨款预算，迫使法海军及殖民地部从台湾抽调伏尔达号战舰及1450名陆军及炮兵连增援北圻等。但是，它并没有能影响法军在我沿海战场上的兵力部署，也未使战局发生根本性的转变，甚至也未对中法战争的结局产生较大的影响，因而不宜说它是扭转中法战争的局势的战役。

（二）如何估计镇南关—谅山战役后的军事形势

奉命向我边境重镇佯攻的尼格里旅团在关前隘溃败之后，原拟退守谅山，他们估计清军会像历次战役那样据地而守，不敢轻易出击。冯子材却一反清军常态，不待军令便率部紧追。尼格里在谅山立足未稳，清军即跟踪而至，而且来势异常凌厉，既有正面攻坚的部署，又有两翼迂回的势头，俨然要夺取卫街，切断法军供应，甚至奔袭同松法军火仓库。尤其是驱驴一战，即使尼格里率领旅部及所有机动部队投入战斗，也难以挡住清军的攻势。尼格里受重伤倒下，法军军心涣散，丢盔弃甲向南溃逃，出现了数十名清军和当地人民追赶数千名法军的奇迹。在一片胜利声中，清政府竟然照原计划在巴黎签署了停战撤兵草约，既没有向法方提出任何新的要求，而且立即令前线停战，并撤兵入关。当时奋战在前线的爱国将士愤慨万分，环跪辕门慷慨请战，冯子材上书保证一年内驱除法军，张之洞、彭玉麟等主战重臣也上疏谏和，全国舆论哗然。后世论者更严厉谴责清政府一贯奉行投降卖国政策，镇南关—谅山战役的胜利恰好成为它求降的资本等。

毫无疑问，清政府的昏庸腐朽本质以及由此而派生的软弱投降政策，是使中国人民蒙受灾难的根源。在这次镇南关—谅山大捷形成的大好形势面前竟然毫无作为，昏庸到使对手也感到惊奇。这些罪行是应该严肃批判的，而且是总结这段历史的大方向。但有些具体情况也应作具体分析，才能更好地从中吸取教益。

1. 1885年2月，日本侵略者对朝鲜的干涉已迫在眉睫，这使清政府严重不安。鉴于自身实力薄弱，不能同时应付两处动乱而与日、法为敌，便急于从中法冲突中解脱，以便全力去稳定朝鲜局势。这种政局的紧迫感，以致迫使总理衙门的大臣们一反端庄故态，将他们焦急的内情透露给赫德，“衙门急于要在日本动手以前使中法事件了结，就命我立刻直接拍电。”[①] 就当时的实际情况而论，朝鲜问题和越南问题在清政府的对外政策的天平上，有轻重缓急之分，是可以理解的。

2. 正当冯子材率萃军收复谅山之际，孤拔率舰队攻占我澎湖列岛，而且有永久霸占建立自由贸易商港与英国占领的香港抗衡的阴谋。[②] 加以基隆沿海被封，局势仍然很紧张，而清政府的海军初成，不能在海上与法海军抗衡。这显然给清政府很大压力，所以战后商议划

① 《中国海关与中法战争》，第184页。

② 法国海军部档案BB4—1964，第11页，BB4—1965，第90页。

界时慈禧还痛心地说："此番立约，实系草草了事，朝廷吃亏在无水师。"[①] 在这种情况下，顾国土与顾藩属可否两者兼顾？就当时清政府的处境和实力而论，弃藩固边，撤军复澎，有不得已而为之的苦衷。

3. 法军从镇南关一退百里，是众所周如的事实。但法军退到郎甲以后的形势如何？则很少有人去了解。而事实上却必须联系后者才能作出合理的结论，因为法军从谅山溃退到驻守郎甲，其间有不可忽视的变化。

法国陆军部及北圻军事当局，在谅山溃退后立即采取了许多紧急措施：例如先后派端尼埃中校、波尼弟波德上校接替爱尔明加担任第二旅的指挥工作，又从宣光调第一旅沿河而下，转赴郎甲前线协助驻守；从台湾孤拔的远东舰队急调一个团并配备炮兵连赶赴海防转往郎甲；还有一个月前从法国增援的5000人已从海防分运河内；法国议会还决定派8000~9000人增援东京。[②] 所以，在1885年4月14日法军便在北圻调整了部署，派罗塞尔·特·可尔西少将为东京部队总司令、华尔比少将为总参谋长、雅蒙准将为炮兵司令、普杜姆准将为总司令助理；波里也为第一师师长，辖第一、第二旅；尼格里为第二师师长，辖第三、第四旅；使北圻的法军总数增至2.5万多人，加上越南冲锋兵共达3.7万多人。而且加强了炮兵、骑兵、炮艇等配置。[③] 显然，他们在很短时间内就在北圻增加一倍以上的军事力量。

但是，南下追击的清军只有40多营，1.3万多人，即使全部出动，甚至加上未赶到的鲍超21营，也不过2.5万人，不但数量及武器处于劣势，而且在军械储备、运输等方面也会随着战线的南移而出现更多困难，这是不言而喻的。

因此，对法军谅山溃败之后的军事局势，应该有较客观的估计。冯子材关于越南人有五大团建冯军旗号，以一年为期可以收复河内的

---

① 邓承修：《勘界日记》，转引自《学术研究动态》第3期，第36页。

② 法国海军部档案BB4—1964，第96页。

③ 同上。

估计，看来过于乐观；彭玉麟“不使黄龙成痛饮，古今一辙使人哀”[1]的悲叹，也不见得有根据，因为清军并没有打大仗、打持久战的物质储备，萃军、勤军、毅新军、镇南军几乎是靠随身的枪弹追敌，加上战线南移政治情况越复杂，北宁溃败的覆辙可鉴，清军在镇南关—谅山战役中已经作出了超越常情的贡献，若不顾客观条件，再要求他们用旧式步枪及劣势的兵力去攻击法军现代化的防御工事，很难说有多少合理性。

过去的论者往往将清政府给张之洞的电旨“……桂甫复谅，法即据澎，冯王若不乘胜即收，不唯全局败坏，且孤军深入，战事益无把握；纵再有进步，越地终非我有，而全台隶我版图，援断饷绝，一失难收，彼时和战两难，更将何以为计?”[2] 喻为投降误国的“十二道金牌”，其实，它是如实估计当时的国内外局势而作出的决定，即使不能说正确的，也可以说是合乎清政府的能力和利益的。因为无论从什么角度出发，都不能要求清政府撇开对它影响颇大的朝鲜局势不管，撇开自己的国土被占、海域被封等一系列问题不管，靠借外债来一厢情愿地为越南复土而投入一场无休止的战争。

总之，镇南关—谅山战役，是中法战争中在政治、军事方面都有深远影响的重要战役，是处于被动地位的清军唯一大获全胜的光荣战役。但因为它发生在大局已定的签约前夕，清政府出于主客观条件的限制，未能充分利用它来继续扩大战果，故没有起到扭转全局的作用；由于清政府当时已无打大仗、长期坚持的计划，冯子材等爱国军民在镇南关—谅山之役痛歼法军并连克十数重镇，已经尽了最大努力。若谓当时完全可以一鼓而下河内，则未免估计过高。因为清军既失去代越复土的政治基础，也不具备长驱南下的军事力量。

---

① 《中法战争文学集》，第68页。

② 《中法战争》(六)，第385页。

中法马尾战役刍议*

中法战争是中国近代史上继两次鸦片战争之后又一次反侵略战争，而马尾战役则是这次反侵略战争中的重要战役，不但是中法战争的转折点，而且对中、法、越的政局以及列强的对华政策、社会舆论等，都产生了十分重要的影响。百年来中外学者尤其是福建的学者曾作了深入细致的研究，取得了丰硕的成果，受教之余，感到尚有一些问题、其中还包括若干重要问题，有待进一步探索，不揣冒昧，试陈管见，以求教正。

一、马尾战役的主要矛盾

任何交战双方或数方的政治、经济、军事、外交方面的斗争，任何国家或政治集团在对内对外作战期间，都不可避免会面临许多矛盾，而这些矛盾又必然有主次之分，其主次地位又往往随着斗争形势的变化而改变。中法战争既然是中国人民抵抗法国侵略者的正义战争，是中华民族的自卫战争，从理论上说，同仇敌忾的范围即反对侵略者的营伍，也应包括当时具有反抗法国入侵的意识和行动而且是这次战争的主持者的清政府官员。因为法国侵略者对中国西南边疆和东南沿海的侵犯，既危害中国各族人民的安全、危害中国主权和领土的完整，同时也危害清政府的权益。所以，在这场以保卫国家主权、领土完整

---

* 原载中法战争史研究会：《中法战争论文集・第三集》，南宁：广西人民出版社1989年1月版，第138—161页。

和人民安全的反侵略战争中的主要矛盾，显然是中国各族人民包括清政府各级官员和法国侵略者之间的民族矛盾。国内统治阶级与被统治阶级之间、统治阶级内部、被统治阶级内部等一切矛盾都因而暂时退居次要地位；就当时的实际情况而论，无论在前期的援越抗法或是后期的沿海御敌，尽管清政府面临列强环伺、危机四伏的不利局势，尽管在财政、军事等方面有许多困难，但它仍然以相当的有时甚至是以主要的力量来对付法国侵略者，作了不少力所能及的斗争，也有一定成效。例如，根据越南局势的变化，不顾自身财政、装备方面的困难，陆续从广西、云南派防营出关援越，先后牵动长江以南各省的财政和军备，在紧迫时甚至不顾自己的海防，抽调广东仅有的两艘海防舰艇到越南洋面声援；在外交方面曾纪泽、李鸿章等人的努力更是众所周知的。其中虽失误不少，但主流是抗法。而抗法是符合中国各族人民的最高和长远利益的。历史既然赋予中国人民抗法的任务，一切有利于抗法的斗争，都是这场反侵略战争的组成部分。对清政府的决策措施，应该放在这一最高准则下进行综合考察。

但是，相当一部分关于中法战争史、马尾战役史以及有关人物评价的论著，往往忽视民族矛盾是第一位的这个大前提，对于当时中国各族人民的主要敌人，中法战争、马尾战役的罪魁祸首，狡诈残暴的法国侵略者孤拔率领的远东舰队的罪行竟一笔带过，而将批判的火力、满腔怒气集中在清政府、张佩纶、何璟等人身上，甚至不惜以闾巷传闻为据，不断上纲，将他们说成马尾死难烈士的对立面。这不是说没落腐朽的封建制度、昏庸无能的清王朝政府以及福建的守土大员不该批判或者没有过失，而是应该分清主次，具体问题具体分析。之所以要重提这些众所周知的大道理，是为了方便以下具体问题的论述。

二、马尾战役的背景和地位

1883年夏，法国侵略者乘越王阮福时病死、王室内讧之机，不顾北圻军事上屡次失败的不利局势，派遣法国东京分舰队司令孤拔率部南下攻占越南首都的门户顺安，挟持越南新王阮福升签订《越法顺化条约》，控制了阮朝的内政、外交和军事大权。法国当局便认为吞并越南的大局已定，没有必要再和清政府打交道，决心用军事行动扫平北圻的抗法武装，将援越清军赶出北圻，以既成事实来迫使清政府放弃对阮朝的宗主权，进而彻底消除越南抗法志士对清政府的幻想和对清军的依赖。法军经过短暂的准备后，便于1883年冬相继发动了山西、北宁等一连串战役。援越清军虽然不甘"属国"沦陷，从声援、接济军需发展到代越守土，逐渐转化为与法国军队直接对抗，但却因前线指挥失误而一败再败，被迫退守边境。

经过山西、北宁等战役之后，侵越法军虽然控制了北圻的军事要镇，并使援越清军及北圻抗法武装蒙受相当大的损失，但这对清政府的影响是有限的。数量可观，实力相当的清军仍然陈兵边境，而且与北圻的抗法武装黄佐炎、刘永福等保持密切联系，实际上是他们在政治、经济、军事方面的支持者，继续对法军构成不可忽视的威胁。更重要的是清政府虽然在公开场合一再表示退让，但始终拒绝从越南撤出援军，不放弃宗主权，不承认法国对越南的保护，而且在实际上继续增援滇桂防军，甚至改组指挥不力的军机处，起用主战要员，强化援越措施。这一切都使法国当局感到十分棘手，眼看即将完成殖民统治的北圻地区又呈现难以捉摸的局面。而法国国内的反对派及社会舆论又不断从各个方面指责茹费理的远东扩张政策削弱了本土的安全、削弱了在欧洲的实力地位，影响了法国在非洲的既得利益。茹费理被迫孤注一掷，迅求了结。他们在强化北圻的军事攻势，力求及早消灭、驱逐黑旗军及援越清军的同时，更加注重强化政治攻势。一方面利用一切机会对清政府施加压力，在表明法国吞并越南的决心的同时，又用一些似是而非、不着边际的恭维词句为清政府搭好下台阶梯，以达到迫使清政府分阶段放弃宗主权的目的，于是出现了李鸿章与福禄诺的谈判和草签《中法天津简明条约》五款；另一方面是由巴特诺以十分狡诈、伪善的手腕笼络、收买越南阮朝新贵，将过去赤裸裸的吞并政策，改头换面为保护权制度，致使阮朝的大臣们受宠若惊，甚至长期来以抵抗到底自诩的权臣也表示愿意改弦易辙，半推半就地投入法国殖民主义者怀抱。于是阮朝倒戈，在顺化公开宣布接受法国保护，当众销毁清廷颁赐的国玺、封册，表示断绝与清王朝的宗藩关系。

但是，尽管法方自以为得计，毕竟还是一厢情愿，清政府却有自己的一套应付方法。

1884年春、夏间，法国当局虽然在军事上、外交上都屡获进展，越南阮氏朝廷已公开宣布愿意接受法国保护，断绝了清阮宗藩关系；清政府也允准签署《天津简约》，并表示逐步撤回援军，法国的吞并或者说“保护”越南的手续似乎已经基本完备。但事实上却又不完全如此，因清政府在签约和下谕撤军的同时，仍不断加强战备，姑不论加强沿海防御设施和改组军机处有明显的战备意图，即起用主战宿将、加速补充滇桂防军装备，明谕接济黑旗军的枪弹等两条，就使法国北圻军事当局难以安宁。因为桂滇两省与越南北圻有漫长的国界线，沿线山高林密、路径繁歧，防不胜防，只要桂滇防军暗中支援黑旗军及越南北圻的抗法武装，侵越法军便面临一场异常艰苦的山地战，既非一二万远征军所能胜任，更不可能在二三年内完全结束，长此以往，战争的范围也很难局限在北圻山区而不向南蔓延。而这些正是法国当局最担心和力求避免的。面临清政府表面一套，暗中一套的对策，法国当局唯一的办法是寻求摆脱在北圻边境长期对峙的局面。因为法国当局不可能向北圻派遣更多的陆军，何况即使派遣占优势的陆军也不可能在短期内结束战争。而当时法国在远东拥有一支实力相当的海军舰队，在中国沿海开辟新战场，对清政府施加更直接、更有效的压力的新方案，就被提到议事桌上。观音桥事件（法方称为北黎事件）便被迅速制造出来，而且立即成为向清政府索赔和向中国沿海派遣舰队的借口。

虽然法国派海军觊觎中国沿海的活动可以追溯到更早，梅耶率领的中国分舰队早已在中国沿海游弋，名为保护侨民，实为收集情报。1883年法国当局单方面推翻“李宝协议”时，曾扬言进攻广州或沿海其他商埠，示意清政府不宜干预越南事务，但未得逞。1884年6月，观音桥事件一发生，法国当局立即将它的中国分舰队和东京分舰队合并组成远东舰队，显然是胁迫清政府接受赔款、撤军、不过问越事的三条要求。

法国远东舰队一进入中国沿海，立即气势汹汹地叫嚣，清政府如不应允三条要求，远东舰队将自行攫取“抵押品”。孤拔、李士比等还故意放风，必要时将攻击烟台、旅顺，甚至不惜攻击塘沽、淞沪，极尽威胁能事。只是由于沿海各商埠遍布列强的商业机构，战争必然会损害列强的商业利益，法国当局才被迫命令孤拔选择台湾和马尾为攻击目标。远东舰队立即杀气腾腾从淞沪开向基隆和马尾，以配合、加强法国的外交讹诈。

清政府也大体了解法国外强中干、鞭长莫及的底细，始终采取外柔内刚的策略，在谈判桌上，如果无谈判余地，便表示愿意考虑法方的条件，但在行动上始终不承担赔款等三项无理要求。法国当局的结论是:“中国政府固执地拒绝赔偿”。[①]1884年8月5日，法国当局为了“惩罚”清政府不答复8月1日到期的“最后通牒”，匆忙命令李士比率领两艘兵舰去炮轰基隆，以炫耀他们“所向无敌”的武力，妄图占据基隆煤矿为抵押品，他们原以为占领基隆、控制台湾都易如反掌，一旦基隆煤矿在手，就能控制它2000多万法郎的关税，300多万法郎的产值，[②]也就不愁清政府不乖乖坐下来签约。所以，基隆的炮声一响，法国对外关系部便迫不及待地向清政府驻法使臣宣布，法军已占据基隆。但是，台湾军民的抵抗却使茹费理的如意算盘失灵，李士比和他的陆战队在强大的炮火掩护下登陆后，不过有十多人倒在沙滩上，[③]就不顾“法国式勇敢”的尊严而“抛弃一部分军实”[④]逃回舰上。李士比为了掩饰败绩，保留“并未撤离”的面子，只派“拉加利桑尼亚”号在基隆洋面监视，自己率“费勒斯”号到马祖待命，以增加将全力攻击马尾港的气氛。而清政府仍是老一套，一面有礼貌地进行和谈，一面拒绝承担赔款，鉴于法军已在基隆行凶，不便再作沉默，乃于1884年8月9日，由驻法使臣李凤苞向茹费理递交措辞严正的照会，声明不能承认毫无道理的赔款，不管是2.5亿、2亿或是8000千万法郎。[⑤]接着又正式将中法争端提请列强调停、仲裁，[⑥]这样，就使巴德诺、孤拔"对福州（按实指马尾港，下同）的理想示威毫无效果，而且牵制了兵力"[⑦]。茹费理对清政府的"顽抗"，早在8月3日就曾表示"我的忍耐已达极点"。[⑧]现在竟又出现公开对抗的局面，他就更无法忍耐了，乃于8月20日下令在马尾采取行动。[⑨]

而茹费理在马尾港所进行的军事行动的目的是什么？这不但关系着马尾战役的性质也关系到它的战略战术。这不仅是如何评价的问题，而是根据是否充足的问题。

茹费理在1884年8月10日的电报中，曾令巴德诺向清政府表明："海军提督孤拔前赴基隆，是我们宽和的新表示，(引者按：他的意思是暗示法军无意攻击沿海商埠及马尾）我们的举动是有步骤的。八天来如果我们要焚毁[福州]船厂，那是最容易不过的。我们确为取得担保品而已，但将更严厉的手段留着，以对付继续顽固拖延。"[⑩]甚至在8月中旬，法方还以正式照会声明，只要清政府允付赔款，福州情形可以暂时不变。[⑪]也是8月10日，巴德诺向茹费理转述了孤拔的作战意向：

基隆最近消息不佳。李士比海军提督不得不放弃其陆上阵地，……李士比提督估计基隆卫戍步兵有一万五千人，要占领基隆需要两千人。目前什么都不能进行。我想必须集中我们的一切力量在一个地点，你认为哪一个地点好？在等待你回答期间，我先令李士比提督尽力守住基隆，因为我们已经在那处着手了。如果你决定地点为基隆的话，我随时可以将全部可用的兵力开往。

而巴德诺的电报则补充提到：

如果放弃福州，将有不幸后果，……立即通过李凤苞及谢满禄递送一张劝告书给总理衙门，要求他依从我们最近提出的条件。不允，则炮击福州船厂及其各炮台，然后我们的舰队便可用以占领基隆，并于必要时开向［中国］北部。我向孤拔建议这个计划，要宜迅作决定。[12]

茹费理完全采纳了巴德诺的建议，并于8月16日向巴德诺和孤拔分别电告由谢满禄递交限清政府48小时答复的最后通牒文稿，并令孤拔在接到清政府否定的答复后，立即在福州采取攻击行动，毁坏船厂及炮台，捕获中国船只。福州行动后，即赴基隆，进行他认为可做的一切战斗，取得矿区。甚至还同意孤拔北上骚扰旅顺及威海卫（上海除外）的计划。[13]两天后，茹费理又给巴德诺补发一份电报："除非中国宣战，我们所处的状态，不是宣告的战争状态，而是报复。所以，随时可以恢复谈判。"[14]可见茹费理、巴德诺、孤拔所筹划的攻击马尾港，首先，是一次虚张声势的威胁，其次才是一次打了就跑的海盗式的突击行动，并无占据马尾、福州的计划。而这次突然袭击的目的则是：1. 破坏清政府唯一的造船厂及港口设施、击沉福州海军舰艇以增加外交压力；2. 为即将集中兵力攻击基隆解除后顾之忧；3. 掩盖兵力不足而撤出马尾的窘况。可见，他们虽然立足攻击马尾，但仍有两手准备。

但是，清政府并不听从茹费理的安排，它仍然不理睬谢满禄递交的最后通牒。而是详细向世界各国揭露法国擅派军舰闯入马尾，不宣战而攻击基隆，强迫越南签订新的条约并交出国玺、封册等一系列罪行，请求各国公断。这种公开谴责法国的作法，更使茹费理难以容忍。而最触动茹费理痛处的是英国人向法国通报一个情况：清政府正在命云南总督加紧侵入东京。[15]茹费理立即撇开前两次给巴德诺"接到中国否定的回答，立即行动"的限制。电令巴德诺、孤拔立即采取行动，不必再等待中国的回答。[16]于是发生了8月23日的突然袭击，茹费理的突然发疯，不但出乎清政府之意料，也出乎当时的调停人美国驻华公使等许多外交人士的意料。

因此，孤拔袭击马尾港事件或者说马尾战役，从全局分析，是中法在越南北圻军事对垒的延续，是中法激烈的外交搏斗中的插曲，也是中法战争的转折点。但从该战役分析，不过是一次有限的、为炫耀武力的突然行动，尽管海盗们进行了惨无人道的屠杀和疯狂的破坏，给中国人民造成了巨大损失，而战役目的仍然是在加强外交讹诈，而不是实现军事占领。而且，在他们发动对马尾港的进攻时，已将攻击重点转移到基隆方面，对马尾的攻击和破坏，不过是为了掩盖集中力量进攻基隆的撤退。

清政府自从法军明火执仗向越南北部侵犯之后，在军事和外交等方面都面临日益严重的压力，正如总理衙门的奏折所说："查法人占越南境，久割膏腴，此次添船筹款，虽以捕盗为名，其叵测已可概见。越之积弱，本非法敌，若任其全占越土，粤西唇齿相依，后患堪虞。"[17]"法越构衅已深，粤省边防，亟应妥筹布置……使外人阴有戒心。……该国久隶藩封，藉可悍卫吾围，若意存膜视，自撤藩篱，使他族实逼处此，后患正不可胜计。"[18]因而不顾自身困难重重，毅然应邀派兵入越声援，后来又不顾李鸿章提出"法兵舍越而先图我"的警告，[19]令粤桂滇各省派兵妥筹备御，令沿海各省加强海防，以防不测。决心之大，行动之速，前所未有。但随着法国当局不断加强政治诱降和军事镇压，越南的政局逐渐逆转，清政府赖以稳定北圻局势的两支援越清军以及他们的盟军，也不断失利，致使北圻的控制权沦于法军之手，造成藩篱已拆的既成事实。所以，尽管当时不明原委的清流官员仍然大唱保藩固圉高调，弹劾主和、谈判大员，而清廷当局还是从实际出发，逐步调整了对越策略，对法国的外交、军事斗争也作了相应的改动。清政府虽然将防线从越南北部退回桂滇边境，仍然竭力为越南抗法派武装争一席之地。其中虽限制于实力而作了若干妥协，但不属于投降卖国。因为它在谈判中的妥协往往和军事上的积极部署同时出现。例如签订《天津简约》后，清政府仍谕令沿海各督抚"实力整屯防务，以为自强之计。”[20]并继续执行原来起用宿将、向滇桂边境增派防军，积极协助黑旗军扩大编制、增拨军援等措施。这些增加防务的策略和措施，甚至在法方用战火蔓延到中国本土及东南沿海相威胁的危急关头，也坚持不变。[21]清政府对孤拔远东舰队气势汹汹的威胁，虽未能洞悉其奸，但仍有较清醒的估计。认为它尽管遍历沿海各埠，停泊淞沪，但它不可能不顾列强在沿海各埠的商业利益而肆无忌惮地骚扰，由于兵力、补给及地理等方面的限制，也不大可能孤军突入北方要港冒险。即使真如法方头目一再威胁的“据地为质”，也不过为了达到签约的讹诈手段。因为清廷当局权要大都认定当时法国也有内部及欧洲问题，限于财政、军事力量，当前只限于吞并越南，只凭一支远东舰队，不大可能对中国构成更大的危险。正如李鸿章所议：“但能守住最要、次要地方，其余各口即有挫失，于大局尚无甚碍。”[22]因此，它对法国当局一个接一个的“最后通谍”，并不十分介意，只是由于实力地位不强，一面在谈判桌上采取低姿态，一面却有节奏地吁请各国出面调停，用适当的方式与法方周旋，牵制法军行动。所以，当马尾港局势紧张，张佩纶、何璟等不断告急求援时，军机处尚满不在乎地回答：“罗星塔为省河门户，船厂非城池可比，与其拘守一隅，以正兵抵御，不如统筹全局，设法出奇。军情不能遥制，唯诸公审处之。”[23]很显然，清政府最高当局，视马尾港的防御，属地方官员处理的局部事务，可守则守，实在守不住或不宜固守时，也可暂时撤退。这不是对前线战事的推诿，而是宏观控制的必要分工。

评论马尾战役，必须将它产生的背景、战略目的以及在整个战争进程中的地位等，作具体分析，才能得出符合史实的结论。如果只搜集当时因不了解全局而惊慌失措或只凭一腔热血而指责防范不周、援救不力的某些奏议函电，或巷尾闲言作批判依据，即使慷慨激昂，也很难说有多少合理因素。

三、马尾战役的策略和战术

法国当局将战火从越南北部扩大到中国沿海，是为了压服清政府答应赔款、撤军以及不过问越南事务三条要求，而所以选择马尾港为攻击目标则主要出于下列几点考虑：一是马尾港为清政府仅有的三个海军基地之一，聚集着数十艘新旧参差但很受重视的舰船，又是清政府最大的造船基地，威胁或者攻击马尾港，会引起清政府高度重视而具有特别显著的威慑力量；二是聚集在马尾港的福州海军舰艇有一定的海上作战能力，打击或消灭它，即使不能达到压服清政府的目的，也可为下一步封锁或攻击台湾的行动扫除后顾之忧；三是威胁或攻击马尾港既能起威慑作用，又不会或较少牵涉列强的在华商业利益，可不冒或少冒引起列强干预的风险；四是法国远东舰队对马尾情况熟悉，容易得手，破坏清政府十分重视的造船厂，原由法国人援建，不致有碍列强情面。又因法国当局是立足于威胁而不是占领，所以法国远东舰队也重在示威和发出耸人听闻的好战叫嚣，而不求实践。它们曾到过中国沿海许多港口，并曾集泊于淞沪，但只是在放出必要时将攻淞沪的风声后，[24]便相继南下闽海游弋，分批进入马尾，只是摆出作战姿态，并不急于采取行动，茹费理曾一再电令巴德诺约束孤拔："我们的海军在这天（按：指8月1日）以前，要保持现有的位置，不作一切行动，除非他人挑衅。"[25]即使是为了"惩罚"清政府对8月1日的最后通谍违限，而于8月5日派李士比炮轰基隆后，也保持围而不攻的阵势。显然，是在为外交谈判造声势。孤拔进入马尾港后，为达到及早攻击的目的，虽然制造了一系列清军积极备战对法军不利的情报，但茹费理始终不为所动，仍然集中精力于外交讹诈，一个接一个地发出"最后通牒"，直到一切招数都不见效，才无可奈何地发出攻击令。

孤拔率领的远东舰队，由原来中国海舰队、东京舰队合编而成，拥有"贝亚尔"号等装甲巡洋舰5艘、"杜居士路因"号等一级巡洋舰8

艘、“尚普兰”号等二级巡洋舰4艘、“凯尔盖明”号等三级巡洋舰3艘、“刚毅堡”号辅助巡洋舰1艘、“精灵”号等炮艇7艘、二级鱼雷艇4艘、通讯运输舰3艘等，共35艘，兵员3000多人。若从当时的海军装备水平和规模而论，毫无疑问，是一支具有相当威慑力的军事力量，对清政府初具规模的海军来说更是如此。但若与清政府在沿海的防御力量相比，却仅仅是一支有限的海上武装。用它威胁、封锁、破坏沿海港口设施，会绰绰有余，但若使之攻击、占领沿海沿江城市，则显得不足。茹费理、巴德诺固然清楚它的长处和弱点，所以，主要将它作为威慑力量使用，明眼人不难看出，他们是在演一场装模作样的军事游戏。例如，长期在中国沿海游而不击，气势汹汹地攻击基隆时，只派出两艘军舰，而且稍挫即退，即使对一再声称要取作抵押的马尾港，也只使用三分之一的兵力，开始是着眼于虚张声势，后来又转为报复并掩饰撤退行动；清廷权要当然也大体了解其中窍要，便集中精力应付外交讹诈，对孤拔的动向并不十分重视，放手让地方当局应付。

发生在这样条件下的马尾战役，应如何分析、评价清政府及福州军政要员的应变策略及御敌措施？显然，以成败论英雄的传统结论有待深入探索。

（一）塞江拒敌和“关门打狗”

战火蔓延到中国沿海之后，清政府在外交和军事方面作了比较充分的准备，如令曾国荃赴上海与法方周旋，令苏元春统率广西前敌诸军，起用宿将冯子材、鲍超、刘铭传加强防务，破格重用张佩纶等加强海防等。尽管如此，但它却无法阻挡包藏祸（祸）心的孤拔率舰艇进入沿海各开放城市，其中包括马尾港。如果要追究过失，则势必要追溯到鸦片战争后一系列不平等条约的签订，不始于马尾防御措施。例如，当孤拔于7月16日乘“窝尔达”号以游历名义进入马尾时，张佩纶及时电呈：“法领来言，今日有两兵船进口。未经决裂，拦阻即系背约。……必俟其扑犯登岸，彼已深入，我不得势。”[26]对孤拔的险恶用心，他们是有所察觉和戒备的。但碍于当时的外交谈判，也受制于敌强我弱的局势，清政府只是用和事宁人的偷安口吻回答张佩纶："当向法领事告以中法并未失和，彼此均应严守条约，切勿生衅，该国兵轮勿再进口。"[27]接着，孤拔又以同样的手法调进9艘舰艇。它们既然已进泊于马尾港，便使金牌、长门天险失去防御作用。其中，列强的干预，也是使清政府难下堵江决心的重要因素。因马尾港一直有英美等国商船、军舰进出口或短期停泊。8月初，英国泊于马尾的军舰见马尾形势紧张，曾准备派兵登岸保护侨民，几经交涉始止。更为重要的是当清政府就封口御敌一事照会各国，并希望各国对法军行动施加影响时，英、俄、德的驻华使臣都纷纷反对、留难，声言由此而造成的贸易损失，可能要由清政府负责，有明显袒护法国的意向。[28]因此，清政府不愿因为一个正在谈判中的港口局部问题而牵动大局，既有迫不得已的原因，也有从具体情况出发的因素。

其次，不少论者还提出即使受客观条件限制，不便采取拒敌于闽江之外的有效战术，但在孤拔入口威胁时，也应及时采纳沉船堵口，断敌退路即所谓"关门打狗"的正确建议。诚然，若单纯从地形上着眼，事发前后用事先准备的30多艘满载石料的民船堵塞闽江口，切断孤拔退路，一举将法国远东舰队拦腰斩断，孤拔便插翅难飞，既简单可行，又立见奇效，可是，一直备而不用。百年来，多少热血志士为之掩卷兴叹。但是，如果深入考察当时闽江水流，双方兵力舰艇的设备及部署情况，则不难发现它竟是当时难以实现的书生空谈。理由有下列几点：一是闽江口水深流急。[29]以当时清军的设备、物力、人力估算，很难甚至不可能在短期内完成堵江任务。当时马尾守军曾调集[30]多艘民船，满载大石，停泊于闽江口上游一带，必要时驶往闽江凿沉堵江。但据行家计算，当时闽江流量比现在约大五分之一，以30多艘每船装载不及百吨的船体及石料，无论是联结下沉或单独下沉均不足堵住闽江口巨大的水流，甚至也不能阻塞主航道；二是孤拔老奸巨猾，早已派两艘军舰在闽江口上游一带巡逻，这就使凿沉民船定位塞河的复杂作业无法进行；三是张佩纶即使不惜代价凿沉港内所有船只，以堵住主航道，也未必能将闽江口的“门”关紧，打狗计划也是一句空话。因当时当地的制海权操诸敌手，孤拔或李士比无论从口内口外炸开一道缺口，强行通过这扇关而不紧的“门”，在技术、力量上都不存在什么大困难，而且远比凿船堵口工程容易得多，经济得多，有什么理由执行这种劳而不获的御敌方略？

因此，历来对清政府不利用长门天险拒敌于口外，不及时堵塞江口断敌退路的责难，虽于理不悖，但于实不符，关键是缺乏全局观点。

（二）南北洋舰队援闽的是非

法国远东舰队一进入中国沿海，法国对外关系部、驻华使臣巴德诺以及远东舰队司令孤拔等便以不同的脸谱轮流出场，发出先攻淞沪，再取台湾、福州（马尾）为质的叫嚣，清政府为了应付紧急局面，也作了必要的预防措施，如加强福建、台湾的防守力量，部署南北洋必要时派舰援救。[31]随着孤拔将舰艇陆续进入马尾港并聚泊马祖洋面，闽海局势日益紧张。福州守土大员穆图善、何璟、张佩纶等纷纷急电求援，心急情迫，声泪俱下。清政府当轴虽然及时征调，但除张之洞派飞云、济安两舰回援外，南北洋均应而不动。马尾惨败后，舆论哗然，纷纷严辞谴责南北洋拥兵自重、罪责深重。其中是非得失，有待深入研究。我认为这些批评因缺乏全局观点而未能抓住主流。原因有四：

1. 孤拔率领9艘舰艇闯入马尾布阵，强敌压境，马尾局势确较紧张，但纵观全局，马尾战役并不是关系国家安危的关键所在，而仅仅是从法军虚声恫吓演变而成的局部战役，甚至是一场带报复性并为掩饰撤退的突击。这一作战目的，已为一系列事实所证明：孤拔只率领9艘舰艇参战，而主力留在闽江口外，显然是为摧毁港内清廷海军舰船、造船厂及沿岸防御设施而部署的兵力，不是为了占据马尾、攻占福州；二是孤拔在击沉港内清军舰艇后，便着手破坏造船厂及布置撤出闽江口，集中兵力攻基隆，在撤退中破坏港内及沿江两岸炮台。用这群海盗的语言说是:“只击沉敌人一个舰队还不足以言胜利，现在要在20公里的航程中，冒着陆上各炮台的炮头、并将那些又坚固又众多的工事一个一个地摧毁。”甚至无耻地宣布:“在罗星塔没有什么可做了，至少我们将条件许可做的都做到了。”[32]这当然不是孤拔、茹费理有什么慈悲心肠，而是他们的行动既受当时的外交谈判所制约，也受缺乏陆上作战能力等因素所限制。而且在清政府看来，孤拔只率9舰1000多人入口，而福建海军却有30多艘兵舰待命，尚有十多营陆军相互联防，即使不居优势，也可以相持，无论孤拔如何凶残，都不可能突破十数营防地攻占福州，即使他真的孤军深入，也不难钳制，因此，没有必要，也不应该不顾根本要地而调动守卫长江腹地及京畿咽喉的南北洋舰队援救遭受威胁及突然袭击的马尾港。清政府一直不以严旨督南北洋派舰南下，而且一再以“此时〔和〕议尚未定，各省自当严防本境，杜其声东击西之谋。”及“罗星塔为省河门户，船厂非城池可比，与其拘守一隅，以正兵抵御，不如统筹全局，设法出奇。军情不能遥制，唯诸公审处”[33]等相答复，实质上说是暗示张佩纶必要时可以暂时放弃造船厂及马尾港，不一定以巨大的代许与敌人在港内对峙，不必日日催调南北洋水师往援。这一决策主次轻重分明，符合当时实际情况。

2. 孤拔将主力集中闽海后，尚留一舰停泊于吴淞口外待命，不时派一二舰游弋于淞沪马祖之间，以监视南北洋的行踪，并保持对淞沪的压力，不时放出必要时将同时攻吴淞的烟幕，[34]致使上海“人心浮动，一夕数惊。”[35]曾国荃肩负淞沪及长江防务重任，他不能不慎重考虑孤拔声东击西，突然北上骚扰淞沪的可能，不能不权衡稳定上海、长江防务及派舰援助马尾之间的轻重得失，所以，他回电说:“兵轮不敷守口，实难分拨。”[36]既是推诿敷衍之词，又属防务窘迫实况。总理衙门奕劻等也认为“均系实在情形。”[37]我认为曾国荃等人确有“畛域之分，拥兵自重”的情绪及行动，但在分兵援闽上，不是主流，也不宜苛求。

3. 李鸿章率领的北洋海军，驻守京畿门户，为清廷安危所系，责任比南洋更重，处境也更危，更不宜舍本保末。当时奕劻曾这样估计形势："津门戒备，应视他省为严。比日有英国兵船六艘，初泊烟台，旋往榆关，假避暑游历为名，总不离北洋各口。英法之交素密，英国使臣巴夏礼包藏祸心已非一日，该船照约游历，又不便拦阻，已由臣衙门飞致北洋三口，随时侦报，观其动静。并拟就该使臣求结之案，由臣等与之订期面论，详稽案牍，酌量可结者结之，以杜其朋恶狡谋。此防法之外所当兼顾者也。"[38]所以他们在奏折中多偏重严饬南北洋通商大臣等"急筹能战之际，毋徒托言战之空谈，以期保全大局"，不硬性规定派舰援闽之事。当时促使清政府倚重北洋水师不令轻出，还有十分重要的因素是朝鲜局势。因日本对朝鲜的觊觎已由表及里，一触即发，而稳定朝鲜局势非北洋莫属。加以朝鲜危机在清廷的天平上，份量要比大势已去的越南及无关大局的马尾重得多。因此，稳住南北洋的实力和防务，即是稳住全局根本的策略，是出自清廷中枢，北洋不派舰援闽，也不出自李鸿章拥兵自重。张佩纶将贻误大局归罪南洋之见死不救，[39]后世论者也将批判火力集中于清廷的妥协投降，南北洋拥兵自重。若用以作为他们在中国近代史中言行的政治概括，固然确切，但若作为马尾战役的科学分析，则欠全面、深入。

4. 当时的南北洋舰艇战斗力有限，所属船体多为木质结构，机械陈旧、马力不足，少数新置铁壳舰艇也多为旧舰改装，吨位小、船体脆、时速慢、炮径小，机动炮艇少甚至还未配置新式鱼雷艇，如果依靠陆岸坐炮配合，与装备先进的法国远东舰队对峙，尚不至完全失势。若如当时及后世论者所指，电令它们集中闽海或马尾，或与法舰对峙，或踦其后，以资牵制，或断其接济，使不能久泊等，也就是离开基地及陆岸炮火的支援而与装备优良的法舰在马祖洋面角逐，因装备技术数量等方面都处于劣势，后果是不言而喻的，也正是孤拔、巴德诺等求之不得的好机会。后来南洋令"驭远"号等五舰援台，在擅头山洋面被法舰追逐，"驭远""澄庆"两舰遇难一事便是沉痛教训；而"南琛"号等三舰联合镇海陆炮共同拒敌，就击退了孤拔的进攻。总之，为保全马尾而以己之短攻敌之长，将赖以稳定全局的力量为局部事件而孤注一掷，既是战略、战术上的失误，也不符合当时国家及人民的最高利益。

（三）福州海军舰艇部署得失

众所周知，居心叵测的法国舰艇早已在中国沿海各口游弋，对清军尤其是海防设施了如指掌，因而有针对性地组成机动性能高的远东舰队。而孤拔奉令威胁或破坏马尾港、攻占基隆为抵押品后，便利用不平等条约为护符，以游历、护商为名，先后调遣9舰入港，派2舰在闽江口上游巡逻，令主力在马祖洋面待命。既可随时增援马尾，又可随时攻击基隆，还可随时监视及阻挡南北洋舰队的增援。实际上已控制了该地区的制海权，当战场确定在马尾及基隆之后，清政府的马尾、基隆守军如何应付孤拔的挑战？百年来书生论战，慷慨陈词多，实地考察、具体分析少。许多人云亦云的结论，长期无人深入推敲。我虽然也是一介书生，谈不上军事知识及实战经验，谨就思考所及，分述如次、作为引玉之砖。

1. 先发后发不是关键。孤拔早在8月中旬就已全面完成了对马尾港内清军舰船及设施的攻击部署，为了争取主动和减少作战损失而再三要求尽快采取行动。而法国当局“醉翁之意不在酒”，陈兵马尾的目的是恫吓、威胁，要到万不得已时才动手破坏；当孤拔进入马尾显示其威胁意图后，张佩纶等也提出“胜负呼吸、争先下手”。[40]“先发是急著”。[41]而清政府仍将主要注意力放在谈判方面，故一再劝告：“我军与之相持，总以镇静为主”，[42] 8月中旬，孤拔在马尾凶相毕露，清政府也稍有松动：“法人如蠢动，即行攻击。”[43]但外交谈判仍在紧张进行，而且呈现某些妥协迹象，如法国当局曾保证：“福州局势，只要不违背彼此静候不动之例……我国不欲从事太过。”[44]积极出面调停的美国大使也向清政府解析，法国不至于发动突然袭击，违背国际法使美国难堪。[45]所以，在处理双方已对峙40多天的事件中，清政府逐渐滋生麻痹思想。它在不准备正面回答8月19日谢满禄限48小时回答的最后通牒时，却没有及时通令马尾及基隆前线。以致造成孤拔在8月20日已奉到攻击令，积极部署攻击任务，并从容不迫精心选定8月23日下午退潮时发起进攻时，而清军马尾前线从穆图善到张成反而在急盼北京电令及法军战书，坐失戎机，这显然是马尾战役中最严重的过失。但以当时当地的具体情况而论，关键是积极备战，不失时机地给予挑衅者以迎头痛击，而不在于先发后发，若其他方面准备不充分，先发也不能成为转败为胜的仙丹妙药。

2. 分散杂泊并非怯战失策。不少论著在检讨马尾战役失败原因时，大都指责张佩纶刚愎自用，将20多艘舰船分散于港内与法舰杂泊为严重失策，或者据以指责他怯战，是导致全军覆没的另一重要原因。

张佩纶确是未历戎行的文员，虽以满腔热血受命于危难之际，但限于知识和经历，确有一些眼光短浅、只顾一隅的不在行见解。如他在7月22日（六月初一）给总理衙门的电报说："彼深入[内港]，非战外海，敌船多，敌胜；我船多，我胜。促南北洋速派船入口，勿失机养患。"又说南北洋"互援是活着，先发是急着，舍两著布置更难。"显然，他的注意力只集中在马尾港内敌我舰艇的数量和实力上，看不到当时的国内外局势尤其是中法谈判正面临微妙转机，清政府不宜先发，更看不到马尾港地处内陆，水陆相互配合可以弥补舰艇实力的不足。他对清政府屡次电谕中强调组织、运用陆营、民团扼守要冲和增强声势的指示执行不力。如将十数营陆军部署于马尾至福州沿岸，驻守马尾港周围的陆军虽有2000余人，他在奏折中虽提出："该处有陆军两营，水师一营，复令参将杨廷辉将南台所有漳、泉精壮，编集成军，扼扎马尾左右，与水上军犄角。"[46]却只为预防法军登岸时堵击，没有配合舰艇共同钳制法舰活动的部署，致使海军失去陆岸炮火的支援而孤军无援，这是马尾战役中最大的失策。

至于张佩纶等令港内各舰分开与法舰衔尾停泊，令各管驾严密预备，以为互相牵制之计，[47]并不是什么主观臆断、怯战畏敌，正好相反，是机智勇敢、切合实际的正确决策。因为法军的9艘舰艇，在装备上占有绝对优势，而福建海军则船轻炮小、发射率慢、射程短，最致命的弱点是尚未配备鱼雷艇。如果采用常规阵法，双方列队对峙，因为目标集中、具有优势火力的法舰，显然占有优势；与敌舰分散杂泊，首尾相衔，或两船夹一舰，情况则完全不同，首先是目标分散，可以避开法舰的优势炮火，清军舰船多，转动方便，可以充分发挥炮径小、炮数多的作用，相应改变双方在炮火上的优劣对比。所以，孤拔对清海军舰艇杂泊，对清海军的火攻小船都顾虑重重，曾费了许多心机来应付这种防不胜防的潜在威胁。马尾实战也证明，法舰的创伤，几乎都是在不可回避的近战中造成的。完全可以断言，如果不是孤拔向清政府威胁“调动舰艇即是挑战”，限制了“分散杂泊”的计划的充分执行，不是采取海盗式的突然袭击，马尾战役的结局绝不致如此悲惨。

四、马尾战役的评价

马尾战役虽然是法国侵略者因讹诈失败后炫耀武力的暴行，也是他们为了集中兵力攻取基隆退却前的海盗行径。在战役爆发前，它只不过是法国当局进行外交讹诈的一个支点，清政府也将它列为无关大局的骚扰活动。但战役爆发之后，却产生了双方都意料不及的重大影响。就军事方面而言，福建水师除“伏波”号、“艺新”号负伤后避入闽江上游幸免外，其余包括旗舰“扬武”号等22艘舰船全被击毁沉没，造船厂及罗星塔、金牌等炮台也被破坏，还伤亡官兵千余人。虽然福建水师及陆营官兵在极端艰难的条件下，英勇奋战，击伤法舰“窝尔达”号等数艘，但毕竟是一次以失败告终的悲惨战役。而这一战役失败的根本原因是封建制度濒临崩溃、政治腐败，受不平等条约层层制约；经济落后、军事设备陈旧，难以抗御装备先进的资本帝国主义的进攻。加以清政府最高当局对法国侵略者狡诈凶狠的本性估计不足，备战措施不及时，贻误戎机，守土大员指挥不当等。而一些评论往往将批判的火力集中在清政府求和，张佩纶不亲临舰艇指挥、临阵逃避，张成贻误战机、南北洋见死不救等，如果作为关心国家安危大事的平民百姓，对腐朽的清政府官员的无能表示愤慨，似无不当。但如果作为总结这一战役的教训，则不符事实和抓不住主流。从政治方面而论，法国的暴行、恫吓并未能压服困难重重的清政府，更不用说中国人民了。马尾战役并未如法国当局的如意算盘，迫使清政府接受赔款等三条要求。相反，马尾战役迫使清政府对法宣战，向世界各国痛斥法国的侵略罪行。令沿海各省督抚加强防御，尤其加强福建及台海的防御，全力防止法军入侵，并从西南各省急调防军援越、规复河内各地，攻其必救，与法国当局将战火蔓延到中国沿海的策略针锋相对。清政府这一出乎意外的决策，不但宣布法国的讹诈活动基本破产，而且使它面临一场看不到结局的大战。法国茹费理内阁当时正面临国内政见分歧，牵制甚多，加上埃及的纠纷牵制着它的大部分力量，很难同时应付两场大战。所以，马尾战役的逆转效能，正如断绝了清政府的退路而迫使它宣战一样，也将法国当局推进一条死胡同而迫使它寻找新的出路，茹费理不久便接受了赫德的“体面下台”的调停方案。而这一转机正是开始于马尾战役，或者由马尾战役所促成。因此，完全可以说，马尾战役是中法战争的转折点。因为它出乎所有人的意料，竟然迫使一直以胜利者自居的茹费理坐下来谈判，并放弃了不得人心的赔款要求，又促使一直持妥协姿态的清政府毅然宣布为保卫国家尊严而抵抗到底，中法战争也从白热炽点逐渐降温，终于坐下来认真谈判，不久便签订了停战协定。中国人民浴血奋战固然是这一转折的主流，而其中也有清政府及时宣战并加强沿海防御、积极增援北圻等正确决策的功绩。

所以，军事上遭到惨重失败的马尾战役，却给清政府在外交谈判和国际交往中创造了有利条件。失败的教训不可忘，成功的经验也不宜没。

注释：

①②③④⑨㉛《中法战争资料》第3册，第539、540、545、544、

545、558页。

⑤⑥⑦⑧⑩⑫⑬⑭⑮㉕《中法战争资料》第7册，第244、245、248、239、246、246—247、249—250、251、252、250页。

⑪⑮⑰⑱⑲⑳㉑㉒㉓㉔㉖㉗㉘㉚㉜㉝㉞㉟㊱㊲㊳㊴㊵㊶㊷㊸㊹㊺㊻㊼《中法战争资料》第5册，第478、503、87、122、151、355、502、493、448、461、414、414、445、414，447、448、461、469及497、448、444、445、510、439、473、469、502、478、495、489、490页。

㉙ 1984年8月笔者曾到闽江口实地考察，曾就用民船载石堵口一事向当地驻军指挥员、船民等请教，经过实地测量计算，认为用民船载石堵石，技术上困难甚多，几为不可能。何况在100年前，闽江流量比现在约大五分之一。

镇海保卫战刍议*

19世纪中叶，西方列强纷纷涌向远东，强辟通商口岸，掠夺原料，倾销商品，甚至建立殖民统治。腐朽的清王朝统治下的文明古国，已难以抵御坚船利炮和廉价倾销，逐渐沦为列强俎上肥肉；不时依赖清王朝扶持的越南阮朝，面对强敌，更是不堪一击，不但南圻六省相继沦为法国殖民地，北圻数省也大都呻吟于法军铁蹄之下。由越南阮朝的抗法战争演变而成的中法战争所包括的中法海战，正是这一侵略和反侵略战争的演变过程中的重要环节。镇海保卫战在表面上看来虽然是中法海战末期的反封锁斗争中的突变事件，但在战术上却具有鲜明的特点并产生深远的影响。深入研讨这一历史事件，应该说具有非同凡响的意义。

一、法国远东舰队的由来、目标和影响

众所周知，史学界习惯于将中法战争的上限定在1883年12月16日法军对援越清军驻地山西的进攻。法军进攻山西的公开理由是李维业阵亡，向黑旗军复仇，而真正用心则是惩罚援越清军。因为法国殖民当局认为“本来我们只用几个连就足以击溃的叛乱部队”，经清军的援助，就“迫使我们向东京派出一支正规部队”。[①]所以，只有驱尽援越清军及接受它支援的黑旗军，才能顺利在北圻确立保护国制度。但出

* 原载镇海口海防历史遗迹领导小组编：《中法战争镇海之役110周年研讨会论文集》，北京：人民出版社，第14—25页。

乎法国当局以外，即使法军大举向北圻增援，援越清军在北宁溃退之后，清政府的“保藩固圉”政策仍然没有改变，它在调整了军机处之后，便迅速起用名将继续向桂滇边境增援。因此，法国当局在趁越王阮福时病死，宗室内讧，派孤拔率舰南下，迫使新王签订第二次顺化条约后，便改变战略，决心运用它的海军舰队来威胁清政府的薄弱环节——沿海及台湾口岸，以尽快结束在北圻毫无把握的、代价巨大的丛林战争。所以，早在1883年12月21日法国海军及殖民地部长就明确宣布：“一旦与中国开战，为了保证统一指挥和行动，我决定集中国海域分舰队和东京海域分舰队，……组成中国海域舰队。”[②]接着便晋升孤拔为海军中将并坦率地告诉他：“你虽暂时仍担任东京分舰队总司令，而我曾向你发布在与中国发生冲突时，由你担任该海域的所有海军力量的总司令的指示，丝毫没有改变。”[③]与此同时，法国驻华署理公使谢满禄奉命向清政府提出赔款的要挟。[④]所谓北黎事件（即观音桥事件）不过是法国当局一手炮制的口实。当1884年6月23至24日观音桥冲突硝烟未散的第三天，法国当局便迫不及待地令孤拔率东京分舰队北上与利士比的中国及日本海域分舰队合并组成中国舰队，后改为远东舰队，并公然提出2.5亿法郎赔款以及据地为质等要挟。侵略的战火便由孤拔舰队从越南北圻扩大到中国沿海，形成中法海战。清政府也逐步从派兵声援、代越守土发展到引火烧身，挺身抗法。战争重心也由保藩固圉、拒敌于境外转变为保卫沿海重镇以及津京腹地。越法战争也就演变为中法战争。法国当局扩大战争的目的是迫使清政府撤回援越清军，不问越事；清政府之所以挺身抗法是保存阮祀，巩固南疆，攻其必救，以减轻沿海压力。而越南阮朝新王竟一改初衷，沦为法国侵略者的小伙计。

法国远东舰队由原驻中国及日本海域分舰队的“伏尔达”号、“胜利”号、“维拉”号、“鲁汀”号、“凯旋”号、“都威尔”号，及东京分舰队的“巴雅”号、“阿达朗德”号、“雷诺堡”号、“凯圣”号、“阿米林”号、“巴斯瓦尔”号、“斗拉克”号、“野猫”号、“蝮蛇”号、“安南人”

号、“美萩”号，以及45、46号鱼雷艇组成，接着陆续增加“杜居士路因”号、“尼埃利”号、“拉加利桑尼亚”号、“益士弼”号、“侦察”号、“加尼亚”号等，达到35艘、4300多人，由孤拔、利士比分别担任正副总司令，成为当时法国驻海外最大的舰队。它的战略目标是强化法国向清政府索取巨额赔款或夺取抵押品的威慑力；它的战术目标则是伺机摧毁或捕捉清政府的海军舰艇及海防设施，扰乱、破坏中国的国内外贸易，必要时封锁其沿海口岸。⑤

清政府面对来势汹汹的海盗，虽感十分棘手，但已逐步从宝海、福禄诺、巴德诺等人的讹诈、要挟中意识到，法国侵略者欲壑难填，让步不会有出路；同时又从曾纪泽处略悉法国正值战后初复，又有事于其他殖民地，并无大举入侵实力，远东舰队的进逼，不过为外交恫吓撑腰。于是也采用外交上虚与周旋，维持不决裂的谈判局面；军事上加强海防（包括台防）及继续向桂滇增援的两手政策。所以，尽管法国的最后通牒一个接着一个，而威慑功效却微乎其微。

随着法国外交讹诈的升级，它手中的讹诈利器——远东舰队的任务也就由一般威慑转向落实夺取抵押品。侵略成性的巴德诺、孤拔、利士比对此早有准备，曾提出进攻吴淞、南京、大沽、旅顺、烟台、厦门等各种建议，但都不符合法国当局不触怒列强和为李鸿章留有余地的心意，他们电令孤拔夺取福州马尾港和台湾基隆。前者是清政府仅有的造船基地，后者有丰富的煤炭资源和可观的海关收入。但孤拔仍坚持北上意见。法国海军及殖民地部长裴龙乃于1884年7月13日给孤拔作了明确电示：“向福州（引者按：实指马尾，下同）和基隆派出你所有可以调遣的舰只，我们打算如果最后通牒被拒绝，便将这两个港口作为抵押品。目前我们无意在李鸿章管辖的北直隶湾夺取抵押品。……请很好理解我们的想法：不开战而产生尽可能大的威慑作用。”⑥

裴龙的如意算盘是先拿下唾手可得的基隆这个最理想的抵押品，因为利士比在4月中旬曾派“伏尔达”号到基隆“访问”，并强行登山测绘地形；从7月以来，“维拉”号便长期在基隆港严密监视。但是，出乎他们意外，8月5—6日的攻夺基隆港，竟受到台湾守军的猛烈痛击。所谓海军陆战连，在超出舰炮射程之外，便寸步难行，激战半日就纷纷逃回舰舱，登陆彻底失败。利士比只好一再向上司为自己解脱：清军大量增援，攻占基隆必须集中全舰队力量和大批陆军增援。

利士比的意见，发生了影响：改变了法国当局的战略决策，放弃夺取两个抵押品的计划。8月10日法当局就电令孤拔，“集中兵力于基隆，尽力弥补利士比的失败。”[⑦]

一切侵略者都有一个共同的通病，即唯恐暴露自己的实力不足而失去或削弱外交讹诈的势头，法国当局更是如此。于是出现了8月23日海盗式的袭击马尾港内福州军舰、轰击造船厂、屠杀军民后撤往基隆的野蛮行径。但孤拔的围而不攻和残暴行凶，都未能改变清政府拒付赔款、合理解决越南问题的立场，反而引来了8月26日的对法宣战。清政府在加强海防的同时，严令桂滇防营出关进击法军，以牵制法军向台湾增援。显然，这些都是十分正确的战备决策，可以说是清政府在抵抗外侮的战争中难能可贵的杰作。

孤拔集中远东舰队于台湾，虽然在基隆小有进展，攻占了基隆港及基隆城，但又被利士比在淡水的失败所抵消。后来法国虽从越南北圻及西贡抽调2000陆军前来支援，[⑧]也无法扭转被困局面。被茹费理、裴龙视为海上猛虎的孤拔，就这样无所作为。

孤拔对夺取基隆本来就不赞成，失利后更是满腹牢骚：“即使我们占据淡水基隆间的整个地区，我们也只能从这项占领中得到一些与必要费用不成比例的利益。中国人会在这带地方不停地和我们作战。至于目前，准备激战的敌人的目的也许不是将我们逐出基隆，而是迫使我们将海、陆军都固定在这个地方，因为我们的海陆军在中国其他地方会更有效地使敌人受到威胁，敌人便竭力将我们牵制在这个地方。”又说：“由于两个原因使对基隆的占领造成我们的不幸。一是淡水的败战使得封锁势在必行；二是远征军的可悲的卫生状态，逼使我们非将所有可以动用的兵力留在基隆保护病兵不可。”[⑨]也就是说法国当局从两个抵押品压缩到一个之后，孤拔也难以完成。抵押品既未真正到手，军事上无优势，外交上也谈不上压力。法国当局只好再改变策略，宣布封锁台湾海域，切断大陆对守岛军民的援助，接着又蛮横宣布大米为战争违禁品，却不承认煤炭为违禁品。其险恶用心是：切断江南大米北运，以饥荒来制服清政府。

但如何封锁，封锁何处？法国当局与孤拔又有分歧。过去一直抱怨上级“不去封锁入口仅22海里的北直隶湾而来封锁无边无际的台湾海岸”的孤拔，这时已深知兵力匮乏，不敢承接北上之命，提出必须有足够的兵力才能考虑北上封锁旅顺。[⑩]但这时法国当局已无舰可派，无兵可抽，只好接受孤拔封锁台湾沿海及长江口的意见。中法战争或者具体说中法海战的焦点便从夺取抵押品和保卫沿海港口而转移到封锁与反封锁的斗争方面，而镇海保卫战——实际上是保存“开济”三舰，这时法舰已无力攻占镇海港——正是反封锁斗争中力御顽敌而建奇功的一役。

二、镇海保卫战的经过

镇海是通商口岸宁波的门户，是浙东海防重镇，海防建设历年不断。紧扼甬江两岸的金鸡山、招宝山麓，固然建有炮台，常驻防营，就连口外的游山、七里屿也有较周密部署，港内还有战舰常年驻防。两次基隆战役、马尾战役之后，清政府三令五申，令沿海加强防御。浙江提督欧阳利见便亲临镇海坐镇，积极备战。正如他致布政使德馨的信中所述：

兄在行营，亲临前敌，悉心筹划，已阅五十日矣。先是客冬今春之交，因海疆告警，札调敝部，达字四营、练军两营，先后拔赴镇海南岸。兄单骑游稽，遍历南岸地势，……计牙牌山起至布阵岭止，绵亘二十余里，海汊纷出，已令各营择要筑垒分守。砌修石墙围卡约四五千丈，棋布星罗，联络一气。……所有各要隘，均已次第安设旱雷，埋伏药坛；……至镇邑至海口，经杜征三料理，打桩已有十六堆，每堆十余枝、二十余枝，约共二百余枝。又有师船兵轮水雷各件；……北岸有杨西园军门布置周密；定海门户有贝敏修镇军、成梓臣太守协力筹划，以保其藩篱。⑪

浙江巡抚刘秉璋在光绪十年九月十六日（11月3日）复欧阳利见信中，也有明确部署：

镇海口门空虚，现已添调二营并添募一营，分作两旗，听候执事主持调派……尊议南岸七营、北岸三营、贵部达字四营、练兵二营，自可布置南岸，现调亲兵中营并前后两旗共二营，暂宜布扎北岸。如杜丞所说，南岸须扎四营，是尚有二营备策应。⑫

吴安康率三舰来港后，会同原泊该港的“超武”“元凯”两舰，因势布阵，更增联防实力。

清政府鉴于台湾战事进入相持状态，守台诸将屡次告急，乃于光绪十年九月十五日（11月2日）令“南洋派兵轮五艘，北洋派兵轮四五艘，在上海会齐，赴闽援助。”⑬曾国荃在上海领教过巴德诺的凌辱，对援台抗法持积极态度，即令总兵吴安康率“开济”“南琛”“南瑞”“澄庆”“威远”旋改派“驭远”启碇，而北洋五舰则因李鸿章的消极态度及受日朝局势影响未能成行。所谓援闽，实际上就是设法突破封锁，向台湾运送军需、兵员，这是自从法国远东舰队在沿海逞凶以来，南洋首次派舰出海，无疑是正确的决策，如战术运用得当，会对孤拔的封锁形成威胁甚至能突破缺口。

南洋五舰南下援闽的消息，很快就由巴德诺电告孤拔。他对五舰的情况了如指掌，他在致上司的信中说：

中国方面在扬子江上集结一支舰队，由五艘军舰组成，铁壳巡洋舰二艘："南琛"号、"南瑞"号，在基尔制造；巡洋舰"开济"号，在福州制造；驱逐舰"驭远"号，3400吨级，护航舰"澄庆"号，1300吨级，杜普莱式。这支舰队定于1月下旬驶入大海……上海传说，它们试图攻打台湾。根据其他消息，它们将到福州添置军备。因此，我先去马祖，以便搜集更确切的情报，并根据情况，将这支中国舰队困在闽江内或待它出江时进行袭击。我于2月5日晚4时（乘"巴雅"号）率领"侦察"号、"梭尼"号、"益士弼"号离开基隆，约于明日在马祖与"凯旋"号、"尼埃利"号、"杜居土路因"号会合。⑭

2月13日，孤拔七舰和吴安康五舰均进入檀头山洋面，吴安康不明敌情，不敢迎战，绕道向南急驶，而"驭远"号船大机残，航速甚慢，无法跟上编队，只好由"澄庆"号陪同驶入石浦港暂避，吴安康率"开济"三舰避入镇海。

孤拔在福州外籍引水员罗伯逊的帮助下，于石浦击沉"驭远"二舰后，即追踪至镇海口外，妄图一举击沉"开济"三舰，于是爆发了镇海保卫战。战斗的经过，守军将领虽有不少记述，但大多掺杂某些派系偏见和推测之词，影响了后世学者对这一历史事件的了解和评价。法国海军部档案保存的孤拔3月3日致海军及殖民地部长的电报及3月4日的长信对此役经过情况有较详细的记述，可资参考。

3月3日上午10时40分电报：

2月28日到达甬江口。我改乘"尼埃利"号侦察该港的入口，江口已封锁，封锁线后面有中国巡洋舰三艘，中国舰只和陆上炮台发炮攻击"尼埃利"号，我舰也猛烈还击，但无结果，中国人的大炮很准，"尼埃利"号幸未受损，也无人受伤。

根据该港设防情况，在3500米以外无法攻击敌舰，在这样远距离之间进行攻击，不可能有效果，而中国人反而会取得胜利。因此，我停止了攻击。

又因水流湍急，我不再考虑以小汽艇载鱼雷出击，我将监视集结此地的中国舰只。这样，我们驶往东京湾的运输轮船将更安全，也便于对台湾的封锁[15]。

3月4日信：

……我于2月26日率“巴雅”号、“尼埃利”号、“凯旋”号、“梭尼”号一同由基隆泊地启航，……我请利士比将军在“黎峨”号、“侦察”号的修理及“蝮蛇”号、“香伯兰”号、“拉佩鲁兹”号补给完毕后即来与我会合。28日我们进入舟山群岛，抵达镇海锚地，我认为中国巡洋舰会在该地躲避。晚7时，我们在七里屿东面停泊，离宁波河（甬江）口4海里。我命令舰队采取一切必要措施，防止敌人突袭，一声号令即可起航。……

3月1日早7时30分，我与舰队移泊于航道附近，以便观察中国军队在港口的防御设施以及自城堡底部至园岛（似为虎蹲山——编者）的各种障碍；从桅杆远眺，可以看到几艘大型军舰停泊于坝后。我决定率“尼埃利”号前去侦察。……我登上“尼埃利”号，令巡洋舰长将舰北移靠近距港口约1.5海里的大夷岛（似为大游山——编者），障碍坝及坝后的两艘双烟囱、舶柱倒下的中国巡洋舰，另一艘大巡洋舰及二三艘炮舰、通讯舰，都清楚可见。

此时（2时15分）建造在中岬角城堡垛内的三层炮台射来一弹，从“尼埃利”号掠过，落在舰后40米处，打断了舰上的两根支绳。“尼埃利”号当即还击。它和炮台相距2400—2700米，我舰射击准确，敌方受到某些损失。不久，除中岬角炮台发射的炮弹外，水坝左方的两门大炮及停泊江中的敌舰都发炮参加了战斗。由于与敌舰相距较远，“尼埃利”号的射击始终集中在中岬角的炮台，该处射来的炮弹也纷纷落在我舰附近。……

5时30分，舰队返回七里屿东面泊地。晚间，港口频频传来炮声、机枪声、火枪声，中国军队可能对石浦之战记忆犹新，防卫严密。

翌晨，大部分中国军舰溯江而上，大概是驶往宁波，留在镇海港内的只有一艘大巡洋舰和一艘炮舰而已。……

我找不到甬江及其附近航道的引水员。……晚上，为了应付万一，我命令各舰派员设法探测最适宜攻击中国炮台及舰只的水域。……[16]

3月5日，孤拔便将“尼埃利”号派往长江口，只留“巴雅”号、“凯旋”号在镇海口外等候其他巡洋舰的到来。自此以后，法舰虽来往三五艘不定，不久即由利士比接替孤拔指挥封锁，到5月初，又将监视镇海口的指挥权移交给“鲁汀”号舰长杜华尔，但始终不敢再越甬江口一步，直至中法战争结束。

镇海守军的报告虽然说“……十七日（3月3日），该酋又相率来犯，一船当先，经炮台、轮船合力开炮轰击，一炮击穿当先一船之烟筒，……一炮中其后艄；……十九夜（3月5日）法两舢板登南岸，我军击沉之；二十一日（3月7日）早间，复以小轮船前来尝试，亦经击退。”[17]可惜多是辗转上报的饰词，无旁证可稽。

三、镇海保卫战的功绩和启示

镇海军民英勇抗击入侵者的战斗虽然只打了半天，实际上只是试探性的火力侦察。但正是这“并力一击”，就迫使狡诈凶狠的孤拔再次改变策略，放弃追击行将到手的三舰，退泊七里屿监视。从封锁和反封锁斗争的形势分析，孤拔已进退维谷、无可奈何才出此下策。因为镇海军民的陆海联防、纵深配置，只凭“巴雅”三舰强攻是难以突破的，即使冒险突入，“中国人反而会取得胜利”。水流湍急及严密防范两项又迫使孤拔不敢派鱼雷艇冒险。如撤离不管，又担心“开济”三舰会出海突破对台封锁及袭击法国运输舰。只好分派二三舰在口外监视。

这样就拉长了对长江口的封锁线，分散了本来就捉襟见肘的兵力。

因为这时的法国远东舰队经过几次激战和无休止的往来奔驰，创伤和海损接近三分之一，据1885年2月底的统计，孤拔麾下能运行的舰艇只有“装甲舰4艘、一级巡洋舰5艘、二级巡洋舰3艘、三级巡洋舰3艘、炮舰2艘、鱼雷舰2艘。不少舰艇都带伤坚持，接着，仅有的两艘鱼雷艇都在大风浪中沉没、漂失。”⑱孤拔对封锁台湾广阔海域、保住基隆阵地及伤病员的驻地安全，已感力不从心，何况又增加一处封锁的任务。

所以，当海军及殖民地部长命他在3月上旬将主力从基隆调往旅顺，以便封锁北直隶湾对清政府施加更大的压力时，他便“再次申明这是不可能的”。而且再三强调，“在旅顺对北直隶湾进行封锁，至少要有2艘装甲舰、4艘一级巡洋舰、2艘二级巡洋舰。用剩余的兵力如何能够防守基隆，封锁台湾沿海阻止中国增援和追击中国巡洋舰？由于兵力分散造成的后果如何承担责任？既然目前有大批粮食将从上海运出，封锁上海比封锁北直隶湾简单得多。”⑲由此可见，曾被法国当局寄以重任——任意攫取抵押品——的法国海军精锐，经过几打几拖之后，已成有声无力的强弩之末。而这一有利局势的形成，其中就有镇海军民的贡献。如果说刘铭传主持基隆、淡水战役，使孤拔深陷泥潭不能自拔，无力分兵北上作恶而改变了中法海战的进程，从而建立了显赫战功的话，那么，欧阳利见领导的镇海军民陆海联防，迫使孤拔不得不分兵留守镇海口，则是反封锁斗争中的牵制妙着，同样是中国人民反帝史册上的光辉篇章。

至于镇海保卫战胜利的原因，战争既然是一项综合工程，其制胜因素也来自多方面。其中最为显著的则是镇海军民同仇敌忾，指挥得当。镇海军民在战前就认真筹防，及时吸取基隆、马尾诸役的教训，结合镇海的实际情况，陆海联防，纵深部署。“开济”三舰驶入后，又及时作好应急措施。敌舰入侵时，有条不紊，陆海配合，充分发挥岸炮、舰炮的威力，使孤拔知难而退。这不但是中法海战中唯一的成功战例，也为海岸线长，海军力量薄弱，未能稳操制海权的国家抗击海上强敌总结出实际可行的有效战略。这些奇迹的出现，显然与欧阳利见等人的“亲临前敌，悉心筹划”密切相关。亲率“尼埃利”号到港口督阵的孤拔无可奈何地承认镇海港口沿线的部署严密，哀叹大舰正面强攻、小艇偷袭都难以得手，还称赞中国人的炮很准，这就从反面证实了镇海的部署和战斗力。过去湘淮之间的互贬之词，既带派系偏见，就不可能如实公允。欧阳利见、吴安康、杨西园、杜征三、吴杰等前线将领即使有某些不当不足，比之他们奋力抵御外侮的功勋，毕竟瑕不掩瑜。

镇海以至沿海南北洋各级将领的不足之处，是在中法海战后期仍然消极防守，没有抓住法国远东舰队严重减员海损、战线过长、兵力分散、供应维修困难的致命弱点，集中一定兵力，分别冲击，突破封锁线。尤其没有抓住3月下旬镇南关—谅山大捷时，北圻法军一溃难收，法国当局惊慌失措，严令孤拔只留1000人守基隆，其余速运越南支援波里也，[20]孤拔已成跛脚虎的良好时机。吴安康率领的“开济”三舰在暂避凶锋的情况下都能立此殊勋，若能抓紧时机，统一部署反攻计划，中法战争的结局将大不相同。

注释：

① 法国海军部档案BB—4，1954。

② BB—4，1946，第331—332页。

③ BB—4，1953，第17页。

④《中法战争》第7册，第212页。

⑤⑥ BB—4，1953，第45—46页。

⑦ BB—4，1953，第53页。

⑧ BB—4，1953，第75页。

⑨ 1884年12月24日孤拔致海军及殖民地部长电，转引自嘎尔诺《法军侵台始末》，第50页。

⑩⑭⑱⑲ BB—4，1968。

⑪《金鸡谈荟》卷2，第13—14页。

⑫《金鸡谈荟》卷4，第1—2页。

⑬《中法越南交涉档案》(四)，第2373页。

⑮ BB—4，1968行动办公室102号。

⑯ 同上，106号。

⑰《中法越南交涉档案》(五)，第2741—2743页。

⑳ BB—4，1968，来往函件234号。

中法战争史研究概述*

庚裕良、黄振南

中法战争发生于我国边疆危机日益深重的19世纪80年代，它是由东西方列强在远东疯狂争夺殖民地和商品市场而挑起的侵略和反侵略战争。由于历时较长、牵连面广，不但中、越、法之间以及它们与列强之间在军事、外交等方面交织着复杂而激烈的明争暗斗，而且参战三方国内的政治斗争也十分尖锐。战争对中、越、法三国的政治、经济局势以至文化思想都产生过不同程度的影响，它不仅是我国近代史上的重大事件，也是中越、中法、越法近代关系史上的大事。所以，它一直为我国各族人民及近代史学者所关注。百年来，在资料收集、史事考订、人物评价等方面都有不少成就。但由于种种原因，研究工作中障碍重重，严重地影响了它的进展，被公认为我国近代史研究中的薄弱环节。本文拟就新中国成立以来，我国史学工作者对这一专题的研究工作作一概述，并对今后的研究工作提出一些粗浅的意见，供同志们参考，目的是吁请史学界同志们给予更多的关怀和帮助。

一、资料的收集整理与考订

中法战争史料的收集、出版工作，虽然可追溯到清末民初，如唐景崧的《请缨日记》，岑毓英、李鸿章、张之洞、彭玉麟等人的集子，早在清光绪中叶就被整理刻印；民国年间故宫博物馆编印了《清光绪

---

* 原载中法战争史研究会:《中法战争论文集·第二集》，南宁：广西人民出版社1986年7月版，第363—385页。

朝中法交涉史料》《中法越南交涉史料》《庸言》刊发了罗惇融的《中法兵事本末》，罗香林整理、考订了黄海安的《刘永福历史草》，邵循正还广泛收集史料，作出了开拓性的贡献[①]，等等。但作为中国近代史的科研课题而有计划、有步骤地收集中外史料，进行深入研究，那是新中国成立以后的事。在这方面成就最著者，当推50年代初中国史学会组织有关高等院校和科研单位编辑的中国近代史资料丛刊《中法战争》。它选辑清政府及越、法、英、德等有关档案、私人文集、日记、年谱、杂著、奏疏、函牍、回忆录等，共270余万字，对中法战争史的研究起到了很好的推动作用，得到了国内外学者的好评；中国近代经济史资料丛刊委员会主编的帝国主义与中国海关资料丛编《中国海关与中法战争》，收辑美国人马士《中华帝国国际关系史》部分章节、时任中国海关总税务司赫德与海关驻伦敦办事处税务司金登干来往电报、赫德致金登干书简、金登干代表中国谈判备忘录的译文，以及海关各口税务司的报告等，从另一个角度提供了有益的史料。

阿英的《中法战争文学集》，别具一格，不失为研究这段历史的参考资料。

广西通志馆自1959年成立中法战争史研究组后，曾到中越边境及与中法战争有关联的地区访问老人、收集故事、勘察地形、抄拓碑文，编成调查报告，后经广西博物馆修订补充，1982年由广西人民出版社出版了《中法战争调查资料实录》，共集300多位知情老人的口碑资料，其中有当年中法战争的参加者、目击者的回忆，也有黑旗军、萃军、桂军、滇军以及战后避居我国的越民后裔承自先人的传家事迹，从中可以看到当时边疆各族人民的爱国热情和他们对中法战争的有力支援，还可以印证、补充某些文献记载的不足；近年来，还陆续搜集到一些涉及中法战争的手稿、碑文，如《冯子材传》《战胜法兰西始末》《刘永福传记》和刘永福父墓诰封碑，以及马江战役、镇海战役、基隆战

① 邵循正著《中法越南关系始末》，是我国研究中法战争史最早、最全面的著作，由于资料丰富，深受史学界好评。

役等方面的记述等。台湾出版的《中法越南交涉档》也收集了许多珍贵史料，受到学术界重视。

1980年广西社会科学院历史研究所成立中法战争史专题小组（后改为中法战争史研究室）后，鉴于国内迄今出版的中法战争史料在反映法国、越南及有关列强的军事、外交活动方面还不能满足深入研究的需要，曾派人到中国第一历史档案馆、北京图书馆，以及北京、上海、南京等地有关科研单位和大学图书馆复制史料，并在中国社会科学院近代史研究所的协助下，委托法国近代史学者巴斯蒂·布吕吉尔夫人，后又派专人向法国外交部、海军殖民部、陆军部档案馆复制中法战争档案，并购买、复印若干有史料价值的专著、外交文件、私家档案、回忆录。此外还继续收集英、德、俄、日、美等国的外交文件及越南史料，连同国内未入选的资料，计划编辑一套中法战争资料续编，全书约400万字。

福建、浙江、云南等地也收集整理了许多史料。

总的说来，中法战争史料的收集整理工作，进度较慢，尤其是出版工作跟不上，致使许多已版或未版的资料无法及时与研究者见面，因而影响了研究工作的进展。

二、学术活动及研究概况

继邵循正先生的《中法越南关系始末》和张雁琛先生的《中法外交关系史考》问世之后，牟安世同志写了《中法战争》。作者在用马克思主义观点分析法国金融资本急剧发展而奉行对外扩张政策，把战火引向中国邻邦越南，威胁中国边疆而爆发这次战争，说明中国参战的正义性等方面，做了有益的探索；具体战役研究方面，有沈奕巨的《镇南关大捷》，著者对镇南关之役的背景、过程和结果作了较翔实的论述，填补了一些空白。同时，有关单位还就中法战争中几个著名的人物和战役开展学术讨论，有力地促进了研究工作的深入发展。如1961

年4月，广西通志馆召开了刘永福历史地位讨论会。虽然这次讨论会所讨论的仅涉及中法战争的个别问题，且代表来源面较窄，但反映各种观点的论文或全文或摘要在《广西日报》上陆续发表，引起了学术界的关注。可惜这一势头很快就被席卷全国的十年浩劫摧毁了；1983年5月19日，黑旗军抗法纸桥大捷一百周年，广西社会科学院、通志馆、文化局在钦州市刘永福故居三宣堂举办中法战争史学术讨论会，由于这是第一次带全国性的中法战争史学术讨论会，得到国内各大专院校、科研单位近代史学者的关注和支持。中国社会科学院近代史所和历史所、北京大学历史系、中国人民大学历史系、中国人民解放军军事科学院战理部、天津市社会科学院、复旦大学历史系、上海师大历史系、东北师大历史系、武汉大学历史系、福建省社会科学院历史所、厦门大学历史系、福建省博物馆、广东省社会科学院历史所、广东省民族学院、广州市社科所、云南省社科院历史所、云南师大历史系，以及广西各大专院校、科研单位的学者、教授，史学、文博、文艺、出版工作者共70多人出席了讨论会。收到论文、译文、资料、索引67篇。著名学者丁名楠、牟安世在会上作了专题报告，就加强中法战争史的研究、黑旗军历史功绩的评价等作了详细论述，提出了有益的启示。[①]与会者还就中法战争的性质、失败原因；中法战争在中国近代史上的地位；法国侵略军的暴行和严重后果；黑旗军援越抗法和奉诏回国的性质；刘永福的抗法思想和斗争策略；清政府在中法战争中军事策略和对西南边疆的态度；纸桥、马江、基隆、镇南关诸战役的剖析；主战派、主和派和有关人物的评介等问题交换了意见。

这次学术讨论会的成就，不仅是各地学者济济一堂，为加强中法战争史的研究形成声势，也不仅是论文的数量超过30多年来的总和，而在于论文和讨论会所涉及的问题，既开拓了新的研究领域，又大大加深了对中法战争史的认识，显示了实事求是的良好学风。例如，中

---

① 丁名楠《关于中法战争几个问题的初步探索》、牟安世《论黑旗军援越抗法战争的历史功绩》均选入《中法战争史论文集》。

国社会科学院近代史研究所张振鹍同志的论文，破除概念化、公式化的框框，对越法战争和中法战争的划分、转变，两次战争中清越、清刘、清法、越法、越刘和刘法之间的关系及其演变，刘永福抗法的历史功绩等，作了有史实依据、有理论分析的阐述。[①] 又如，到会代表经过热讨论，对过去分歧较大或长期未受重视的问题，有了较为一致的认识：一是结合19世纪七八十年代西方列强掀起争夺殖民高潮的时代背景，中越两国名义上虽残存宗藩关系而实际上却都已沦为侵略目标，民族矛盾上升为主要矛盾的情况来评价刘永福黑旗军联合中越王朝抗法的性质和作用，认为他们站在时代前列，大方向正确，功绩是主流；二是30多年来，中法战争史的研究之所以停滞不前，成为中国近代史研究中的薄弱环节，政治因素的影响、极"左"思潮的干扰固然有关，而史料不充分，缺乏认真钻研的精神也有关。有些环节由于缺乏史料而眉目不清、论证不确；也有的环节史料已备，由于缺乏认真钻研而人云亦云，以讹传讹。历史科学研究和其他科学研究一样，从概念出发，照公式立论，不可能说清问题，也不可能抓住实质。中法战争史的研究，应大力充实史料，更应大力提高理论水平。

会议还受广西人民出版社委托，成立编委会，编辑(《中法战争史论文集》)(第一辑)。

1983年12月，广西社会科学院趁法国学者巴斯蒂—布吕吉尔夫人来我国参加学术交流活动之便，邀请她到南宁访问。她于12月9日与南宁各大专院校、科研单位的近代史学者、科研人员交流学术问题。巴斯蒂夫人就西方学者对中法战争的认识和研究情况、法国的中法战争档案的收藏和出版概况、中法战争时期法国的国内外形势、法国各阶层人民对政府殖民扩张政策的态度等问题作了长篇发言。广西学者也就中法战争史的研究概况、中法战争期间法国传教士在广西的活动、镇南关大捷的影响、黑旗军的战功与作用等问题发表了意见，既交流

① 张振鹍《刘水福与中法战争》选入《中法战争史论文集》。

了学术经验，又增进了友谊。

1984年10月，福建省社会科学院联合有关单位在马尾海员俱乐部召开纪念马尾战役一百周年学术讨论会，福建、北京、天津、上海、长春、苏州、杭州、广州、昆明、南宁、湖南等地的学者共60多人出席，到会者对马尾海战的起因、经过、失败原因以及有关历史人物如李鸿章、张佩纶、何如璋的评价等，作了较深入、细致的研讨，还到当年的交战海域进行了实地考察。由于有海军和陆军部队的研究人员、指挥员参加讨论，对马尾战役中双方的作战指导思想、兵力部署、战争经过等一系列问题的考订比较具体、实际。马尾海战的失败，是清政府妥协求和、豫疑寡断、坐失戎机的结果。

1985年8月7日至13日，广西社会科学院等单位再次邀请北京、上海、武汉、广州、福州、昆明、苏州、镇海、湖南以及广西等地70多位学者出席纪念镇南关大捷一百周年学术讨论会，收到论文、译文、索引等55篇。会上，有关同志分别介绍法国、美国、越南及国内学者研究中法战争史的概况，接着就中法战争的地位和影响、宗藩关系、宏观研究与微观研究及开展多学科合作、镇南关大捷及陆地战场与海上战场的评价、历史人物的评价等问题，作了专题发言。由于与会的青年同志较多，思想较活跃，观点也较新颖，使会议开得活跃、深入。从钦州转到凭祥后，围绕镇南关大捷的影响、列强在中法战争中的作用、宗藩关系等三个专题，进行分组讨论，主要意见是：

（一）中法战争史研究的概况和建议

30多年来，老一辈史学家对中法战争史研究做了许多工作，取得了不少成绩，但由于禁区多、起步迟、队伍小、资料缺、成果少，与中国近代史其他专题比较，差距颇远，被公认为薄弱环节。1983年广西结合纪念纸桥大捷一百周年，召开中法战争史学术讨论会，是开创性的推动，接着福建结合纪念马尾海战一百周年，又召开了第二次学术讨论会，连同今年纪念镇南关大捷一百周年的第三次学术讨论会，造成了一些声势，而且使研究工作逐步深入，尤其是这次学术讨论会，论文涉及面广，如过去较少涉及的列强对中法战争进程的影响、中法战争时期清政府的财政概况、越南阮氏王朝的动态对中法战争的影响、宗藩关系的性质及作用、海陆战场之间的影响、如何加强宏观方面的研究、加强各种学科间的合作等问题，都有涉及，而且涌现了一批新生力量，为进一步搞好中法战争史研究创造了有利的条件。希望中国社会科学院近代史研究所、广西、福建、云南、浙江等社科院历史所，加强对这一专题研究工作的领导和规划，集中有关力量，加强各学科（如国际关系史、政治史、军事史、经济史、文化史等）之间、地区之间及地方与军队之间的分工协作，作好资料收集、整理工作，作好专题研究工作，在这个基础上，编写综合性的、科学性的《中法战争史》，力争列入“七五”规划，以弥补我国近代史研究的不足。

（二）中法战争的性质及宗藩关系

随着时代的推移，关于中法战争的性质，出现过几种不同的提法，例如：保藩固圉、抗法援越、民族自卫战争、反侵略战争等，其含义并不完全一致，应选定一个科学的提法。尤其是面临越南有些别有用心的人抓住当时的宗藩关系无限上纲的情况下，更有紧迫性。至于宗藩关系，它是一个历史范畴，具有封建等级制度的不平等性质。但是随着封建制度、封建王朝的盛衰，它的实质和作用也不断演变。到19世纪末，中越之间虽然残存宗藩名分，但因两国都已沦为被侵略、被掠夺的目标，大敌当前，不但这种宗主国与藩属国的矛盾已退居次要的矛盾，而且它与资本主义、帝国主义同殖民地之间的关系有很大的区别。所以，尽管越南阮氏王朝历来有摆脱清王朝羁绊的倾向，甚至利用法国势力削弱清王朝的影响，但是当它受到法国殖民主义的真正威胁时，却又再三向清王朝恳求援助，而清王朝政府也是依据藩属与邻邦的义务而派兵出关，其中虽有巩固边防、维护宗藩关系的因素，但主要目的在于增加越南王朝的抵抗能力，并无政治上、领土上的附加条件。可见，当时的宗藩关系，由于殖民主义入侵已被赋予新的作用。对这些问题，应作具体分析，不能采取回避的态度。清政府由派兵入越协助抗法，到代越守土，引火烧身，使战火漫延到中越边境及东南沿海，一直抵制法国殖民主义对越南的吞并，就是铁的事实。

（三）中法战争中陆海战场的关系和影响

中法战争是从越法战争转变而成，前一阶段，战斗在越南北部及中越边境的陆地进行。观音桥事件后，孤拔率领法国远东舰队进攻我台湾、福建马尾等地，形成了陆海两处战场，前者法国投入两个旅团及一些辅助部队约17000人，清政府投入150余营约60000余人；后者法国投入舰艇近30艘，海陆军3000余人。讨论过程中有两种意见：一种意见认为，中法战争的主要战场始终在北圻及中越边境，这里聚集着双方的主要兵力，而且法国的战略目标是继续吞并越南北圻，其派出海军攻台湾、马尾是骚扰性质，是压服清政府的手段，不是目的，故镇南关大捷是扭转中法战争全局的关键战役。而另一种意见认为观音桥事件之后，随着孤拔率远东舰队北犯，中法战争的主要战场已由越南北圻、中越边境转移到我国东南沿海，当时法国的庞大舰队对中国沿海构成严重威胁，它已成为清政府及法国政府注意的主要战场，因法军不但封锁了中国沿海的运输，还占领台湾基隆，后来又攻毁马尾造船厂、占领澎湖等，对清政府说来，危险性比北圻战场更直接、更大。如在镇南关大捷的同时，法军占领澎湖，一胜一负，而澎湖之失，更使清政府重视。因此，镇南关大捷虽然影响很大，但它只是扭转了陆路战场即北圻战场的局势，不能说扭转了整个中法战争的局势。

（四）列强在中法战争中的影响

实际上，中法战争中，列强不但对法国的侵略野心有鼓动、约束作用，对清政府的抵抗也有支持及压制作用，在不同的阶段，它们分别以不同的脸谱出现，而法国或清政府，都不能不考虑列强的意见，这就形成整个中法战争期间外交谈判的影响重于战场上的胜负的主要原因。因此，研究中法战争史，必须放在19世纪末列强争夺瓜分殖民地，中国边疆危机日益严重的条件下进行综合分析。过去的研究工作，着重于具体战役的分析、具体人物的评价，虽然是必要的，但又是不够的。今后除加强微观研究外，更为重要的要加强宏观方面的研究。

（五）中法战争在中国近代史上的地位

关于中法战争史在中国近代史上的地位或者说它的影响，也是一个十分复杂的问题。虽然没有人公开贬低它，可也少有人重视它，一直将它简单视为鸦片战争之后资本主义列强对中国的一次军事入侵，远不如甲午战争形成瓜分危机那么重要。经过深入研究，不少同志认为中法战争不但对中国的政治、经济、思想各方面发生过较大的影响，对东南亚、对法国政局以至对列强的对华策略都产生影响，它实际是帝国主义瓜分中国的开始，又是中国人民打击这种瓜分的开端，在一定程度上推延了瓜分的进程。

会议期间，到会的广西代表还讨论通过了中法战争史研究会章程，成立了广西中法战争史研究会，并选举了理事。

1985年9月，浙江省宁波市历史学会及镇海县有关部门联合召开纪念镇海战役一百周年学术讨论会，北京、江苏、福建、广西、湖南以及浙江的学者40多人出席，会议集中讨论了镇海战役的历史作用以及对欧阳利见、薛福成的评价等问题，对镇海战役的过程作了较深入的考订。

三、有待深入探索的一些问题

中法战争史的研究大体和其他专题研究情况一样，经历着搜集史料，介绍和述评具体事件、人物，综合分析、深入研究三个阶段。如果说清末民初基本属于搜集资料的第一阶段的话，那么新中国成立到

1964年则属于介绍、报道、评论具体事件、人物的第二阶段。据初步统计，从1949年到1964年，除上面提到的邵循正、张雁琛、牟安世以及范文澜等的中国近代史著作中有所涉及外，全国各报刊发表关于中法战争史的文章约60篇，其中属于介绍、报道的30篇，人物述评13篇，论文7篇，书评、教学各3篇。[①] 1978年党的十一届三中全会以后才进入深入研究的第三阶段。1978年—1985年，不但连续举办三次全国性的学术讨论会，编辑三本论文集，一本调查资料汇编，国内各报刊发表这方面的文章200余篇中，论文超过100篇，而且在研究的广度和深度方面都有很大的进展，充分体现了“解放思想，实事求是”这一正确方针的巨大生命力。目前学术界对下列诸问题的意见仍然有分歧：

（一）中法战争的性质和失败原因

中法战争既从越法战争演变而来，清政府为保藩固圉、援越抗法进而代越守土、代越受兵、对法宣战，从后台走到前台；越南政府则从联清抗法、倒向法国殖民者怀抱。在不同的阶段出现过不同程度的共同利益，同时也交织着各种矛盾。关于战争的性质、胜负等许多敏感问题，当时的官员已各自根据自己的利益作出解释，这种分歧无疑会影响后人的学术观点。

30多年来，我们的各种论著都一致认为中法战争是法国的金融寡头、垄断资本家为了对外扩张而挑起的侵略战争。就越南、中国而言，则是正义的民族自卫战争。由于它发生于两次鸦片战争之后和大肆瓜分殖民地的中日甲午战争之前，一般都被当作资本主义列强侵华的余波来评价。由于立场、观点或所掌握史料的不同，中外学者一直有不同的看法。例如，法国学者表面上承认法国发动这场战争具有侵略性质，但并不是法国垄断资本家的愿望，而是法国某些中小商人、冒险者挑起的，战争的挑起和结束都充满了许多有趣的偶然因素。法国政

① 吴国强：《1945—1983年中法战争史论著目录》，见广西人民出版社《中法战争史论文集》（第一辑）。

府并不存在完整的侵略计划和政策。[①] 这样一来，中法战争只是某些冒险家、好战分子不负责任的玩火，而不是法国大资产阶级扩张政策的产物。又如越南的某些学者一直坚持他们早在1962年提出的论点，认为法国吞并越南固然是侵略者，而越南阮氏朝廷的反抗或者联清抗法，都不过是为了巩固它的封建政权，清朝政府无论是援助阮朝军队或是援助黑旗军抗法、或是自己上阵，也是为巩固它自己的封建统治及维护对越南的“上国”“天朝”地位。“中法战争实际上是两个大国在争夺对越南的控制权，是清政府继续推行扩张政策的一种手段。”[②]

显然，这些都是应该澄清的大问题。近几年来有的论文就这些分歧作了论证。认为中法战争期间，中越两国都成为法国的侵略对象，都是受害者，法国侵略者是中越两国（包括两国统治者和人民）的共同敌人。越南阮朝政府的抵抗斗争，清政府的援越抗法以及后来的对法宣战，虽然主要是巩固、维护自己的封建统治，但在客观上也与中越两国人民的最高利益相一致。他们的抗法活动当时得到中越人民的大力支持就是最有力的例证。清政府当时处理越南问题，虽有不平等的“上国”架子，也企图维持不平等的宗藩关系，但就越南政府和人民而言，将它与联合抗击共同的民族大敌相比，则是次之又次的问题。何况当时的清政府危机四伏、自顾不暇，它既无力量，也不可能提出它过去都没有做到的要求。事实已经作出证明，清政府在援越抗法过程中，曾先后派遣近十万大军援越，超过了北圻越军数倍，可从来没有向越南政府提出过政治、经济、领土方面的所谓控制权。越南学者只根据在当时已无多少实际意义的宗藩关系就无限上纲，将宁愿代越受兵的清政府置于与法国侵略者等同的地位，与史实不符。[③]

---

① ［法］巴斯蒂夫人在南宁学术交流会上的发言，见《学术研究动态》1984年2期。

② ［越］陈辉燎：《关于刘永福和黑旗军在越南抗法斗争的评价》，见越南《历史研究》1962年9月号。［越］杜文戎：《十九世纪末清朝对越南的扩张野心和手段》，见越南《大学历史科学论文集·史学》第3册。

③ 庾裕良：《论中法战争的性质和失败原因》，《学术论坛》1982年第4期。

（二）中法战争在我国近代史上的地位与影响

中法战争历时三年，战火由越南燃及中国本土，威胁着六省和千里海防，法国侵略者曾闯进中国南大门，叫嚣广西的门户已不复存在；还炮轰马尾、基隆，叫嚷要自取赔款和抵押品，牵动了全国的军力、财力，对清政府的内政、外交都有明显影响。如何评价它的地位和影响，是个值得探讨的问题。

自从范文澜同志在《中国近代史》上编第五章第三节的（E）点列目论述中法战争以后，各种中国近代史论著都有专题评述，只是内容越来越简，评述也越来越空，这确是使人担心的趋势。法国学者在论证中国近代史和现代史时，却将中法战争作为分期的标志[①]，这说明他们相当重视中法战争的影响。

我国近代史学者也越来越明显地意识到不如实评价中法战争的地位和影响，就必然会给中国近代史的研究工作造成不良后果。在1983年钦州学术讨论会上，就有人提出中法战争并不是资本主义侵华的余波，而是中国人民反对帝国主义掠夺的先导。[②] 呼吁学术界要重视、加强中法战争史的研究，以弥补中国近代史研究工作中的不足。为加强爱国主义教育提供题材。[③]

（三）清政府在中法战争中的策略

清政府在两次鸦片战争和太平天国革命的打击之后，已气息奄奄，对待列强入侵，已成惊弓之鸟，动辄妥协退让、丧权辱国、罪责累累。严肃批判它的投降罪行，毫无疑问是近代史研究的任务之一。但是，公式化地将情况异常复杂的中法战争史简单地描绘成清政府的投降史，

① [法] 谢诺、巴斯蒂：《中国：从两次鸦片战争到中法战争》（1840—1885），引自《学术研究动态》1984年第2期。

② 牟安世：《论黑旗军援越抗法战争的历史功绩》。

③ 丁名楠：《关于中法战争几个问题的初步探索》。

则不完全符合史实，也不利于总结历史教训。十一届三中全会后，在解放思想，实事求是的方针指引下，如实评价清政府在中法战争中的策略问题也有机会提出来探讨，而且提出了一些新的意见，认为当法国侵略者赤裸裸地吞并越南、威胁中国西南边疆安全的危急关头，清政府援越抗法是在中华民族面临新的历史课题时的正确决策。[①] 清政府在中法战争中的指导思想、兵力部署等方面，都有可以肯定的地方。如在加强海防应付法海军骚扰的同时，将重点放在中越边境的陆路战场，扬长避短，是符合当时实际情况的决策。事实上，清军曾取得几次战役的胜利。[②] 中法战争是在列强环伺、边警频传的情况下爆发，清政府既然不只对付一个侵略者，不只筹划西南边疆一处边防，不只顾全一个藩属，要在外交、军事各方面权衡驱狼避虎等轻重缓急，维护全局是必要的。既然是斗争，不管军事的或外交的，都可能有进有退，有进无退的斗争是不存在的。不能因某几次战役的失利，措施失当，便全盘否定其抗法策略。即使是失中之得，也要如实予以肯定。如不顾自己的困难派军出关援越，不断加强海防，在外交上伸张正义、据理力争、对法宣战等许多决策，无疑都是客观上与各族人民的根本利益相一致的正确决策。如果将镇南关大捷后的“乘胜即收”放在边疆危机、海域被封、国土被占、友邦投降的情况下来权衡，也不是一无是处。[③]

（四）中法战争的分期

关于中法战争的分期，在中国近代史或中法战争史的研究中虽有不同的提法，但还没有引起更多的关注。范文澜将陆路战争分为两期：

---

① 张振鹍：《刘永福与中法战争》。

② 梁巨祥、邱心田：《中法战争的结局与战争指导浅析》，广西人民出版社《中法战争史论文集》（第一集）。

③ 庾裕良：《败后宣战与乘胜即收——试论清政府在马尾、镇南关战役后的策略》，见福建社科院历史所编《中法战争史学术讨论会论文集》。

1884年6月至1885年2月为第一期，1885年2月至4月为第二期；[①] 牟安世则分为三个阶段：从17世纪法国入侵越南到1883年5月19日黑旗军纸桥大捷为第一阶段；从1883年8月法军攻顺化、怀德到1885年4月停战撤兵为第二阶段；从中法签订《中法会订越南条约十款》到越南人民反抗殖民统治的斗争为第三个阶段；[②] 沈奕巨认为从1858年法、西联军进攻土伦、西贡起，至60年代末法军完成对越南南部的占领为第一阶段，从1873年黑旗军斩安邺到1883年9月的丹凤大捷为第二个阶段，从1883年12月法军进攻山西与法军交战到1885年4月停战撤兵为第三阶段；[③] 张振鹍认为1883年8月，越南阮朝与法方签订《第一次顺化条约》，承认法国的保护权，下令调回北圻抗法越军，传谕刘永福退兵，公开承认由"大法国当以驱逐黑旗之党出于北圻境外"，标志着越法战争的结束。1883年12月14日法军对驻守山西的黑旗军、清军发起攻击，是法国挑起的侵华战争——中法战争的开始。从1883年12月到1884年3月北宁失守为中法战争的第一阶段，从1884年3月到1885年4月停战为第二阶段。[④]

（五）刘永福黑旗军的评价

清末民初，刘永福一直被尊为民族英雄。范文澜将他放在阶级斗争观点上衡量，说他为个人利益打算，一次又一次堕入反动统治者的圈套，在自己的历史上留下污点。[⑤] 丁名楠加上两条：充当清政府总兵、劝越南人投顺老番，站在反革命立场。[⑥] 曾为许多中国近代史论著采用。

1961年4月下旬，在广西通志馆组织的座谈会上，有人提出刘永福

---

① 范文澜：《中国近代史》，第287页。

② 牟安世：《中法战争》。

③ 沈奕巨：《评牟著〈中法战争〉——和牟安世同志商榷中法战争的几个问题》，见《学术月刊》1961年第6期。

④ 张振鹍：《刘永福与中法战争》。

⑤ 范文澜：《中国近代史》，第290页，1949年订正版。

⑥ 丁名楠：《关于刘永福的评价问题》，见《进步日报》1952年1月4日。

虽然有过失，仍不失为民族英雄，[①] 在民族矛盾上升为主要矛盾的条件下，刘永福率黑旗军回国守边，是从一个反帝斗争岗位转移到另一个反帝斗争岗位，即不是镇压农民，不宜单纯以阶级界线来衡量他的气节；[②] 有的则认为他是反帝斗争的英雄，阶级斗争的变节者。[③] 越南的一些史学家，从1962年开始，也改变了调子，认为刘永福一到越南便和阮氏朝廷勾结在一起，接着又和清王朝暗中往来，已失去了农民起义军的性质；他在抗法斗争中屡立战功，也不过为清、阮王朝效劳；他们还抛出许多调查材料，将刘永福黑旗军描绘成比法国侵略者还残暴的魔鬼。[④]

十一届三中全会后，实事求是风气一开，刘永福评价的分歧大大缩小了，而且抛弃了“气节”等级词汇，如实反映他在历史上的作用。如“刘永福黑旗军的援越抗法战争，在世界近代史上乃是首先高举反帝斗争旗帜，他们是近代史上反抗帝国主义侵略者的先驱”；[⑤] “刘永福是最先举起抗法斗争旗帜并把这一斗争坚持到底的勇士。他和他率领的黑旗军成为中越人民联合抗法的旗帜和象征。黑旗军的斗争实践，向中华民族进行了一次生动的反侵略精神的动员”；[⑥] 认为黑旗军之所以能够在低潮时期保存自己，保持相应的独立、保持农民军的本色，在反帝斗争中站在最前线，团结各方共同抗法，是由于他们执行了灵活的斗争策略，即使在回国问题上，他们也已作了力所能及的努力，作出了在当时为实际可行的部署。[⑦]

（六）抵抗派的形成和作用

对中法战争时期清政府中抵抗派（主战派）的组成和作用，学术

① 沈奕巨：《给刘永福应有的历史地位》，见《广西日报》1961年6月13日。
② 庾裕良：《试论黑旗军》，广西史学会会刊，1963年。
③ 司马骅：《有关刘永福评价的几个问题》（来稿综述），见《广西日报》，1962年1月22日。
④ [越南]《历史研究》1962年9月。
⑤ 牟安世：《论黑旗军援越抗法战争的历史功绩》。
⑥ 张振鹍：《刘永福与中法战争》。
⑦ 庾裕良：《试论黑旗军的斗争策略》，见《印度支那》1985年第1期。

界也有不同的观点：

第一种观点认为，抵抗派多半是一些顽固守旧的官僚，但在反抗侵略者这一点上，多少反映了人民的要求，在言论中也多少揭露了投降派的卖国罪恶。①

第二种观点认为，抵抗派的成员是以湘系集团为主，这一派的买办成分较少，对外国资本主义还不愿完全屈服，其主张为大多数人所赞同；但他们多高谈阔论、邀图宠幸、博取时誉，战事临头即畏葸不前，怯懦惊慌。②

第三种观点认为，抵抗派的形成是一个复杂的历史现象，他们在“主战”这一政见相同的基础上偶然地结合起来，而不是一个有组织的政治集团，他们的主战也是各怀不同目的的。按成员分析，抵抗派大概包括三种人：1. 满族贵族、军机处官僚；2. 地方实力派、各省督抚；3. 新兴起的封建士大夫集团。这一派在动员社会舆论，指出越南的问题的严重性，对于清政府初期执行的稍为倾向于抗法的政策发生了不小影响，对于投降派的卖国活动也起了一定程度的阻碍作用，这些作用应予充分肯定。③

第四种观点也认为抵抗派由三部分人组成，但他们是：1. 镇压太平天国农民起家的湘系军阀集团；2. 清流派；3. 封建统治者中的顽固派。他们的历史作用在于其主战立场代表了民族利益，以舆论压力迫使清廷采取抵抗措施，组织和指挥了主要战场的反侵略战争，临敌镇定，英勇作战，赢得了主战场的胜利。④

抵抗派作用的估价在中法战争史研究中是一个比较重要的问题。目前这方面的讨论还很不够，多流于一般叙述，缺乏具体分析，有待全面掌握史料，放在当时边疆危机深重，民族生存受到威胁的历史条

① 牟安世：《中法战争》，上海人民出版社1955年版，第41页。
② 林增平：《中国近代史》，湖南人民出版社1979年版，第279—285页。
③ 沈奕巨：《评牟著〈中法战争〉——和牟世安同志商榷中法战争的几个问题》。
④ 张壮强：《简论中法战争中的主战派》，见《玉林师专学报》1983年第2、3期合刊。

件下，恰如其分地进行评价。

（七）刘铭传守台的功过

刘铭传在台湾抗法是否有战功？这个问题长期以来就有分歧，曾国荃等极力肯定，而左宗棠等则又多方否定。史学界对刘的看法也褒贬不一。

第一种意见认为，刘铭传是淮系军阀，是大卖国贼李鸿章的亲信、同乡，不可能不听李的投降命令，湘系军阀左宗棠对他的攻击是有根据的；刘铭传因与湘系刘璈不和，法军进攻时不惜牺牲国土，让敌人打击湘军，这是“借刀杀人”的作法；台湾抗法的胜利是张李成领导的人民战士、章高元等某些清朝下级军官及爱国士兵的作用。①

第二种意见认为左宗棠攻击刘铭传，既有刘、左的矛盾，也是湘、淮系军阀争夺地盘的问题，是一种报复行为，就当时战况看，刘退出基隆而守沪尾，是一种丢车保帅的策略；刘在抗法保台斗争中制定了正确的战略战术，在一定程度上相信台湾人民的力量，能团结各系军阀共同对敌，知人善任、赏罚分明，是值得肯定的。②

第三种看法认为，刘铭传强行撤军出基隆，是他对军情判断失误造成的，但目的不是让法国侵略者在基隆站稳脚跟、对付湘军。刘铭传与李鸿章关系密切，“相契至厚”，是主张和局的，其撤军的错误决定与李鸿章大有关系，但他能浴血奋战，不能简单地说他执行了李鸿章的投降主义路线。刘铭传与湘系将领的矛盾有缓和的一面，也有对立的一面，这种对立抵消了抗法力量。在肯定他的进步性时，也应批评其局限性。③

---

① 赵捷民:《刘铭传在台湾的抗法问题》，见《新史学通讯》1955年1月号。

② 陆方:《论刘铭传》，见《吉林大学报》1979年第1期；苏征:《评刘铭传在台湾的活动》，见《南京大学学报》1980年第2期；李俊山:《刘铭传在台湾的抗法斗争》，见《辽宁大学学报》1982年第2期。

③ 杨彦杰:《关于刘铭传在台湾领导抗法斗争的几个问题》，见福建社科院历史所编《中法战争史学术讨论会论文集》。

四、共同努力将中法战争史研究引向深入

尽管近年来中法战争史研究逐步引起了人们的重视，并出现了一些好势头，但同中国近代史其他专题的研究相比，仍是薄弱环节，学术专著、专题论文等寥若晨星，科研队伍、专业人才十分薄弱的状况还没有得到根本性的改变。在许多中国通史、断代史著作中，这段历史被叙述得无论从深度广度方面说都有较大距离，除个别问题曾一度引起较广泛的讨论外，更多的领域还有待开拓，从宏观方面进行综合研究还没有受到人们的普遍注意，突破性的成果尚不多见。因而有待共同努力开创新局面。

第一、充分认识中法战争在中国近代史中的地位。

在过去相当长的一段时间内，学术界多以中法战争没有带来大量赔款和开设商埠等后果，认定这次战争在中国近代史上影响不大，故没有花大力气去研究它。其实，这次战争是帝国主义争夺殖民地引起的，是帝国主义侵华的一个步骤，它不仅加深了中国社会的半殖民地半封建化，而且由于西南大门被打开，为帝国主义的经济文化侵略提供了机会。中法战争使清王朝的内部矛盾与人民群众的矛盾进一步激化，促进了资产阶级革命的发生。中法战争还是中越两国人民联合反帝斗争的开端，显示了中国人民的反帝力量与气概。加强对它的研究，在学术方面和进行爱国主义教育方面都有深刻的意义。我们应深入研究，进一步明确它在中国近代史及中越、中法近代关系史上的地位与作用。

第二、继续抓好资料工作。

中法战争史资料的搜集整理工作是有成效的，但还有许多工作待完成，如法国、越南及其他有关国家的资料不足，就很难如实反映事

件全貌及评论是非得失。就中文资料而言，也有许多档案、奏疏、函牍需要进一步整理，考订。

第三、建立一支强有力的科研队伍。

研究人员的素质与研究成果很有关系，据悉，国外有不少学者选择中法战争史写博士论文。相形之下，作为这次反侵略战争主力的中国，不但没有这方面的博士，而且老一辈学者相继离开原来的研究工作，中年知识分子被耽误了许多宝贵时间，热心于这个课题的青年人为数不多，大学里开不出相应的专业课，后继乏人问题比较突出。希望高等院校与科研单位通力协作，多渠道培养人才，多层次建立一支富有朝气的研究队伍。

第四、改进研究方法。

80年代以前，中法战争研究基本上处于各人零敲碎打状态，人物研究及流于一般介绍性的文章占有相当大的数量，致使许多关系全局的重大问题涉及较少。在今后的研究中，急需加强整体的规划，拓宽研究领域，既要研究具体问题，又要把握住中法战争总的方面，从横向、纵向进行定量比较分析，把微观研究同宏观研究结合起来，在继承传统研究方法的基础上，注意吸收新的研究方法，使中法战争史研究有更多的收获。

中法战争史研究综述

1883—1885年的中法战争（如果联系早期的援越抗法则始于1879年），由于历时较长，军事、外交方面的明争暗斗复杂激烈，对中、越、法三国的政治、经济局势以至思想文化都产生过不同程度的影响。不仅是我国近代史上的重大事件，也是中越、中法、越法近代关系史上的大事。关于中法战争史料的收集、出版虽然可追溯到清末民初，如唐景松《请缨日记》在清光绪中叶已整理刻印，故宫博物院在民国二十五年编印《清光绪朝中法交涉史料》《中法越南交涉史料》等；邵循正、张雁琛先生等还在收集国内外史料、深入研究方面作出开拓性的贡献。[①]但作为中国近代史的科研课题，有计划有步骤地组织力量从事史料汇辑、科学分析而言，则是新中国成立后在有关历史研究机构推动下逐步形成的。50年代初，中国史学会与有关院校及科研单位合作，广泛选辑国内外有关档案、专著、回忆录等，编辑中国近代史资料丛刊《中法战争》、中国近代经济史资料丛刊《中国海关与中法战争》，为中法战争史的研究提供了较全面、较系统的史料。许多近代史学者也结合自己掌握的史料，纷纷撰文介绍、评述中法战争的沉痛教训，评论有关历史人物，还在中国近代史专著中论述中法战争史的进程和影响。牟安世同志的《中法战争》为以马克思主义观点、方法研究中法战争史作了有益的探索。

广西曾是援越抗法、中法战争陆路东部战场的前线，千千万万的勇士为了援助越南兄弟、为了保卫家乡而投入战斗，不少烈士流血牺牲。战后，广西又是直接受害地区之一。各族人民对法国侵略者积恨难消，对抗法英雄的事迹深铭不忘。不少英雄人物在地方上有影响，与地方史志的撰写、乡土教材的发掘密切相关。广西壮族自治区通志馆乃于1959年成立中法战争史研究组，一面收集整理文献，一面到中越边境及与中法战争有关联的地区访问老人、收集故事、抄拓碑文、勘察地形，编写成《中法战争调查报告》。1961年4月中下旬，曾邀请区内史学、文博、文艺工作者讨论刘永福的历史地位问题。与会者畅所欲言，归纳起来大致为三种意见：爱国将领，民族英雄，反帝斗争的英雄、阶级斗争的变节者。通过《广西日报》等连续发表反映各种观点的论文、意见、综合述评，对广西的中法战争史研究有较大的推动，逐渐形成一支研究队伍。可惜，好景不长，随着国际政治风云的幻变，加上极“左”思潮的干扰，中法战争史成为涉外的禁区，如果要研究，也只能在概念化、公式化的框框内转圈子。致使本来交集着各方矛盾、显示着各方力量消长而意味深长的中法战争，被描绘成清政府的投降史。越南某些学者也趁机篡改史实，歪曲中法战争的性质。使中法战争史的研究阻力重重。从1964年起，广西的史学界固然默默无声，国内各种学术刊物在这方面也一片沉寂。十年文化大革命的动乱期间，帽子满天飞，此项研究更无人问津。

十一届三中全会以后，神州大地阳光普照，随着实践是检验真理唯一标准的讨论和再认识，社会科学研究出现前所未有的新气象，中法战争史的研究也从重重束缚中脱颖而出，经过十多年的追赶，在史料收集整理、学术探讨方面，都取得了一些进展。

一、建立科研机构，收集整理史料

1978年广西哲学社会科学研究所（后改为广西社会科学院）成立后，鉴于中法战争既是广西近代史上的大事，也是中国近代史上不可忽视的一环，开展中法战争史的研究有学术方面的意义，也有政治方面的作用。于1980年在历史研究所成立中法战争史专题小组（后改为中法战争史研究室），开展科研工作。鉴于中国近代史资料丛刊《中法战争》篇幅虽然可观，但因编辑时受条件限制，仍有不少缺漏，如反映越南阮朝政府及与中法战争有密切联系的列强的政治动态、军事部署、外交活动方面的史料十分缺乏，对清档、法国外交档案方面的选辑面也比较窄，这些都影响对一些重要环节的了解。而且，近30年来新发现的史料，也有待收集整理。于是派专人到北京中国第一历史档案馆、中国社会科学院近代史所，各大学图书馆、北京图书馆以及南京、上海有关科研单位，复制史料。接着，又在中国社会科学院近代史所的协助下，委托法国学者巴斯蒂·布吕吉尔夫人（后来派出专人）向法国外交部、海军殖民部、陆军部档案馆复制有关中法战争的档案，并广泛购买、复印有史料价值的专著、外交文件、私人档案、回忆录等，历时三年多，共收集法文史料700多万字。目前，正在组织人力翻译，并继续收集英、德、俄、日、美外交文件及越南的史料，计划编辑出版丛刊《中法战争》续编。为中法战争史的研究补充必要的史料。1982年，原广西通志馆编辑的《中法战争调查资料实录》，也经广西博物馆修订补充，由广西人民出版社出版。该书收集三百多位知情老人的口碑资料，其中有中法战争的参加者、目击者的回忆，也有黑旗军、萃军、桂军、滇军以及战后避居我国的越民后商承自先人的传家事绩，有关遗迹碑文等共30余万字。它从另一角度记载、反映了中法战争某些事件、人物，也反映了当时边境人民群众的爱国热情。可作文献的补充、印证。此外，各地还陆续收集到一些手稿、碑文，如《冯子材传》《战胜法兰西始末》、《刘永福传记》，刘永福父墓诰封碑等，有待进一步整理。

二、学术研究活动

广西开展中法战争史学术研究活动，有利条件是群众基础较好，初步形成一支队伍；不利条件是文献史料不足、知识面窄、理论水平低，记述、评论具体战役、人物较多，从全局探索较少。30多年来宏观方面的论文只有沈奕巨《十九世纪六七十年代中越边境农民战争向民族战争转化》等寥寥数篇。当务之急是充实史料，提高理论水平，扩大研究领域，加强宏观方面的研究。这就需要向各地学者学习。

1983年5月19日，是黑旗军抗法纸桥大捷一百周年，广西社会科学院、广西通志馆、广西文化局在钦州市刘永福故居三宣堂举办中法战争史学术讨论会，由于这是第一次带全国性的中法战争史学术讨论会，得到国内各大专院校、科研单位近代史学者的关注和支持。中国社会科学院近代史所和历史所、北京大学历史系、中国人民大学历史系、中国人民解放军军事科学院战理部、天津市社会科学院、上海复旦大学历史系、上海师大历史系、东北师大历史系、武汉大学历史系、福建省社会科学院历史所、厦门大学历史系、福建省博物馆、广东省社会科学院历史所、广东省民族学院、广州市社科所、云南省社科院历史所、云南师大历史系以及广西各大专院校、科研单位的学者、教授、史学、文博、文艺、出版工作者70多人出席了讨论会。收到论文、译文、资料、索引67篇。著名学者丁名楠、牟安世在会上作了专题报告，就加强中法战争史的研究、黑旗军历史功绩的评价等作了详细论述，提出有益的启示。[②]会上还就中法战争的性质、失败原因；中法战争在中国近代史上的地位；法国侵略军的暴行和严重后果；黑旗军援越抗法和奉诏回国的性质；刘永福的抗法思想和斗争策略；清政府在中法战争中军事策略和对西南边疆的态度；纸桥、马江、基隆、镇南关诸战役的剖析；主战派、主和派和有关人物的评价等问题交换了意见，可惜时间短、问题多而且牵连面广，未能深入探索。

这次学术讨论会的成就，不仅是各地学者济济一堂，为加强中法战争史的研究形成声势，也不仅是论文的数量超过30多年来的总和，而在于论文和讨论会所涉及的问题，既开拓了新的研究领域又大大加深了对中法战争史的认识，显示了实事求是的良好学风。例如，中国社会科学院近代史研究所张振鹍同志的论文，破除概念化、公式化的框框，对越法战争和中法战争的划分、转变，两次战争中清越、清刘、清法、越法、越刘和刘法之间的关系及其演变，刘永福抗法的历史功绩等，作了有史实依据，有理论分析的阐述；[3]又如，本着实事求是的原则，对过去分歧较大或长期未受重视的问题，有了较为一致的认识：一是结合19世纪七八十年代西方列强掀起争夺殖民高潮的时代背景、中越两国名义上虽残存宗藩关系而实际上却已沦为被侵略目标、民族矛盾上升为主要矛盾的情况来评价刘水福黑旗军联合中越王朝抗法的性质和作用，他们站在时代的前列，大方向正确，功绩是主流；二是30多年来，中法战争史的研究之所以停滞不前，成为中国近代史研究中的薄弱环节，政治因素的影响、极“左”思潮的干扰固然有关，而史料不充分，缺乏认真钻研的精神也有关。有些环节由于缺乏史料而眉目不清、论证不确；也有的环节史料已备，由于缺乏认真钻研而人云亦云，以讹传讹。历史科学研究也和其他科学研究一样，从概念出发，照公式立论，不可能说清问题，也不可能抓住实质，中法战争史的研究，应大力充实史料，更应大力提高理论水平。

会上还受广西人民出版社委托，成立编委会，编辑中法战争史论文集。

1983年12月，广西社会科学院趁法国学者巴斯蒂·布吕吉尔夫人来我国参加学术交流活动之便，邀请她到南宁访问。她于12月9日与南宁各大专院校、科研单位的近代史教学、科研人员作学术交流。巴斯蒂夫人就西方学者对中法战争的认识和研究情况；法国的中法战争档案的收藏、出版概况；中法战争时期法国的国内外形势；法国人民对政府的殖民扩张政策的态度等问题作了长篇发言。广西学者也就中法战争史的研究概况、中法战争期间法国传教士在广西的活动、镇南大捷的影响、黑旗军的战功与作用等问题发表了意见。既交流了学术经验，又增进了友谊。

1984年是马尾海战一百周年，福建省社会科学院联合有关单位于10月20日在马尾海员俱乐部为中法战争史学者提供交流学术的机会。

福建、北京、天津、上海、长春、苏州、杭州、广州、昆明、南昌、湖南、南宁等地的史学工作者60多人出席。南宁的史学工作者提交了7篇论文，4人到会学习。这次讨论会准备充分，问题集中，对马尾海战的起因、经过、失败教训及有关历史人物的评价方面，作了较细致，深入的讨论、考证。尤其是福州部队刘子明、丛培欣同志的论文，结合实地调查，对中法双方在马尾海战中的作战思想，兵力部署等方面作了详细对比，比我们书生谈兵深入、实际得多。会上由于对法军攻击马尾的作战目的有不同的理解，故对马尾海战的影响也有不同的评价。

1985年，是扭转中法战局形势而闻名中外的镇南关大捷一百周年。广西社会科学院、广西通志馆、广西文化厅定于八月初在钦州举办中法战争史学术讨论会，总结中法战争史研究情况，探讨中法战争在我国近代史、中越近代关系史上的地位和影响，成立广西中法战争史研究会。

三、学术研究进展及有待深入探索的问题

中法战争史的研究虽然坎坷不平，进展还是不小的。总的说来，大体和其他专题研究一样，经历着汇辑史料，介绍和述评具体事件、人物，综合分析、深入研究三个阶段。如果说清末民初基本属于收集资料的第一阶段的话，那么新中国成立到1964年则属于介绍、报道、评论具体事件、人物的第二个阶段。据初步统计，从1949年到1964年，除上面提到的邵循正、张雁琛、牟安世以及范文澜的中国近代史之外，全国报刊发表关于中法战争史的文章约60篇，其中属于介绍、报道的30篇，人物述评13篇，论文7篇，书评3篇，教学3篇[⑤]。1978年十一届三中全会以后才进入深入研究的第三个阶段。1978—1985年，不但连续举办三次带全国性的学术讨论会，编辑三本论文集，一本调查资料汇编，国内各报刊发表这方面的文章200余篇中，论文超过100

篇，而且在研究范围和深度方面都有很大的进展，充分体现了“解放思想、实事求是”这一正确方针的巨大生命力。

（一）中法战争的性质和失败原因

中法战争既从越法战争演变而来，清政府保藩固圉、援越抗法进而代越守土、代越受兵、对法宣战，从后台走到前台；越政府则从联清抗法、倒向殖民怀抱。在不同的阶段出现过不同程度的共同利益，但也交织着各种矛盾。关于战争的性质、胜负等许多敏感问题，在当时已各自根据自己的利益作出解析，这种分歧无疑会影响后人的学术观点。

三十多年来，我们的各种论著都一致认为中法战争是法国的金融寡头、垄断资本家为了对外扩张而挑起的侵略战争。就越南、中国而言，则是正义的民族自卫战争。由于它发生于两次鸦片战争之后和大肆瓜分殖民地的中日甲午战争之前，一般都被当作资本主义列强侵华的余波来评价。由于立场、观点或所掌握史料的不同，中外学者一直有不同的看法。例如，法国学者表面上承认法国发动这场战争具有侵略性质，但并不是法国的垄断资本家的愿望，而是法国某些中小商人、冒险者挑起的，战争的挑起和结束都充满了许多有趣的偶然因素。法国政府并不存在完整的侵略计划和政策[⑥]。这样一来，中法战争只是某些冒险家、好战分子不负责任的玩火，而不是法国大资产阶级扩张政策的产物。又如越南的某些学者一直坚持他们早在1962年提出的论点，认为法国吞并越南固然是侵略者，而越南阮氏朝廷的反抗或者联清抗法，都不过是为了巩固它的封建政权；清朝政府无论是援助阮朝军队或是援助黑旗军抗法、或是自己上阵，也是为了巩固它自己的封建统治及维护对越南的“上国”“天朝”地位。中法战争实际上是两个大国在争夺对越南的控制权，是清政府继续推行扩张政策的一种手段[⑦]。

显然，这些都是应该澄清的大问题。近几年来有不少论文就这些分歧作了论证。认为中法战争期间，中越两国都成为法国的侵略对象，都是受害者，法国侵略者是中越两国（包括两国统治者和人民）的共同敌人。越南阮朝政府的抵抗斗争，清政府的援越抗法以及后来的对法宣战，虽然主要是为了巩固、维护自己的封建统治，但在客观上也与中越两国人民的最高利益相一致。他们的抗法活动当时得到中越人民的大力支持就是最有力的例证。清政府当时处理越南问题，虽有不平等的“上国”架子，也企图维持不平等的宗藩关系，但与联合抗击共同的民族大敌相比，则是次之又次的问题。何况当时的清政府，危机四伏、自顾不暇，它既无力量也不可能提出它过去都没有做到的要求。事实已经作出证明，清政府在援越抗法过程中，曾先后派遣近十万大军援越，超过了北圻越军数倍，可从来没有向越南政府提出过政治、经济、领土方面的所谓控制权。只根据在当时已无多少实际意义的“宗藩”关系就无限上纲，将宁愿代越受兵的清政府置于与法国侵略者等同的地位，与史实不符⑧。

（二）中法战争在我国近代史上的地位与影响

中法战争历时三年，战火由越南燃及本土，威胁着六省和千里海防，法国侵略者曾闯进祖国南大门，叫嚣广西的门户已不复存在；炮轰马尾、基隆，叫嚣要自取赔款的抵押品，牵动了全国军力、财力，对内政、外交都有明显影响。如何评价它的地位和影响是个值得探讨的问题。

自从范文澜同志在《中国近代史》的上编第五章第三节的（E）点列目论述中法战争以后，各种中国近代史论著都有专题评述，只是内容越来越简，评述也越来越空。这确是使人担心的趋势。法国学者在论证中国近代史和现代史时，却将中法战争当作对中国近代有重要影响的事件，并以它作为分期的标志⑨。这说明他们相当重视中法战争的影响。

我国近代史学者也越来越明显地意识到不如实评价中法战争的地位和影响，就必然会给中国近代史及其研究工作造成薄弱环节。在

1983年钦州学术讨论会上，就提出中法战争并不是资本主义侵华的余波，而是中国人民反对帝国主义掠夺的先导[10]。呼吁学术界要重视、加强中法战争史的研究，以弥补中国近代史及其研究工作中的薄弱环节。为加强爱国主义教育提供题材[11]。

（三）清政府在中法战争中的策略

清政府经两次鸦片战争和太平天国革命的打击之后，已气息奄奄，对待列强入侵，已成惊弓之鸟，动辄妥协退让，丧权辱国，罪责累累。严肃批判它的投降罪责，毫无疑问是近代史研究的任务之一。但是，公式化地将情况异常复杂的中法战争史，简单地描绘成清政府的投降史，则不完全符合史实，也不利于总结历史教训。十一届三中全会后，在解放思想，实事求是的方针指引下，如实评价清政府在中法战争中的策略问题也有机会提出来探讨，而且提出了一些新的意见。认为当法国侵略者赤裸裸地吞并越南、威胁我西南边疆安全的危急关头，清政府援越抗法是在中华民族面临新的历史课题时的正确决策[12]，清政府在中法战争中的指导思想、兵力部署等方面，都有可以肯定的地方。如在加强海防应付法海军骚扰的同时，将重点放在中越边境的陆路战场，扬长避短，是符合当时实际情况的决策。事实上，清军曾取得几次战役的胜利。[13]中法战争是在列强环伺，边警频传的情况下爆发，清政府既然不只对付一个侵略者，不只筹划西南边疆一处边防，不只顾全一个藩属，要在外交、军事各方面权衡轻重缓急，驱狼避虎，维护全局是必要的。既然是斗争，不管军事的或外交的，都可能有进有退，有进无退的斗争是不存在的。不能因某几次战役的失利，措施失当，便全盘否定。即使是失中之得，也要如实予以肯定。如不顾自己的困难派军出关援越，不断加强海防，在外交上伸张正义、据理力争、对法宣战等许多决策，无疑都是客观上与各族人民的根本利益相一致的正确决策。如果将镇南大捷后的“乘胜即收”放在边疆危机、海域被封、国土被占、友邦投降的情况下来权衡，也不是一无是处[14]。

（四）中法战争的分期

中法战争的分期，还没有引起更多的关注，各种专著有不同的提法：范文澜将陆路战争分为两期，1884年6月至1885年2月为第一期，1885年2月至4月为第二期。[15]牟安世则分为三个阶段：从十七世纪法国入侵越南到1883年5月19日黑旗军纸桥大捷，为第一阶段。从1883年8月法军攻顺化、怀德到1885年4月停战、撤兵为第二个阶段。从中法签订越南条约到越南人民反抗殖民统治的斗争为第三个阶段。[16]沈奕巨认为从1858年法、西联军进攻土伦，西贡起，至六十年代末法军完成对越南南部占领，为第一阶段；从1873年黑旗军斩安邺到1883年9月的丹风大捷为第二个阶段；从1883年12月法军进攻山西与法军交战到1885年4月停战撤兵为第三阶段。[17]张振鹍认为1883年8月，越南阮朝与法方签订《第一次顺化条约》，承认法国的保护权、下令调回北圻抗法越军、传谕刘永福退兵，公开承认由“大法国当以驱逐黑旗之党出于北圻境外”，标志着越法战争的结束。1883年12月14日法军对驻守山西的黑旗军、清军发起攻击，是法国挑起的侵华战争——中法战争的开始。从1883年12月到1884年3月北宁失守，为中法战争的第一阶段；从1884年3月到1885年4月停战为第二阶段[18]。

（五）刘永福黑旗军的评价

清末民初，刘永福一直被尊为民族英雄。范文澜同志将他放在阶级斗争观点上衡量，说他为个人利益打算，一次又一次地堕入反动统治者的圈套，在自己的历史上留下污点；[19]丁名楠同志加上两条：充当清政府总兵；劝越南人投顺老番、站在反革命立场。[20]后来被许多中国近代史论著采用。

1961年4月中下旬，在广西通志馆组织的座谈会上，有人提出刘永福虽然有过失，仍不失为民族英雄。[21]在民族矛盾上升为主要矛盾的条件下，回国守边，是从一个反帝斗争岗位转移到另一个反帝斗争岗位，不是镇压农民，不宜单纯以阶级界线来衡量他的气节；[22]认为他是反帝斗争的英雄，阶级斗争的变节者；[23]越南的一些史学家，从1962年开始，也改变了调子，认为刘永福一到越南便和阮氏朝廷勾在一起，接着又和清王朝暗中往来，已失去了农民起义军的性质；抗法斗争屡立战功，也不过为清、阮王朝效劳；还抛出许多调查材料，将刘永福黑旗军描绘成比法国侵略者还残暴的魔鬼[24]。

十一届三中全会后，实事求是风气一开，对刘永福评价上的分歧大大缩小了，而且抛弃了习惯的气节等级词汇，如实反映他在历史上的作用。如“刘永福黑旗军的援越抗法战争，在世界近代史上乃是首先高举反帝斗争旗帜，他们是世界近代史上反抗帝国主义侵略者的先驱”；[25]“刘永福是最先举起抗法斗争旗帜并把这一斗争坚持到底的勇士。他和他率领的黑旗军成为中越人民联合抗法的旗帜和象征。黑旗军的斗争实践，向中华民族进行了一次生动的反侵略精神的动员”；[26]认为黑旗军之所以能够在低潮时期保持自己，保持相应的独立、保持农民军的本色；在反帝斗争中站在最前线，团结各方共同抗法，是由于他们执行了灵活的斗争策略，即使在回国问题上，他们也已作了力所能及的努力，作出了在当时为实际可行的部署[27]。

资料整理，学术研究等项工作虽然进展很大，但存在的问题也很多。最突出的是一百年过去了，许多重要环节的眉目仍然不十分清楚，以致三十多年来，编辑出版的《中国近代史》连同教材近百种，其中关于中法战争史的论述略而不详固不待言，失实和评述不当之处确实不少。积极组织力量，加强中法战争史的研究，更深入的总结历史教训，编写出更翔实的中法战争史，确是十分迫切的事。

注释：

① 邵循正:《中法越南关系始末》、张雁琛《中法外交关系史考》，都以广集各方史料、深入考查，受史学界好评。

②③ 丁名楠:《关于中法战争几个问题的初步探索》、牟安世《论

黑旗军援越抗法战争的历史功绩》、张振鹍《刘永福与中法战争》均选入《中法战争史论文集》。

④ 刘子明、丛培欣:《中法马江战役军事部著初探》,见《福建论坛》1984年第4期及福建省中法战争史论文集。

⑤ 吴国强:《1945—1983中法战争史论著目录》见广西人民出版社《中法战争史论文集》。

⑥ 法国学者巴斯蒂·布吕吉尔夫人在南宁学术交流会上的发言。见《学术研究动态》1984年2期。

⑦ 越南陈辉燎:《关于刘永福和黑旗军在越南抗法斗争的评价》,见越南《历史研究》1982年9月号。越南杜文戎《十九世纪末清朝对越南的扩张野心和手段》,见越南《大学历史科学论文集·史学》第三册。

⑧ 庚裕良:《论中法战争的性质和失败原因》见《学术论坛》1982年第4期。

⑨ 法国巴斯蒂·布吕吉尔夫人等著《中国近代现代通史》,引自《学术研究动态》1984年第2期。

⑩㉔ 牟安世:《论黑旗军援越抗法战争的历史功绩》。

⑪ 丁名楠:《关于中法战争几个问题的初步探索》。

⑫⑱㉕ 张振鹍:《刘永福与中法战争》。

⑬ 梁巨祥、邱心田:《中法战争的结局与战争指导浅析》,广西人民出版社出版《中法战争史论文集》。

⑭ 庚裕良《败后宣战与乘胜即收》——试论清政府在马尾、镇南关战役后的策略。福建省《中法战争史论文集》。

⑮⑲ 范文渊:《中国近代史》287、290页。

⑯⑰ 转引自《中国历史年鉴》1983年,699页。

⑳ 丁名楠:《关于刘永福的评价问题》,见《进步日报》1952年1月4日《史学周刊》。

㉑ 沈奕巨:《给刘永福应有的历史地位》,见《广西日报》1961年6月13日。

㉒ 庚裕良:《试论黑旗军》广西历史学会会刊1963年。

㉓ 司马骅:《有关刘永福评价的几个问题》(来稿综述),见《广西日报》1962年1月22日。

㉔ 越南《历史研究》1962年9月号。

㉗ 庚裕良:《试论黑旗军的斗争策略》,见《印度支那》1985年第1期。

中法战争史究研中的几个问题

在纪念镇南关大捷一百周年学术研讨会上的发言摘要

这次纪念镇南关大捷一百周年学术讨论会是继1983年的纪念纸桥大捷一百周年和1984年纪念马尾海战一百周年学术讨论会之后的第三次关于中法战争史的讨论会，得到各地学者前来指导，内心有难以用言语表达的高兴。我是研究中法战争史的“专业户”，也是20多年来搞不出什么成果的不称职的专业户。现在，借这次机会，将我在研究中法战争史过程中，碰到的一些难度较大的问题，提出来向专家们请教。

一、如何将中法战争放在一定的历史条件下作具体考察

众所周知，中法战争时期，清政府的国际背景是资本主义向帝国主义过渡，并掀起争夺殖民地高潮。东西方列强纷纷分割、侵占中国本土和藩属，因此，国内背景则是藩篱四拆，边疆危机接踵而来，不仅面临法国在越南及西南边疆的挑战，而且面对英、俄、日、美在西面、北方、东北及中部地区的步步紧逼。清政府既然是在边疆危机中与列强周旋，势必全面权衡轻重缓急，而以往许多论著在评论中法战争得失时，却没有将它放在边疆危机中考察，只是就事论事，为了将清政府刻画成腐朽卖国政府，便将所有的外交谈判都贬为投降活动，将镇南关大捷后乘胜即收贬为最昏庸腐败的卖国行径。离开当时边疆危机的具体情况，就不容易分清是非得失。

二、如何论述中法战争期间的中越关系

自宋代以还，中越两国封建统治者，大部分时间都维持宗藩关系，中法战争期间，这种反映封建等级制度的不平等关系虽然已因封建制度和清王朝势力的衰微而流于形式，但毕竟还保留册封、朝贡等制度以及某些权利和义务。清政府的对越政策因而力争维持固有的宗主国特权，并借以巩固南疆边防，当法国侵略越南北方时，不惜冒风险应邀派兵出关，援越抗法；越南阮氏王朝则企图在两大国的冲突中脱身，它一方面借助法方的进逼来削弱、摆脱清政府的羁绊，一方面又求清军出关，抵制法国北侵；法国侵略者则乘机割断这条固有的联系，以便于他放手大干。中越间的宗藩关系，便成为中、越、法三国之间开展斗争的工具和焦点，而且具有十分微妙的作用，甚至对后世学者也产生了影响。国外学者尤其是法国老一辈学者多持不承认态度，越南学术界情况更为复杂，1978年以前，大部分人正视历史事实，少数人带批判性的承认它的存在，近几年则矢口否认；我国史学界对此也讳莫如深，力求回避，几乎所有关于中法战争史的论著，都不涉及越南阮氏王朝的态度和策略，也不论述宗藩关系在当时的具体作用，因而很难完整地论述中法战争的起因、演变过程和结局。例如，越南作为一个独立自主的国家正因为阮氏王朝与清政府间有宗藩关系，它才有请求清军赴援的理由，也证明它在宗藩羁绊和殖民统治之间宁愿选择前者。而清政府之所以牵动半个中国的财力、军力援越抗法，是为了保藩固圉。后来，战局发生了巨大变化，法国不但以武力完全控制了越南，而且将战火烧到中国本土，阮朝眼见清政府无能提供有效保护，它割断了宗藩关系投入殖民主义怀抱，而清政府也被迫在保藩、固边间选择后者，因而在镇南关大捷和澎湖被占时，草签了停战撤兵条款。它们之间是密切联系不可分割的，单就镇南关大捷和停战撤兵和约来就事论事，就不可能得出正确的结论。

三、如何反映中法战争的错综复杂过程

中法战争不但交叉着中越法三国之间的内政、外交、军事、经济斗争，还牵连到东西方列强与中越两国以及它们之间的矛盾。而具体战役，只不过是这一系列政治斗争的一个侧面或触角，或者说是他们秘密外交谈判桌上的小筹码。因此，要全面反映中法战争的真正进程，要总结这一重要事件的历史教训，只论述几次战役的经过、得失是远远不够的，只从某些当权人物的主战主和来估价战争的得失也是不可能概及全局的，必须加强宏观方面的研究，将它放在19世纪末叶的国际局势、远东局势，尤其是列强在远东的角逐，中法越三国的政治、经济、军事局势中，进行综合分析，才能揭示它的内幕和实质。而这些正是我们以往的研究中所缺乏的。例如，镇南关战役它是为了压清政府承担部分赔款而作出的姿态，并不是经过长期准备的战略决战，一旦粉碎了法军的突然袭击，就完成了它的战役任务。正如法军无力深入中国纵深一样，清军也没有深入北圻作战的准备和能力，如果要赋予它更大更多的任务，如乘胜收复北圻等，显然是不符合客观条件而难以实现的。而这个结论，必须将它放在当时的全局中综合分析才能作出。

中法战争史学术讨论会综述

庾裕良、周灿

为了纪念中国近代史上著名战役——镇南关大捷一百周年，广西社会科学院、广西通志馆、广西文化厅联合钦州市、凭祥市文化局于1985年8月7—13日在钦州、凭祥召开中法战争史学术讨论会。中国社会科学院近代史研究所、中国人民大学历史系、北京师范大学历史系、外交学院、中华书局近代史编辑室、中国人民解放军海军司令部、军事科学院战理部、军事博物馆、信阳陆军学校、上海师范大学、华东师范大学地理系、苏州大学历史系、中南民族学院以及广东、浙江、福建、云南、湖南、广西的学者70多人出席会议，抗法名将刘永福、冯子材、陈嘉的后人也应邀列席，共收到论文、译文、索引等55篇，比1983年纪念纸桥大捷一百周年学术讨论会、1984年纪念马尾战役一百周年学术讨论会涉及的问题更广泛、深入。

广西社会科学院副院长朱荣同志在会议开始时代表主办单位致开幕词。他说，镇南关大捷是我国近代史上有较大影响的战役，也是中国人民反帝斗争史上著名的大胜仗，对中、法、越三国的政局都有较大的影响。虽然它的爆发也如它的结束一样，乍起乍落，变幻离奇，许多环节有待深入探讨，但这次大捷的取得，是前线广大爱国军民勇敢和智慧结晶，则是完全可以肯定的。因而也是发扬爱国主义精神、进行爱国主义教育的好教材。中法战争时期，广西处在第一线，各族人民为保卫国土、保卫家园付出了沉重的代价，在广西近代史上有深远的影响。我们虽然从60年代起，就组织力量，从事中法战争史的调查研究，但由于各种原因进展很慢，希望通过这次学术讨论会，能得到各地学者更多更具体的帮助指导。

原中共中央宣传部文艺局局长、离休老干部李英敏同志，以亲身经历叙述了边境人民对抗法英雄业绩的传颂和中越两国人民的兄弟情谊，他说：我的祖父原是越南人，越南沦为法国殖民地时，他不甘心做亡国奴，随同清军入关，在浦北县定居。我的祖父和父亲都参加过抗法活动，父亲还跟随孙中山参加过三那起义、黄花岗起义。我也曾到越南参加过革命斗争，如八月革命斗争等，越南同志也曾来钦州一带帮助过我们，真是用血肉凝结而成的战斗情谊，这是中越两国人民的主流。近几年来，国际政治局势变了，越南黎笋集团为了谋求霸权，竟然翻脸不认人，说什么“中国自古以来都在侵略越南”，将两国封建统治者之间的征战和人民之间的情谊混为一谈，完全违背了越南人民的愿望。中法战争史既然成为越南某些人借端攻击我们的口实，又是我国近代史研究中的薄弱环节，所以加强研究很有必要，这次会议很及时，衷心希望各地学者大力帮助，推动广西的学术研究活动，使中法战争史的研究，迎头赶上。

中共钦州地委副书记谢金榜同志，凭祥市市委副书记刘易田同志也分别在会上发言，对远道来钦州、凭祥参加学术讨论会的全国各地的学者表示热烈欢迎，要以纪念镇南关大捷一百周年、缅怀英雄捍卫祖国边疆的精神为动力，推动钦州、凭祥的两个文明建设。

中国社会科学院近代史研究所副研究员张振鹍在会上作了专题发言，介绍法国、美国学者研究中法战争史的概况；广西民族学院讲师范宏贵同志介绍越南史学界对于中法战争史的观点演变情况，对黑旗军的评价的变化过程；广西社会科学院斯史研究所庾裕良同志汇报了35年来中法战争史研究概况及一些难度较大的问题，中国人民大学历史系副教授杨遵道、海军司令部研究室研究员杨志本、助理研究员王苏坡同志、云南省社会科学院历史研究所副所长龙永行同志、区通志馆副馆长沈奕巨同志都先后在大会作了专题发言，就中法战争史的地位和影响、宗藩关系，宏观研究与微观研究以及开展多学科合作、历史人物评价、镇南关大捷的影响、海上和陆地战场的影响等问题发表了意见。

在转入小组讨论会后，讨论更为生动活泼，广泛深入，尤其是年青代表，以他们特有的敏锐提出了许多有创见的建议，开始是集中精力议论中法战争史研究中存在的问题和解决意见，接着围绕镇南关大捷的作用——是否扭转了中法战争的全局，进行了较深入的探讨，到凭祥后，为了使讨论更灵活、深入，分成镇南关大捷的影响、列强在中法战争中的作用、宗藩关系三个专题进行讨论，任由代表自由选择参加一个或两个组。概括起来，主要的意见有：

一、中法战争史研究的概况和建议

30多年来，老一辈史学家对中法战争史研究做了许多工作，取得了不少成绩，但由于禁区多、起步迟、队伍小、资料缺、成果少，与中国近代史其他专题比较，相距颇远，被公认为薄弱环节。1983年广西结合纪念纸桥大捷一百周年，召开中法战争史学术讨论会，是开创性的推动，接着福建结合纪念马尾海战一百周年，又召开了第二次学术讨论会，连同今年纪念镇南关大捷一百周年的第三次学术讨论会，造成了一些声势，而且使研究工作逐步深入，尤其是这次学术讨论会，论文涉及面广，如过去较少涉及的列强对中法战争进程的影响，中法战争时期清政府的财政概况、越南阮氏王朝的动态对中法战争的影响，宗藩关系的性质及作用、海陆战场之间的影响、如何加强宏观方面的研究、加强各种学科间的合作等问题，都有涉及，而且涌现了一批新生力量，为进一步搞好中法战争史研究创造了有利的条件。希望中国社会科学院近代史研究所、广西、福建、云南、浙江等社科院历史所，加强对这一专题研究工作的领导和规划，集中有关力量，加强各学科（如国际关系史、政治史、军事史、经济史、文化史等）、地区之间以地方与军队之间的分工协作，作好资料收集、整理工作，作好专题研究工作，在这个基础上，编写综合性的、科学性的《中法战争史》，以弥补我国近代史研究的不足，力争列入“七五”规划。

二、中法战争的性质及宗藩关系

关于中法战争的性质随着时代的推移，出现过几种不同的提法，例如：保藩固圉、抗法援越、民族自卫战争、反侵略战争，其含义并不一致，应选定一个科学的提法。尤其是越南某些别有用心的人，抓住当时的宗藩关系无限上纲的情况下，更有紧迫性。至于宗藩关系，它是一个历史范畴，具有封建等级制的不平等性质。但是随着封建制度、封建王朝的盛衰，它的实质和作用也在不断演变。到19世纪末，中越之间虽然残存宗藩名分，但因两者都已沦为半封建半殖民地的被侵略、被掠夺地位，大敌当前，不但这种宗主国与藩属国的矛盾已退居次要的矛盾，而且它与资本主义、帝国主义与殖民地之间的关系有很大的区别，所以，尽管越南阮氏王朝历来有摆脱清王朝羁绊的倾向，甚至利用法国势力削弱清王朝的影响。但是当它受到法国殖民主义的真正威胁时，却又再三向清王朝恳求援助，而清王朝政府也是依据藩属与邻邦的义务而派兵出关。目的在于增强越南王朝的抵抗能力，并无政治上、领土上的附加条件。可见，当时的宗藩关系的历史作用，由于殖民主义入侵而赋予新的作用。当然，清王朝也还具有保持自己的宗主国地位的要求的一面。对这些问题，应作具体分析，不能采取回避的态度。清政府由派兵入越协助抗法，到代越守土，到引火烧身，使战火漫延到中越边境及东南沿海，一直抵制法国殖民主义对越南的吞并，就是铁的事实。

三、中法战争中陆海战场的关系和影响

中法战争是从越法战争转变而成，前一阶段，战斗在越南北部及

中越边境的陆地进行。观音桥事件后，孤拔率领法国远东舰队进攻我台湾、福建马尾等地，形成了海陆两处战场，前者法国投入两个旅团及一些辅助部队约17000人，清政府投入150余营约60000人；后者法国投入舰艇近30只，海陆军3000余人。讨论过程中有两种意见，一种意见认为，中法战争的主要战场始在北圻及中越边境，这里聚集着双方的主要兵力，而且法国的战略目标是继续吞并越南北圻，他派出海军攻台湾、马尾是骚扰性质，是压服清政府的手段，不是目的。与此相联系，认为镇南关大捷是扭转中法战争全局的关键战役。而另一种意见认为观音桥事件之后，随着弧拔率远东舰队北犯，中法战争的主要战场已由越南北圻、中越边境转移到东南沿海，当时法国的庞大舰队对中国沿海是严重威胁。是清政府及法国政府注意的主要战场，因为它不但封锁了中国沿海的运输，还占领台湾基隆，后来又攻毁马尾造船厂、占领澎湖等。对清政府说来，危险性比北圻战场更直接、更大。如在镇南关大捷的同时，法军占领澎湖，一胜一负，而澎湖之失，更使清政府重视。因此，镇南关大捷虽然影响很大，但它只是扭转了陆路战场即北圻战场的局势，不能说扭转了整个中法战争的局势。

四、随着研究的深入，列强在中法战争中的影响，越来越引起重视

实际上，中法战争中，列强不但对法国的侵略野心有鼓励、约束作用，对清政府的抵抗也有支持及压制作用，在不同的阶段，它们分别以不同的脸谱出现，而不管法国或清政府，都不能不考虑列强的意见，这就使得整个中法战争期间，外交谈判的影响重于战场上的胜负的主要原因，因此，研究中法战争史，必须放在19世纪末，列强争夺、瓜分殖民地、中国边疆危机日益严重的条件下，进行综合分析。过去的研究工作，着重于具体战役的分析、具体人物的评价，虽然是必要的，但又是不够的，今后除加强微观研究外，更为重要的要加强宏观

方面的研究。

五、中法战争在中国近代史上的地位

关于中法战争史在中国近代史上的地位或者说它的影响，也是个十分复杂的问题。虽然没有人公开贬低它，可也没有人重视它，一直将它列为鸦片战争之后，资本主义列强对中国的一次军事入侵来看待。远没有甲午战争形成瓜分那么重要。经过深入研究，不少同志都认为中法战争不但对中国的政治、经济、思想各方面发生过较大的影响，对东南亚、对法国政局以至对列强的对华策略都产生过影响，它实际是帝国主义瓜分中国的开始，又是中国人民打击这种瓜分的开端，在一定程度上推延了瓜分的进程。

代表们还以镇南关大捷的影响，列强在中法战争中的作用，宗藩关系的性质和历史作用为专题，进行分组讨论，谈得较深入。尤其在参观了关前隘古战场之后，对镇南关大捷、对冯子材的军事才干、对保卫边疆的英雄们的勇敢精神，有了进一步的认识和体会。

最后，广西师范大学历史系钟文典副教授作了总结发言，他认为这次学术讨论会开得很好，论文涉及面广，开辟了新的领域，讨论较集中、较深入。不但大开眼界，也有许多新的启示，尤其是年青同志数量多、观点新、态度认真，是中法战争史研究工作获得发展的征兆。他还就史学研究中宏观研究与微观研究的关系必须并重，宗藩关系应注意三个区别、具体分析主战与和谈问题，重视中法战争史的研究以及评价历史人物要抓住民族矛盾上升为主要矛盾的特点等问题，发表了很好的意见。

会议期间，广西的代表们还讨论通过了中法战争史研究会章程，协商选举理事及会长、副会长，聘请了顾问及名誉会长：

顾问：李英敏　名誉会长：沈奕巨

会长：庚裕良　副会长：吴国强、范宏贵

秘书长：黄振南

该研究会不但积极组织广西的近代史工作者开展中法战争史的研究，还将与兄弟省的学者发展横向联系，团结协作，共同推动中法战争史有关专题的研究。

中法海战*

庾裕良、黄振南

19世纪中叶，西方列强纷纷涌向远东，掠夺原料基地，强辟通商口岸，倾销商品，甚至实行殖民统治。腐朽衰微的清王朝统治下的文明古国，经不住坚船利炮和廉价商品的冲击，逐渐沦为列强俎上之肉；一贯依赖清王朝的援助以维持政权的越南阮氏王朝，也一蹶不振，其南圻三省接着是六省沦为法国的殖民地。

1881年，法国刚从普法战争的巨额赔款中缓过气来。金融帝国的本性难改，又急步英国后尘向远东扩张，以求补偿。它以越南南圻为基地，积极向北渗透，不但将富饶的红河三角洲纳入殖民地范围，还妄图由红河进入云南，囊括中国西南各省的丰富资源，进而操纵这个亚洲大国的经济、政治，建立东亚霸业。因此，它在巧立名目向越南北圻渗透的同时，挖空心思离间清、阮王朝间延续近百年的宗藩关系。在开展军事斗争之前，便开始了激烈的外交斗争。光绪九年十一月十五日（1883年12月14日），终于爆发了中法战争。1884年6月，法国殖民当局妄图以占优势的海军力量骚扰中国沿海，向清王朝勒索巨额赔款，于是形成了陆、海两个战场。海战既在中国沿海及本土进行，威胁和影响也更深远，无疑是中法战争的重要环节。

---

* 原载海军司令部《近代中国海军》编辑部编著:《近代中国海军》，北京：海潮出版社，1994年8月第1版，第247—306页。

第一节 战争态势

越南是中国南疆近邻，清、阮王朝之间的宗藩关系又世代相沿，法国对越南北圻的渗透，理所当然会引起清廷的不安。早在光绪四年（1878年）应阮朝的请求派兵入越协剿李扬才事毕撤军时，便有意留驻数营桂军于谅山、高平，名为继续剿匪，实为声援越南抗法。后因法军不断向北圻增加兵力，对中国西南边疆的威胁日益加重，光绪九年（1883年）夏，清政府再应阮朝之请，增调桂、滇防营往援，分别驻守北宁、山西一带，同黑旗军及越南抗法部队为犄角，与攻占河内的法军相对峙，既保藩属，又兼固南疆。

一、法国的讹诈政策和侵略意图

光绪九年（1883年）秋，入侵北圻的法军屡被黑旗军和越南抗法军民打败，于是改变策略，派孤拔率东京分舰队南下攻顺安，逼迫阮朝新王签订《顺化条约》，攫取了越南的内政、外交、经济、军事大权。法国殖民当局便自以为已完成殖民统治的必要程序，下一步当是增派军队攻剿北圻的抗法武装及驱逐黑旗军和援越清军，同时也考虑到一旦与清政府因越南问题而决裂时，便应利用自己的海军优势来压服清政府。如1883年6月8日法国海军及殖民地部长薄纳在致法国驻中国及日本海域分舰队总司令梅依准将的信中就明确提出：

东京事件（按：指李维业攻击黑旗军时阵亡）的发生，促使政府在远东海域增加我们的海军力量，并采取以下措施：指派一位民政总特派员在东京负责我们保护国的组织工作，……陆军准将波滑行使各兵种的最高指挥权。……你应使你的舰队扩大活动范围，以显示我们的舰队在中国的主要港口出现，尤其对那些能由军舰对人心和中国当局的决心起到最大影响的港口，……如果北京政府同我们决裂，你应指挥你的舰队发挥最大的作用。……请你向我报告你的研究意见，向我提供有效的办法，以便在最有利的条件下对付北京政府[①]。

而梅依也不辱君命，在8月3日就向薄纳部长提出攻占厦门的建议，并认定这是对清王朝打击最狠毒的要着；他还提供破坏福州（按：指马尾港，下同）兵工厂及闽江防御工事的详细资料。[②]

当时，波滑在怀德、丹风与黑旗军交锋失利，同时又与民政总特派员何罗芒意见不合，借故回国。东京海域分舰队司令孤拔奉命指挥增援后的北圻海陆各军，1883年12月中旬进攻山西清军阵地之役，爆发了不宣而战的中法战争。接着法军又凭着增援后的军事优势，在北宁、太原击败援越清军，妄图一鼓作气，将援越清军挤出北圻。但是，清政府却及时作出强烈反应，在迅速调整军机处班子的同时，又从各省抽调防营向桂、滇增援。法国当局意识到，要迅速在北圻取得彻底的胜利，除大量增派陆军外，还必须发挥海上优势，迫使清政府就范。1883年12月21日，法国海军及殖民地部长裴龙在写给梅依的信中明确宣布：

政府决定调派大量援军前去东京，任命陆军少将米乐为远征军总司令……授予民政和军事权力，目前在东京和安南的全部兵种都由他指挥。……一旦与中国开战，为了保证指挥和行动统一，我决定集中中国海域分舰队及东京海域分舰队，由资深的将军领导，组成中国海域舰队[③]。

而实际上这一职务已落在孤拔身上。1884年1月8日，法国海军部

---

① 法国海军部档案BB—41946，第314—321页。
② 同上，第324—325页。
③ 同上，第331—332页。

负责人德·马赛尔致孤拔的信中说:"政府坚信目前形势不可能导致公开决裂，然而，我请您注意研究并准备在战争情况下，以你为总司令的全部海军力量所必须进行的军事行动"。[①] 接着海军及殖民地部长裴龙又向孤拔发布明确的命令:"如果战争在中国和我们之间发生，你应根据我的命令，负责全面指挥我们在中国海域的所有海军力量。……最有力地开展军事行动"。[②] 1884年2月29日，在提升孤拔为海军少将的命令中再三申明:"你暂时仍担任东京分舰队总司令，而我曾向你发布的命令，在与中国发生冲突时，你担任这个海域的所有海军力量的总司令的指示，丝毫没有改变"。[③] 与此同时，法国当局的外交讹诈也在步步进逼。1884年4月 × 日，[④] 法国外交部长在致法驻华公使巴德诺的信中曾涉及对清政府施压的某些策略:"最近在山西缴获的大量文件，最令人信服地揭露了北京政府所采取的秘密政策，它派人员、送装备给我们的对手……增援安南叛乱部队和黑旗军，鼓励黑旗军抵抗，迫使我们向东京派出一支真正的部队，本来我们只用几个连就足以击溃叛乱部队的。我们要向北京政府要求赔款，尽管赔款的数目以及向它提出的时间还未定，你要在远东制造舆论"。[⑤] 接着于4月26日电令驻华署理公使谢满禄，正式向清政府提出赔款的要挟。[⑥] 法国当局除向越南增援外，已赤裸裸地向清政府提出战争威胁信号：如继续援助越南的"叛乱部队"及黑旗军，中国的沿海将受到攻击，到头来还将支付巨额赔款。孤拔率领的两支分舰队已被内定为完成这项成胁任务的主力，利士比则已率领他的分舰队由香港经广州、厦门北上，不断发出将攻击中国沿海口岸的叫嚣。[⑦]

---

① 法国海军部档案BB—41953，第6—7页。

② 同上，第12—13页。

③ 同上，第17页。

④ 原档案字迹不清，无法确定时间。

⑤ 法国海军部档案BB—41954，第 × 页（该卷未编页码，以下不一一作注）。

⑥ 《法国外交文牍》第五卷。第二五〇号茹费理政府谢满禄;《中国近代史资料丛刊·中法战争》(七)，中国史学会主编，上海人民出版社出版（以下简称为《中法战争》，第212页。

⑦ 《北洋大臣李鸿章来电》,《中法战争》(五)，第305页。

正值这样微妙时刻，在外交谈判和军事调动中发生了观音桥（即北黎）事件。

光绪十年（1884年）春，清政府鉴于日本对朝鲜的侵略已迫在眉睫，而越南阮氏王朝又首鼠两端，感到同时筹措南北防务对付两强，力不从心。于是同意李鸿章与法国舰长福禄诺谈判，有意从越南逐步脱身。李、福谈判的结果是5月11日在天津达成《中法简明条约》五款。其中第二款为“中国约明将所驻北圻各防营即行调回边界……”第五款为“此约既经彼此密押，两国即派全权大臣，限三月后悉照以上所定各节会议详细条款”。[①] 草签之前，福禄诺极尽要挟威胁能事，再三声明法国提出的这些条款，一个字都不能改动。但在草签后的第三天，他却以奉茹费理电示为由，提出限中国援越桂军在20日内、滇军在40日内撤毕的附加条款。李鸿章以路途遥远，通知不及，撤军期限应由双方大臣详议为由予以拒绝。福禄诺力争无效，最后在他自己提出的临时附加条款上将这一期限划掉，并签名为据。可是，事后福禄诺却将这一未为中方代表接受的撤军期限，电告法国外交部及驻越远征军总司令，这就为6月23日的观音桥冲突埋下祸根。

6月21日，米乐派陆军中校杜森尼率领由800多人组成的法越混合部队去占领谅山，曾明令应和平接收，如发生意外立即请示。杜森尼一行于6月23日抵达观音桥附近，驻守在这里的桂军曾数次派人甚至出动总兵万重暄前往交涉，说明《天津简明条约》(《李福协定》）虽已草签，但未奉撤军上谕，要求法军暂缓前进，以便请示。而杜森尼骄横成性，不但将上级命令置之脑后，竟连杀三个信使，擅令部队攻击桂军防营。

俗云“哀兵勿犯”。桂军对北宁的不战而溃已感十分委屈，加上广西提督黄桂兰又气愤自戮，全军官兵都悲愤不已。今见法军无理进逼，是可忍孰不可忍，黄桂兰的部属黄玉贤、黄云高、陈世华、李应章等

---

① 《中法简明条款》,《中法战争)（七），第419—420页。

数营纷纷奋起反击，一鼓作气将法军击退。第二天再战，又以三面环攻之势将法军逼回郎牙。交战中多属近距离拼杀，由于法军武器精良，转攻为守后占有地利，故只死10人、失踪2人、伤42人。[①] 桂军则伤亡300多人。可见这次由法军杜森尼一手挑起的观音桥冲突，桂军的损失是法军六倍。法国远征军总司令部的96号通令中还嘉奖他们“以一当十赢得了胜利”。[②] 至于双方接触时处理问题的方式及责任问题，法国海军及殖民地部长裴龙也认为杜森尼执行这一命令的方式有错误，其责任应由远征军总司令米乐将军承担，只是由于杜森尼在战斗中表现得异常勇敢，才没有处罚他。[③]

但是，令人不解的是法国当局却在充分弄清这件“非致命性后果”的一桩小事之前，就迫不及待地作出了强烈的军事反应。例如1884年7月1日海军及殖民地部长裴龙还致电米乐：“政府希望你用电报详细而准确地报告23日及24日事件，以及敌军的数目、性质”。[④] 而法国政府早在观音桥冲突的第三天即6月26日就公然攻击清政府违背《天津简明条约》（其实该简约只经双方代表草签，并未经双方政府正式批准），并下令孤拔率东京分舰队北上指挥中国及日本海域分舰队，以配合巴德诺的所谓抗议。事隔两天即6月28日，又迫不及待地向他发布准备夺取抵押品的命令。[⑤] 同时，公开宣布向清政府勒索2.5亿法郎赔款。

如果将这一连串出人意料的事件与区区中校舰长福禄诺居然代替法方谈判草签简约，居然在遭到赫赫封疆大臣李鸿章拒绝后仍将一面之辞上报本国政府，以及杜森尼中校拒绝与清军提督大员会见，狂叫他的部队可以直指北京等联系起来考察，就不难看出，观音桥冲突不是偶然的，即使这一事件的本身是偶然的，但法国当局立即派孤拔率舰队北上要挟巨额赔款这一决策则是早有预谋，既然存心制造事端，

---

① 法国海军部档案BB—41956，第215—216页；BB—41954，第 × 页。
② 同上，第295页。
③ 法国海军部档案BB—41953，第53—54页。
④ 同上，第52页。
⑤ 同上，第54页。

乘机讹诈，即使不在观音桥挑起冲突，也会在其他地方以其他方式找到口实。

法国当局挑起观音桥冲突并大造舆论的目的是十分清楚的。他们是在挖空心思捞取《天津简明条约》中未曾得到的赔款，并迫使清政府真正、全部从越南撤军，不再过问越南的事。而他们之所以要抓住观音桥冲突来倒打一耙，还有其政治和军事背景。

1884年春，法国当局集中两个旅团的兵力攻击援越清军，在夺取北宁、太原、兴化等北圻重镇之后，便认为清军及越南北圻的各种抗法力量已基本溃散，在北圻的军事行动已经结束，远征军总司令米乐在1884年4月27日致海军及殖民地部长的信曾踌躇满志地提出："我完全主宰了东京，我的军事使命已完成，请给我政治指示"。[①] 接着便是福禄诺与李鸿章咄咄相逼的所谓李、福谈判，援军虽允撤，但赔款未到手，福禄诺及法国当局都心有不甘。而巴德诺压服顺化新王签订的《第二次顺化条约》，使法国消除了一切后顾之忧。越南的政权既然在握，就可以放手排斥清政府的干预，而这时清政府却继续加强海防，向桂、滇边境增援。众所周知，向桂、滇增兵，实际上就是向黑旗军及以黄佐炎为首的北圻抗法武装增援。这是法国当局最忌讳、最敏感的。按照他们一切以实力地位为主的逻辑推论，当时正是以实力来压清政府完全退出越南并支付战争赔款的最好时机，而孤拔和利士比两支待命已久的舰队，正是完成这一讹诈任务的最适合的工具。认为只要用这两把锋利的匕首架在清政府的脖子上，一切都会迎刃而解，于是观音桥冲突便成为孤拔率舰队北上骚扰中国沿海的契机。

因此，中法海战是法国当局蓄意策划、针对中国的新侵略行径，是侵犯中国南疆的陆路战争的延伸。法国虽然具有进行海上作战的相应实力，但面对这个泱泱大国却又显得不足，所以海军的主要任务仍是作外交讹诈的后盾，并不具备入侵、割据中国大片本土的实力。这

---

① 法国海军部档案BB—41956，第125页。

就决定了这场海战的性质和规模——显示军事力量进行有限度的袭击个别港口的短期占领。

二、法国远东舰队的组建和作战方针

法国为了在远东攫取一席之地，早在光绪四年（1878年）就心怀叵测地在中国沿海常驻一支海军分舰队——中国及日本海域分舰队，分舰队的总司令是海军准将杜白蕾，继任者为梅依，1884年4月由利士比接任。当时拥有的舰艇是“伏尔达”号、“胜利”号、“维拉”号、“鲁汀”号、“凯旋”号、“都威尔”号等，[①] 具体任务是监视从海南岛东侧至渤海湾的广大海域，一旦与清王朝发生战事，它便负责摧毁清王朝海军，攻击一两座沿海设防城市，而且要“发挥最大的作用”。[②]

1883年6月组建的法国东京分舰队则一开始就由海军准将孤拔任总司令，其舰艇是:“巴雅”号、“阿达朗德”号、“雷诺堡”号、“凯圣”号、“阿米林”号、“巴斯瓦尔”号、“斗拉克”号、“野猫”号、“蝮蛇”号、“安南人”号、“美获”号及两艘鱼雷艇。它的任务是保证法国在越南的远征军不受清海军的威胁，负责监视安南海岸、东京湾直至海南岛两侧的海域。

严格地说，法国这两支海军分舰队都是针对清王朝的，不过是南北分段负责而已。

1884年6月26日即观音桥冲突的第三天，法国海军及殖民地部长便电令孤拔率东京分舰队北上与利士比率领的中国及日本海域分舰队联合行动。“率领你所有舰只前往〈中国〉北方，并留在那里，直至缔结通商条约。与巴德诺磋商，作好准备，如果我们被中国迫于无奈，便在必要时夺取抵押品”。[③] 最初，虽然明令保持利士比的分舰队总司

---

① 法国海军部档案BB—41946，第314—321页。

② 同上，第326—328页。

③ 法国海军部档案BB—41953，第41页。

令职务，但明令受孤拔海军少将指挥。孤拔则于7月1日乘他的旗舰“巴雅”号至香港转上海与当时的谈判代表巴德诺合谋，成为巴德诺压服清王朝政府支付巨额赔款和从越南撤军等外交讹诈的后盾。所属舰艇除原来两个分舰队的舰只外，后来又配合封锁漫长的海岸线和广袤海域的需要而逐渐增加“杜居土路因”号、“伊埃纳”号、“加尼亚”号等，最多时达35艘，4300多人，并于8月29日正式组建为法国远东舰队，任命孤拔、利士比为正副总司令，成为当时法国在海外最大的舰队。它的战略目标十分明确：强化法国向清王朝政府索取巨额赔款或夺取抵押品的威慑力；它的战术目的则是伺机推毁或捕捉清王朝的海军舰艇及其设施，扰乱、破坏清王朝的内外贸易，必要时封锁其沿海口岸。[①]

随着法国外交讹诈活动的逐渐升级，孤拔的远东舰队的任务也由一般的威慑而要求落实夺取抵押品的具体地点，但法国当局做贼心虚，既不敢贸然攻击通商口岸引起列强的不满和干预，又因单靠海军的力量还不足对有实力防御的口岸构成威慑，先后否定了巴德诺及孤拔提出的进攻吴淞、南京、大沽、厦门……的建议，而决定分别攻占台湾的基隆和福州的马尾。1884年7月7日法国海军及殖民地部长致电正在上海示威的孤拔：

你接此电后，即向福州府（按：实指福州的马尾港，下同）派出军舰并根据政府以后的命令予以占领。从现在起，应阻止〈中国〉在该地构筑任何防御工事、重新布置水雷以及其军舰的出入。你应保护上海，但政府反对对南京采取行动，由于外国工商业的存在，将会引起极其严重的纠纷。另外，中国会在该地集结大量的军队，你不要以登陆部队与之对抗。还应派军舰到基隆，该地对补给煤炭可能大有好处，对我们来说，而且是一处易于攻取和保持的抵押品。[②]

① 法国海军部档案BB—41953，第45—46页。
② 同上，第44页。

裴龙在7月13日给孤拔的电报说得更为露骨：

……向福州和基隆派出你所有可以调遣的舰只，因为我们打算如果最后通牒被拒绝，便将这两个港口作为抵押品。目前，我们无意在李鸿章管辖的直隶湾夺取抵押品。……请很好理解我们的想法：不开战而产生尽可能大的恫吓作用。[①]

7月18日，裴龙再次否定了理解政策精神不深的孤拔立即进攻马尾港的要求，其核心仍然是吓服清王朝承认巨额赔款而法国不付出任何代价。因为这时清王朝在法国咄咄进逼的谈判中，已表示愿从越南撤军，但不能支付无端勒索。

……我在最近的电报中命你派军舰到基隆和福州，作好占领这些地方的准备并阻止他们构筑防御工事和偷运违禁品，这样做，既是威慑性措施，同时在开战时又可以使我们处于有利地位，只要和平解决的道路没有关闭，我认为超出这些威胁性措施的做法是不明智的。[②]

尽管身处第一线的巴德诺和孤拔，了解清王朝的情况更为具体，提出了更为恶毒的计划，但他们不得不执行法国政府已确定的方针。

三、清政府的御敌策略

当时的清政府虽然已获得喘息的机会，经济方面逐渐复苏，并已着手注意沿海防御工程及海军建设，北洋海军、南洋海军、福建海军、广东海军以及福建船政船厂都初具规模。但由于海岸线长，沿海港口多，购置的舰艇多已陈旧，装备落后，训练不足等许多原因，这四支

---

① 法国海军部档案BB—41953，第45页。

② 同上，第45—46页。

海军的舰艇总数虽然超过法国远东舰队，但仍难与它在广袤的洋面抗衡，尤其难以夺回制海权。因此，当时法国远东舰队的海盗行径——公然宣布以武力夺取沿海港口作抵押品及阻挠海上贸易——是清王朝政府十分头痛的问题，身居直隶总督、北洋大臣的李鸿章更是首当其冲，惶惶不可终日。虽在与宝海、福禄诺的谈判中多方妥协，但法国殖民地当局的欲壑难填，总是旁生枝节，步步进逼；而这种无休止要挟的严酷事实，却促使清王朝当局及朝野人士的觉醒，并逐渐形成了在外交方面以不破裂的妥协办法来应付敌人的无理讹诈，但同时又力求加强沿海防御，包括台湾的防御，积极向越南北部增援以牵制敌人的两手策略。例如在1884年4月下旬，曾屈从法方的要挟，将驻法大臣曾纪泽调开以维持与法方的对话，但又及时起用国内宿将鲍超、刘铭传、冯子材以及张之洞等加强防务，使法国当局不能集中兵力在中国沿海大动干戈，因而它的讹诈政策也奏效不大。尽管最后通牒一个接着一个，巴德诺的气焰不可一世，在谈判桌上不顾起码的外交礼节，无理追问曾国荃是否应允赔款，但清王朝政府则始终坚持定见：观音桥冲突是法军挑起的，不能支付无端赔款，并将法方趁谈判之机发动军事进攻的海盗行径，提请各国公评。这一软硬兼施的策略，使茹费理的威慑战略进退维谷。如从当时的国际环境和实力对比等情况而论，清政府的应敌策略虽在“弱国无外交”的被动条件下频频让步，但仍有许多值得肯定的积极举措。

第二节　基隆小胜

法国当局居心叵测，早在1883年6月就电令它的中国及日本海域海军分舰队搜集中国沿海各港口的有关情报，伺机下手。梅依及其继任者都不失时机对沿海口岸进行了“访问”。如1884年4月中旬，利士比曾派“伏尔达”号到基隆“访问”，公然派员登山测绘港口及周围地形，甚至借游览之名闯进炮台窥探炮台内设备及结构，受守军阻拦后便倒打一耙，诬蔑守台官兵不讲礼貌。接着又以当时商号不及时供应煤炭而向当地政府提出威胁，横行霸道，世所罕见。7月中旬，刘铭传奉命率部携械渡海守台，也有法国军舰尾随监视，“维拉”号从7月22日起就进入基隆港停泊，无理阻止清政府雇用的德国轮船“威利”号进入基隆卸下军用物资。这一切，都说明法国当局单方面地将基隆置于它的分舰队控制之下。

1884年7月下旬，当巴德诺与曾国荃在上海的会谈达不到勒索的目的时，裴龙于7月31日致电孤拔：“最后通牒期限已满，立即派‘拉加利桑尼亚’号及一艘炮艇前往基隆港口和煤矿，直到最后订出赔款计划”。[①] 其用意极为明显：摆出进攻基隆的架势，向清政府施加最后的压力。但清政府仍然不理会什么最后通牒的最后期限，公开敦请美国出面调停，并声明观音桥的冲突是“法兵来挑衅，不是华兵去寻他；二者，法兵伤亡者少，华兵却多”。而且进一步提出“法人与越南所立新约，内有将越南王所得中国印函交与法人以作越南不属中国之证”。[②] 这就使茹费理、巴德诺等精心筹划的威慑政策黯然失色。裴龙便于8月2日向孤拔发出攻击基隆的命令，曾在4月底积极向上级请求攻击基隆的利士比总司令奉命执行这项攻击的任务。

这次攻击基隆，法国当局的主要目的仍然是向清政府施加压力以攫取巨额赔款，同时也垂涎基隆的关税收入和煤矿。

8月2日晚，利士比连夜赶到马尾港“伏尔达”号接受作战命令后又漏夜赶回马祖澳，率领“拉加利桑尼亚”号、“鲁汀”号以及从“巴雅”号抽调的陆战队扑向基隆，满以为凭这两艘巡洋舰和一艘炮舰的49门大炮及近千名陆战队员便可以毫不费力地攻占基隆港、煤矿及台湾北部各地。

但是，他们根本没想到自从“伏尔达”号到基隆挑衅后，已引起

① 同前，第48页。

② 《军机处奏呈览总理各国事务衙门与杨约翰问答及法使照会片》，《中法战争》（五），第466页。

清政府及台湾官员的警惕，他们正在大力加强防御实力。原来主持台湾防务的兵备道刘璈将全台40营守军作了精心部署，将全台分五路设防，即以台南、恒春为南路，新化、嘉义为中路，新竹、台北为北路，台东为后路，澎湖为前路，分兵驻守。还特别调湘军宿将曹志忠、孙开华9营精锐专防北路。7月中旬，淮军名将刘铭传又奉命率10营渡台，还先后从李鸿章处获得毛瑟枪5000余支、克虏伯炮16门，南洋、广东也支援得力防营、军饷，当地士绅也积极组建民团协助防守。台北、基隆、淡水的守军已增至20营，械精、心齐，加上新建的炮台和大炮，战斗力已大大加强。

利士比的“拉加利桑尼亚”号配备有24厘米炮2门、24厘米座炮4门、10厘米炮6门、旋转炮8门；“维拉”号有14厘米座炮15门、旋转炮8门；“鲁汀”号有14厘米座炮2门、10厘米炮2门、旋转炮2门，总共49门，火力是基隆守军的10倍，战斗人员近千人，是守军的十分之一。

利士比和孤拔一样，有丰富的侵略作战经验，他估计基隆守军不敢主动出击，便冒险命“鲁汀”号深入基隆港，尽量靠近清军炮垒停泊；“维拉”号则停泊于基隆港中部，专门对付建于山麓的三门滑膛炮；“拉加利桑尼亚”号则泊于距新筑炮垒900米的港口，根据战斗情况给予支援。

8月4日，利士比气势汹汹向基隆清军发出最后通牒，要求守台官员投降，交出港口及煤矿。基隆驻军首领、总兵曹志忠等一面飞报刘铭传，一面部署战斗。

8月5日晨，利士比按原计划发炮轰击，由于法舰事先已作了周密调查和分工，加上它的舰炮射程远、射速快、口径大，清军的数处炮垒及营房，几乎同时被击。如“拉加利桑尼亚”号的侧舷齐射，很快就压制、摧毁了新筑炮垒的火力和设备，并造成了较大的伤亡。但清军炮手毫不气馁，勇敢还击，新炮垒发射的第一轮排炮5发炮弹，就有3发击中利士比的旗舰“拉加利桑尼亚”号，其中一发还击中该舰的炮位，“维拉”号也连中数弹。只因这些克虏伯平射炮及滑膛炮口径小、射程近，炮弹的穿透、爆破力小，未能给该两舰造成致命的打击，而这数处新建的炮垒交战不久，即陆续中炮炸毁，弹药库、兵营及附近村庄也相继起火爆炸。守军的支柱——炮垒既毁，陆军及一般壕沟就更难抵挡法舰的攻击，曹志忠等只好率部撤出基隆附近阵地，退守第二线制高点。

利士比见清军炮垒被毁，步兵也撤离港区阵地，便认定守军已全线溃败，即令“拉加利桑尼亚”号副舰长马丁率领各舰的陆战队600多人登陆，向纵深推进，顺利地占领了港湾两侧的两座半毁的炮台。马丁见阻力不大，又令“巴雅”号陆战队200多人向大沙湾制高点发起攻击，占领之后立即配合“维拉”号炮击周围的守军阵地，基隆港陷入敌手。

下午，利士比驱使手下用水雷及炸药将基隆港内的各种设施破坏无遗，还陆续派兵登陆，准备明日向基隆市区推进。

刘铭传闻报，立即赶赴前沿，与各将领共同研究御敌策略。他们深感法国军舰的炮火威力很强，很难在港区对阵，决定撤至敌舰炮射程外的山地布防，伺机围歼妄图向市区推进的法军。

8月6日，利士比妄想乘胜攻占基隆，派副官日格密率领“维拉”号陆战队200多人向基隆市区侦察推进，目的地是城内的道台衙门，马丁则率领“巴雅”号陆战队在大沙湾高地构筑阵地作后援。但是，日格密所部一离开高地不远，就受到扼守田寮港阵地的曹志忠各营的拦击，接着，苏得胜营和邓长安营又分别从东西两侧迂回包抄，日格密虽然得到马丁所部及“维拉”号的炮火的支援，也顶不住怒火中烧的清军的英勇反击，尤其是两翼的迂回，势如潮水，若再迟疑，两支法军就面临灭顶之灾。马丁及日格密都具有过人的机敏，在进攻得势时，他们杀人如麻，力争为法国的殖民事业建立功勋；在形势逆转时，他们也擅长运用欧洲军事家得意的佳作——方阵轮番后撤战术，丢弃辎重，抛开伤员，保持方阵队形，相互掩护，轮番后撤，以避免溃退而造成更大的伤亡。他们一直退到港区的法舰大炮射程之内，密集的炮弹封锁清军的追击时，他们才窜回各自的军舰。利士比也从陆战队的迅速推进和狼狈败退中认识到自己所犯的轻敌错误。为了及时作好对上级的解释和对外界的宣传，他令“鲁汀”号赶赴上海、“维拉”号赶赴马尾港，分别向巴德诺和孤拔详细汇报，说明了三个月以前可以轻而易举攻下的基隆，由于清军大量增援，必须整个舰队和大批陆军增援才能做到。他自己率“拉加利桑尼亚”号泊于基隆港外，对外仍称已攻占基隆港。

关于这次小接触的损失情况，双方说法不一，法国档案记载死2人、伤11人[①]。守台清军的奏报：“毙一旂头，伤百余，夺洋枪数十、坐旂二面、洋服洋帽各数十件”。[②]刘铭传奏报守军伤亡60多人。至于评价方面，《法军侵台始末》的作者曾说：“凭着兵力不足的陆战队登陆来执行的占领企图，结果终于失败了”[③]，而法国人罗亚尔的《中法海战》却有绝妙的评论：“利士比提督的任务，首先是破坏军事设施。这点他以无疵的智巧执行，获得完全的成功”[④]。他肯定不是由于健忘而将茹费理、孤拔以及利士比本人的有关攻占基隆的命令置之脑后。

诚然，光绪十年六月十五日至十六日（1884年8月5至6日）的基隆战役，是法国即将成立的远东舰队执行法国殖民当局的抵押品政策的第一回合，从军事方面而言，只是小接触，是小败、小胜。但是，它对中法战争的全局，对茹费理的讹诈策略都产生较明显的影响。

茹费理原认为孤拔、利士比合并后的舰队在攻击、占领中国沿海口岸时会所向披靡，一直打着攻占马尾及基隆当作抵押品并保持到获得赔款甚至签订对法国有利的通商条约为止的如意算盘。他们认为手

① 嘎尔诺：《法军侵台始末》，台北银行经济研究室编印，台北银行印刷所1960年10月出版，第15页。

② 刘璈：《禀法船来基开衅炮合被毁暨十六日获捷各情由》，《巡台退思录》，台北银行经济研究室编印，第269页。

③ 同上。

④ 罗亚尔：《中法海战·进犯基隆失败》，《中法战争》（三），第545页。

中有几处可以长期占领的抵押品，在和清王朝的谈判中会更加有利，所以，裴龙在7月24日再次向已进入马尾港的孤拔强调："我们认为占领基隆具有极大的重要性"。[1] 而且法国当局和孤拔、利士比都认定攻占基隆是轻而易举的事。

可是，六月十五日至十六日（8月5至6日）的战斗的失败，就给茹费理、裴龙等带来一连串问题。首先是他们从基隆失败中得出共同的结论："由于没有足够的登陆部队，未能占领基隆"。[2] 这一致命弱点当然不只是反映在未能占领基隆问题上，而是对华作战中带全局性的问题，致使法国当局和前线主帅因这次失败而产生了对夺取抵押品和施加军事压力的策略上的分歧。茹费理和裴龙都认为过去确定的抵押品马尾港，地处闽江口内40多公里，沿途防御设施比基隆完备得多，显然属于摧毁容易、固守困难的类型，而不属于不需要付出巨大代价就能长期驻守的理想抵押品。而现在基隆的战争既已打响，就不能轻易停止和撤离，否则会给讹诈政策造成不利影响。当前最迫切的是调整作战方案，即集中兵力牢牢控制住基隆，既可堵住清政府宣扬取得胜利的口实，又可为孤拔舰队夺取燃料补给基地。只有有了可长期占领的抵押品，在和清政府的谈判中才有发言权。于是海军及殖民地部8月10日致孤拔的电报中明确规定："集中兵力于基隆，尽力弥补利士比的失败"。[3]

但是，深知自己的致命弱点——登陆部队不足，难于作陆上攻击战的孤拔和利士比经基隆失败后，却一直坚持北上威胁直隶湾的作战方案，他们认为基隆附近有1.5万以上的守军，具有无法完全封锁的广袤海域，而且距离清王朝的统治中心遥远，姑无论以海军舰队人员去进行陆地战争是以己之短攻敌之长，加上数量上的绝对劣势，很难奏效，即使攻占基隆及台湾北部，对压服清政府的外交谈判也难以起什

① 法国海军部档案BB—41953，第47页。
② 同上，第72—73页。
③ 同上，第53页。

么明显的作用。他们极力建议，只派少数舰艇封锁基隆，集中绝大多数舰只北上攻占芝罘（今烟台）、旅顺口，直接封锁、威胁清政府的咽喉重地，这不但比攻占、固守基隆容易得多，而且对外交谈判也有利得多。就当时的实际情况而言，孤拔这一着比集中全力攻占基隆要狠毒得多。

但是，法国当局鉴于单靠孤拔舰队的海上作战力量，同样只能破坏北直隶某港口的设施而难以与李鸿章众多的陆军长期对抗，到头来还是要被迫撤离，则两手空空，无一可靠的抵押品，不利于谈判。为了调和矛盾，法国当局有条件地否定了孤拔的建议，令他攻占基隆之后再北上。裴龙在8月16日的电令中明确规定：

……你从福州前往基隆，我们打算将基隆变成舰队的煤炭补给中心。你以你所掌握的军事力量在基隆进行一切可能的行动，并准确地告诉我们，还必需用什么方法以保证对矿山的占领。在此之后，政府给你便宜行事的自由，……在你认为最有威胁的地方继续对中国作战。①

这样一来，基隆的失败不但促使茹费理、裴龙改变作战方案，将攻占马尾、基隆两处作抵押品改为集中全力攻占基隆并且要牢牢驻守，以便作为外交讹诈的筹码，而且也为后来台湾军民将战争狂人孤拔紧困基隆而无法北上作恶创造了条件。完全可以说：这一有利于全局的好势头是来自基隆小胜。

第三节　马尾惨败

1884年8月16日，法内阁总理茹费理在上下两院的对华作战拨款表决中获得必需的信任票，便下决心大干。由海军及殖民地部长裴龙

---

① 同前，第59页。

向孤拔下达经过内阁会议商定的作战电报:“由于中国政府拒绝妥协,你一接到巴德诺的通知并周知外国领事和船只之后,便可以在福州府行动,摧毁福州船政局及其防御工事,并俘获中国船只。〈然后〉你从福州前往基隆,我们打算将基隆变成煤炭补给中心。”[①] 这就表明法军第一次攻基隆失败之后,被迫改变了作战计划,他们的攻击重点已从马尾港或者说马尾港、基隆港两处集中到基隆港一处,马尾港便从他们计划中的占领目标转变成破坏目标。因此,马尾战役也变成破坏之后立即撤往基隆的一次掩盖兵力不足的突然袭击。法军既改变了作战计划和措施,而清王朝当局和前线官员却仍然蒙在鼓里,仍然执行马尾重于基隆的防御策略,甚至调大量陆军保卫福州。

孤拔接到8月16日的具有高度权威性的电令之后,立即完成了攻击福建海军、破坏福建船政及马尾港一切防御设施的部署:旗舰“伏尔达”号仍泊于罗星塔西南水域与福建海军旗舰“扬武”号及其南侧的“福星”号对峙,“伏尔达”号后面紧跟着45、46号两艘鱼雷艇,再后面是三艘炮舰“益士弼”号、“蝮蛇”号和“野猫”号,这一梯队的具体任务是攻击泊于罗星塔上游的福建海军“扬武”号、“福星”号、“伏波”号、“建胜”号、“艺新”号、“福胜”号及船台附近的“琛航”号、“永保”号,还加上泊于这一带的各种临时改装起来的炮船、火攻船等;吃水较深的巡洋舰“杜居土路因”号、“德斯丹”号、“维拉”号及四艘用汽艇改装的炮艇为另一梯队,泊于罗星塔东南水域,负责攻击泊于海关附近的福建军舰“飞云”号、“济安”号、“振武”号以及附近的十数只武装船艇,并伺机支援“伏尔达”号;“梭尼”号、“雷诺堡”号仍然游弋于长门峡一带,防止已满载石料的30多只民船沉船堵河;“巴雅”号等数艘舰艇仍泊于闽江口及马祖洋面,负责拦截可能的增援舰艇,保证闽江口与基隆、吴淞的通畅。

这一分段停泊的布局,是孤拔以武力封锁所形成的,孤拔的舰艇

---

① 同前,第58—59页。

陆续以“游历”为名进入马尾港后，即蛮横无理地宣布，不准停泊于港内的中国舰只出入及改变泊位，不准在港内布雷及构筑防御工事，否则等于向法军开战。清政府及福建当局虽愤慨不平，但鉴于谈判正在进行，只好默默忍受。

已进入马尾港（包括闽江）的11艘法舰的排水量约14500多吨，有坚固的装甲，配备70多门新式大口径舰炮、哈乞开斯机关炮、2艘鱼雷艇、4艘汽炮艇，有实战经验的官兵1700多人。

当时马尾港内陆续从福建各地调集的舰艇共11艘，官兵1400多人，除“建胜”号、“福胜”号外，都是木质舰，各舰的47门舰炮也多是小口径旧式膛炮。其余临时调集和改装的武装帆船、杆雷船、火攻船等约40只，都不是上阵利器，双方海上战斗力十分悬殊。何璟、穆图善、张兆栋、张佩纶、何如璋等虽多方筹措，在船厂、罗星塔及闽江两岸的南般、象屿、田螺、登高寨、北岸、南岸、闽安、琯头、长门、金牌以及上游的歧山、林浦等地加筑炮台，添设炮位或增派守军，部署陆营24营，有一定的防御力量，但因海陆脱节，缺乏统一指挥，加之对敌人新的作战部署一无所知，故未能充分发挥作用。

8月17日，巴德诺电告茹费理：清政府不顾最后通牒，进而向各国谴责法国乘谈判之机攻击基隆，强迫越南销毁御赐玉玺及封册，公开宣称，如法国固执已见违犯公约，中国政府将不惜一战。[①]巴德诺实际上是要求待最后通牒限期一满（指8月19日下午发出的最后通牒所定的48小时期限）即令孤拔采取军事行动，不宜再作观望。但是，茹费理仍在玩弄围而不攻，力求不费一枪一弹以迫使清王朝支付赔款的威慑手法。于8月20日电复巴德诺，不必急于采取行动，如总理衙门原则上承诺赔款，并提出不是开玩笑的赔款数目，即不低于8000万法郎，也可再予考虑。但是，当茹费理从英国外交部获悉清王朝正在谕令云贵总督率部重新进入东京的消息时，就认定再拖延下去对法国不利，

① 《中国与东京事件·第四十号巴德诺致茹费理》，《中法战争》（七），第250页。

因为这时法国正从越南远征军中抽调步兵及炮兵支援孤拔即将对基隆的攻击，清王朝向越南增援，势必增加法国远征军的压力。于是在同一天即8月20日向巴德诺发出攻击电令："即将攻击的命令转达孤拔提督，不必再等候中国政府的回答了。"[①] 这一突然的转变，与其说出于偶然——英国的情报如火上浇油——毋宁说是发展的必然，因为茹费理迟早会得到这一令他恼火的消息。清政府既然决意调兵攻法军所必救，便说明它不屈服于孤拔的压力，关键是清政府对这一突然变化缺乏应有的警惕和应变措施。

法国驻华代理公使谢满禄于8月20日奉命向总理衙门申请离京护照，21日下旗出京；中国驻法使臣李凤苞也于当天奉命离开巴黎。战争是政治的继续，战争又是扫除外交谈判障碍的强有力手段。法国当局经过两个月的外交讹诈，未能达到预期目的，战争便呈一触即发之势。

孤拔于8月22日下午5时收到巴德诺转来的攻击马尾电令，即着法国驻福州副领事白藻泰（当时他正在"伏尔达"号舰上）赶回福州通知各国驻福州领事及闽浙总督，另派人通知泊于罗星塔下游的英国军舰"警戒"号、"冠军"号、"蓝宝石"号，美国军舰"企业"号以及各国商船。又于当晚8时召集各舰长发布作战命令及具体部署，决定23日下午2时退潮时开始攻击。

23日晨，白藻泰如期离开福州赶到"伏尔达"号，据称各国驻福州领事将在当天上午8时、闽浙总督将在上午10时接到开战的通知。孤拔传令各舰加紧作好攻击准备，以提防福建海军抢先动手。

孤拔选定23日下午2时开战，虽然选择了最有利的攻击时机——当时各舰都采用首泊，退潮时各舰都会受潮水推动而掉转船身，这时"伏尔达"号等组成的第一梯队各舰的舰首主炮刚好面对福建军舰"扬武"号等舰的舰尾（虽有尾炮，攻击力较弱），但他也在冒极大的风

① 《中国与东京事件·第四十八号茹费理致巴德诺》,《中法战争》（七），第252页。

险——从上午9时30分到下午1时30分的涨潮期，中、法各舰停泊方向正好相反，福建海军各舰处在舰首主炮面对法舰尾部的有利地位。而侵略成性的孤拔早已看准昏聩无能的清政府及福建官员不敢先发。虽然如此，从上午10时起，他仍提心吊胆坐镇指挥台，严密注视周围动静。

与此形成鲜明对照的是福州方面的麻木不仁，尽管大员荟萃，而且早有“统筹全局、设法出奇”的重托，光绪十年六月二十四日（1884年8月14日）以来又屡颁“倘法国竟将照会置之不复，亦不退出兵船，唯有即与决战”。[①]及“目前法人如有蠢动，即行攻击，毋稍顾忌”[②]的电旨，面对已于六月十五日（8月5日）在基隆挑衅行凶的敌舰，几乎手足失措，仍然满足于何璟、张兆栋守福州，穆图善守长门，张佩纶、何如璋守船厂，以及在马尾港周围、闽江沿岸筑台添炮、调集防营、武装民船、备料塞河等措施，殊不知这些所谓防御措施，大都因不了解敌情变化而形同虚设。尤其难以理解的是，一贯积极要求先发制敌的张佩纶等，从七月初一日（21日）起已从不同渠道接到孤拔定于初三日（23日）下午开战的消息，明知上午或下午因潮水流向不同对敌我有截然不同的利害关系，却毫无举措，仍然静候开战电旨，眼睁睁瞪着敌人作攻击准备而不掌握这千钧一发的涨潮有利时机先发，贻误戎机，铸成惨败。

七月初三日（23日）下午1时30分开始退潮，法舰即暗中慢慢起锚，待舰身完成掉头时锚已起完。近在咫尺的福建海军各舰，看见法舰的备战活动，也在暗中准备，松开锚链以便尽快启航，有些小炮船、武装民船则慢慢向“伏尔达”号及其他法舰靠近。这些活动显然使孤拔胆战心惊。1时45分便传令升起发起攻击的信号旗，“伏尔达”号首先攻击“扬武”号及靠近它的各种小艇，46号、45号鱼雷艇在“伏尔达”号掩护下迅速冲向上游，向“扬武”号、“福星”号发射鱼雷。

---

① 《军机处寄沿江沿海各将军督抚谕旨》，《中法战争》（五），第498页。

② 《军机处寄沿江沿海将军督抚统兵大臣等电旨》，《中法战争》（五），第502页。

“扬武”号虽早有戒备，并在涨潮时以主炮瞄准对手“伏尔达”号，以期一声令下，即可给予致命打击，只因上级保持沉默，以致备而未战。退潮开始不久，舰身刚掉头，“伏尔达”号及其两侧的鱼雷艇同时向“扬武”号发起攻击并给予重创，“扬武”号官兵仍沉着应战，一面用尾炮还击，一面艰难地掉转舰身以主炮作战，在极端困难的条件下将46号鱼雷艇击毁，艇长都庄重伤，数人毙命，“伏尔达”号也连中数炮。但“扬武”号也因重伤搁浅，大部分官兵战死，少数官兵落水得救。“扬武”号的重创搁浅，使福建海军群龙无首，失去指挥及联系中心，陷于各自为战的不利处境，显然是最严重的损失。

法军炮舰“益士弼”号、“蝮蛇”号、“野猫”号一见攻击信号，也迅速扑向船厂附近，分别向“建胜”号、“艺新”号、“福胜”号以及船台附近的“琛航”号、“永保”号等炮艇、武装民船等发起炮击，这些舰艇也大都与“扬武”号的情况一样，由于时机紧迫，或者说贻误了战机，被迫匆促以尾炮来与强大敌舰的主炮抗击。由于炮少、口径小，舰身陈旧，几乎都在来不及掉头用主炮还击时就已负伤，陆续沉没，只有“伏波”号、“艺新”号受伤后溯闽江上驶，后搁浅于江边。但各舰的官兵们不畏强暴，奋勇杀敌的英雄气概，可歌可泣，楷模永存。如紧靠“扬武”号的“福星”号，几乎在“伏尔达”号升起攻击信号旗的同时，就被“伏尔达”号的炮弹及45号鱼雷艇发射的鱼雷击中，多处受伤。管驾陈英率领官兵用随身武器与敌人拼杀，毙伤敌艇长、水手多人，迫使它向下游逃命。旋因陆续中弹起火，乃带着熊熊烈焰往来冲撞，并不时发炮轰击，威震群敌；又如“建胜”号和“福胜”号，是各舰中最早完成掉头并向“伏尔达”号、“益士弼”号还击，且屡中目标，可惜炮小，穿透力不强，加上杂有哑弹，未能给敌舰以致命打击，而自身却在敌人的交叉炮火轰击中多处穿洞进水。管驾林森林、叶深、游击吕翰等仅存官兵，不顾个人安危，战斗不息，直至舰身没水，仍在发炮。“永保”号、“琛航”号泊于船台附近，一开战就受到“蝮蛇”号、“野猫”号的炮击起火。这两艘运输船上的官兵杀敌无器，怒火难息，开足马力，冲向敌舰，以求同归于尽。结果相继被击沉，官兵全部殉难。

泊在海关前面的“济安”号、“飞云”号、“振威”号，虽地处法舰“伏尔达”号等第一梯队各舰的下游，开战伊始，他们正可以主炮攻击敌舰，但同样无先发制人的指导思想，瞬间顿失戎机，一方面是“伏尔达”号等很快就扑向船厂，另一方面是它们也很快被泊于其下游的“杜居土路因”号、“维拉”号、“德斯丹”号以及当天12时才从马祖赶来的“凯旋”号四艘拥有强大火力的重型巡洋舰的炮火所吞没。“振威”号首当其冲，多处中弹起火、爆炸，舰身倾斜。而管驾许寿山等指挥若定，一面传令开炮还击，一面传令开足马力冲向“德斯丹”号，作最后一搏。由于军舰已受重创，即使是全速前进，也只能缓缓移动，在敌舰夹击中造成弹药库爆炸，舰身迅速下沉，全舰官兵光荣殉国。特别受世人赞誉的是在沉没的最后一刻，炮手们还抓紧时机向“德斯丹”号射出最后一发炮弹，展示了中华民族优秀儿女至死不屈的磅礴气概。“飞云”号中弹起火后，也不顾烈焰全速冲向“德斯丹”号，全力掩护“振威”号，虽也在半途沉没，仍然气壮山河。

散泊于港内的武装船只、杆雷船、火攻船等，开战后他们各自为战，从不同的方位攻击敌人，也曾使敌舰手忙脚乱，但终因火力不逮，难以重创敌舰，反被敌舰的强大火力所吞没。

罗星塔、船厂及港区的数处炮台，在战斗中都曾积极助战，尤其注意集中火力轰击法军旗舰“伏尔达”号及其他大型巡洋舰“杜居土路因”号等，曾有多发炮弹命中伤毙敌人，孤拔的副官赖威尔等数人就是中岸炮毙命的。但由于部署不当，缺乏统一指挥，不能与舰艇密切配合，故收效不大，也先后毁于法军各舰的炮火。

至此，马尾港的水陆抵抗都已停止，孤拔的突然袭击应该说可以告一段落，但是这群战争狂人并未放下屠刀，他们仍然肆意炮击、扫射，甚至用随身武器点射能见到的一切所谓军事目标，包括附近的村庄、民船以及落水后奄奄一息的受伤人员，以相互夸耀和取乐。当时在场的闽海关副税务司贾雅格曾愤怒指出:“这不能叫作战争，这是屠杀”。[1]

24日，孤拔奉命继续破坏船厂及港口的防御工程。他派出两支专职破坏的队伍，一支由北龙尼指挥，负责炮击海关河及罗星塔下游的未沉没船只及陆上设施；另一支由拉北列尔指挥，任务是炮击船厂及其周围的未沉船只、陆上防御工程，主要目标是造船厂的重要设备。孤拔乘旗舰“伏尔达”号及三艘炮舰加入第二队行动。

福建船政船厂周围虽部署数营陆军驻守，而且在厂区及周围还设置地雷，以防法军登陆，但环泊厂区前面的数艘战舰被击沉之后，唯一可恃的炮台也被击毁，守军失去屏障，相继撤至附近的山上观望。所以孤拔炮击船厂时，几乎未遇到有组织的抵抗，只是“伏尔达”号等尽情轰击一阵之后，却感力不从心，因“伏尔达”号最大口径的14厘米炮，对船厂的设备及厂房造成的破坏不大，而配置24厘米口径火炮的“杜居土路因”号、“凯旋”号等又因吃水较深，即使涨至满潮时也无法靠近船厂，故无法发挥作用。孤拔虽拥有近千名陆战队员，但他屡次被告戒切勿派海军登陆与中国陆军作战，而且明知厂区内外已设置地雷，使他不敢再冒风险。只好向上级报告:“作完了兵力允许范围内的事”。

25日，孤拔再派两艘最大的巡洋舰“杜居土路因”号及“凯旋”号去破坏罗星塔附近的炮台，他们见罗星塔小岛孤悬港内，仅有一处甚窄的沙滩与陆地相连，距陆军阵地较远，便用舰炮封锁后面的沙滩及炮台周围，即派陆战队人员登上罗星岛，将三门基本完整的克虏伯岸炮搬到舰上，然后将炮台及一切设施全部炸毁。

下午孤拔将各舰汇集于固定岛附近，炮击田螺湾闽安炮台，驱散守军之后，又派陆战队登岸，将数门阿姆斯特朗岸炮彻底平毁，破坏勾当一直进行到26日。

---

① 《中国海关与中法战争》，中国近代经济史资料丛刊编辑委员会主编，中华书局1983年出版，第217页。

27日和28日，孤拔以胜利者的姿态率领其舰艇沿闽江外驶，分别炮击或派陆战队登岸，对琯头、金牌等炮台进行爆破。沿岸的炮台虽然相当坚固，并设置各式岸炮，有一定的防御力。但因设计时都将炮口对外，专门封锁、抗击从闽江口入侵之敌，不能大幅度转向。所以，当孤拔率舰队从马尾港向外攻击时，多数炮台难作有效还击，眼睁睁看着敌舰行凶后外逃，又眼睁睁地看着自己的炮台被毁，数十年苦心经营的闽江两岸防御设施，亦如马尾，毁于一旦。只有长门炮台，因占据有利地形，且有福州将军穆图善亲自率多营防守，孤拔舰炮无法攻击，陆战队又不敢登陆而得幸存。

29日下午，孤拔率领参与马尾突击战的舰艇先后汇集于闽江口外，马尾之战全部结束。值得一提的是利士比于25日乘“拉加利桑尼亚”号从基隆赶来接应孤拔时，想乘机捞一把，挽回基隆失败的面子，竟贸然闯到闽江口向长门炮台逞凶，被长门守军连连击中，前舷装甲被击穿，主炮座受创失灵，伤毙近10人，成为马尾之战中受创最重的“不幸者”。

综合各方有关资料，福建海军的11艘舰艇及数十只武装帆船都在此役中被毁，马尾港及闽江沿岸的炮台、新旧大炮、兵营等都遍遭炮击、爆破、劫走，只有长门炮台幸存；福建造船厂的厂房遍体鳞伤，部分机器受损，福建海军官兵殉国者700多人，连同陆岸炮台及陆营的伤亡人数约为千人。孤拔上报战功时夸大为2000至3000人。[①] 至于法军的损失，他们自报重伤巡洋舰两艘、鱼雷艇1艘、轻伤舰艇3艘、死10人、伤48人。

马尾之战由于是在两国正进行外交谈判和第三国出面调停期间发生，中午送战书下午开战，几近突然袭击，在政治、军事方面都产生较大的影响。法国远东舰队虽然完成了预定的军事突袭及破坏，但是，无论它的手段如何阴险、残酷，却无法压服清王朝承诺赔款及从越南

① 法国海军部档案BB—41968年，第46—68页。

撤军，反而促使它公开宣战，更积极在中国沿海备战，向越南增派劲旅，这就使法国海陆兵力不足的矛盾更为突出。清王朝既揭穿了法国人的讹诈内幕，便一改委曲求全的调子，义正词严地驳斥法军的无理挑衅和残暴罪行，导召“沿海各口”和“陆路各军”奋起抗击入侵者。从这个意义说，马尾之战正是中法战争的转折点。

但由于清王朝在马尾之战前后的决策诸多失误，贻误战机，致使海陆军官兵伤亡甚多，防御设施损失惨重，时人及后世学者对此都义愤填膺，怒火多烧向张佩纶、何如璋等。而当时有的事实真相未充分披露，对双方的作战实力、目的、部署等也了解不多，所以，尽管批评者大义凛然，却因与事实不尽相符而未能说到点子上。百年之后，真相既已大白，对马尾之战的失败原因和有关人和事的评价，似有补正及进一步总结的必要。

（一）关于清政府在马尾之战前的外交活动和作战指导

19世纪80年代，清政府是在列强环伺，危机四伏，越南在法国殖民主义入侵下岌岌可危，北防逐渐重于南防的特定条件下来应付法国步步进逼，被迫进行中法战争和部署马尾战役的。就清政府的军事实力而论，确实难以同时与法、日两国对垒，但对侵略者的无理挑衅，又不能置之不顾，必须依事态的缓急轻重，给予适当的回击。法国对越南的入侵和对中国沿海的骚扰，就其规模、实力而言，都是有限制的局部战争。清政府也只调动长江以南诸省的力量与法国在越南战场上周旋；调动沿海各省力量应付法国远东舰队的骚扰，并在外交谈判中适当妥协，避免战事扩大危及南疆安全，应该说是可以理解的，至少在大政方针上无可厚非。至于吁请美、英、德等列强出面调停，主持公道，谴责法国破坏和局等方面都收效甚微，有损国威的问题，也应从“弱国无外交”“弱国无公道和友谊”等具体历史条件来考察，不能脱离实际去强求前人。外交斗争既然是对敌斗争的不可缺少的斗争的方式，不能因为收效甚微，未能制敌取胜而撇开不用，何况当时的外交活动毕竟起到了牵制敌人的作用。所以，不宜将有明显策略性的外交谈判一概指摘为投降妥协，也不应将寄望美国的调停而电令前线“勿先发启衅”说成是马尾惨败的祸根。其实，法国海军及殖民地部即使在8月16日给孤拔下了作战命令之后，也一直严格限制孤拔的行动，一定要他静候巴德诺转达的开战电令。可见，政府当局为了进行某种外交或其他活动的需要，适当限制前线部队的军事行动，并不总是错误的。清政府在作战指导上的严重错误是直到双方的公使都已奉令下旗离京、战争一触即发的关键时刻，仍未应张佩纶的一再祈求：“如决裂，先示闽”，实际上是严重束缚住前线官兵的手脚而任凭敌人攻击。所以，马尾惨败的根源不是谈判、调停和必要的妥协，而是决策者在作战指导上的昏庸和玩忽职守。

（二）关于作战部署

马尾战役的作战部署，也是议论较多的问题，焦点多集中到北、南洋海军见死不救及张佩纶的分散近泊上面。这些涉及战役目的、地形利用、兵力调配等许多复杂问题，见仁见智，也不足为奇。若能结合当时实际情况深入分析，仍不难分清是非。

法国远东舰队是总数达30多艘舰种齐全的远洋混合编队，在排水量、装甲、航速、火炮、通信等方面都远胜于北洋、南洋、福建、广东海军的几十艘旧舰艇。中国舰艇无论是采取集中决战或分散角逐的方式，都很难与法国远东舰队抗衡。所以，法国当局一再命令孤拔设法捕捉、围困或摧毁南北洋及福建的舰艇，削弱清政府的海防力量，迫使它作城下之盟。从法方对马尾的作战目的而论，无论是前期的夺取“抵押品”或后期的掩饰撤退，消除攻占基隆的后顾，都不是关系全局的必争之役或必争之地，而是一场显示军事威力以掩盖军力不足，破坏之后就撤退的突袭战。加上孤拔在吴淞、马祖等海面都部署舰只来监视、防范、拦击对马尾的支援。且一再要求北上攻击芝罘、旅顺口，北洋、南洋海军都有更为艰巨的守口任务和关系到牵动全局的重任。显然，调集北洋、南洋舰艇到马尾或马祖与远东舰队作毫无胜利希望或胜利可能性很小的决战，不是明智之举。张之洞满腔热血派“飞云”号、“济安”号回马尾，曾国荃令“南琛”等五船南下的结局，都是不幸的旁证。

时人尤其是闽绅多责张佩纶不知兵、妄自尊大、部署不当，分散近迫，给敌人可乘之机。张从翰林院侍讲学士升迁军机处要员，旋调福建会办海疆，没有带过兵，更未打过仗。马尾之战中他的过失甚多，最为严重的是片面强调“在内港作战，我船多，我胜”。不顾全局、不切实际、不顾后果的要求和依赖北洋舰艇的支援，而忽视相当雄厚的陆岸炮台设施及数十营守军的力量，忽视海陆联合作战的有效性和现实性。甚至一成不变将陆上防御力量配置在马尾港至福州沿江两岸。如果他走马上任后就如浙江镇海的欧阳利见、吴杰等那样，重视海陆联防，共同御敌的话，马尾之战的进程和结局肯定大不相同。

张佩纶的第二个严重过错是玩忽职守、坐失战机。22日晚，孤拔召集各舰长布置作战任务并通知英美两国的军舰及各国商船，实际上次日开战的消息已不胫而走，连在外国船上打工的当地人都闻讯连夜上岸，张佩纶未必全然不知。何况七月初一日（8月21日）总理衙门已发出备战电令，闽浙总督何璟又于初二日戌刻转电给张，告以“明日法人将乘大潮力攻马尾”。张曾复电“严备”。[①] 初三日（23日）这个牵动马尾军民心弦的日子，一开始即发生了一连串不平常的事：法国驻福州副领事白藻泰匆匆降旗离开领事馆赶来马尾，避入孤拔的旗舰“伏尔达”号；上午9时30分涨潮后，法舰官兵都投入紧张的作战准备。即使张佩纶未及时接到或译出何璟于23日午刻发来的“顷接白领事照会，孤拔于本日开战”的电报（据推算，张应在下午1时左右接到），而作为一贯积极要求“先发是急著”“胜负呼吸，争先下手”的前线主帅张佩纶，也应看到即将燃起的战火而抓住千钧一发的涨潮有利时机“争

① 《钦差大臣督办福建军务左宗棠等奏折》,《中法战争》（六），第249页。

先下手”。而张佩纶却一反常态，毫无作为，坐失战机。实际上是将福建舰艇置于孤拔的炮口之下，坐视敌人到退潮时发动攻击。完全丧失了前敌主帅在战场上的使命和责任。

但是张佩纶提出的分散近迫，即将港内各舰与法船靠近杂泊，这不是错误而是结合实际的正确部署。因为两军以齐整的阵形对峙，目标集中、火力能充分发挥，其优势必然在船坚、炮大、炮多、射速快、命中率高的一方，而当时这些优势几乎都在法舰方面。张佩纶提出的分散近泊部署，正是力求扭转这种于我不利的格局，充分发挥福建海军船多、枪多的优势。可惜这一正确、有效的部署，因受到孤拔的无理限制，未能完全实现，只形成两个对峙梯队。即使如此，也还收到一定效果，正如参加过马尾之战的法国军官罗亚尔所述：“那里，惯于使用他们不良大炮的中国人作坚强的抵抗。在如雨的机关枪弹之下，他们不停地射击。因距离短小，所有子弹都击中。他们的一颗圆形炮弹穿过伏尔达号的过道甲板，击毙领港人汤马斯及在舵轮边的两个舵手”。[①] 分散近泊与陆地作战中的散兵近战相似，是武器处于劣势或缺乏重武器而在人数和士气等方面具有一定优势者常用的有效战术，不能因为马尾之战的惨败就将行之有效的分散近泊部署也一概否定。

（三）关于拒敌于口外和堵河歼敌

不让孤拔入口及堵河断敌归路，也是人们议论及叹惜甚多的问题。显然，福建海军应重视和利用这些有利的条件。但是，它并不是唯一的制胜条件，战争的胜负还牵涉其他许多甚至是更为重要的条件。

福州是鸦片战争后开辟的通商口岸，依据不平等条约，少量外国军舰可以申请入口，孤拔的“伏尔达”号等就是以游历为名入口的，后来又援例继续进入。其间，福建官员曾一再奏请明令禁止法船再入，而总理衙门不据理力争，反令福建当局出面“劝阻”，孤拔又不予理睬。

① 罗亚尔:《中法海战·福州海战》,《中法战争》(三)，第553页。

福州将军虽亲掌长门巨炮，也就无可奈何，因同时出入马尾港的还有英国、美国军舰。这种不正常局势的形成，一半出于清王朝软弱妥协，不敢力阻而贻敌口实；一半由于昧于外交，不知据理力争以维护国家主权。马尾既是福建海军基地，有权制定必要的管理法规，对外国军舰的进口在数量及停泊时间方面予以限制。没有理由容忍孤拔率领10多艘军舰作长时间停泊，甚至对8月5日在基隆行凶的“维拉”号的进入也不置一词。纵敌入室，姑息养奸，是清政府及福建大员一同犯下的大错。

至于堵塞长门口断敌退路的作战方案，一直被时人及后世学者誉为“关门打狗”的绝招。其实却是一个乍看简便、行之颇难的复杂方案。姑不论当时的闽江水大流急，堵塞长门口或仅阻主航道，远非凿沉30多只满载石料的木船所能完成。因为老奸巨猾的孤拔早已派二级巡洋舰“雷诺堡”号及运输舰“梭尼”号在长门口附近游弋，沉船作业不大可能按计划进行。即使勉力凿沉之后，若干只沉船能否成为主航道的障碍也未可知。当时的越南北圻战斗中，法军迅速炸开拦河坝的事例屡见不鲜。所以，关门打狗之说实属一厢情愿的事。

（四）关于马尾之战的影响

孤拔奉命进驻马尾夺抵押品，是取易于攻占，代价小，较少影响列强在华利益而减少纠葛。进攻基隆失败之后，他发现要夺取和保持这两处抵押品，除远东舰队全力以赴外，还要从越南北圻战场抽调大批陆军，便只好改变夺取两处抵押品的计划，放弃马尾，全力取基隆。但马尾既不能轻易放弃和退出，暴露自己兵力不足的弱点，更不能留下福建军舰威胁远东舰队的供应线和与吴淞间的交通线，于是有令孤拔在马尾港行凶后立即开赴基隆的急电。但万没想到这一如意算盘，却引出了清王朝的公开宣战，尤其使法国当局头痛的是滇、桂防军奉令重新入越增援，正打中了法国当局刚从越南抽调杜森尼率2000名陆军增援孤拔进攻基隆的痛脚。加上法国当时正有事于埃及，不可能同时在三个战场上开展大规模战争。正如海军及殖民地部长复孤拔的求援电所说："无法给你派去其他部队或舰只"。[1] 这样一来，使茹费理陷于进退维谷的困境。

纵观全局，完全可以说，孤拔在马尾港的疯狂破坏和残暴屠杀，既未能吓倒清王朝政府，更吓不倒中国人民。而清政府的公开宣战，神州大地掀起的抗法怒潮却镇住了法国的殖民扩张主义急先锋，从而开辟了新的政治、军事局势，中法战争由此出现了转折点。

第四节　基隆、淡水抗法作战

孤拔率领的远东舰队在马尾行凶之后，尽管他对下一步作战行动有不同的意见，但也得将舰队集中于马祖澳海面，开赴台湾执行夺取最理想的抵押品——基隆的命令。他们在决定对基隆的作战方案时，将舰队分作两路。孤拔亲自率"巴雅"号（旗舰）、"鲁汀"号、"尼夫"号、"胆"号、"斗拉克"号、"杜居土路因"号、"雷诺堡"号、"梭尼"号、"巴斯瓦尔"号、"益士弼"号进攻基隆港，目标是基隆市区及矿区；令利士比率"拉加利桑尼亚"号（旗舰）、"凯旋"号、"德斯丹"号以及原泊于淡水的"蝮蛇"号炮击淡水港，以牵制清军并堵死台湾守军的外援。

这时基隆港的防御力量已有所加强，台北沿线的防营、台勇已增至2万余人，基隆守军9营外还增加林朝栋的台勇共6000余人，港区及纵深沿线都新修筑了炮台及壕沟、胸墙，军民士气大振。

一、基隆失陷

孤拔于1884年9月30日对基隆的地形及防御工事作详细侦察，认

---

① 法国海军部档案BB—41953，第129页。

为基隆周围的制高点上虽然修复和新筑了几处炮台，壕沟纵横、营房满布，但只要首先攻占俯瞰港湾的基隆港西山西北麓的中央炮台，并以那里作炮兵阵地，就可以控制港区附近各处守军的阵地，实际上可以控制整个港湾。

10月1日，孤拔传令各舰按照预定计划，对自己负责的目标进行炮击。10艘军舰百余门大炮同时向数座炮台及守军阵地倾泻炮弹，守台军民虽奋力还击，无奈炮小力弱，无法击中三五里外的军舰。经过3小时的炮战，不但台、炮俱毁，人员伤亡也不断增加，章高元、陈永隆等只好率部撤出第一线。这时孤拔自恃麾下除近2000名海军陆战队之外，还有刚从越南抽调来的一个步兵挺进团和一个炮兵中队约2000人，既有较雄厚的陆上作战部队，也有可在陆上支援的炮兵。于是令25、26、27、28连在舰炮掩护下登陆，向西山挺进，接着又派出2个营步兵登陆，作先遣队的后援，而且令23炮兵中队一同出发，伺机建立陆上炮兵阵地，炮击基隆方向的守军阵地。章高元等顶不住法军的炮击及陆军的迂回抄袭，只好撤出第二线向基隆市区撤退，基隆港湾及其周围阵地完全陷落。

当晚，法军忙于巩固已占领的港湾周围阵地，刘铭传见法军舰炮火力凶猛，正苦思在远离港区布阵歼敌的作战方案，但一连数次接到淡水营务处李彤恩的紧急军报，说法军舰4艘，将攻淡水，而楚军孙开华各营万难倚靠，淡水一失，郡城难保。刘铭传竟不听部属一再劝阻，仅留曹志忠300人守狮球岭，率曹志忠、章高元各营连夜奔赴淡水，实际上是撤出了港区至基隆市区的防御。

10月2日，法军的步兵挺进团及各舰的陆战队，在炮兵的支援下，小心翼翼向基隆推进，大出意外，竟没有受到抵抗便轻易占领了基隆，完成了法国殖民地当局垂涎三尺的抵押品的占领任务。

刘铭传赶到淡水后，才知停泊于淡水港的敌船不过4艘，兵力不过300余，刘朝祜5营及数百台勇，完全可以遏止敌军的陆地活动。而法军主力既在基隆港，当是防御重点。乃令章高元留援淡水，自率主力折回基隆，但基隆已陷。李彤恩危言耸听，固然负有罪责，而刘铭传身为主帅，大敌当前竟不辨主次，不战而失要镇，也是严重失职。

二、淡水大捷

淡水位于台湾台北府西北，地理条件优越、物产丰富、贸易发达、商贾云集，“繁华靡丽，冠于全台”。[①] 它与位于台北府东北的基隆相距仅80里，互为犄角，是海上进入台北的主要通道，向为兵家必争之地，历史上有台湾“近防三林、鹿子，远控淡水、鸡笼（基隆）”之说，[②] 战略地位与基隆同等重要。

根据基隆和淡水这一特点以及法军在第一次基隆之役失败的教训，法方认为：“占领基隆和它的煤矿工场既决定为我们的目标，对于淡水作军事行动显然是必要的了。这两个城市由一条大路连接起来，它们近在咫尺，所以占据了这一个，就绝对必需占住别一个。”[③] 就是说，法军进攻淡水，目的在于增加夺取基隆这个“抵押品”的把握，攻打淡水是法军为了配合在基隆的战斗而发动的一次牵制性的攻击。

当时淡水的防御部署为：港区两侧分别由两座炮台为主力，其中一座尚未竣工，但却漏夜赶工安装好3门大炮；淡水河口，用满载石块的木船沉底构成梯坝，坝内外满布水雷；各营陆军及台勇分布炮台周围及各处隘口，阻止法军登陆。

利士比因早在9月初，就曾派“鲁汀”号进行过侦察，后来又派“蝮蛇”号进行监视，对淡水港的情况相当熟悉。他鉴于淡水河已用沉船堵塞航道，便将军舰停泊于口外，距新炮台约3400米，距旧炮台约2400米，然后向淡水守军发出通牒，威胁说，如不投降，便于10月2日炮击。

---

① 连横：《台湾通史》上册，第87页，商务印书馆1983年10月版。

② 范咸等：《重修台湾府志》卷1，第25页。

③ 罗亚尔：《中法海战·华军淡水大捷》，《中法战争》（三），第563页。

利士比虽然已连败两阵，这次攻击淡水，孤拔给他的任务是用“凯旋”号等的巨炮摧毁淡水港的防御工事、清除河口沉船、扫清水雷，然后用小型舰艇安全地占领淡水港内锚地并加以封锁。[①] 但立功心切的利士比，却不甘心只占领淡水港。

10月2日清晨，当淡水河口的法国水兵还被刚冒出地平线的太阳刺得无法观测时，淡水港两侧的炮台已发炮轰击，虽然“炮小力薄”，难以击中远距离的法舰，但仍然屡中“德斯丹”号，该舰桅杆被折，舰舷穿洞。双方炮战竟日，无大损伤，只是港区许多防御工事被毁。

当晚，利士比派海军工程师雷诺等去侦察河口的沉船形成的水坝，设法找到最容易的爆破口，但他一看到水坝周围的浮标，便知难而退。利士比断定，要占领港湾，势必要消灭或驱散周围的守军，而他手下的300多名陆战队员，决难做到，于是派“德斯丹”号赴基隆向孤拔求援。孤拔虽然不费力气占领了基隆，但他知道，守军的实力相当雄厚，激战在后面，勉强派“杜居土路因”号、“雷诺堡”号及“胆”号运载临时组成的加强营（5个连）由海军中校马丁副舰长率领前往支援，并指定这位曾在8月5日在基隆吃过败仗的中校负责指挥这次登陆任务。

援军于10月5日到达，原计划于6日登陆，但6日和7日均有大风，海上波涛汹涌，迫使舰队躲进避风锚地，作战计划也随之改变。8日，天气转好，但不知是两天来的狂风触发了马丁的风湿病抑或因为8月5日的狙击使他心有余悸，马丁竟因病不能指挥登陆战斗，只好临时改由“雷诺堡”号舰长波林奴中校接任。

登陆部队分为5路，每路1个连，还配备2个水雷班，600人分乘各舰的武装小艇及由“胆”号提供的平底驳船出发，于上午9时30分到达淡水海滩预定的登陆点，10时正开始攻击。他们的作战任务是：直接进攻新炮台，将它摧毁后转向旧炮台进攻，并占领在两台之间的水雷点火哨所，设法引爆敷设于水坝两侧的水雷，完成后立即归舰。全

---

① 法国海军部档案BB—41949，第140—141页。

部行程约为6公里，所以，每人只带一天食物，16盒子弹。

敌人的积极备战，理所当然也促使淡水守军加强部署。港区沿岸已集结8个营及部分台勇约5000人，分三路布防：孙开华3个营守南路，章高元、刘朝祜4个营守中路，土勇张李成1个营守北路，[①] 形成一张张开的网，等待鱼儿闯入。

9时5分，利士比下令升起攻击信号旗，并泊于港湾外的7艘军舰，同时向两座炮台及周围防御工事炮击，炮击声和爆炸声响彻港湾，很快就压制了两座炮台及各防御工事的火力。利士比以为胜利在望，急不可待地令登陆部队按预定的时间——10时登陆。其序列是："拉加利桑尼亚"号的陆战队为第一连，"凯旋"号的陆战队为第二连，他们涉水进入丛林向新炮台推进；距离他们约200米的"德斯丹"号陆战队和"雷诺堡"号陆战队为第三连，"胆"号和"杜居土路因"号陆战队为第四连，是一、二连的预备队，"巴雅"号陆战队为第五连，负责掩护左翼，朝左侧推进。

这一伙气势汹汹而又胆战心惊的陆战队，一旦进入茂密而又长满荆棘的灌木丛，各连之间无法联络，一连的前锋与后卫也难以照应，只能各自为战，朝着新炮台的方向跋涉，内心都有一个共同的企求，不要在这种分不清敌我的灌木丛中遇上敌人。

经过一个多小时的跋涉，丛林中终于响起了枪声，而且越响越密集，这五路队伍因相互失去联系，都不知是哪一路遇上敌人，于是都向第一线的第一、二连靠拢，除第三连被狙击于一处洼地外，担任左侧掩护任务的第五连也迅速向第四连靠拢，以便应付人数不清的狙击。战斗于是沿着灌木林约1500米的长线展开，各连都同时应战，形成没有预备队，也没有左翼的掩护。

驻守在新旧炮台沿线的孙开华、章高元各营，一直受到法舰炮火的压制，抬不起头。现在看见法军进入港湾丛林，当然喜出望外，照

① 参见《福建巡抚刘铭传奏折附片》,《中法战争》(六)，第528页。

例作了正面狙击、两侧迂回的战斗部署。他们一进入丛林，便如鱼得水，从各个掩蔽处狙击敌人，由于手中的轻武器并不逊色，很快就和法军展开了短兵相接的近战，三面进逼，使法军如堕雾中，分不清散兵和阵线，一闻枪声，便疯狂连击，不但伤亡累累，子弹也迅速耗尽，一听到在他们左后侧响起枪声，便自然而然萌发被包围的逃命思想。

法军遭到狙击不久，一连连长方丹、二连连长德荷台以及三连的德曼都接连负伤，各连伤员迅速增加，而抬护伤员后撤的人员也一去不回，抬伤员便成了溃退的借口和人流，军官们自己也心惊肉跳，不便严格制止；加之各连大都盲目连击，子弹消耗很快，又没有后援安排，而从两侧迂回的淡水守军的速度又愈来愈快，波林奴终于发出了撤退的命令，并命令第一连和第二连担负掩护任务，时间是正午12时。他们一撤出丛林，便受到舰上大炮的掩护，所以，守军也没有穷追他们。据法方记载，法军当场阵亡9人、失踪8人、负伤49人，其中第一连连长被俘，第二连连长不久死于西贡。[①]

台湾守军当然也付出了很大的代价，但毕竟将妄图登陆的敌军击败了，所以称为"淡水大捷"。法国人则"为着减轻这次痛苦事件的结果起见，人们将它称为侦察战；实际，这却是一次最严重的败战。这次败战对于以后的战役必然会发生最坏的影响"[②]。

如果说深远的影响还难以遽尔定论的话，那么嘎尔诺却如实反映了淡水战役的近期效应："10月8日对淡水所实行的作战行动，以后再也不曾重演过。这据点变成了中国军队对基隆的作战根据地。直到《中法和约》签订为止，法国舰队仅止轮流着在淡水河口对这海港加以最严格的封锁而已"[③]。

为了掩饰这次失败，法国各方谋士的确费了不少心机，但由于都不敢正视事实，他们提出的解释也就说不到点子上，嘎尔诺说："这次

---

① 嘎尔诺:《法军侵台始末》，第28页。

② 同上，第28页。

③ 同上，第29页。

败战的第一个原因不容争辩地是登陆部队人数的不足，可是，我们也必须这样说：这次败战似乎也应当归咎于缺乏战术方面的经验。”[①] 而法国海军及殖民地部长在综合各方报告之后，在致孤拔的复电中提出了更妙的总结：

你在第418号报告中报告的10月8日淡水事件，我对于不能以同样的方式来评价这一事件感到遗憾。我只能赞成你给海军准将利士比先生下达的命令，因为这些命令符合我们之间来往信件的精神；但是，这些命令规定海军准将用兵的目的在于完全安全地占领港内锚地，丝毫也没有说明应向新堡垒进攻，而这个新的堡垒经过几天前的炮击已经毫不足惧了。虽然我倾向于认为本来最好是在舰只大炮掩护下清除鱼雷电线，我也认为通过登陆来破坏港内的鱼雷点爆哨可能有好处，但为了取得这一成果，没有必要让我们的小部队去穿越1公里的丛林和荆棘地带，也就是说没有必要让他们去完成这项最艰巨的任务——占领丛林然后加以砍倒以便去破坏哨所。我更不了解是什么原因使利士比准将决定于上午9时30分才在低洼的沼泽地登陆，这就使敌人十分容易地看清我们的准备工作从而作出部署，预定的突然袭击只有出其不意方能成功，而这次偷袭本应在黎明时分进行的。因此，在我看来，从要达到的目的来说，作战计划制订得不好，而执行计划也有问题。……另一薄弱方面是登陆部队只是在行动时才由各方面人员组成。

请将我对这一事件的看法告知利士比准将，而你如能找到机会消除这一事件在法国所引起的不良印象，我将感到高兴。[②]

利士比这个屡战屡败的主帅，又成为淡水败战的替罪羊。

① 同前，第29页。

② 法国海军部档案BB—41953，第130—131页。

三、基隆困敌

孤拔攻占基隆之后，由于淡水败仗的抵消，在政治及外交谈判方面，都未能形成优势，更谈不上对清政府造成非妥协不可的压力。而且由于淡水的岿然不动，众多清军和台勇在基隆附近的集结，给孤拔造成巨大的压力。因为30多艘重型、轻型巡洋舰、护卫舰、炮舰、情报舰、运输舰……这时都泊于基隆、淡水一带，难以为陆上向纵深推进与清军作战派上用场，能够在陆地发挥作用的各连陆战队及从越南抽调来的步兵团，仅能满足孤拔建立所谓西方防御线、南方防御线、东方防御线的基隆市区防御之需，对此，嘎尔诺曾感叹：

由于缺乏人手，于是占领工作在登陆初期便一时陷于停顿；占领矿山的念头更不得不根本予以放弃。……因此，小小的派遣军除安顿下来以外，别无可为。[①]

刘铭传虽是陆军的宿将，手中兵力不少，但鉴于法军已利用台湾原有防御设施，建立了有炮兵阵地的防御圈，攻坚不易，收复基隆更不易，便在基隆之外部署兵力，伺机歼敌。所以，这一冬季都无大战斗。11月上中旬，双方虽曾作过火力侦察，都无明显进展及斩获。

台湾军民的伺机围歼部署虽然未直接威胁孤拔对基隆的占领及安顿工作，但是，台湾的气候、环境却给这群不速之客造成了相当严峻的威胁。10月23日孤拔电告巴黎说："兵士不服水土，多数染上伤寒症，甚至数人有虎列剌（霍乱病）征候。从11日至23日，我们损失了11人，现有56名病人住入病院，……此举不免使各种工作及敌情侦察大为延误。"[②] 到11月9日，法军的陆地部队已减额至1750人，其中350人因健

---

① 嘎尔诺：《法军侵台始末》，第31页。

② 同上，第38页。

康原因不能执勤。

孤拔本来就不赞成攻打基隆，再三要求北上攻芝罘、旅顺。这时又借机叫苦，说中国政府正在利用外国商船、汽艇，向台湾运送军队及武器、饷银，如我们不立即采取宣战行动，将给占领基隆造成严重困难。

法国当局否定了孤拔用宣战来制止清廷向台湾增援的办法，却同意他“和平封锁”台湾沿岸的要求。孤拔乃于10月20日宣布，从10月23日起封锁台湾各港口。虽然海军及殖民地部立即给孤拔增派“黎峨”号、“尼埃利”号、“香伯兰”号等巡洋舰前来增援，孤拔仍一再声称海上力量不足，要求迅速、大量增派海军舰艇参加对台湾的封锁，强烈要求增派3000陆军和若干炮兵中队以加强基隆守军的战斗力。但是，捉襟见肘的法国当局，却无法立即满足，后来，虽然陆续从各殖民地甚至从越南抽调土著步兵前来增援，特别抽调在观音桥事件的始作俑者杜森尼陆军上校为台湾军团司令（旅长待遇）来帮助孤拔打开基隆的局面。可是，不管是孤拔或是杜森尼，都无法击退或摆脱刘铭传的咄咄进逼，对此，嘎尔诺也有生动的描绘：

日复一日，（敌人的）包围圈紧缩起来了。12日所破坏的防御工事，还有齿形高地，不久便重又被占据了，而且这次是以一种确定的方式占据的。从此以后，在齿形高地和南方防御线之间，每天交换（织）着步枪的射击。有时候，为着使枪战告一段落起见，淡水炮台便发射一颗炮弹将敌堡的顶部摧毁，可是夜晚一来，中国人便安全地修葺着他们的堡垒，而翌日黎明时分，猛烈的枪战又开始了。

“我们任由他们去做，既然我们无法防止他们再行开始，那么冒着流血的牺牲去驱走他们又有何益处呢？我们耐心地等待着援军，在他们到来之前是毫无办法的。”①

可悲的是，他们所要求为数众多的援军永远都难以达到，因此，他们也就长期等待下去。

1885年3月4日，由法国驻台陆军司令杜森尼亲自指挥，动员2000人由炮舰配合来夺取所谓“圆形剧场”据点，以解除来自淡水方向的威胁所采取的军事行动，经过四天的激烈战斗，付出41人阵亡、157人负伤的代价，而结果只不过换来数天的表面平静。因为被“驱散”的中国人数天之后又紧逼如故。这是杜森尼就任驻台陆军司令后所采取最大的也是唯一的一次军事行动，自此以后，不但他本人卧病不起，整个孤拔舰队及派遣军都已成强弩之末，已无力再发起进攻。

对于攫取基隆作“抵押品”，亲临其境而又野心勃勃的孤拔，在12月24日致海军及殖民地部长的电报中，曾有颇为中肯的阐述：

即使我们占有了淡水以及基隆淡水间的整个地域，我们也只能从这项占领上取得一些和必要费用不成比例的利益，中国会在这带地方和我们不停地作战。至于目前，准备激战的敌人，其主要目的也许不在将我们逐出基隆，而是要迫使我们将海陆军都固定在这地方；因为我们的海陆军在中国其他地方会更加有效地使敌人受到威胁，敌人便竭其所能地来将我们牵制在这地方。……基隆的占领由于两个原因对我们变成了不幸：一是淡水的败战使得封锁势在必行；二是远征军的可悲的卫生状态，逼使提督非将所有可以动用的兵力留在基隆保护病兵不可。②

敌军主帅既然从自身的教训中道出了事情的真相，似可作为基隆战役的总结的一个侧面，就中法战争的全局而言，台湾军民与拥有35艘装备精良的军舰的远东舰队及4000多人的陆战队血战半年，不但迫

① 同前，第49页。
② 同前，第50页。

使穷凶极恶的海上恶狼——孤拔进行一场法国当局再三告诫的“陆地战争”，进而将他牢牢锁进鸡笼无法北上逞凶，而且也迫使茹费理的军事威慑策略中的“抵押品”“和平封锁”以及长期“租借”台湾的各个环节都难于实现。台湾军民的战绩虽然平平，而影响却十分深远，功勋也就异常奇伟。基隆、淡水的英雄们固然名垂青史，其主帅刘铭传初战时的失察与后期的运筹帷幄、支撑危局相比，也属瑕不掩瑜。

第五节　海上封锁与反封锁斗争

1884年10月初，孤拔集中兵力往攻基隆，以实现茹费理的“抵押品”计划时，又发现淡水与基隆关系密切，是基隆的又一个出海口。若只占基隆而不占领淡水，无异给基隆守军留一扇旁门，既不利攻，也不利于守。于是派利士比率“拉加利桑尼亚”号等往攻淡水，目的是为了巩固对基隆的占领。但是，即使孤拔一再得到从越南及法国其他殖民地抽调来的陆海军增援，也难获进展。机敏的孤拔似乎这时已深刻体会到数十年之后才由侵华军事家们总结的“不要轻易和中国陆军作战”的格言。孤拔既然认识到不能迅速取胜的关键，不是海军舰艇作战不力，而是陆地作战力量严重不足，而再增援陆海军都已不可能，只有改依靠陆军攻城略地为由海军实施海上封锁，才能摆脱深陷泥潭的被动局面。法国殖民地当局既无力增援，也只好接受孤拔的建议，于1884年10月23日宣布“和平封锁”台湾所有港口及沿岸5海里以内海域。严禁中国船只驶向台湾，禁止中立国船只载“违禁品”进入台湾海域。妄图困垮台湾军民，又不妨碍列强对华贸易。

参与“和平封锁”任务的舰只是：监视基隆海面的有“巴雅”号、“维拉”号、“德斯丹”号、“精灵”号、“益士弼”号、“尼夫”号；监视淡水海域的为“拉加利桑尼亚”号、“杜居士路因”号及“雷诺堡”号；“阿达朗德”号负责监视马祖澳海面，“伏尔达”号、“野猫”号则游弋马祖与基隆之间。他们竭尽全力搜查、攻击、捕拘在这一带行驶的中国渔船、商船，甚至无理拘捕中国海关负责检查海上浮标的“飞虎”号。

但是，台湾海域广袤，海岸线亘长，而大陆至台湾的航程较近，绝非十多艘舰艇所能封锁，沿海军民仍从各个渠道向台湾增援，所谓困垮台湾守军，不过是孤拔等人的一厢情愿。正如法国人勒内·里斯特勒贝在《我们与中国在东京的冲突（1884—1885）》一文中所说：“我们的海军舰艇在漫长的海岸线面前，显得兵力不足，致使封锁无明显效果。”[①] 孤拔的远东舰队除不分昼夜遭到寒流季风袭击，登陆部队不断受到守台军民的狙击外，还要在淫雨中挣扎，被痢疾、热症夺去近百人生命，数百人失去战斗力。盼望已久的增援部队，不但不能有效地提高战斗力，反而增加无谓的伤亡和食物、药品的供应难度。基隆——原来认定是代价最低的理想抵押品，不但物质上变成“代价昂贵，没有带来任何好处”，更为严酷的是军事上成为无底深渊，使孤拔的远东舰队越陷越深。原来就“违心离开福州开赴基隆”的孤拔不禁再次哀叹：“不去封锁入口仅有22海里的直隶湾而来封锁无边无际的台湾海岸”。主帅气馁，政府喉舌巴德诺也感灰心。法国殖民当局也一筹莫展，只好再退一步，形式上维持对台湾的攻击和封锁，而实际上将主力投向他们认为更为有效的中国沿海。

1885年2月26日，法国政府又运用“和平封锁”台湾的逻辑和语言，宣布封锁中国沿海，并将大米列为禁运的“战争走私品”，妄图在已不堪战费负担的清政府的背上给予致命一击。当时的《字林西报》曾反映了西方人士的预测：“这个措施，将对中国产生一个比轰击十几个基隆和福州更快、更有效的作用。粮食禁运，将导致动乱，北京就会让步。”法国政府在令孤拔派遣“凯旋”号、“蝮蛇”号和“梭尼”号等7舰北上执行封锁任务的同时，又多方向西方列强解释将大米列为“战争走私品”的理由和所谓依据，并再三保证此举不会妨碍各国对华贸易，以求减少阻力。

---

① 《广西社会科学》1986年增刊《中法战争史专集》，第251页。

清政府面对法国远东舰队的一再挑衅和无理封锁，也积极开展外交活动，据理力争，英、美、瑞典、丹麦等国对此都提出了程度不同的异议和保留意见。尤其是英国政府鉴于大米北运及援台物资等都计划由英国商船承担，封锁沿海，势必给英国商船造成损失，矛盾日益尖锐。法国坚持要检查英国商船（包括悬挂英国国旗的商船），英国就限制法国军舰在新加坡、香港的补给活动，因此，法国远东舰队对中国沿海的封锁也如对台湾的封锁一样，除残暴攻击为其所发现的中国渔船、商船外，并未收到什么实效。江南的大米北运量虽然受到影响，但仍能通过各种渠道北运，饥荒、动乱等幸灾乐祸的预言都落了空。而孤拔险恶地借此机会将主力北上攻芝罘、旅顺口的计划，也因攻台及禁运两项任务都无法完成而一再拖延。这种显示海上力量的封锁，虽然一直维持到1885年6月，但后期已是强弩之末。

在法舰实施所谓“和平封锁”期间，比较突出的事件一是石浦沉船，二是镇海保卫战。

一、石浦沉船

基隆失陷后，台湾战局虽呈相持状态，但法国却不断从越南、法国本土以及其他殖民地抽调陆军向孤拔增援，而台湾守军的军火、饷银、兵员等虽有小批接济，但难以应付强敌，援台工作迫在眉睫。经过一系列的雇请外轮都告失败之后，清政府接受了督办福建军务钦差大臣左宗棠的建议，于光绪十年九月十五日（1884年11月2日）谕令“南洋派兵轮五艘，北洋派兵轮四五艘，在上海会齐，赴闽援助。”曾国荃奉命后即令营务处吴安康率“开济”号、“南琛”号、“南瑞”号、“澄庆”号、“威靖”号（后改派“驭远”号）五舰赴闽。[①] 后来北洋因故未能派舰配合，南洋五舰只好自行赴闽。

① 《中法越南交涉档》，台湾中央研究院近代史研究所编，第4册，第2373页。

南洋五舰拟于1885年1月下旬赴台的消息不胫而走，法国驻华公使巴德诺立即电告孤拔。

2月5日晚，孤拔率“侦察”号和“益士弼”号两舰离开基隆，约定于次日在马祖与“凯旋”号、“尼埃利”号和“杜居土路因”号会合，为打击南洋军舰作准备。

由于孤拔获得的情报模棱两可，无法确定南洋五舰的准确行踪，只好在中国东南沿海各港口逐个侦察。侦察工作从2月7日中午开始，经数日奔波毫无进展。于是孤拔命令舰队向舟山群岛进发，以便添加燃料。

2月11日，孤拔在大戢山闻知南洋5舰在石浦出现，于12日正午率舰直赴舟山群岛。次日凌晨，法舰编队南驶至檀头山。5时半，打头阵的“侦察”号和“益士弼”号发现了南洋军舰，敌我两编队相隔5海里左右。

南洋五舰发现法舰后，“南琛”号、“南瑞”号和“开济”号三艘巡洋舰绕过了三个小岛，继续南行，但速度放慢了，航线也有了调整。孤拔以为这是中国军舰意欲开战，但事实并非如此，“南琛”号等三舰降低航速是因“驭远”号航速太慢，跟不上编队。后该舰不得不避入石浦港，“澄庆”号犹豫片刻之后，也随之入港躲藏。

南洋五舰一分为二，法军也采取了相应的措施。孤拔命令“凯旋”号、“梭尼”号和“益士弼”号监视进入石浦港的“驭远”号和“澄庆”号，他自己则率领“巴雅”号、“尼埃利”号和“侦察”号去追赶南逃的“南琛”号等三舰。法舰虽然速度比中国战舰快，但这时“南琛”号等舰已经远离，加上凑巧的一片浓雾，给法舰的追击带来困难。2月13日上午8时50分，“南琛”号等舰已无影无踪。9时40分，雾越来越大，孤拔眼看追寻无望，决定返回石浦监视“驭远”号等两舰，“南琛”号等三舰终于摆脱敌人的追击，安全抵达镇海。

孤拔回到石浦海域后，把所有的舰只投入封港，并派赖威尔乘小汽艇去窥察“驭远”号和“澄庆”号的停泊地点。[①]

“驭远”号和“澄庆”号被围于石浦，副将丁华容以“日久恐难保全”向曾国荃求救。[②] 宁绍台道薛福成亦请浙江巡抚刘秉璋就近电拨一营防军驰往石浦，会同石浦、象山练军以张声援，并决定挑选道署卫安勇50名，宁波府署巡勇40名交石浦都司郑碧山带往，以备策应照料。[③] 曾国荃见两船被困，即飞饬刘秉璋和浙江提督欧阳利见不惜资本，多方接济，并从陆路派去两营兵力藉作声势。曾国荃虽然积极部署救援，但他也清楚，从陆地调兵完全是徒劳的，不过“期以安两船固守之心，人事所能尽者不敢不尽”罢了。[④]

据池仲祐《海军实纪》记载，“驭远”号堪称当时中国的大军舰，它由江南制造总局制造，光绪元年（1875年）竣工，舰长300英尺、宽42英尺、吃水21英尺、马力1800匹、排水量2800吨。“澄庆”号较小，为福建船政制造，系铁胁木壳舰，光绪六年（1880年）告成，舰长21丈7尺1寸、宽3丈1尺1寸、舱深1丈7尺8寸、吃水14尺、马力750匹、排水量1268吨、航速12节。[⑤] “驭远”号管驾为金荣，“澄庆”号管驾为蒋超英。避入石浦港后，它们停泊于天后宫前。

“驭远”号等两舰进入石浦港次日，金荣曾致函石浦厅同知黄贻桥，陈述该两舰入港的原因。本来，金荣知道敌我力量悬殊，但为安定民心，他请黄贻桥“即示谕居民，毋庸惊惶。如果交锋对敌，总在河中；我军兵丁、军火均皆精锐，谅不至法逆上岸滋扰居民也。”[⑥]

接到金荣的信后，黄贻桥当即会商文武民团，设法守御，并饬巡勇侦察敌情，得到的消息是：法舰分泊石浦三门、老东门、铜瓦、隘顽等门外，严严实实地封住了石浦港的进出口；2月14日，有法舢板驶

---

① 法国海军部档案BB—41968行动办公室第145号。

② 《两江总督曾国荃电》，《中法战争》（六），第296页。

③ 《禀南洋大臣两江督院曾》，《浙东筹防录）卷1下，第17页。

④ 《复李中堂》，《曾忠襄公书札》卷18，第2页。

⑤ 池仲祐：《海军实纪·造船篇上》，《清末海军史料》第179—180页。

⑥ 《石浦同知黄幼臣来禀》附件，参见欧阳利见：《金鸡谈荟》，台北文海出版社印行，卷5，第20—21页。

进内港南汇山下，见我兵舰，旋即退去；尔后，法军又用小火轮拖带两只舢板，从铜瓦门至东门外洋测量水道。

法军对石浦航道不熟悉，而孤拔携带的海图又不能满足战斗的需要，这就是法军侦察水道的原因。孤拔将此任务交给“益士弼”号和“侦察”号。在取得详情之前，他还准备用“巴雅”号的两艘鱼雷艇进行一次试探性进攻，只因当时天气欠佳，攻击行动被推迟。

侦察工作结束后，孤拔制定了攻击“驭远”号和“澄庆”号的计划，拟用全部军舰继续封锁港口，用两艘鱼雷艇击毁华舰，战斗由戈尔敦中校指挥，并兼任2号鱼雷艇艇长，杜波克上尉任1号鱼雷艇艇长，亲自侦察到中国舰只的赖威尔上尉和1884年7月以来为法国效劳的长江领航员缪列担任向导。

法军的两艘鱼雷艇分别长8.85米，由普通铁壳小汽艇武装而成。小艇被漆成黑色，各载有艇长1人、船东1人、鱼雷兵3人、机械师3人、水手长2人。赖威尔和缪列等人驾着1艘哨艇，另外还有1艘载有水手的小艇。

2月14日晚11时30分，2号鱼雷艇和1号鱼雷艇分别从“巴雅”号舰停泊处出发。为了不暴露目标，艇上的灯光全部被掩盖起来。经过几个小时与风浪搏斗，这两艘鱼雷艇于15日凌晨3时到达一个小岛。对全艇进行新的检验之后，戈尔敦等再向各艇机械师和鱼雷兵交代注意隐蔽和准备战斗的有关事宜，鱼雷艇重新启航时间被定在大约3时半。

航行约半海里后，哨艇通报说“驭远”号不见了，可能更换了锚地。而航行速度最快的2号鱼雷艇却在不久之后发现了一艘大船的黑影，这就是“驭远”号。这时，岸上传来了噼噼啪啪的响声，法军分不清是枪声还是新年的爆竹声。鱼雷艇开始全速往前冲，在距离不到150米处，几道闪光照亮了“驭远”号的左右舷，从舰上窜出巨大的火焰，戈尔敦断定这是“驭远”号在向2号鱼雷艇开炮。2号鱼雷艇被迫后退，同时发射鱼雷。这时，一颗来自陆上的子弹击中鱼雷艇上的步枪手阿诺。

杜波克指挥的1号鱼雷艇通过哨艇得知“驭远”号的位置，杜波克原想悄悄向它靠近，不料飞来一颗炮弹，他不得不加速前进，不久就发射鱼雷。随着鱼雷的爆炸声，“驭远”号的尾部先腾升起来，然后向右舷斜倒下去，① 法军的这次夜袭约在凌晨4时以前结束。

拂晓，法军首先见到未遭攻击的“澄庆”号侧向倾斜，戈尔敦用嘲讽的口吻下了这样的结论：夜袭中国两舰的命令一部分是由中国人自己执行的。孤拔据此估计“澄庆”号的沉没系陆上清军和“驭远”号还击法军的炮弹所伤。② 巴德诺则认为：“很可能实情就是如此：‘澄庆’号舰长想找借口逃到岸上，并想把自己船只的沉没归咎于我们的鱼雷艇，遂与他的船员串通，自动地把船弄沉了。”③

在强盗的炮火攻击下，南洋两舰终于丧生大海。由于法军的这次偷袭内幕鲜为人知，当时中外人士对此两舰的沉没存在种种猜测。考察中外有关史料，“驭远”号是在受伤后被舰上官兵进一步打开海底阀门，加速自身的沉没；“澄庆”号则在未受伤的情况下放水自沉，清军这样做的原因是避免舰上的武器弹药落入敌手。据上海打捞工程局第三工程队1959年11月至1960年4月19日打捞沉船的记录：“驭远”号和“澄庆”号沉没于石浦镇天妃宫西侧，即东经121度56分28秒，北纬29度12分21秒。④

南洋的这两艘军舰虽然不是清朝海军最好的军舰，比之于当时海上强国的军舰更差一大截，但它们的沉没对于仅有约50艘军舰、几个月前刚在马尾遭到毁灭性打击的晚清海军来说，可谓是雪上加霜，损失不小；对于实力不太雄厚的南洋海军来说，这损失更加巨大，更加

---

① 法军袭击我南洋两舰的详细过程，我国文献基本阙如。1885年2月18日，担任这次袭击活动的法军官戈尔敦写了一份长达56页的战斗报告，这份报告收入法国海军部档案BB—41968。以上叙述以此为据。

② 法国海军部档案BB—41968，行动办公室第145号。

③ 法国外交部档案《政治通信·中国》第67卷，第177页。

④ 参见《中法战争镇海之役史料》，中法镇海之役资料选辑编委会编，《光明日报》出版社1988年12月版，第218页。

直接。而且，石浦惨祸发生在中法战争越南东线战场上清军节节败退入关，法军长驱直入，侵占谅山的同时，它对整个战局的影响可想而知。巴德诺趁机建议扩大侵华战果，他在给法国内阁总理兼外交部长茹费理的信中写道："这一胜利刚好和占领谅山发生在同一时间。如果在这双重胜利后立即向直隶发兵的话，可能产生决定性的后果。"[①] 法军的侵略气焰进一步嚣张起来。

二、镇海保卫战

镇海是著名的通商口岸——宁波的重要门户，为甬江入海之口，地理位置十分显要。镇海口南有金鸡山，北有招宝山，夹江相对；而海中耸立的虎蹲山遥扼江口，与游山、七里屿错峙于外，形成守卫镇海的天然屏障。金鸡山及小港口原有靖远、镇远两座炮台，招宝山原有威远炮台一座，中法镇海之役爆发前，镇海守军在两岸各增加两座炮台，即南岸的天然、自然和北岸的定远、安远。这些炮台在抵御法国侵略者的斗争中发挥了重要的作用。

当2月28日法国军舰追踪"南琛"号等三舰至镇海口外时，浙江提督欧阳利见即与记名提督杨歧珍协商抗法之策：

率调所部之淮军前营一哨带过山炮六尊，分置北栏江；一哨带过山炮四尊，驻扎县西北隅；右营帮带蔡镇邦清带二哨分屯洋关、福建会馆；亲兵一哨带格林、过山各炮在东岳宫长城，兼助新开炮台；中营黄镇瑾驻招宝山上，督率迎战；右（左?）营王游击鳌整队听调；后营龚镇金标严为戒备，自行亲往稽查……杜丞冠英移驻招宝炮台，吴守备杰照料两岸炮台，遇警先至南岸金鸡山上。以达中营伍营官金洪率队五成，环伏山西北隧道，以备冲锋；练副中营郑参将鸿章率队五成，

① 法国外交部档案《政治通信·中国》第67卷，第145页。

环伏山西南隧道，以备包抄；健左旗副将（费）金组率队八成、伺伏沙湾海堤墙下，以备策应。分谕楚练各营，以队三成轮流暗藏，各分定地段围墙，其各要处一律密埋地雷、炮弹，施展电线，司机人引端在握，衔枚逸待。（南）琛、（南）瑞、开（济）、超（武）、（元）凯五兵船暨红单战船参差匀泊桩内。谕令轮船、炮台，必计弹可及敌船时即行轰击，否则不准开一空炮，盖即尊谕徒耗弹子无益也。谕令陆师不准哗动露面，敌不登岸，只可静守。某（欧阳利见）随带帮办营务数员亲驻金鸡山督率指挥，并督天然、自然各暗炮台迎敌。曾分函商准在防统领营务，已将宝顺轮船驶泊口门，非万紧不必遽沉，四石船开仗即沉桩内，并商准地方官禁止渔、商各船出入；一面飞函致钱统领安排后路接应。[1]

可以看出，在马尾、石浦吃了大亏之后，清军的战备工作是认真、细致的，这为镇海保卫战的胜利奠定了坚实的基础。

3月1日，孤拔等人乘“尼埃利”号深入镇海侦察，逐步逼近清军工事。下午2时15分，清军的陆上炮台向入侵者打响了正义的第一炮，炮弹掠过距离2400至2700米的“尼埃利”号时，打断了舰上的两根后支索。清军的其他炮台和避入镇海的军舰也同时向法舰开火，由于距离太远，虽未直接击中，但攻势甚猛，足寒敌胆。

面对强大的水陆攻势，“尼埃利”号只好一面还击一面后撤，退出海口。[2]“当先黑舰（指‘尼埃利’号，引者注）败北，衔尾三船畏不敢进，均退泊金塘外面。”[3]

两军遥击，双方均无大损：清军方面“弹毙炮兵两名，伤一名，淮中营被弹毙一长夫，金鸡山上及其（欧阳利见）驻所门前皆有炮弹，

① 《致各督抚书》,《金鸡谈荟》卷7，第9—10页；第10—11页；第11—12页。
② 法国海军部档案BB—41968，行动办公室第190号。
③ 《致各督抚书》,《金鸡谈荟》卷7，第9—10页；第10—11页；第11—12页。

镇邑城中跌弹伤坍民房数处，居民未伤一人。”[①] 法军方面，“尼埃利”号未受大损，也没有人员伤亡。由于清军防守严密，孤拔不打算用小汽艇装载鱼雷袭击中国军舰，而在口外监视，以保证驶往东京湾的法国运输舰的安全，并有利于法军封锁台湾海峡。[②]

法舰在长达数月的监视活动中，曾派小艇在夜间骚扰，但因水陆防御较严，未能得手，直到中法战争结束，两国签订和约之后，法舰才驶离镇海，而镇海港及港内舰船均完好无损。

中国军民之所以能在镇海击败法军，使之数月不敢深入甬江，主要原因是守军有着充分的准备。由于镇海战略位置重要，中法战争爆发前，这里的防御工事就比较完固。中法战争爆发，特别是法军染指我国东南沿海后，镇海军民进一步加强了陆上防御体系，添筑炮台，增加炮位。在甬江口还筑了拦水坝，坝口备配装有石头的船只，以作堵口之用。为了防止法军鱼雷攻击我军舰，守军还做好了在港口木桩上张挂渔网的准备。

吸取马尾、石浦的教训，克敌制胜，是镇海守军备战守土的重要一环。“南琛”号等三舰避进甬江后，吴安康即购三具3500磅的大铁锚，分系三舰，使舰身不因涨落潮而转向，“三轮之首日夜对准法船，大炮装齐子药，以待开战。”[③] 根据入避石浦的军舰兵丁纷纷离舰上岸和法军利用夜间突然袭击的深刻教训，宁绍台道薛福成会同浙江提督欧阳利见严肃军纪，贴出告示，禁止兵轮弁勇登岸，“倘有一人登岸者，准兵民指认擒送，定即以军法从事。”[④] 并派人昼夜巡逻，不放过任何一个疑点，这就堵住了防务的空虚，无论敌人何时进攻，都会受到反击。

此外，海陆配合，团结协同，也是镇海胜敌的重要因素。湘、淮军之间的矛盾长期存在，在镇海也无可回避。为此浙江及镇海有关当

① 同上。
② 法国海军部档案BB—41968，行动办公室第102号。
③ 薛福成:《十八日午刻递镇海》,《浙东筹防录》卷4，第13页。
④ 《会同浙江提督欧阳禁止兵轮弁勇登岸示》,《浙东筹防录》卷3，第28页。

局都做了有益的工作，诚如南洋大臣曾国荃所说，“欧阳利见在镇海口布置井井有条”，“誓与吴安康遇事相商，同心御敌，顾全客军，不遗余力。”“薛福成遇事关心，不分畛域。”故镇海保卫战的胜利，“实唯文武、主客和衷共济之力”。[①]

第六节 澎湖失守

澎湖列岛东与台湾岛仅一水之隔，西与厦门亦不过数十海里。整个列岛由数十个岛屿与礁石组成，其中澎湖、白沙、渔翁三岛鼎足而立，互为犄角，构成天然的军事要地。“围在澎湖本岛内的马公港则形成一个水深而面积广阔的海港，可供全世界一切舰队避难之用。”[②]

由于地理位置所决定，澎湖列岛成了控制大陆和台湾之间联系的冲要之区。帮办福建军务杨岳斌认为：“欲筹守全台，必先扼重澎湖前路，……澎湖辅车全台，犄角厦门，尤为闽洋关键。”[③] 督办福建军务钦差大臣左宗棠也说：“澎湖诸岛，外蔽全台，内固金（门）、厦（门），历来视为险要。”[④] 然而，由于澎湖未得到应有的开发，物产不丰，驻军给养皆取于外，就连淡水供应都很紧张，故平时无法屯驻大军，使重要的军事要地得不到应有的建设。尤其是这些岛屿悬隔海中，地形散漫，没有舰船大炮，则难以自保。自从法国推翻“李（鸿章）宝（海）协议”，扩大战争以后，负责守卫澎湖的副将周善初面对仅有的3000名部属和为数不多的木船、窳劣的武器，多次请求清政府增加军械。但因马尾之战后各国借口遵守所谓的“公法”，禁止向中国出卖武器，致使购械增防计划迟迟未能实现。加上台湾海峡被法军封锁后，大陆援台日形困难，光绪十年十月底（1884年12月中旬）以后，台湾道刘璈

① 《南洋大臣抄寄镇口三船随同接仗奏稿》，《金鸡谈荟》卷11，第22页。
② 嘎尔诺：《法军侵台始末》第98页。
③ 《帮办福建军务杨岳斌奏折》，《中法战争》（六），第361页。
④ 《钦差大臣督办福建军务左宗棠等奏折》，《中法战争》（六），第504页。

再也无饷械接济澎湖守军，这使本来薄弱的澎湖防卫形势更加严峻。

对于澎湖列岛，法国早有觊觎之心，一位名叫罗马内·迪·凯约的法国人曾撰文敦促法国政府占领澎湖列岛等地作为“担保品”，[①] 法国驻华公使巴德诺说得也很露骨：“获得澎湖或者是我们唯一可维持久长的利益”。[②] 当侵台法军在基隆站稳脚跟后，侵略者的目光便逐渐转向澎湖。

1885年3月22日利士比前来接替孤拔围困镇海，孤拨才动身前往基隆，开始了攻占澎湖的准备工作。

据法方记载，失陷前的澎湖列岛，防卫系统侧重于重镇马公，守军在这里营建了一批炮台。其中的北炮台是一个拥有7个炮眼的装甲炮台，配有3门10厘米炮；炮台前方的炮座上，还有23厘米和14厘米炮各1门，穹窖炮台是一座3个炮眼的炮台。在上述两座炮台之间，还有1门14厘米炮。在马公要塞的一片高地上，还有2门14厘米炮。此外，在可向岛内射击的土炮台内，有16厘米炮1门，13厘米和10厘米炮各2门。

隔着马公港和北炮台相对的是南炮台，又称荷兰炮台，其装备为23厘米及14厘米炮各2门。四角屿炮台是一座露天炮台，有19厘米炮2门，14厘米炮3门，10厘米炮1门。测天岛炮台也是露天炮台，有20厘米炮1门，14厘米炮2门，与北炮台、南炮台构成交叉火网。在渔翁岛还有1座炮台，称为西屿炮台。

1885年3月27日，孤拨命令“巴雅”号、“凯旋”号、“德斯丹”号、“杜沙佛”号、“蝮蛇”号及“安南人”号共六艘军舰在台湾府（台南）海面会合。“安南人”号上载有400名海军陆战队及一个8厘米山炮排。这些人与分舰队的登陆连队汇合后组成登陆部队，由海军步兵营营长朗治指挥。

28日，除“蝮蛇”号因气候恶劣被迫停泊外，上述各舰集中在一

① 法国外交部档案《论文与资料·中国》第20卷，第187—189页。

② 《中国与东京事件·第一八九号巴德诺致茹费理》《中法战争》（七），第298页。

起，孤拔来到乌嵌洋面过夜，为翌日战斗作准备。[①]

29日，孤拔命一艘军舰泊近里澳，三艘舰驶至马公西屿，二艘舰至观音亭后，同时开炮，纵横轰击。副将周善初、都司郑渔等率守军抵御，各炮台亦开炮还击。法军将四角山、新域、蛇山头、金龟头、观音亭等处炮台及马公协署军装局等处营房、街道一律轰坏，守军抵御不住，退往大城北而去。

30日早上，法军从时里澳登陆，副将陈得胜率军迎击，相持不久，败退往大城北。

31日，法军从双头跨登岸，径至大城山下。周善初率守备冯楚燊队伍接仗，势不能支。陈得胜带队来援，又败退西溪乡。守军继续抗敌，终因失败，退往北山、赤嵌一带，澎湖遂陷。[②]

4月1日，法军乘胜占领渔翁岛。

战斗数日，清军自称战死1000多人，法军自称战死5人，伤12人。

澎湖的陷落，主要是敌我双方战斗力悬殊造成的。法军占领澎湖后，孤拔即请求法国当局供应必要的材料，以便在马公湾设立一个补给中心，并开拓一个军事殖民地。4月以后，法军开始在澎湖修筑工事，西屿炮台以孤拔坐舰的名字命名为“巴雅炮台”，侵占澎湖有功的指挥官朗治少校被委任为澎湖列岛驻军总司令。

在法军侵占澎湖的同时，清军在中越边境陆路战场取得了镇南关（今友谊关）—谅山战役的大捷。这一胜利大大鼓舞了主战官员和前线士兵的士气，他们摩拳擦掌，群情激昂，决心乘胜追击，把法国侵略者赶出越南。然而，“越地终非我有；而全台隶我版图”，残酷的现实使清朝最高统治者在这“桂甫复谅（山），法即据澎（湖）”[③]的紧要关头作出了停战息兵，结束历时数载的中法战争的决定。

4月4日“中法停战协定”（《巴黎协定书》）签订后，法舰解除了

---

① 法国海军部档案BB—41968，行动办公室第228页。

② 《帮办福建军务杨岳斌等奏折》，《中法战争》（六），第520页。

③ 《军机处寄两广总督张之洞电旨》，《中法战争》（六），第385页。

对台湾的封锁，远东舰队的舰只集中于马公。他们居心叵测，有长期霸占澎湖，建立一处与香港并列的法国远东基地的意图。后因黑旗军不愿离越南，法方才以撤退澎湖来交换黑旗军的回国。法军直到光绪十一年六月十一日（1885年7月22日）才无可奈何地撤离澎湖。黑旗军的回归为保全国土作出了贡献。

第七节　中法海战的影响

综上所述，中法海战是中法在中越边境陆战的伸延，是法国殖民当局在控制越南政局以后进而施压清政府承诺巨额赔款的外交讹诈中的军事威胁；也是法国殖民当局自以为得计的以己之长攻敌之短的战略。尽管所谓海战不过是一场有限的军事骚扰，但以孤拔为首的远东舰队对马尾港、基隆以及沿海各口的攻击、破坏和封锁，的确给清政府造成相当多的困难和损失，在政治、经济、军事、外交等方面都有影响。其中最为明显的莫过于失去制海权所造成的一系列被动局面：中国招商局及民间与越南的海上贸易、运输几乎完全被迫中断；清政府的南北军事调动、军备运输、补给的主渠道——海运，大部陷于瘫痪，甚至长江下游的商贸、运输也常受威胁；沿海各口的防御因处于被分割的孤立状态而岌岌可危，闽海防御设施形同虚设，镇海也只能勉力自保。……总之，这支由30多艘舰艇混编的舰队，竟扰得清政府顾此失彼，惶惶不可终日。既担心台湾孤悬海外，一失难复，更忧虑旅顺、大沽被攻，波及京师；明知孤拔的舰队不过是巴德诺谈判桌上的筹码，却不得不以心腹之患来防范，而且还不能用南北洋水师孤注一掷。以致即使奇迹般地出现了镇南关—谅山大捷，也不得不忍痛作出乘胜即收的决策。这已是当时所能取得的最好的结果，从而使中法战争成为近代帝国主义侵华战争史上中国唯一没有赔款而结束的战争。然而，这场战争的教训是相当深刻的，清廷战后曾发布上谕，认为“惩前毖后，自以大治水师为主。”[①] 事过将近一年后，慈禧太后在接见负责广西段的划界大臣邓承修时，犹心有余痛地感叹：“此番立约，实系草草了事，朝廷吃亏在无水师。”邓承修立即作了补充和诠注：“无水师决难争胜，不独马江之败为然，即去岁刘永福之败，亦系江水暴涨，不能立脚，该国轮船驶入，遂败也。且基隆澎湖已失，声息不易通，军械不易运，危在旦夕，不得不作此收场。”[②] 战后发布的上谕及君臣的这几句简短的对话，可以说是清政府对中法海战的总结和真情流露，也不难看出，清政府已痛定思痛，从惨痛的教训中得到较为深刻的启示：没有强大的海军，便无海防可言，没有牢固的海防，也就没有完善的国防。于是有海军衙门的组建和海军专款的划拨，中国海军建设，也从分散经营进入集中领导、加速发展的新时期。所以，马尾以及基隆、镇海、澎湖等战斗，既是中国海军史上悲壮的一页，也是中国海军加速发展的催化剂。

---

① 《光绪十一年五月初九日上谕》，《洋务运动》（二），第559—560页。

② 转引自萧德浩、吴国强编：《邓承修勘界资料汇编》，广西人民出版社1991年1月版，第117页。

巴斯蒂夫人来南宁交流学术经验

庚裕良、张永平

法国国家科学研究中心主任研究员，近代史学者巴斯蒂—布吕吉尔夫人，应中国社会科学院邀请来我国参加学术交流活动，于1983年12月9日在南宁与广西社会科学院，广西大学，广西民族学院等单位的教授、科研人员就中法战争史研究工作中的有关问题交换了意见。巴斯蒂夫人就西方学者研究中法战争史的简况、中法战争的档案概况和有待继续深入探索的一些问题作了发言，现记录整理如下。

巴斯蒂夫人说：西方关于中法战争的书刊出版可分为三个阶段。第一阶段是中法战争后至第一次世界大战前，这个时期出版的书刊有各种专著和中法战争参加者、外交谈判的海军军官、外交官等人的回忆录等。如法国外交部政治司的德尔比约写的《东京事件》回忆录；还有一些研究性的文章如科尔迪尔写的《中国与列强的外交关系》中有几章论述了中法战争问题；另外一些殖民史、通史也有关于中法战争的论述。这些文章大都被科尔迪尔编进《究研中国》大书目中。该书目收集了所有西方学者研究中国的著作，有法、英、意、德、西、俄等国文字，对研究中法战争史颇有参考价值。

不论是殖民地史、通史都是根据各国政府公布的文件编写的，而各国政府在公布这些文件时，都经过慎重的选择和删节，只将有利于政府的政策、措施方面的文件公开出版，将不利于政府的政策或者没有把握的资料予以删节。所以，这些经过挑选、删节的资料与历史事实并不完全相符。例如，这一时期的著作，认为越南政府十分腐败，中国政府也很无能，中法战争是因为中国政府太背信弃义，法国政府在越南别无其他办法，才被迫打仗；有的著作对法国占领东京是否有价值也提出意见，但绝少有人研究中法战争对中国、越南产生的影响，也不考虑中法战争在国际关系史中的地位，只将中法战争看作法国殖民地史中一个事件。

这个时期，英国政府也经过慎重挑选后公布了一些文件和资料，目的是让人们相信它在中国与法国之间是保持中立的。其实，英国这时对法国并不友好，它在想尽一切办法阻止法国的行动。

从第一次世界大战到60年代，这是第二个阶段。这个分段中研究条件发生了新的变化。关于中法战争的许多档案相继开放了。有国家的档案、有私人的档案（一些有名的政治家的私人档案）、还有不少外交文件（黄皮书），大都是由历史学家和档案工作人员发表的。由于这些条件的改变，使中法战争史的研究、著作也较前深入。有些著作对法国政府在中法战争中的意图就持批评态度，他们认为法国占领东京付出了相当大的代价，而所得好处并不多，几乎没有得到什么经济利益。还有人认为法国政府强占东京与中国打仗，是上了德国政府的当，是他们挑拨、激怒的结果。德国政府认为，如果法国派军队到东方作战，势必会减弱在欧洲的军事力量，无力向德国收复阿尔萨斯、洛林两省失地。

60年代以后是第三阶段。由于国际形势的变化，对中法战争史的研究也有了变化。例如，在美国，由于美国政府加紧策划对越南作战，不少美国学者对越南感兴趣，对越南的历史，对中越关系，中法战争史的研究也增加了兴趣，无论研究人数和著作方面都有很大的增加。而在法国，从20年代起，史学界一般仍然倾向于重视经济史、忽视政治史、军事史。他们认为军事史是过时的东西，没有实用价值，再花力气去研究没有意思；研究政治史，作用也不大。另外，由于中法战争的过程比较复杂，它既是中国历史的一部分，也是越南历史的一部分，要研究中法战争史，势必要研究中国历史和越南历史，又因缺乏史料，给研究工作带来不少困难，有些人便知难而退。再加上过去的一些研究文章、史籍，对军事、政治、外交方面的许多问题，几乎都作过叙述，致使许多人认为不必要在这个专题上再花力气去作特别的研究。1969年，我与一位法国学者编写《中国近代现代通史》时，对第一次、第二次鸦片战争没有作很详细的描述，对中法战争则作了较多的研究和论述，主要研究、论述中法战争对中国国内产生什么影响，这本《通史》共分四册，第一册从鸦片战争到中法战争；第二册从中法战争到中国共产党成立；第三册从中国共产党成立到解放；第四册为解放以后的历史。该书出版后被翻译成西班牙文、意大利文，美国也有译本。因它在分期上与众不同，也引起一些学者的注意。我们所以要用中法战争来分期，是强调中法战争的历史作用。我们认为它是中国近代史上重要一环，甚至对以后的戊戌变法也有影响；而英美学者一般都忽视中法战争的影响。其实，各国史学界对中法战争史的评价，也正如政治家对中法战争的态度一样，只从自已的利益出发。

关于中法战争资料，法、英、德、美等国关于这方面的史料在第一次世界大战以后都已开放。西方学者不去研究中法战争史，并不是由于缺乏史料，有些有价值的史料甚至已编印成书，列入科尔迪尔的大书目中就有不少回忆录、黄皮书、小册子以及教会杂志刊登的传教士信件等。关于法国传教士在中国南方的活动是极少量的，在广西仅有一两个小组，力量也就微不足道，但中国一些近代史书刊都认为中法战争以前，法国教会在中国南方有很大的发展，我不知道你们有什么根据来说明这样的论点。中国的学者的著作中还时常提到传教士帮助法国军队，并起到不少作用的事。对这些问题，应该作详细的、具体的分析。根据一些档案的记载，在广西、云南以及广东境内传教的法国传教士、教会组织，并没有帮助过法国军队，只有在广西传教的一个法国传教士曾经帮助过法国军队，他叫格朗·皮尔（Grand Pierre），在中越边境一个小岛上传教，他的周围时常有海盗活动，甚至将掳掠来的妇女运到香港出卖，这位传教士对此很关心。他认为如果法国完全占领、控制东京一带，这种妇女贸易就可以终止，所以，他曾主动向法国海军提供情报。

还有，法国外交部档案保存有法国驻中国的外交官的报告、函电和其他文件，以及来自英国、德国、美国的外交文件，对于了解当时的国际背景、外交谈判背景和一些军事冲突的发生和扩大是很有用处的。另外，一些外交官私人档案、法国国防部历史档案中的交趾支那的文件都很有价值，交趾支那卷中一个神父给法国海防部的报告，就提供了许多情况。当时法国还未成立殖民部，所有殖民地都属海防部管辖，几乎所有的法国军队的活动，都有详细的报告。所以，海防部的档案中，关于越南方面的资料相当丰富；而关于中国方面的史料则多在外交部档案中。

法国殖民部成立于1887年，1885年以后的越南文件电函等，多保存在这里，如关于中越边界的勘察、划界的许多档案，就分别存在外交部及殖民部。如果是由占领军负责划定的边界线文件，则只存在殖民部，越南与云南方面的划界档案便是如此；与广西的划界文件则多半在外交部。

值得一提的是法国的私人档案，特别是主持中法战争的茹费里的私人档案，内容相当丰富，颇有参考价值；一部分存放在巴黎、一部分存放在他的故乡。其他还有不少对中法战争影响较大的法国政治家的私人档案，也保存不少重要文件，都已经开放，可以随时查阅。

最后，简单谈一下中法战争史研究中值得进一步探索的问题。

一是中法战争时期，法国国内的背景及国际关系背景问题。迄今所发表的有关中法战争的著作，对当时法国国势虚弱、政治混乱、政府不稳定的情况等，缺乏深入细致的分析。如1883年法国政府更迭所造成的影响是很大的，致使法国驻华公使宝海与李鸿章签订的协定草案完全失效，当时是什么力量和如何造成政府的改组，是国内政策上的因素或是对外殖民政策上的因素？值得深入探讨。

二是法国政府的殖民扩张政策有待深入研究。法国的殖民扩张政策是十分强烈的，在中法战争之前已有表露，但更为明显的是在90年代，而反殖民政策的倾向也很强烈，而且也有相当实力。前者主要是工业派，因为殖民地政策会给法国工业、商业、银行业带来好处；后者主要是以农民为主的保守派，他们偏重于向德国收复失地，不赞成向东方扩张，因为发生战争就必然要农民子弟服兵役，不但要减少青年的劳动，如一旦战死，就永远失去了劳动力，所以他们极力反对殖民扩张，这就给法国政局带来不安。

三是法国的财力和策略需要深入研究。普法战争后，法国要支付巨大的战争赔款，而且时间紧迫，全部以黄金支付，对法国的财政影响是很大的。照理，当时法国没有力量向远东投入大量军队从事大规模的战争。可是，中国学者的论著甚至美国学者的著作都强调当时法国的侵华政策和意图。当然法国派了相当大的兵力到东方作战是事实，但这种局面是如何形成的，是否就是当时法国政府的一贯政策？还值得研究。我认为，在1883年甚至整个中法战争时期，说法国有侵略中国的政策或计划，都不符合当时法国国内的史实。那时法国无论在军事力量，经济力量方面都无力进行大规模的长期作战；到1895年，法国的实力有了较明显的发展，才最后成为有侵略计划和扩张政策的帝国主义国家。关于前一阶段，法国的政策有许多档案资料可以说明：法国当时并不谋求侵略中国，而是极力避免同中国直接对抗、打仗。即使对越南北部的占领，也只限于占领河内及三角洲平原各大城市，而不谋求占领红河流域的山区，这就是当时法国对东京地区的军事行动迟缓和犹豫不决的原因。同时，当时支持占领越南、支持不惜和中国打仗的人，也不是如中国学者所分析的是法国工业家、实业家、银行界大财团、大资本家，而是一伙冒险家和中小商人。前者普遍认为，占领越南北圻不会给他们带来什么好处；而后者却认定，战争的爆发会给他们带来发财的希望。所以，他们四处活动，其中涂普义就是众所周知的冒险家和殖民政策的鼓吹者。还有，法国政府强制法国实业界、银行界投资修建河内至昆明铁路，也是一个很有说服力的例证。法国布吕吉尔先生写了一本关于云南铁路修建情况的书，即将出版，他用充分的历史档案说明法国的银行家、工业家、实业家对修建这条铁路不感兴趣，正是在法国政府的强制下，迫使他们投资，才将铁路建成的。

四是法国传教士在中国的作用问题，也值得深入探讨。法国天主教会在中国活动的人不多，在广西传教的人也很少，他们的作用应该说也是很小的。

五是中法战争中法国军队及有关方面的军事策略、作战方案方面的问题，也有待深入探讨。关于法军的军事配备、作战部署等，在一些法文著作中有较详细的论述，有些回忆录也作了细致的描述，但仍然有不少问题需要进一步去弄清。例如黑旗军的战术和作用问题，黑旗军人数少、武器差，他们是否真正靠自己的力量屡次打败法军，他们是如何打败武器先进的法军的？黑旗军在北圻的活动，是否能起阻止法军的前进而推迟北圻的殖民化过程？黑旗军杀死李维业的纸桥战役，在中国学者的著作中评价很高，但实际上却在法国引起了很大的反响，如果不杀死李维业，也许不会造成如此大规模的增款增兵。这个事件的作用应如何评价，尚待探讨。另外，关于孤拔的死，中国学者的说法和法国记载也大不相同。有的，我已经为你们复制一些档案资料，供你们研究时参考。

此外，还有诸如中越边界的勘察划定，法国占领越南后对中国南方各省的影响等许多问题，都值得深入研究，我就不一一论述了。

广西的学者对巴斯蒂夫人热情为我们介绍法国学者的研究情况，为我们复制中法战争档案并详细给予校正，为我们今后的研究工作提供条件，表示真诚感谢。对法国学者的某些学术观点，提出了自己的意见。

一、关于研究中法战争史的目的和作用问题。大家认为，我们研究中法战争史是为了如实了解、掌握这一历史事件发生的原因、经过和对各方面的影响，分清有关人物、措施环节的是非，便于人民群众从这些历史事件中吸取教训。我们之所以要严厉批判挑动战争、屠杀无辜的侵略者，热情歌颂不畏强暴、不惜牺牲的反抗英雄，正是分清这个大是大非。不是为了算老账、揭伤疤，更不是单纯用民族利己主义来权衡得失。因此，我们认为当时的法国殖民主义者发动侵略越南和中国的战争犯下了严重的罪行，是因为他们站在侵略者的立场上，残暴屠杀中越两国人民，造成了严重的后果。我们评价西方列强当时的态度，也是同一标准，站在侵略者一边，就是错误的、非正义的，站在反侵略的人民大众一边，就是正义的。

至于中法战争的发生和扩大甚至结束，有必然因素也有偶然因素，前者是法国大资产阶级要对外扩张、掠取殖民地，要与英国在远东争商业、经济利益；后者则是某些好战分子的挑拨、玩弄手腕等，而前者是主流，所以，中法战争的发生和扩大，绝不是偶然发生的。

二、关于法国传教士在中法战争中的作用，以及在中国的活动的评价问题。这虽然是一件十分复杂的问题，又是一个十分具体的问题。法国的文件、我国的官方奏折，以及众多的民间传说，都有关于法国天主教传教士卷入中法战争旋涡、配合法军侵略活动的记载，这是历史事实。只是因为这些教士行动诡秘，即使影响恶劣，民怨沸腾，但却档案材料不多。例如发生在1883年冬至1884年春的上思教案。正当法军在越南大举进攻山西、北宁、太原等地时，原来散居广西各地的法国传教士富于道、赖保理等七人，便集中五人到中越边境、清军的供应基地——上思活动。传教士马若望、周绍良等甚至勾结不法之徒，从越南运大批军火入境，企图骚扰清军后方。不但上思民情激动，连地方官以至督抚都惶惶不安，先后调派近十营军队在附近防范。可见，法国传教士中，确有若干非神职人员。人民群众在揭露法国侵略者的同时，也揭发他们的各种帮凶，既符合史实，也顺乎情理。某些学术论述中，反映这些史实和情节，也是合情合理的。对于奉公守法的传教士，群众是通情达理的，学术界也未予评论。

三、镇南关—谅山大捷的真相和影响问题。1885年3月下旬，法军侵入广西境内，企图孤军深入，夺取广西边境重镇龙州，压清政府求和退兵。24日，冯子材、苏元春会同守关诸将，同仇敌忾，与来势汹汹的法军迎战于关前隘，大败法军。一举收复镇南关之后，又乘胜追击，连复文渊、谅山等地，法军主帅尼格里受伤，全线溃退，辎重尽失。消息传至巴黎，一意主战的茹费理内阁垮台。而法国学者则认为尼格里旅不过是一时小挫，法军并未溃败，完全有力量重整旗鼓，固守待援。茹费理内阁的垮台，也不是或者不主要是因为法军的溃败，而是他的政敌利用了这个与他不利的局势。

当时法军北圻的主力只有波里也旅和尼格里旅，由波里也任总指挥。在法军攻占谅山之后，他们便认为东线清军已全线崩溃，短期很难组织反攻力量。而困守宣光的法军正奄奄待毙，波里也旅便调往西线解救宣光之围。他们虽然突破了黑旗军的阵地进入宣光与守城法军会合，但在左育一带因受黑旗军阻击而伤亡惨重，最多也只能固守待援，已无力出击增援东线。而尼格里旅经过关前隘、谅山溃败后，不但减员严重，装备损失也多，根本不可能在短期内重整力量来顶住数万清军的围攻。西贡、河内也无士兵，要依靠外援。所以，当时法军的处境是十分危急的。至于茹费理内阁的垮台，不管他的政敌如何策划，法军在前线的溃退事实上是主要因素。

四、黑旗军的战斗力和作用问题。1882年3月，法军北圻司令李维业奉命率部北犯，只有黑旗军挺身而出，纸桥、怀德、丹凤、山西、宝光……诸役，都给法军以沉重打击，迫使法军一再增饷增兵，确实打破了他们的北侵计划，推迟了北圻殖民地化的进程，这是事实而不是夸张。黑旗军完全靠勇敢、机智、高超的军事艺术和群众的支持取胜，而不是依靠清政府的援助。黑旗军阵斩李维业，完全是李维业自己的罪过，是法国侵略者的罪过，那种因李维业被杀在法国引起“复仇”喧嚣，而将责任推到黑旗军身上的论点，既不符合史实，也不近乎情理。即使李维业不死，他们仍然会找到其他出兵的借口，“古丁事件”就是明显的例证。

中法学者尽管在学术上有些问题的看法不完全一致，并不影响热情洋溢的学术交流。大家都希望巴斯蒂夫人再来南宁访问，带来更多法国学者的意见和友谊。

试论黑旗军

一、黑旗军的由来

（一）黑旗军是天地会的余部

追溯黑旗军的由来，必然联系到孕育它成长的天地会。天地会是我国封建社会末叶，三大秘密组织之一，流传甚广，影响也深，于何时传入广西，尚待查考。但19世纪初叶，桂北及桂南各地已有发现。如清嘉庆十五年（1810年）沈惠平、苏义兴在宣化（邕宁）“纠众结拜添弟会，伪称万户侯，劫逼下南地方，尽入匪党，几成大变。”①鸦片战争后，随着阶级矛盾日益加深，各地破产农民纷纷加入天地会，广西各地“山堂林立”。②1847年冬，桂北、桂西以及桂东南各地相继出现天地会起义活动。既打击了清朝统治者，在客观上也给予洪秀全、冯云山所领导的拜上帝会有力的鼓舞和有利的掩护。而后来太平军的迅速发展，又推动天地会活动达到新的高潮，从攻击和占领平乐、梧州、浔州、太平等数十座重要城市发展到建立较固定的政权，如1854年朱洪英在灌阳建立升平天国；1855年陈开、李文茂在浔州建立大成国；1860年吴凌云在新宁州建立延陵国，和太平军南北呼应，使清朝在广西的统治濒于瘫痪，正如靖西83岁的老人黄吟南所说：

太平天国建都南京后，洪秀全、石达开派人回广西号召起义称王。吴凌云建立了延陵国。南宁、柳州一带到处是起义军，广西抚台被围在桂林出不得……广西提督向荣将镇安协左右两营调去打太平军，归顺没有一个兵，地方为‘大胜堂’‘小胜堂’起义军所占据。

清朝在边疆的势力，几乎完全被撤跑了。正是这时，饥寒交迫的刘永福，和其他破产农民一道，被迫留发走险，投在吴陵云部下当“长毛”并参加了吴凌云建国封王的有关活动，成为天地会成员。[③]从此转战归顺、太平一带，打过清军及地主武装，也抢劫过老百姓，还参加过性质不明的混战。直到1866年2月间（清同治五年正月间）才又穷极思变，带领二百多人到归顺州（今靖西县）安德圩投奔天地会首领吴亚忠（吴陵云之子）。并在安德北帝庙仿照神像手中的黑旗创制七星黑旗一面，这便是举世闻名的黑旗军的第一面军旗。[④]七星黑旗和以它为标志的七星营，以后在抗法和抗日战争中一直是黑旗军的标志和胜利的象征。

随着太平天国运动的失败，广西各地天地会的起义活动也因遭到清军强力镇压而转入低潮，吴亚忠是坚持斗到最后的一支，归顺一战，虽曾策动清军（新收编的农军）万余人反戈，但终因内乏粮饷外无援兵而难以久持，靖西一带的老人，对当时的情况也提供了很好的口碑材料：

太平天国在南京失败后，吴忠（靖西一带的老人称吴亚忠为吴忠）不能住在靖西，跑到龙临来，……对本地的老人说：“现在我们在外边失败了，想借三台山用”。（靖西龙临张瑞华述）

吴忠退回三台山后，又派兵打百色，百色告急，冯子材赶紧从归顺去救，清军刚收复百色，哪知凭祥又被吴终打下，吴忠就从凭祥退入越南谅山。（靖西黄吟南述）

而刘永福在归顺一战之后，“见清军人马众多，围困如铁之箍桶，势难解围”，而且吴军“人多而粮少，来源已无，不日将有断炊之患”，又怕吴亚忠“送妹或婚，将来追究吴父之案，会因亲波累”，[⑤]于是借找食为名，带领二百多黑旗兄弟离开吴亚忠而逃入越南边境，并在越南六安州建立“中和团黑旗军”，[⑥]是为黑旗军正名之始，时间约在1867年至1868年冬春之间。

广西天地会的起义活动，在时间上大体与太平天国革命相始终，相互间在组织上虽未见明显的统属关系，但对敌斗争的共同利益将他们紧联在一起，如吴凌云就曾自称“奉天国太平王封为延陵国主”。[⑦]故黑旗军的活动也深受太平天国革命浪潮的影响，与太平天国革命的胜败休戚相关，尤其在逃入越南保胜之后，陆续收容着天地会外逃的人员，其中也很有可能包括太平军的成员。但从黑旗军的组织源流来说，是在天地会的活动中成长、壮大，最后也直接从天地会队伍中分枝。确切地说，它是太平天国失败后，为逃避清军的镇压而外逃的天地会余部。

（二）黑旗军成员的成分

关于黑旗军成员的成分和来源，史籍记载甚少，间有记述也多笼统污蔑之词。近年来，广西壮族自治区通志馆曾组织力量到中越边境接近黑旗军活动的地区进行了实地调查，收集了一部分口碑资料，对进一步考察黑旗军成员的成分提供了可贵的线索。

1. 刘永福

刘二原是博白县人，跟他父亲搬来平福对河百甲住，很穷，父母死后连棺材都买不起，后来住在关帝庙，靠砍柴度日，他挑柴到财主家，财主骂他臭汗多，撵他快走，连他坐过的凳子都要用水洗过。（上思平福圩老人叶竹三、张民延、何炳巨、刘义祥等述）

刘二小时，生活很苦，成天上山砍柴，凡能挣钱的苦工他都去做，后来生活实在困难，就和同母异父哥哥李某跑出去当游勇。（博白刘成富、刘汉保述）

《刘永福历史草》对他自己的家庭情况也说：“数世业农，躬耕畎亩”“一贫如洗，四壁萧然”。口碑和文献记载完全一致。

2. 吴凤典

吴凤典原名吴大，壮族，本是上思平旭村人，家穷没有饭吃，偷了人家的鸡，被割去一点耳朵，便迁来上泮村住，仍然住不下，就去投军。（上思上泮村吴文晚、吴贇权述）

吴凤典小时帮人看牛，家很穷，有人说他偷鸡，想吊打他，便跑出去当差。（上思那岭村吴以泰等述）

3. 黄守忠

本地叫他黄二，乳名阿糍，父亲本姓罗，上黄家的门。家里很穷，又做些偷鸡摸狗的事，和村人不睦，土官又要捉他，被迫跑出去当游勇搞世界。（宁明北江黄永廷、廖锦山、思州赵定卿等述）

黄守忠是北江人，从前家里有点田地，生活还过得去，被土官逼迫，逃出去当绿林。（宁明海渊商风熙述）

4. 刘成良

本城一个姓邓的做糕饼卖，生活困难，就把第五个儿子给刘二养。（靖西县城黄松山述）

我有个五叔，八岁就去做刘二的养子，后来在云南做官，供奉两姓神主。（靖西邓玉兴述）

黑旗军基本成员，也大多是卷入天地会起义风暴的破产者和无业游民。1866年刘永福带二百多人到安德投吴亚忠时，大家都“分文全无，到各生意铺求之，得百余文，买米煮粥。”后来这批人离开吴亚忠逃入越南时，也是“日粥一顿，或有或无”。[⑧]到越南后，队伍得到扩大，仍多是两广边界一带农村中被迫出走的“绿林”“游勇”，如梁俊秀、邓晚、农秀业、许元彬、黄二、陈三、陈四、许晚、何亚木等；及天地会外逃人员如黄守忠、吴凤典、邓士昌、叶成林、朱冰清等带来的千余人。后来历年征战，黑旗军伤亡很大，除就地陆续收容关外游勇及清军逃亡士卒外，还专门派人回国到龙州、上思、钦州、博白等地招募新兵，这些地方的老人——有些还是事情的目击者或黑旗军的后裔——提供了确切而珍贵的口碑材料，[⑨]这些材料表明：黑旗军不但从组织源流上说是天地会孕育它成长，最后从天地会分支出来的农民军；同时，从将领到士兵，从入越初期至回国前夕，都是一支由破产农民组成的队伍。虽然在抗法战役中，也有一部分地主阶级及其知识分子参加，如上思平福刘奇谦、刘肇经、刘肇崇、韩丙勋等，曾在军中担任各种文职及钱粮管理等，但是，他们人数不多、职务不重，并没有重大的影响。

（三）开辟保胜根据地的积极作用

1867年间，当清军以优势的兵力进逼靖西时，刘永福率领二百余人脱离吴亚忠逃入越南，先后在坡豆、大岭、苏街、六安州等地活动，并在六安州正式创建中和团黑旗军，最初还带有地方团队的性质，后来在击败白苗王盘文义的历次战役中，队伍得到锻炼和扩大，在六安州获得了一个比较固定的落脚点。不久又击败土霸何均昌而拥有保胜，再败黄崇英而扩张到河阳十州一带，形成了一个纵横数百里的独立局面。从斗争的策略来说，当时全国的革命形势已由太平天国的失败而转入低潮，广西各地起义军先后被清军击败，清军以庞大的兵力，分三路指向靖西，偏守靖西一隅，很难与清军抗衡，暂时抛开强敌，转移到敌人统治薄弱的中越边境以保存力量，实属无奈。无论刘永福和黑旗军当时的思想动机怎样，主观上不一定有这种辩证的战略思想，更不会预知历史的发展会赋予他们抗法的任务。但从客观效果来考查，这一措施起了很好的积极作用：

1．保存革命力量

保胜、六安州和十州一带，都是靠近我国边界的越南属地，这里早为地方封建势力及临时突起的农军所据，越南阮氏王朝鞭长莫及，清朝疆吏也知难而退，再加政治上和地理上的有利因素，黑旗军钻空子在这里获得休整和发展的机会，广泛地收容了先后外逃的天地会成员，发展到二千余人，正是这些在国内无法容身纷纷投奔保胜的破产者，以后成为抗击法国侵略者的核心力量。因而开辟保胜，在客观上也就保存了革命力量，为日后抗法创造了有利的条件。

2. 有利于生产

保胜、六安州一带，过去是封建势力横行无阻，无业游民弱肉强食、相互倾轧的山区，征战频繁，社会秩序混乱、生产停滞、人民困苦有增无已。黑旗军到保胜后，先后击败和遏止了盘文义及何均昌的骚扰和压榨，稳定了社会秩序，减少了骚扰和掠夺，相对的减轻了人民的负担和战乱的痛苦。再加上黑旗军采取保护商旅、屯兵垦荒的积极措施，[10]有利于农业生产和商品交流，也还可能介绍一些内地地生产技术。所以，黑旗军对保胜、六安州一带的生产发展，起了积极作用。

3. 有利于抗法

黑旗军在保胜，不但大批收纳国内外逃的破产者和无业游民，会合了早年流落边境的农军力量如邓志雄、梁俊秀、许元彬等，还击败了何均昌和阴通法国侵略者的黄崇英（盘输四）而收编了黄的得力部将邓士昌、叶成林等数百人，统一了内部力量，壮大了自己，从更长远一点来看，也是消除了抗法的阻碍和后顾，为以后的抗法斗争作了组织上的准备。

在这里需要进一步探讨黑旗军与黄旗军（即黄崇英部）火并的是非问题以及黄崇英与法国侵略者的关系。

黄旗军与黑旗军的冲突始于1869年到1870年间，而黄崇英的弱肉强食，首发战端，不念同为农民军兄弟之情，屡欲置刘永福与黑旗军于死地，是这场火并的主要负责者。接着，他为了本身的利益，竟不惜抛弃祖国的安全而引狼入室，与法国侵略者暗中勾结。不管他主观愿望如何，在客观效果上，他已沦为法国侵略者的爪牙和帮凶。从下面的记述，已可看出黄崇英与法国侵略者的关系和恶劣的影响。

1872年法国侵略者的先锋堵布益纠集一批中外流氓，武装通过红河运武器接济马如龙的时候，黄崇英就和这个“军火商人”挂上了钩，并答应支持堵布益，这个“支持”果然大大支持了堵布益的打通红河的野心，而且成为他向法国统治者牵线的资本。从而加速了法国侵略者将魔掌伸向我国云南的行动。1872年4月法国海军殖民部长播多写给交趾支那总督的信就充分表明了他对堵布益的信任，而其中有一点正是黄崇英表示支持堵布益的影响。原信是这样说的：

堵布益先生是经人特别推荐给我的，有了云南省中国当局的协助，并各土族首领的支持，（该土族占住中华帝国及安南王国间的领土）他打算开辟一条汽船可以航行的通路，使东京湾与富饶的云南省联络交通，……顾到此计划的成就关系重要，我请你予以一切的协助……。[11]

其中所指的土族首领就是黄崇英，因为这时（1872年）正是黄崇英控制中越边境的红河上游。清朝云贵总督刘长佑写给两广总督的信上曾这样说："黄崇英阴通法人，独据红河上游之利"。[12]在奏稿中又说：

越南各匪宜亟剿者，莫如黄崇英一股，即上年在河阳与法人涂普义（按即为堵布益）交通现在分扰西北之匪徒也。[13]

堵布益通过红河后回到河内时，越南王朝驸马黄佐炎和钦差大臣黎峻给他的复信上也曾这样明确地说：

叛党首领黄崇英已久居东京，我对他实行攻击，而未能取得胜利，广西的军队（按：指冯子材1872年入越攻黄崇英）来协助我们，亦不能奏效。但你们刚到他占据的领土，就使他明白了道理，他听从你对他所说的话并向你低头……比以武力服人强得多了。[14]

你关于黄崇英叛党久居东京北部事的来信，我已接到……你能使这些叛党听从你的话，威赫他们，使他们低首服从……。[15]

再从黄崇英在军事行动与法国侵略者相互配合，南北呼应的关系上也证明他实际上成了法国侵略者的帮凶和爪牙。

1873年，法国侵略者藉口调查堵布益在河内的纠纷而派遣安邺率舰队攻陷河内、海阳、南定，企图进一步用武力打通红河进窥云南的时候，黄崇英立即在北部发动进攻，占据山西、太原等二百多州县，和法军南北呼应，甚至阻止黑旗军南下抗法，黑旗军不得不“率队裹粮，蓦越宣光大岭，绕驰河内”。在唐景崧的《请缨日记》和《刘永福历史草》二书中都有记述并给予谴责。另外，清政府对此，也有所感觉而随时戒备：

据报法国带兵攻破越南河内省城，官多被掳，兵有伤亡，并有黄逆崇英与陈四、黎大各匪，乘机攻袭太原、山西，……深恐该逆假冒外国名色，或勾结为患，必至又启衅端，……现越南夷官，踵营求救，自应相机防剿，以顾外藩。著瑞麟、张兆栋迅即拨兵数千名，由钦州径出关外，约会援剿……粤军于边关内外，堵剿越南各匪，与法兵绝不相涉，著总理各国事务衙门，即行照会法国使臣⑯。

后来，黑旗军斩安邺后，与越军联合回师攻黄崇英，并取得进展，清政府见“黄崇英股匪，屡为刘永福所败，复为滇省开化练勇所截，机会大有可乘”，于是刘长佑赶至南宁，面授机宜，派赵沃率军入越夹击，直取河阳。“越南逆匪黄崇英，闻有粤军进剿之信，派人赴河内乞援，法人初许发兵，后复中止，彼方居心叵测，亟宜严密防维。”⑰真的如清政府所料，法国驻西贡总督游悲黎（Dwpr'e），见黄崇英四面受敌，又不便直接出兵相助，就连忙写信威胁清政府，企图帮黄崇英解围，“法已与越南订定和约，议将各匪剿逐……现法国派兵攻剿各匪，绕道西北，进至高谅之境，恐法军及越南兵会剿到此，与粤军互相生衅，故请调回关内，以全和好。”⑱由于清政府事先已有准备，才没有上当。

而当清军攻入河阳时，又先后在黄崇英部将陈亚水处及河阳大本营发现法国人摩罗多等数人，这些法国人是潜在该处代办军火，藉通声援的。[19]

从这些线索看来，黄崇英为了局部利益，置国家民族的安全于不顾，向法国侵略者求助军火，进而沦为它们的帮凶和爪牙是可以肯定的。

二、黑旗军的功绩和影响

（一）黑旗军是中越两国人民反帝的先锋队

1872年，法国侵略者基本完成了对越南南部的占领，企图北进打通红河，窥视我国云南。黑旗军基于农民的朴素爱国思想，采取了与中越两国统治者甚至其他农军迥然不同的态度，他们孤军突起，坚决抗击法国侵略军。1873年12月21日河内一战，黑旗军由于得到越南人民的广泛支援，痛歼顽敌，迫使他们暂时放弃了北进计划。正当英美等资本主义强盗的势力已深入内地，祖国的南疆又遭到新的威胁，法国殖民者魔影行将笼罩整个越南的严重时刻，反对法国殖民者已成为中越两国人民刻不容缓的共同任务，黑旗军毫不迟疑地奔赴河内，和越南人民一道站在斗争的最前列，并以自己的实际行动，给狂妄的法国暴徒以当头棒喝，在抗法斗争中打响了第一炮，这就大大地鼓舞了中越两国人民的斗志。接着，又团结各种力量，一致对外，形成了实际上以黑旗军为核心的抗法阵线。因此，应该着重指出，黑旗军不但走在中越两国统治者的前面，走在中越边境所有农民军的前面而成为我国西南部农民战争向民族战争转化的先锋，成为当时唯一能反映中越两国人民抗法意志的劲旅，在更加长远的意义说，他们也是中越两国人民反帝斗争的先锋，19世纪末叶涌现在中越两国人民之间澎湃汹涌的抗法斗争是和黑旗军的影响密切联系着而相辅相成的。

（二）黑旗军的巨大功绩

1873年12月21日（同治十二年十一月初二）河内西门外一战，安邺那最富于幻想和冒险的头颅就作了黑旗军的见面礼。这一战，黑旗将士不但以十分骁勇的英雄气概战胜了拥有先进枪炮的敌人，阵斩和击伤法军主将安邺以下百数十人，最主要是及时而准确地歼灭了侵略者的急先锋——“伟大的法兰西东方帝国”（包括越南和中国西南部）的倡导者——安邺及其同伙，及时粉碎了这个狂妄计划，并迫使他们退出河内，“不敢遽吞越南者，将逾一纪”，这是黑旗军踏上抗法征途的第一个具有深远影响的巨大功绩。

1882年4月，法国远征军凭藉战舰和大炮的优势，又向北部水陆并进，河内总督黄耀兵败殉节，阮氏王朝军队望风逃避，河内、南定等重要城市相继失陷；清廷也慑于日、俄威胁，观望不前，虽派有大军入越扼守，但又诿词“出关剿匪”，严禁“衅自我开”，虽有重兵也形同虚设。当此大敌当前，又是黑旗军体现了中越两国人民抗法的愿望，飞奔前线，独抗顽敌。1883年5月19日，河内附近纸桥一战，使野心勃勃、一心要驱逐黑旗军打通红河的远征军司令李维业（即李威利）、副司令韦医以下数十名巴黎兵痞送了命，余下的也溃不成军，龟缩河内，不但红河没有打通，甚至不敢再出河内一步。又一次粉碎了法国侵略者北吞全越的计划，在军事上也给侵略者以沉重的打击。8月，黑旗健儿，又冒着敌人决堤水淹的危险，在怀德用竹筏和土枪战胜了法军的兵舰和大炮；9月，再战法军于丹凤，虽然水陆受敌，伤亡很重，也不稍退，血战三日，终于战胜了绝对优势的敌人；12月，孤军坚守山西，抗击着经过充分准备、拥有大量战斗装备的三千敌人，尽管清军坐视不救，也竭尽全力来守卫这个战略重镇，坚守了七天七夜。自后，黑旗军又驰骋于越南北部的东西战场，时而到山西作滇军护卫，时而奔北宁为桂军前敌，时而在左育阻击援军，处处与法军针锋相对，时时站在斗争前沿，使急于北进的敌人一筹莫展。纵观1872—1885年共14年间，法国侵略者总共在越南北部发动了四次规模较大的军事进攻，除其中在东线由于清军腐败无能而一度有所进展外，其余三次都是与黑旗军针锋相对，而其中两次又是以全军溃败、主将毙命而结束的，另一次，敌人虽然动员了大量的兵力，结果也还是损兵折将，迫得派专使回巴黎求援。所以，黑旗军的抗法斗争为保卫越南，捍卫祖国边疆作出了巨大的贡献，建立了辉煌的功勋，在中越两国人民反抗法国侵略者的斗争史上写下了光辉灿烂的一页。如果说，1841年广东三元里人民反抗英法联军的斗争，揭开了中国人民波澜壮阔的反对外国侵略者的斗争第一页的活，那么，黑旗军英雄们的抗法斗争是我国人民反对外国侵略者斗争史上又一次用自己的铁拳震撼法国朝野和轰动中外的巨大胜利，为中越两国人民，一吐几十年来横遭欺凌的怒气。所以，黑旗军的英勇事迹，不但人民群众有口皆碑，乡里遍传，连清廷两广总督张之洞也称赞刘永福和黑旗军“为数千年中华吐气”。兵部尚书彭玉麟也感动得忘记了自己的身份向他的主子推崇黑旗军的功绩：

刘永福本粤西细民，窜身交趾，及越法衅启，逐能纠众措拒，相持数年，大小数十战，屡挫凶锋，馘其枭帅，为越南之保障，固中华的藩篱，其功亦云伟矣！后虽兵势稍弱，退守保胜，然其声威，犹震于东西诸国……[20]

（三）黑旗军的深远影响

由于黑旗军在中越两国人民的支援下，正确而英勇地执行了保卫越南、保卫祖国的历史使命，是当时中越两国人民反抗法国侵略者的共同意志的体现者，再加上他们继承了中国农民军勇敢善战的传统，因此，产生了深远而多方面的影响。

首先是黑旗军在保卫祖国的正义事业中所表现出坚强不屈的精神和以“穷兵而制强敌”的巨大功勋，给中越两国人民树立了光辉的榜样，他们用无可争辩的事实揭示了一条真理——当时是号召人民起来斗争的号角——法国侵略者是可以战胜的。这就大大地鼓舞了中越两国人民的斗志，黑旗军抗法的英勇事迹，就是将近一个世纪后的今天，我国西南边境及越南北部的民间，还广泛流传“番鬼怕黑旗，火车怕红旗”的豪语，和津津有味地讲述“刘二打番鬼，死人会翻生”等充满了英雄气概的故事。的确，在人民群众的心目中，黑旗军是19世纪中国人民反抗法国侵略者的一面永不褪色的红旗。

其次，黑旗军的历次胜利对中越两国统治者及其军队也产生了相当重要的影响。

清朝统治者内部，本来就派系林立，在法国侵略者的压力下，当时大致分为主战派和投降派，两派争论的焦点是对法战争的胜败问题。以李鸿章淮系军阀为首的投降派在大多数场合多占上风，致迫使清廷在越南问题上不敢采取较强硬的措施，而黑旗军抗法的巨大胜利，正及时而有力地支持了主战派，他们以实际行动提供了可以战胜法国侵略者的事例，从而压制了投降派的气焰，促使清廷转向主战，虽然仍然是“表战里和”，但毕竟有利于抗法斗争，也有利人民。如当时清廷的两广总督曾国荃就曾这样评价黑旗军的影响和功绩：

若刘永福再相机多方挫之，以夺其气，使彼不敢妄逞，更为越南之福。且令十八省军官闻知，势均力敌，彼可胜我，我亦可胜彼，沿海各口之神愈定，必有继永福而起之人，中华之强更有几分把握矣。”[21]

主战派浙江道监察御史丁振铎也用黑旗军的胜利来激励清廷备战，他说：

……以法夷情势而论，彼与永福相角已阅十年，屡折渠酋，频歼丑类，智穷力索，伎俩不过如斯，而我铁甲炮船、海防机器、岁费以千余万计；若竟不能御敌，又何必以无限之财，空掷之洪涛巨浪，曾是中华全力，乃永福之不如乎？亦太自馁矣！[22]

清廷之敢于对法宣战，固然是出于被迫和慑于人民群众的压力，而黑旗军在越南的军事胜利也是其中一个较为重要的影响。另外，黑旗军的英勇事迹还成为清军鼓励士气的教材，如广西巡抚徐延旭，就曾令提督黄桂兰，将刘永福约法战书“宣布各营，以壮士气”。桂军、滇军都曾在战场上伪造黑旗军旗服，用来壮自己的胆和吓唬敌人，并处处倚黑旗军为屏障，靠黑旗军作前敌，滇军敢于进驻山西、兴化和进攻宣光，都曾依仗黑旗军的军威和护卫。后来黑旗军在左育阻击战稍一后撤，滇军也就逃之夭夭，宣光之围立解。

黑旗军在英勇的越南人民的支援和鼓舞下，对越南阮氏王朝一部分不甘心归服法军的人士也产生了不同程度的影响，促使他们不完全跟随阮氏王朝投入法国侵略者的怀抱，有的甚至共同走上了抗法的正确道路，如黄佐炎、张登憻、阮善述都曾与黑旗军一同抗法，黄佐炎甚至曾勇敢地表示愿意率部带领黑旗军绕道突袭西贡，把战线向南推移，以解除法国对北圻的威胁，可惜因清军畏缩不前，不敢正面堵住北圻敌人，黑旗军因而不能放弃北圻防务而中止。

另外，对残暴成性、狂妄自大的法国侵略军也因受到沉重的打击而产生深刻的影响，使他们斗志大减，甚至闻风而逃。过去把黑旗军当作不堪一击的“土匪”的法军在纸桥战后就无可奈何地说：“黑旗军很勇敢，由一位有精力的领袖刘永福指挥”，“即素有训练的欧洲军亦不能做得更好的迂回包抄作战运动”，承认纸桥之战“是一个失败，使我们丧失体面，使我们无力保卫河内”，[23]甚至自我解嘲地说：“这些不幸的事件是被认为如此严重，以致必须法国派遣援军，恢复法军威信”。[24]后来，援军虽来了不少，但威信却未恢复。怀德、丹凤战后，士气更加消沉。进攻北宁时，溃退的清军故意用黑旗摇晃几下，法军一见黑旗，果然胆战心惊，立即传令后退，后来探听清楚不是黑旗军，才敢继续前进。法军之畏惧黑旗军，真是“谈虎色变”。

三、黑旗军的性质和局限性

（一）黑旗军的性质

关于黑旗军的性质问题，过去的封建统治阶级、资产阶级及其学者，都曾极力加以歪曲和丑化。清朝统治者和法国侵略者都曾污蔑黑旗军是一群杀人放火的土匪。直到现在，史学界对这个问题也还有不同的看法。有的同志认为黑旗军入越后，基本上停止或放弃了反清的斗争，在越18年，除抗法外，可以说黑旗军一直在统治者支持和配合下陷入农民军自相残杀的泥坑，是否还是一支反封建的农民军呢？值得考虑；有些同志认为黑旗军入越后，据地自雄，接受越南统治阶级的封官赐爵，已变质为越南阮氏王朝的一部分；有的同志说，黑旗军抗法时已接受清廷的接济，最后，又受命同清军一道回国，应该放到清军的范围来考查；有些同志认为黑旗军不同于我国历史上具有强烈反封建性质的农民起义军，而只不过是一群追求本身生存的流氓，并没有明确的反封建目标；也有些同志认为黑旗军逃入越南后，仍然是一支独立的农民军，我是最后一种意见的赞成者。

1. 黑旗军入越后，暂时停止了反清的军事行动并带有逃跑主义情绪是事实，但不能因此就引申出蜕变的结论。阶级斗争是曲折和复杂的，不一定要求在任何时候都必须坚持面对面的军事行动。黑旗军入越时不过二百多人，到1878年踏上抗法的民族战争征途时也不过千多人，在悬身国外的情况下，以这一小支力量对清军发动进攻，是很难有什么进展的，吴亚忠的失败，不能不给黑旗军以警示。而且黑旗军一踏入越境，就被迫应付盘文义、何均昌、黄崇英等相互吞并的挑战。立足未定，又被迫南下堵击法军，肩负了民族战争重任。还应该指出的是，黑旗军逃入越南这件事的本身就意味着对清朝的对抗，也是斗争的继续。而黑旗军毕竟是19世纪中叶的农民队伍，不可能设想他们能像无产阶级革命战士那样，在任何时候都能保持鲜明的奋斗目标和旺盛的斗争意志。当革命遭到失败，革命斗争转入低潮时期，外逃、隐蔽，甚至斗志消沉是没有先进阶级领导下的农民军难以超越的历史局限性，而这些正是他们的特点。

2. 对待19世纪中叶，中越边境一带的农民军自相残杀以致使统治阶级有机可乘的问题，也要用历史观点来具体分析，农民军的自相残杀的根本原因是统治阶级的迫害、挑拨和农民自私、狭隘、涣散在运动低潮时期丧失斗争方向的阶级弱点的反映，而当时、当地的条件是非常复杂的，黑旗军入越后与越南统治者发生了若即若离的暧昧关系，和兄弟部队却拔刀相向应该肯定有错误的一面，但总的来说，在这个问题上，黑旗军有时是被迫应战，有时又是为统一内部一致对外，多半站在正确而积极的一方面。决不能把他们与统治者的鹰犬相提并论，因而也不能说是蜕化变质。

3. 黑旗军正当国内农民运动转入低潮，封建政权又暂时得到喘息的机会，殖民主义入侵接踵而至，封建统治者不惶应付的动乱局势中逃避越境。时代背景和政治关系都并常复杂。这里虽然是中越统治者鞭长莫及的地区，有一定的缓冲余地，但这一带又是外逃农军的集中地，中越统治者毕竟念念不忘，除了严密封锁之外还不时进行“追剿”；而农军之间，为了生存和队伍重组而相互倾轧吞并。因而敌我交错，相互关系变化无常。所以，在分析黑旗军与统治者的关系和评论黑旗军的性质及地位时，必须在混乱的局面中抓住主要的、本质的一面，结合当时的历史条件，全面地分析它的发生、发展过程，以及它对当时所起的客观作用等，来综合考查，不能为短暂的、个别的或只具形式的各种表面现象所迷惑。

1867年，黑旗军逃入越南边境时，由于人少势弱，曾利用梁俊秀（越王封为千户）邓志雄（越王封为百户）的关系作掩护，以免引起越南统治者的注意。第二年，利用反击盘文义的机会，在取得当地群众的拥戴的同时，顺水推舟和越南统治者拉上关系，刘永福因此得了所谓“七品千户”的封赏，在六安州获得一个半合法的立足点。在黑旗军来说，是暂时和缓一下三面受敌的紧张局势。在越南王朝来说即可免除盘文义的割据和威胁，也企图进而笼络黑旗军为他所用。1870年5月间，黑旗军在反击第三个对手黄崇英时，刘永福接受了清将冯子材赠送的“五品蓝翎功牌”，抗法初期云南巡抚唐炯又送给“四品游击衔”，接着越南王朝又封为三宣副提督、三宣提督，清朝也封为“记名提督”。另外，每当战争紧张或者黑旗军打了胜仗之际，中越两国统治者均曾接济不多的粮饷和弹药，甚至专派能说会道的唐景崧在越笼络刘永福，等等，这一连串的复杂关系，似乎很难捉摸黑旗军当时的政治动向和地位。其实，万变不离其宗，其中有一条是最根本也是最主要的，那就是黑旗军入越初期为了反击各种势力的吞并，躲开敌人的视线和追击，曾经利用统治者的弱点，发生了一些不痛不痒的关系。抗法时期，为了一致对外，共御强敌，也曾与中越统治者联合，但黑旗军始终保持独立的地位。姑不说“五品功牌”“四品游击”是“疆吏羁縻而权宜给之，未见明文，近于苟且”。[25]即以后的“记名提督”，和接济军械粮饷，也是“骗狼斗虎，一举兼得”，[26]实际上，他们的真心是唯恐“刘永福果于胜法，又必骄悍难制，僭据越南，窃生不臣之心，各省亦须设防。”[27]所以，当黑旗军正在前线和法军喋血大战的时候，岑毓英就“调派开化镇总兵蔡柱，记名提督丁槐、马柱、覃修纲等调集重兵，分扎各路要口，严加防堵，无论刘团法人，均不准窜入滇境”，[28]准备置黑旗军于绝境。东线桂军的态度也是如此，不但将清廷用以笼络黑旗军的赏金、军械层层克扣，或故意刁难，当黑旗军坚守山西，独抗顽敌、弹尽粮绝、再三求援的时候，他们竟坐视不救，反而无耻地说：“我军为保边圉，非为刘团”。[29]在此情况下，黑旗军对之当然也是若即若离，如果说黑旗军早就成为清军的一部分，在组织上，它从来不属清军，各方面都仍然保持独立的地位。从事实上看，他们只是在抗法问题上,因利害攸关曾一度相互利用，何尝有半点同胞之义而为一朝之臣。

至于黑旗军与越南阮氏王朝的关系，曾亲入越南“激励刘团”的唐景崧的看法，在这一点上，颇近事实："该国授以副提督职，不就，仍据保胜，收税养兵。所部二千人，不臣不畔，越急则用之，缓则置之，而刘永福亦不甚帖然受命。"[30]尤其是1883年阮氏王朝进一步向法国投降后，黑旗军并未放弃抗法斗争，而此时"越即不以为将，又与法同仇"。如果说黑旗军是阮氏王朝的部属，不但在组织上，不近事实，而一个坚决抗法，一个屈辱投降，各行其是，也很难相提并论。

总之，黑旗军只是在剪除黄崇英和抗击法国侵略者的斗争中曾与中越两国统治者联合，发生了较为频繁的联系，但始终保持着独立的地位，没有改变他们原来的英雄本色——农民起义军，直到中法战争结束，黑旗军被迫离越回国，才正式改变了这个地位。

但是，也必须明确，黑旗军是在中国的无产阶级还没有登上政治舞台的19世纪中叶外逃的农民军，由于人民群众的支持，他们勇敢地踏上了民族战争的征途，并取得了巨大的胜利，如果因此就说他们具有标志中越两国人民战斗同盟的国际主义精神，无疑是张冠李戴而把黑旗军现代化了，不应该也不能够把黑旗军的抗法和无产阶级国际主义战士的共同反帝斗争摆在同等的地位和提出同样的要求。

（二）黑旗军的纪律和局限性

黑旗军的纪律，从文献记载和广西通志馆同志在中越边境的调查材料表明，一般是好的。

黑旗军来保胜，开了大街，市面也闹热起来，刘永福主张公道，告诉士兵买东西一定要给钱……大家公平交易，不敢强横。那时过往的货物很多，没有栈库，货物都是露天堆放，没有人敢偷一件，地方很平静。

刘永福对待兄弟很宽厚，不分彼此，但他平生最恨男女私通，他认真约束兄弟，不准勾三搭四，不准和本街妇女说话，……强奸妇女就杀头，（云南河口李文初述）

当时地方很安静，大家都感激刘永福，很听他的话，凡是召集开

会或要帮黑旗军做事情，老百姓个个都高兴去。（云南河口黄炳南述）

正因为这样，黑旗军才得到群众的支持而击败了盘文义、何均昌以及兵力雄厚的黄崇英，在六安州、保胜一带创建一个较为稳定和繁荣的局面。就是两次远征河内和历次战役，也是因为得到群众的大力支援才能取得胜利。直到黑旗军被迫离越回国时，保胜一带的群众还再三挽留，扶老携幼，依依送别。可见黑旗军与越南群众的关系基本上是好的。

1. 法国侵略者的挑拨离间。法国侵略者在军事进攻之前，早就利用宗教进行欺骗拉拢，他们恶毒地驱使教徒来进攻黑旗军和其他抗法队伍。时常使黑旗军的军事行动受到牵制，有时不得不被迫与这些受法军指使的教徒进行战斗，而在战斗中有时凭个人感情从事，良莠不分，盲目地扩大镇压面。如：

岑帅派永福十二营赴北宁助守，路经永祥府及金英县一带，教民尽截路，抗不使过，刘军杀开血路，于三月初六抵北宁。[31]

四月十六日，有法人带教匪数百人侵犯莱州夏板寨地方，经派防勇击退，杀教匪十数名，获法人首级一颗。[32]

黄守忠以前者山西之失，因为越人进教者背君父而通寇仇，甘为内应。北宁之失，亦为越人临阵反戈以通法人，三次兴化伏兵困法人，又为彼辈通漏消息，以致大功小就。黄守忠怀恨在心者盖已久矣，但屡为刘永福所诫……

2. 黑旗军补给困难、处境维艰。抗法时期，黑旗军受越、滇、桂三面制约，而实际上是三不管，军需粮饷无着，处境非常困难。早在保胜时是“听其自行收税养勇防守，可免发饷”，但在战争频繁，远离保胜的年代里，再靠保胜补给军需是不可能的，而阮氏王朝直接与黑旗军联系的黄佐炎，自顾不暇，间或有所接济也是杯水车薪，远赶不上战争的实际需要。清朝方面对黑旗军的接济又是有名无实，甚至别有用心，即使有所赏赐，也层层克扣，多方刁难，远水难救近火。如丹凤大捷之后，清朝说刘永福矢志忠勇、奋勇可嘉，赏银十万以助兵饷。先令广西藩库提给，而徐延旭不肯遽付。[34]岑毓英上奏说刘团三千人，素无专饷，每月由滇军给三千两，不敷开支，请将浙江协饷三万三千两拨为刘军专饷，结果也只是“户部知道”而没有下文。在敌我对峙，战斗激烈的关头，没有固定的补给机构和来源，那是很难设想的，所以除“饷乏弹缺”之外，还有“部下食粥”[35]的困境，这也许是在战场上曾经发生过的强抢民间粮食财物的另一原因。

3. 抗法后期，黑旗军成员庞杂。1883年纸桥战后，又屡经大战，黑旗军伤亡很大，作了很大的扩充，士兵来源复杂，国内一些失意的地主阶级及其知识分子和清军的逃亡者先后加入了黑旗军，桂军、滇军也曾改头换面，冒充黑旗军，这也是使黑旗军的某些部分纪律败坏的原因之一。

指出这些原因，也只是希望为进一步研究黑旗军的纪律问题提供一些线索，绝不是说有了这些原因，黑旗军就可以侵犯越南人民的利益。我们在肯定黑旗军的功勋的同时，也要批判以任何方式侵犯越南人民利益及伤害越南人民感情的错误行为。

四、黑旗军被迫回国

（一）黑旗军是清廷屈服于帝国主义压力的牺牲品

1885年3月底，镇南关（现改为睦南关）前线的清军在人民群众的支援和冯子材将军的坚强领导下，在关前隘痛歼法军，取得了闻名中外的镇南关大捷，乘胜攻克文渊、谅山等地，法军首领尼格里重伤，部下溃不成军，狼狈南逃，西线的黑旗军也在越南人民的支援和滇军的配合下在临洮等地大败法军。3月29日，法军全线溃败的消息传到巴黎时，立即激怒了法国资产阶级激进派和巴黎市民，他们一致声讨内阁总理茹费理——正是镇压伟大的巴黎公社的那个最卑鄙最无耻的刽子手，也是“征服中华帝国”的倡导者和组织者，他曾命令他的部下，要像对待阿刺伯人那样处置中国人——接着在3月31日唾弃了这个战争贩子。但是，就在茹费理内阁垮台的第四天，清廷一本投降初衷，迫不及待地用英国人金登干为专员在巴黎代表清政府签订了中法停战草约，我国人民用血肉换来的胜利就这样被断送了。为了掩饰他们投降的罪恶，压制人民的反抗情绪，他们还制造了可耻的投降理论：

桂甫复谅，法即据澎，冯、王若不乘胜即收，不唯全局败坏，恐孤军深入，战事益无把握，纵再有进步，越地终非我有，而全台隶我版图，一失难复……幸而获胜，尚觉得不偿失，一有蹉跌，更失国体。[36]

并下严旨勒令退兵。中国人民汹涌澎湃的抗法斗争因而被抑制了，数万斗志昂扬乘胜追敌的战士被迫回撤，黑旗军也是含恨后撤的一部分。但是，由于黑旗军是抗法的核心力量和先锋队，与法国侵略者有不共戴天之仇，早年又是清朝的“叛逆”，而消灭黑旗军，是清朝统治者的阶级本性和根本政策。过去既然是“驱狼斗虎”，现在就必然要“联虎除狼”。所以，停战协定一签字，黑旗军的安置问题，立即成为清朝统治者和法国侵略者共同关心的问题，他们毫不犹豫地联合起来共同对付黑旗军，而黑旗军也成了清朝统治者投降政策的牺牲品。

停战后，法国侵略者故意摆出姿态，加深清廷与黑旗军的矛盾，借清廷之手来消灭黑旗军。所以，公开宣称以黑旗军退出红河为澎湖撤兵的条件。而清廷也乐得顺水推舟，公开利用法军的压力来逼迫刘永福和黑旗军回国，以便“散其众而安其心”。起先还装出无可奈何地伪善面孔说什么“贵提督一日未抵云境，则法船一日尚据台洋”“关系大局，实非浅鲜”，接着又以封赐引诱，什么“依博德恩巴图鲁”“三代一品封典”“五品、八品功牌”等源源而来，另外还用感情拉拢，函电手札、促归委员络绎不绝。最后竟原形毕露，用极无耻的手段威胁，“刘若不来，必有罪其违抗而发兵讨刘之事矣”[37]，仅有农民意识和朴素爱国思想的刘永福及黑旗军，无力应付这种复杂阴险的环境，终于落入清廷的圈套，放弃了独立的农军地位和反封的任务，被迫回国，使这支在国外坚持了近廿年，久经战斗的农民军，也是坚强的反帝力量濒于瓦解。

1. 停战后，敌我局势起了巨大的变化。

在抗法斗争中，因为黑旗军站在斗争的最前线，除了得到中越两国人民的支援外，也迫使清廷和越南阮氏王朝给予（哪怕是很少的）援助，尽管清廷是“驱狼斗虎”，阮氏王朝是“迫在眉急”，毕竟形成了对黑旗军也是对抗法斗争极为有利的“统一战线”局面。但是停战后，阮氏王朝已完全屈服而为法国侵略者的附庸，清廷也因与敌人媾和而反过来气势汹汹地逼黑旗军放弃抗法斗争。敌我力量起了巨大的变化，如果黑旗军坚持留越抗法，显然会三面受敌。在刘永福和黑旗军看来，他们很难甚至不可能同时抵御这三种力量，而过去偏安保胜一隅的局面也难保持。这是刘永福及黑旗军当时面临的最突出的问题，他们在国内外敌人的压力下，看不见人民的力量，找不到其他出路。屈服于国内外统治者的压力，是黑旗军回国的主要原因。

2. 内部分化、实力大减。

唐景崧入越助刘抗法，有积极的一面。但此人野心勃勃，狂妄自大，自从刘永福拒绝他的“取而代之”的所谓上策之后，就对刘不满，想暗中另扶一人来与刘永福抗衡，以便从中举足轻重。因此，他一直在挑拨黄守忠与刘永福的关系。左育战后，黄守忠弃刘附唐，是他多年挑拨的结果，使刘永福失去一员大将和大批骨干。另外，刘永福与叶成林的关系也貌合神离各行其是，加上左育之战，元气大伤，虽派人回国招募，又因清廷层层钳制，未能成军，黑旗军实力因而大减，这也是刘永福不敢独撑危局的原因之一。

3. 对祖国的思念，对清廷存在幻想。

停战后，清廷以国家安全的大帽子扣在黑旗军的头上，并用各种手段引诱刘永福回国。刘永福因久居国外，对祖国、对家乡有着强烈的感情，对清廷还存在一些不切实际的幻想，认为回国守边也还是爱祖国的光荣事业，也还可以继续反对外国侵略者。因此，回国守边，就成为他们面前似是而非，阻力较小，甚至也符合某些个人欲望的出路。

（二）黑旗军回国有一定的历史渊源和局限性

抗法前期，黑旗军由于勇敢地站在斗争的最前线坚决打击敌人，成为抗法的核心和先锋，对各方面都起了深刻的影响，迫使清朝统治者改变态度来支援黑旗军抗法，这两个敌对的阶级，不得不暂时联合起来，共同对敌，这是黑旗军无法逃避的历史任务，而这种联合也是符合当时的历史条件而有积极意义的。随着历史的发展迫使清廷也正式卷入了这场轰轰烈烈的民族战争，并赋予它在这场战争中的领导地位。历史的进程限制了黑旗军不可能单独负起抗法的重任，也不可能在有清军正式参加的抗法联合阵线中掌握领导权而不得不接受清廷的领导，这是一个难以抗拒的转变。所以，停战后，黑旗军被迫回国，除上面所述的原因以外，也有它特殊的历史背景和一定的历史渊源。如果把这些非常重要的条件抛在一边，只指责刘永福贪图个人名利放弃了农民军的独立地位，而为清朝统治者的一员是不确切的。有些同志这样设想，如果黑旗军坚持在越南，与越南人民一道抗法到底，不受清廷摆布，甚至继续高举反清的大旗，岂不更好。显然，如果能够这样，肯定是比回国正确得多。但是，我们不要忘记，历史已经为那些农民起义的英雄们，安排了一条不随他们的意志为转移的失败道路，“由于当时还没有新的生产力和新的生产关系，没有新的阶级力量，没有先进的政党，因而这种农民起义和农民战争得不到如同现在所有的无产阶级和共产党的正确领导，这样，就使当时的农民革命总是陷于失败，总是在革命中和革命后被地主和贵族利用了去。”[38]因而黑旗军也不能超越这个历史局限，使他们的胜利果实必然要落在清朝统治者手里。也就是说，这一轰轰烈烈的斗争必然要为清朝统治者所葬送而以各种形式的失败而终结。以后曾留越参加抗法的叶成林、巴头梁（他的本名可能叫梁三奇或梁正礼）、魏名高的结局等都证明了这点。因此，恰如其分的指出它的错误，从而吸取历史教训是必要的，但是过高对黑旗军提出要求，必然和过分苛责他一样会脱离当时的历史条件而不切合实际。

（三）黑旗军回国守边也是爱国行为

1885年8月底，刘永福在国内外反动势力的威逼下，率领了三千黑旗军及二千余家属回国，完全投靠了清政府，从此就失去了农民军的独立地位，完全放弃了反封建的任务，这当然是个遗憾，这主要是由于随着民族矛盾的加深，反清、反封建已不是国内矛盾的主要方面。看看当时资本主义列强如何不择手段的、迫不及待地蚕食中国的“藩属”及深入内地的情况就不难明了中国正处在外患日急、“藩篱”尽撤、行将沦为半殖民地的危险关头。如1885年3月，当中法战争水陆两路战事都很紧张之际，日本驻华大使伊藤就偷偷地跑到上海与法国驻华大使巴德诺秘密协商，日本驻法国大使也在巴黎与法国当局订立所谓互助密约[39]。日本对朝鲜的虎视眈眈，蠢蠢欲动，给清廷很大的威胁，这也是迫使清廷“乘胜即收，免伤国体”的重要原因之一。接着，清廷立即派李鸿章与伊藤签订《中日天津条约》，承认中日共理朝鲜事务，中国撤退在朝鲜的驻军。而6月间，英国也乘机要挟清廷改订洋药税厘，接着又不顾清廷的抗议，出兵强占上缅甸……

同时，日益觉醒的中国人民也纷纷起来开展反对资本主义列强侵略的斗争，“至少在南方各省，民众是在积极地而且狂热的参加反对外人的斗争。”（恩格斯）这样一个年代里，刘永福率领黑旗军回国守边，正如他所说“当入关之日，即思国家有事之秋，誓以报国，虽万死不辞。”从反对帝国主义对中国的侵犯的意义上说，他们是从一个光荣岗位转到另一个光荣岗位，应该说是热爱祖国的正当行为，是同中国人民反帝的历史任务紧联一致的，后来的历史事实也充分证实这点。黑旗军回国后，并没有成为清朝统治者直接镇压人民的爪牙，相反，他仍然是统治者日夜苦思、千方百计地迫害对象，三千黑旗军，一到南宁，就被裁去二千，使这些远离家乡的百战之士，一踏上国土就失去了生活的依靠。对余部的安置，也煞费心机，留守滇边，岑毓英不容，移驻龙州，李秉衡不愿，置之钦廉，清廷法人都感不安，最后远戍南澳，仍不放心，还要留在广州管致几个月才让到任。而黑旗军屡经裁撤，只剩下三百人，他们十年如一日，守卫海疆，从不松懈，直到1894年，日军将攻台湾，刘永福又率领三百黑旗军及一千新兵匆匆渡海守台。尽管如此，刘永福与黑旗军仍然以国事为重，虽历尽艰苦，备受迫害，他们在守卫海岛，和抗击日本侵略军的斗争中，又屡建奇功，当清廷不顾人民的反对，将台湾割让给日本时，正是刘永福率领黑旗军与台湾人民一道违抗“圣旨”，不畏强敌，坚决抵抗。新化、云林、嘉义之役，黑旗军浴血喋战，战况之激烈，为当代所罕见，日军山根少将，能久亲王均重伤毙命，而黑旗军也大部殉国。在清廷严密封锁之下，他们与强大的日军激战达半年之久，最后，弹尽粮绝，余下不多的人还勉力挣扎起来开炮轰击日本强盗，他们又一次在反帝斗争中立下功劳。所以黑旗军回国，守卫边疆，坚决反帝是他主要的一面。

有些史学界老前辈，在论述中法战争和刘永福黑旗军的历史地位时，往往忽视了他们积极而主要的一面，很少甚至没有恰如其分地肯定和阐述黑旗军的功绩和影响，没有或很少揭露清政府的投降政策和迫害黑旗军的罪恶，也没有恰当地指出黑旗军所处的历史时代和它的局限性，等等，而过多过重地指责黑旗军放弃反封建斗争的一面以及刘永福的个人名利思想，在官位及危难面前经不起更加严格的考验，不惜抛弃黑旗军旧部而留下污点，等等，虽然，其中一部分是事实，一部分只是事情的一面。但是，不能不因为带有片面性和主次不分而失之过严。刘永福早年即卷入反对清朝统治者的风暴，避身国外，当法国以及后来的日本侵略者侵犯越南和台湾，危及祖国安全的时候，他率领黑旗军健儿，毅然踏上反帝征途，出生入死，屡挫不绥，功勋奇伟，影响深远。在侵略者面前表现了机智顽强，凛冽不屈的英雄气概，甚至在孤守台湾和闲居广东的晚年，也还一如既往，关心和支持越南人民的反帝斗争，曾多次支持越南抗法志士潘佩珠等人的革命活动，[40]不但为他的同辈中所罕见，也为我国人民反帝斗争中难能可贵的坚强人物，虽然，在某些事件的紧要关头，他没有能够全部经受更加严酷的考验，但瑕不掩瑜，将刘永福作为中国人民反帝斗争的先行者——民族英雄来评价仍然是确切而需要的。

注释：

①《邕宁县志》(四)，第106页。

② 天地会的组织单位多称“××堂”，一般称为山堂。

③ 黄海安撰《刘永福历史草》。中国史学会编:《中国近代史资料丛刊·中法战争》(以下简称《中法战争》)第一册，上海人民出版社1957年版，第172页。

④ 靖西安德梁文生（69岁）述:“刘二（即刘永福）来安德时，驻扎在北帝庙，庙里有三个神象，中间是北极玄天大帝，赤脚、左脚踏龟、右脚踏蛇。他右侧是花婆神，左侧是周公，手拿黑旗，旗身为三角形，周围镶狗牙形白边，旗上绣有北斗七星、象骨牌的‘杂七’一样。刘二就仿照庙里这张旗做旗号，就在庙里祭旗。”关于旗的形状，当地的郑明君、李贞荣等老人还给我们提出如下的雏形。《刘永福历史草》也曾这样记载:“安德有一北帝庙，最应，公在神前制七星旗一面，祭旗时，天黑地暗，雷声震动，大雨倾盆。”见《中法战争》(一)，第180—181页。唐景崧入越在山西初会刘永福时，也曾见刘的仪仗队有七星黑旗，见《请缨日记》《中法战争》(二)，第71页。所以，七星黑旗是黑旗军的第一面军旗，首创于安德，旗形仿照周公手中的黑旗形态是可信的。

⑤《刘永福历史草》,《中法战争》(一)，第187页。

⑥ 同上，第194页。

⑦ 同上，第172页。

⑧ 同上，第187页。

⑨“黑旗军多是靖西、龙州、上思、宁明和广东钦、廉一带的穷苦农民，在本地无法容身，才跑到越南去。他们烂打，不怕死。”（综合南宁市余一清、靖西曾明南、云南河口何汝才等述）“黑旗军的将领和士兵大都是广西人，其次是广东下四府（钦、廉一带）人，多数是穷人出身。”（云南河口何耀西述）

“我先父叫黄志才，广东钦州人，是种田人，十五岁时，刘大人（刘永福）派人到钦州招兵，他就跟来了，后来在黑旗军当总爷……他说，他一出来，连骨头都不愿回乡了，大概在家时欠有债或是和谁有仇口（云南河口黄世全述）”。

“我父亲黄玉兰是广东钦州平吉人，刘大人回钦州招兵，他偷偷跑出来当黑旗，连我妈妈也不给知道，刘大人回国他不回……后来我沿途讨吃来河口找他回去，他说我不能回去，在家时欠田主三担谷子，三包米，年利一担还两担……那里有钱还几千斤谷子？你就说我在越南打死了，免得田主追债。”（云南河口黄炳南述）

“刘永福派人回龙州、上思、宁明一带招人去越南打老番。这时，许多人没有头路做（即没有工作做），上思去了一二百人，明江、凭祥也有几百人去。”（上思莫明甫、曾福新等述）

“黑旗军回两广招过几次兵，刘永福的老家博白车田村，十八岁以上的后生哥不知去了多少，我六叔刘永隆就是其中一个，他十八岁入保胜，当过哨官。刘永福的性格好，体贴人，没有架子，钦州防城一带的穷人都喜欢去跟他。”（广东钦县刘国帧、黄燕章等述）

⑩ 关于黑旗军在保胜开荒生产，保护商旅的情况，文献记载甚少，人民群众流传颇详“黑旗军在保胜住定后，没有战打，自己开荒种田，保胜对岸的水尾洲一大片坡田，都是黑旗军和他们的家属开出来的……种玉米、甘蔗、芋头、木薯、花生等。刘永福很优待自己的兄弟，自己种自己得。那时世道乱，很多人逃来保胜，黑旗军也四处招人来开荒，自己开荒不用交租，三年后才交很轻的田粮，一百斤种

子才收一二元。”（云南河口黄炳南等述）

“当时，鸦片烟及各种日用品都从红河经过，黑旗军设卡收过境税，又派兵保护过境客商货物，收护送费，因为人货都很安全，商人们很欢迎，这是黑旗军经费的主要来源，所以粮税很轻，农民也很欢迎。”（南宁市余一清述）

⑪ 堵布益:《东京问题的由来》见《中法战争》(一)，第393—394页。

⑫ 见《中法战争》(一)，第124页。

⑬ 同上，第67页。

⑭⑮ 同⑪，第397—398页。

⑯《清实录》光绪朝三五九卷，第19—20页。

⑰《清实录》光绪朝三六八卷，第11—12页。

⑱ 刘武慎公遗书，廿六卷，第45页。

⑲ 同上，见《中法战争》(一)，第84页。

⑳ 见《中法交涉史料》卷十七，第33页。

㉑ 唐景崧:《请缨日记》见《中法战争》(二)，第90页。

㉒《清光绪朝中法交涉史料》卷五，第44页。

㉓ [法]毕乐:《李维业之死》,《中法战争》(三)，第328、342页。

㉔ 道格拉斯:《1506—1912年的欧洲与远东》，剑桥大学1913年版，第28页，(转引自牟安世著:《中法战争》，第36页)

㉕ 唐景崧;《请缨日记》，见《中法战争》(二)，第43页。

㉖ 清四川总督丁宝桢奏稿，见《清光绪中法交涉史料》卷三，第12页。

㉗ 同上书，卷九，第15页。

㉘ 同上书，卷廿一，第2页。

㉙ 倪文蔚至徐延旭函，见《中法战争》(二)，第275—276页。

㉚ 同24注。

㉛ 无名氏撰:《关外随营笔述》，见《中法战争》(三)，第67页。

㉜ 岑毓英奏稿，见《清光绪中法交涉史料》卷十八，第19页。

㉝ 同上书，卷十七，第30页。

㉞ 唐景崧:《请缨日记》，见《中法战争》(二)，第98页。

㉟ 张之洞电稿，见《中法战争》(五)，第596页。

㊱《醇亲王奕譞致军机处尺牍》，见《东华续录》光绪朝卷六十八，第14—15页。

㊲ 张之洞致李秉衡等书，见《中法战争》(四)，第506—507页。

㊳ 毛泽东:《中国革命和中国共产党》，见《毛泽东选集》第二卷，第619页。

㊴ 李鸿章电稿，见《中法战争》(四)，第238页。

㊵ 广西民族学院历史系范宏贵同志帮助我们从《潘佩珠年表》又称《自我批判》一书摘译一些潘佩珠在革命活动中与刘永福发生联系的一些片段，虽然资料不多，也可看出刘永福直到晚年仍然支持越南抗法活动的态度，现摘录数则如下，供参考。

“自从勤王兵败后，曾拔虎到两广……然后又转至台湾依靠刘永福。日本占领台湾，刘永福失败后，便转到暹罗回国。”

“乙巳年(1905年)八月上旬，我到广东访问刘永福，顺便拜会前三宣参赞阮述，刘先生70多岁了，但外貌仍矍铄有神，提到法寇，他就拍桌说打！打！打!! 我想想当年法寇进攻河内时，如果没有他的军队，那么我们便找不到一滴血来染红敌人的尸首。一眼就看得出他是一位英雄，我内心油然升起对他的敬佩。”

“我又来到横宾……钱又接不上……拔虎则充当轮船上厨房的仆役，以便回到广东，向刘永福借钱寄来。”

“1906年2月上旬，我与畿外侯到广州沙河刘永福家访阮赞述，这时，我们刚把维新会会章拿去付印……由于刘永福和赞述两先生都赞成，因而付印。”

黑旗军援越抗法的功绩永放光芒*

——纪念纸桥大捷一百周年

中越两国山水相连，中越人民患难与共，在长期的劳动和斗争中互相学习，互相影响，亲密交往，情如手足，尤其在资本主义侵略者的坚船利炮直接威胁两国人民的安全和生存的危急关头，对敌斗争中用鲜血凝成的友谊，更深铭人心。黑旗军援越抗法的纸桥大捷，便是中越人民反帝斗争史上光辉灿烂的一页。

历史的长河虽然总是奔腾向前，但有时也会出现曲折、迂回，某些早已为人们抛弃的时代沉渣，有时会出人意料在滚滚洪流中泛起。如1076年（宋熙宁九年）越南李氏王朝野心勃勃，派兵入侵两广地区，围攻邕州（今南宁）残酷屠杀数万居民的往事，由于岁月久远，人们心灵上的创伤本已逐渐淡漠。但是，越南某些权迷心窍的人却偏要重温小霸旧梦，挖空心思捧出在这一不光彩事件中，沾满两广人民鲜血的刽子手李常杰的亡灵来鼓舞反华士气，将即使在封建时代也属于罕见的掳掠烧杀，美化为有政治远见的“主动自卫”战路措施（越南潘辉黎等著《越南民族历史上的几次战略决战》，第17页）；更令人气愤的是，他们以假乱真，捏造什么“调查资料”，将曾经用生命和鲜血帮助越南抗击法国侵略者并屡建奇功的黑旗军，污蔑为奸淫抢劫、烧杀成性的群魔（见越南阮文仁《关于刘永福黑旗军在河内郊区一些村庄的活动的调查》，载越南《历史研究》1962年9月号）；他们还将19世纪末，清朝政府援越抗法、保卫边疆的反对殖民主义侵略战争，污蔑

---

* 原载《广西日报》，1983年5月23日第三版。

为两个劫夺者因掠夺、瓜分越南而进行的不义之战（越南杜文戎《19世纪末清朝对越南的扩张野心和手段》，见越南《大学历史科学论文集·史学》，第二册），故意往中国人民脸上抹黑，来为他们的反华政策提供“历史依据”。

谎言永远不可能代替史实。深深铭记在人们心灵上的战斗情谊是任何人也无法篡改、抹煞的，而值此黑旗军纸桥大捷一百周年之际，重现这段中越人民携手抗击法国殖民侵略的史实，重温中越传统友谊，无疑是必要的。

一、民族的灾难、时代的召唤

19世纪中叶，西方资本主义强盗疯狂扑向亚洲、非洲掠夺殖民地，法国资本主义侵略者显得特别贪婪恶劣，尤其是镇压巴黎公社的最卑鄙刽子手、近代殖民地后起使徒——茹费理组阁执政以后，不但卖力为吞并越南张罗军费，甚至公然叫嚣要征服中华帝国，攫取各人应得的一份。在他的积极策划下，1881年7月，法国议会通过侵越经费后，即派海军上尉可加拉德克以领事身份到越南河内活动，负责制订夺取河内的作战方案，随即派李维业率海陆军北上，吞并北圻。阮朝军队几经打击之后，便闻风退避；入越清军也以不便“衅自我开”为藉口按兵不动。

正值越南北圻岌岌可危，中国南疆在在堪虞的关键时刻，早年避居越南山区的刘永福黑旗军，应越南阮朝的请求，挺进怀德，与法军针锋相对，成为当时唯一敢于正面狙击法军的英雄部队，成为法军北犯难以逾越的坚强堡垒，也成为中越人民抗法斗争的中流砥柱。

二、伟大的功绩和深远的影响

1883年2月，茹费理再次组阁，立即增拨侵越军费，增派四千法军到越南北圻配合行动，派何罗芒为北圻民政专员，拟订北圻的殖民地实施计划，派交趾支那海军舰队司令李维业率领战舰及陆军北上，并推翻“李（鸿章）宝（海）协议”草案，撤销宝海驻华公使职务，向中国清朝政府施加压力，迫使它不再援助越南。越南阮朝一再和法方妥协，不断向清朝政府求援，在军事上、政治上都难有作为。

清朝政府在声明与越南一贯存在藩属关系的照会被法国拒绝后，眼见法国要一意孤行，只是命令入越清军扼要进驻，扩大援越声势，并无实际应变措施。虽然命李鸿章赴粤督办援越事宜，节制三省军队，但他却借故逗留上海，拒不赴任，使本来可以预先筹划的军事部署，全都流于形式。

在这千钧一发的紧要关头，唯有刘永福率领黑旗健儿进逼河内，公开发出讨法檄文，伸张正义，并袭击法军近郊据点，去其爪牙，迫使李维业不得不出城应战。5月19日清晨，李维业率领陆海军五百余人，携带当时号称先进的机关枪、大炮，趾高气扬地向怀德出击，他估计怀德是唾手可得的空城。可是，刚迈出河内跨越纸桥，就受到黑旗军右营杨著恩所部的伏击，副司令韦医重伤毙命，法军组织力量冲过纸桥后，又受到左营吴凤典部的迂回包抄，接着是黄守忠、刘成良的堵击和围歼。前后不过两小时，这支野心勃勃的远征军，刚迈出河内五里，就以李维业、韦医两个司令官以及数十名官兵毙命、百余人受伤而全军溃败，逃入河内死守。这就是黑旗军再次扭转北圻战局、威震法国朝野的“纸桥大捷”，或称“第二次河内大捷”。

李、韦等人败亡溃退的消息传到巴黎，引起了很大的惊慌，法国当局急忙派波滑接任东京司令，不惜任何代价死守待援，而清越当局竟坐失战机。于是三个月后，法军得以集中更大兵力攻击黑旗军于怀德、丹凤，黑旗军冒着不利的地形和气候浴血苦战，再给法军以致命打击，迫使法军退回河内，派波滑亲回巴黎求援。

黑旗军以落后的装备，屡败骄横一时的法国远征军，扭转整个北圻战局，其政治影响是很深远的：

（一）沉重地打击了法国侵略者征服北圻，吞并全部越南，进而掠夺我云南资源的狂妄气焰，推迟了北圻殖民化进程，捍卫了边疆。

（二）以实际行动为中越人民的抗法斗争作出了光辉榜样，鼓舞、推动了抗法斗争。正如越南近代史学者章收、明洪在全面考察了黑旗军的抗法功绩和影响后，作出的评价那样："当时，越南人民正面临亡国的危险，摆在越南人民面前只有两条路：一条投降，一是反抗。……与阮朝可耻的投降态度相反，刘永福的农民军队从一开始就站在越南人民一边，而后来仍然忠诚于越南人民的抗法事业，这是刘永福最宝贵之处。"（《刘永福在越南抗法斗争中的地位》）至于黑旗军在我国人民群众中的影响就更为广泛，不但"刘二打番鬼"的英雄事迹传遍两广云贵，鼓舞边境的青年主动投入黑旗军及援越清军参加抗法，以及完成繁重的支前任务，尤其在法国强盗丧心病狂闯入广西边境逞凶时，边境的群众多以"刘二打番鬼"为榜样，主动协助清军或直接参加杀敌，在镇南关（今友谊关）大捷中立下汗马功劳。黑旗军的硬骨头精神，在以后的反帝斗争中，也起了鼓舞作用。

（三）用实际战例增强了抵抗派的论据，推动清王期由妥协转向抵抗。虽然中法战争由于清政府最高当局妥协投降，但在黑旗军胜利影响推动下，清军在战场上取得了像镇南关大捷那样的辉煌战果，大长了中国人民的志气，挫灭了资本主义侵略者的威风。

三、中越两国人民的传统友谊是殖民主义者的挑拨离间所撼动不了的

黑旗军既然是19世纪末叶，曾经生活在社会底层、被迫漂泊异域的农民军，由于阶级和时代的局限，在思想作风、生活习性等方面，难免沾染不良习气。每当戎马倥偬，间或纪律松弛，侵犯群众利益，加以当时面临一些难以完全克服的客观困难：1. 长期驻守保胜山区，一旦远离驻地到河内附近流动作战，没有专饷，仅靠越南地方官员临

时征调供给，军队供给极不正常，食粥行军、枵腹上阵的事习以为常，多少会影响部队正常生活及纪律。2. 黑旗将士大都单身出关，既然久居越地，难免有成家立业要求，刘永福等严令明媒婚娶，而人多事杂，个别人的违犯军纪行为不是两国人民友好传统的主流。3. 越南（尤其是河内附近地区）有一部分教徒受法国天主教神父愚弄收买，丧失立场，为法军通风报信，甚至配合法军进行骚扰袭击，因此，黑旗军、入越清军、越军与教徒之间时常发生敌对行动，造成不良影响。而法国侵略者在北圻实施殖民统治初期，曾经抓住某些枝节，大肆造谣中伤，将许多骇人听闻的罪责强加在黑旗军身上，以发泄他们心中仇恨，并挑拨中越人民之间的感情，那当然不足为怪，因为他们是以玩弄阴谋为天职的侵略者。对此，越南人民、越南的正直史学家，应该心中有数，应该给予黑旗军清醒、公正的评价。主动抵制殖民者对昔日的战友进行无耻的诽谤。

中越人民的深厚友谊，根深蒂固、源远流长，黑旗军援越抗法的功绩永放光芒！

评价黑旗军历史功过的几点意见*

19世纪末叶，当中越两国都面临法国帝国主义入侵之际，避居越境的黑旗军，奋起抵抗，屡败法军，深受中越两国人民的爱戴和赞扬。但由于置身于民族矛盾和阶级矛盾相互交错，军事斗争和外交斗争分头并进，清朝军队和阮朝军队貌合神离，法国侵略者和西方列强狼狈为奸的复杂旋涡中，他们的殊死拼搏，并不能充分发挥作用，往往成为谈判桌上的一个筹码。以致常胜之师，因外交失策而节节后撤，最后，连偏安一隅也不可得，只好含恨回国。

这一不幸局面的形成，除却法国侵略者武力要挟，西方列强助纣为虐等原因外，还有清、越王朝的妥协、投降政策。就刘永福黑旗军而言，则因从阶级斗争转入民族战争伊始，本身还缺乏应付复杂局势、完成时代使命的政治远见和斗争经验，在联合清越王朝共同抗法的斗争中，受到封建腐朽思想的侵蚀，原则性不强，方向不明，造成失误。似不宜只在某些领袖人物的品格上寻找答案。

时逢黑旗军纸桥大捷百年纪念，仅就评价黑旗军的历史功过问题，再陈管见，以表达对曾为中越两国人民反帝斗争建立过光辉业绩的英雄们的缅怀和敬意。

---

* 原载中法战争史研究会编:《中法战争论文集·第一集》，广西人民出版社1986年2月版，第69—82页。

一、黑旗军避居越境的目的和地位

1857年，天地会首领吴凌云趁太平天国革命洪流，在新宁州（今扶绥县）树旗起义。饥寒交迫的刘二（永福原名）前往扶王。从此驰骋于桂南各地，参加过打击清王朝地方政权的战斗，也曾混迹于地方豪强的团队。1863年，太平天国势力衰微，吴凌云在清军围剿中牺牲，其子亚忠率部西走镇安（今德保县），向中越边境转移。1865年2月，刘永福率所部二百多人来投，并在安德（今靖西县）北帝庙祭七星旗创建黑旗军。旋以清军压境，围剿日急，军火粮饷难以为继，刘永福与吴亚忠在对付清军的策略上产生分歧，乃于1867年率旧部避入越境。通过打败苗王盘文义、土霸何均昌而受到六安州、保胜绅民及官员的好感，得到一席安身之地。接着又因与黄崇英争夺保胜而与清、越王朝军队合作，取得双重合法地位，并收集散处越境农军，使保胜一带"烽烟不警、鸡犬无惊"，有利于边民休养生息。

对于刘永福率黑旗军脱离吴亚忠避入越境并接受清、越王朝封赏的性质问题，历来评论不一。有人认为刘永福贪生怕死，动摇逃跑；有人说是刘永福投降变节、封建化的开端；越南史学界某些人进而否定黑旗军的农民军性质和地位，以便再否定其抗法斗争的意义和正义性。因此，正确认识黑旗军避居越境的目的和性质，也是全面评价黑旗军抗法斗争历史功过的组成部分。

（一）众所周知，我国农民揭竿起义，用武力打击、推翻封建王朝的斗争，因受阶级、时代等条件的局限，是个长期、曲折的过程，尤其在帝国主义入侵日急，民族矛盾日益突出之际，情况就更加复杂了。

刘永福黑旗军在国内革命形势转入低潮，敌我力量悬殊的情况下，避开强敌，转移到封建统治较薄弱的越南边境自保，即使在离开吴亚忠时有分散力量，不利于对敌斗争之处，即使刘永福个人有某些畏难情绪等缺点，但与为了适应长期斗争的需要而保存实力以利再战的效果来比较，毕竟是次要的。而且必要的转移，显然与应该和有条件坚持斗争却临阵逃避的性质不同。何况吴、刘之间是共同抗敌的战斗联盟，有共同的义务，也有自主的权利。刘的离吴正如他的投吴一样，取决于双方利益、策略的是否一致。刘永福既然是为了避开强敌自保，而且一再向吴协商不果，就不属背叛、失节问题了。

（二）黑旗军是中国农民起义军，不是流寇。

黑旗军入越时，仍是反抗清朝统治的天地会农民起义军政治宗旨明确，不同于土匪、流寇。虽然法军已明火执仗吞并了越南嘉定三省，逼迫阮朝签订了不平等条约并觊觎我国西南边疆，抗击法国侵略者的时代使命，已历史性地落在中越两国人民肩上。但时代使命和个人认识，并不总是紧密相连和完全一致的。黑旗军入越之初，由于各种因素的限制，他们还没有明确的援越抗法认识，只是避敌自保，不但无可厚非，也不应据此来否定或贬低他们后来逐渐形成的援越抗法思想和所建立的功勋。

至于黑旗军能够在六安州、保胜临时定居，主要是当地绅民大力协助的结果，当然也与阮朝官员的认可有关。纵观黑旗军旅越近20年，转战数十州县，虽然保持相应的独立性，但一贯尊重阮朝主权，不干涉其内政，无领土野心，和越南人民平等相处，亲密无间，据而不割，雄而不僭。

二、黑旗军的性质、思想和立场

越南史学界某些人将黑旗军诬为“流寇”，还否定其作为农民起义军的反封建、反压迫的历史进步地位。

在他们看来，黑旗军既站在清王朝立场，是维护藩属关系而抗法的清朝非正规的正规军；又是站在阮氏朝廷立场，维护阮朝统治而抗法的阮朝非雇佣的雇佣军，[①] 在这种和越南人民全然无关的抗法斗争中，黑旗军即使流血牺牲、立有战功，也不过是清、越封建王朝重赏下的勇夫。他们满以为将黑旗军往清、越封建王朝怀中一推，就可以改变其性质。其实，历史事实是任何人都抹煞不了的。

黑旗军与阮朝的联系始于同治七年打败白苗盘文义之后，当时阮朝曾给予刘永福"八品千户"的封赐，而实际上是毫无价值的空头支票，最多是一张互不侵犯的默契；同治十一年以后，黑旗军被黄崇英逼得走投无路，曾利用黄崇英与黄佐炎的矛盾，向黄佐炎（随后又与冯子材合作）求援，但渡过难关之后，即分道扬镳，双方都是采取相互利用的权宜之计；直到同治十二年（1873），安邺率兵舰轰击河内，公然宣布以武力开放红河，共同的时代使命才使黑旗军和阮氏王朝（随后还有清王朝）联合抗法。随着法国侵略军的增加，战争规模的扩大，黑旗军与阮朝（包括清朝）的联合、合作也以日益增多和加强，发展到接受粮饷枪弹、联合作战等。很明显，这种在抗击法国侵略者的斗争中发展起来的联系、合作，既符合阮朝、清朝的利益，也符合黑旗军的利益，更符合中越两国人民的利益，这种联合是时代赋予的使命。当时，既然处在民族矛盾上升为中越两国社会的主要矛盾的历史条件下，只要阮、清王朝还有一线抗法的积极性，这种反帝斗争的联合无疑是正确的。如果硬要将黑旗军的抗法斗争纳入清、越王朝的范围，也可以指出，在当时的历史条件下，清、越王朝的抗法行动也是和人民的利益一致的。否则，我们就无法分清勾结法国侵略者袭击阮朝军队的民族败类黄崇英与联合阮朝军队抗击法国侵略者的民族英雄刘永福的是非界线。何况在这些联系、合作中，黑旗军在组织上始终保持独立，行动上也有相应的自主权，这与无原则的投靠、降敌迥然不同。

① 陈辉燎先生当时表面上不同意将黑旗军看作清王朝正规军，阮朝雇佣军的观点，但实际上他自己就将黑旗军的抗法斗争纳入清、越王朝的抗法范围，以否定其农民军的性质。见越南《历史研究》1962年9月。

至于黑旗军在抗法斗争中的思想，完全可以从他们英勇顽强、不怕牺牲的战斗中得到充分的证明，在他们为数不多的文告中也有表露："自法兵东来之后，攻城略地，荼毒越民，……种种狂悖之行，神人之所共愤，天地之所不容！我越人凡有血气者，莫不痛心疾首。"[①] 他们还在文告中明白宣告自己的抗法态度：法国"用兵于越南，无异用兵于中国也！""永福中国广西人也，当为中国捍蔽边疆；越南三宣提督也，当为越南削平敌寇。"[②]"必使越南全国无一个老番影子"。[③] 对于这样一支为越南平寇兼为中国捍边而出生入死的农民武装，能够简单地用"站在天朝立场""属于阮朝范围"予以否定吗？

三、黑旗军在抗法斗争中的功绩与过失

1873年当法国侵略军的铁蹄转向北圻，河内、南定相继失陷，阮朝君臣惊慌失措、束手无策之际，黑旗军挺身而出，罗池一战，及时粉碎了安邺以武力开放红河和建立"法兰西东方帝国"的美梦；十年后，纸桥大捷，法国远征军司令李维业吞并北圻、打通红河的计划又连同他那颗善于幻想的头颅一起葬于河内西郊；接着怀德、丹凤激战，又给法军沉重打击，法军统帅波滑（又译波特）只得灰溜溜跑回巴黎求救；山西、宣光之役，法军的损失也十分惨重，一再哀叹为侵越以来最大的损失。这些巨大的战功，不但越南民间有口皆碑、广泛流传，越南学者也作过实事求是的评论。

刘永福对越南人民是有功劳的，应当载入我们民族的抗法斗争史册。同时也要看到，刘永福是越中两个民族团结战斗的维系人。[④]

---

① 《越南三宣提督刘誓师檄文》，见中国近代史资料丛刊《中法战争》（一），第306页。

② 《黑旗军檄告四海文》，见中国近代史资料丛刊《中法战争》（一），第304页。

③ 黄海安《刘永福历史草》，见中国近代史资料丛刊《中法战争》（一），第270页。

④ 越南苏忠《对刘永福在越南人民抗法斗争中的地位的评价》，见越南《历史研究》1962年第5期。

我们不能离开当时的历史地位来评价刘永福的作用。……当时，越南人民正面临亡国的危险，民族矛盾成为主要矛盾。摆在越南人民面前的只有两条路：一是投降，一是反抗。但阮朝太卑鄙，只考虑自己的利益，一方面投降，另一方面加强对人民的镇压。……与阮朝的可耻投降态度相反，刘永福率领的农民军，从一开始就站在越南人民一边，而在后来也仍然忠诚于越南人民的抗法事业。这是刘永福最宝贵之处。刘还在越南抗法斗争中消耗了大半生的精力和时间，这是我们必须研究并正确评价的。①

义勇男三宣提督刘永福是越南历史上有大功的人，他是当时越中两个民族战斗联盟的代表。②

刘永福是一位时代的起义农民的典型，……任何时候都表现出慷慨、豪爽、无私的胸怀，……他同情人民，拯救人民，反抗压迫和侵略，保卫民族、保卫祖国，不为个人利益而与外人勾结。③

由于黑旗军是19世纪中叶由破产农民汇集的起义队伍、受阶级和时代的影响，缺点和错误是难免的。

黑旗军的成员多是两广边境一带的破产农民及城镇无业贫民，其中一些意志薄弱者难免沾染了当时底层社会的不良习气，他们被迫离家出走时，多是未婚青年，年岁稍大的也不可能携带家室。而旅越既久，婚姻问题必然要提到日程上来。刘永福等人对部属婚配虽不严禁，但却严令入乡随俗，明媒正娶。这些患难夫妻，不少在停战后随军移居龙州一带，儿孙成群。但婚姻问题，婚前昏后难免会有纠葛之事，不应人为扩大和丑化黑旗军与越南民众的融合问题。

1883年以后，黑旗军发展到数千人，长期远离驻地到河内、山西一带作战，一切军需都依赖当时的北圻统督黄佐炎所属地方官员筹措

---

① 越南章收、明洪《刘水福在越南抗法斗争中的地位》，见越南《历史研究》1962年36期。
② 越南陈文饶《北圻抗法》，河内1958年版。
③ 越南陈文甲《黑旗将领刘水福》，河内1958年版。

供给，打到哪里便筹集、征购到哪里，既无固定基地，也无常设机构。因此，黑旗军的供给十分困难。尤其河内一带，屡遭法国蹂躏，十室九空，征购不易，黑旗军也就吃了上餐无下餐，不但时常喝粥行军，甚至枵腹上阵。在这种战事紧迫、军需浩繁的情况下，间或给价不公、强迫命令，损害了群众利益，甚至有不良分子乘机贪图钱财等错误，但不能因而夸大说黑旗军是掠夺成性，所过一空的匪徒。

众所周知，法国巴黎外方传教会的传教士在北圻，尤其在河内附近各地经营有年，极尽欺骗、收买的能事。这一带不少群众受洗入教后思想糊涂，丧失民族意识。有的为法军收集情报、偷运军火；有的甚至接受法军津贴拿起武器配合法军作战。而黑旗军又缺乏策略思想，在受到某些教徒攻击、骚扰之后，便将一切天主教徒都视为危险敌人，故双方时常发生武装冲突。攻打“教匪”也就成为越军、黑旗军以及清军战报内容之一，其中难免扩大打击面，殃及一般教徒。有些地方的群众中关于黑旗军烧杀的传说，可能与此有关。显然，这只是特殊情况下的个别事件。

关于黑旗军的功过，越南史学界一些学者早有较公允的评论：

> 比较刘永福黑旗军的功与过，我认为尽管他们在越期间有些不当的行为，但他们在越南整个民族反抗法国侵略、保卫祖国独立的中心任务中，积极方面是主要的。特别值得注意的是，彻底抗法的人，对刘永福有深厚的感情。[①]

四、黑旗军被迫回国的主客观原因

1885年4月1日，法国远东舰队使出海盗的看家本领，攻占我澎湖，并公开宣布以黑旗军回国作澎湖撤兵的条件。虚弱腐败的清王朝

① [越南] 谭春玲:《在评价刘永福时应该看到积极是主要方面》，见越南《历史研究》1962年第7期。

无力抗拒，只好软硬兼施，诱逼刘永福率部回国。如果刘永福继续留越抗法，势必会受到三面夹攻。由于阶级的局限及个人政治上的幼稚，他认识不清，也无力扭转逆局，终于率二千将士及部分家属回国接受改编，成为清王朝的南澳总兵。

关于刘永福回国问题，我国史学界也历来有不同的评论。有人认为刘永福贪图个人名利，放弃了起义初衷，背叛了农民阶级和患难战友，由农民起义领袖蜕化成为清朝官员，这是他斗争生涯中难以洗刷的污点，有人认为这是刘永福早年和封建统治阶级勾勾搭搭最后完成了封建化的转化过程；越南史学界也乘机打棍子，“黑旗军奉诏回国，就说明他们没有依靠越南人民与越南爱国人士的起义联系起来。”①

其实，评价刘永福黑旗军回国守边，正如衡量他们出关避难一样，必须结合当时的具体条件，进行具体分析，才能得出恰如其分的结论。

（一）黑旗军回国守边，是民族战争中联合的继续，不是阶级斗争中投降的结局

19世纪末叶，由于殖民主义国家疯狂争夺殖民地，地大物博、积弱不振的中国成为它们掠夺瓜分的目标之一。中国人民面临反封建反殖民主义的双重历史使命，而人们对它的认识和予以完成，则是一个复杂艰苦的过程，只要为认识和完成这项使命作出过贡献，都应予肯定。若只有利于其中一项而忽视了另一项，也应作具体分析，不宜求全责备。刘永福作为农军领袖，由联合清军抗法发展到接受清王朝改编，担任清朝官职并向皇帝称臣膜拜，就阶级观点而言，无疑属于投降性质的原则性错误。但这只是事情的一个方面，反封建斗争只是当时时代使命之一而且并非主要使命，因而放弃反封建斗争也不能作为评论他功过的唯一及主要标准，而应同时放在当时中国社会的主要矛盾——反殖民主义斗争方面来加以考察：1885年4月，中法停战之后，

① 越南陈辉燎《关于刘永福和黑旗军在越南抗法斗争的评价》，见越南《历史研究》1962年9月号。

我国面临的局势是强敌压境，列强虎视眈眈，瓜分危机迫在眉睫。所以，反对殖民主义入侵，挽救民族危亡仍然是主要使命。刘永福与黑旗军在这个仍然具有联合反殖民主义使命的具体历史条件下，回国守边，共御外侮，实际上是联合清王朝援越抗法的民族自卫战争的继续，是从援越抗法的反殖民主义侵略斗争岗位转到保卫海疆的反殖民主义斗争岗位，而不是放弃反殖民主义侵略斗争，去充当清王朝镇压人民的鹰犬，反殖民主义侵略斗争的使命并未中断和改变。也就是联合反殖民主义侵略的继续，并不是阶级投降的完成。而且历史已经证明：正如没有离开吴亚忠避入越境，就没有继之而来的援越抗法纸桥大捷一样，没有应召回国，就没有南疆戍边和威震东洋的台南血战。离开黑旗军在民族战争中的地位和反帝反殖斗争中的使命这一历史条件来评价他们的历史功过，便离开了最重要的评论依据。

（二）刘永福回国守边，有个人的名利欲望，更有时代的爱国热情

刘永福及其他将领，都生长于封建社会，必然会受到封建思想不同程度的渲染，不同程度地有仰慕名器、贪图利禄等思想。但在回国问题上，这并非主要因素。而当时法军霸占澎湖为质，公开向清廷要挟，黑旗军一日不入关，法军便一日不离岛。这样一来，黑旗军的进止便与祖国领土完整紧密相连而受到全国人民的关注。黑旗军若坚守保胜，抗旨不归，不仅担心受到来自三方的夹攻，更害怕受到国人非难。连刘永福视为可以信赖的张之洞在照会中也再三提出：

> 查中法和议已定，法兵已退基隆；唯澎湖之退，还视保胜为迟速。贵提督一日未抵云境，则法船一日尚踞台洋；关系大局，殊非浅鲜。[①]

① 黄海安《刘永福历史草》，见中国近代史资料丛刊《中法战争》（一），第288页。

这是刘永福当时在思想认识上和实际行动中都无法克服的难题。他既然以“为中华捍边”为素志，当然不忍心因自己的留越而造成祖国领土的沦失。在不能率部渡海驱逐法寇的情况下，便只好应召入关以全国土。正是这些朴素的爱国心情在他回国抉择中起了主要作用。总结历史经验，批判他的名利思想固属必要，而忽视他朴素的爱国热情也不公允。

（三）刘永福回国前，作了力所能及的抗争和相当周全的部署

刘永福不愿意离越入关，不忍心离开血肉相连、患难与共的战友，这是众所周知的。他面对各方压力，以各种不同的方式作了力所能及的抗争。从1885年4月初，拖延到8月底。最后，实在顶不住了，又针对因回国而可能出现的问题，作了周密的部署。例如将所属官兵根据具体情况分成三部分，一部分留守保胜待变；一部分转入十州固守作根本；只带一部分将士及遗属回国，以转移法方视线，应付各方压力，也为应付可能发生的不幸事件准备退路。这些安排虽然不能说是最正确的措施，却是阻力较小，较为周全的办法。

总之，黑旗军不过是19世纪中叶，农民起义斗争转入低潮时被逼出国境的一支规模不大的农民军，虽然长期处于逆境，仍能团结一致，奋发图强。当祖国及邻邦遭受侵略之际，挺身抗暴，勇敢地站在反抗西方殖民主义侵略斗争最前哨，团结各种力量共同对敌，表现了中华民族不屈不挠的英雄气概，为中越两国人民并肩反抗殖民侵略斗争作出了光辉的榜样，建立了不朽的业绩，这是他们的主流；但是，由于主观和客观条件的限制，他们身上必然存有这样那样的不足，在总结历史经验，评价历史人物时，固然应赞扬功绩，但也不应超越时代求全责备，贬损他们的光辉形象。

缅怀刘永福“为中国捍边，为越南平寇”的英雄业绩*

刘永福的一生（1837—1917）大体与旧中国沦为半封建半殖民地的过程相始终，在中国人民前仆后继地与东西方列强作殊死斗争的艰难年代，历史既然赋予中国人民反封、反帝的双重任务，而身处祖国边陲——反抗殖民主义侵略斗争最前线的刘永福，面对法国殖民主义者的铁蹄、屠刀，决心以毕生精力投入反抗殖民主义侵略斗争，应该说是历史的必然。因此，评价刘永福的历史功过得失，就应该放在19世纪中叶，中国边疆危机四伏，民族矛盾上升为主要矛盾，反对列强入侵、捍卫国家主权成为全国人民最高利益的具体条件下去考察。

1960年，我刚跨进历史研究的门槛不久，即有幸参加广西第一次关于评价刘永福的研讨会，听到一些学者振振有词的将“反帝斗争的英雄，阶级斗争的叛徒”两顶截然相反的帽子戴在刘永福头上，我百思不解。后来经过反复探索，虽有所悟，但受极“左”思潮影响，不敢也不能为“叛徒”申辩。

十一届三中全会之后，春风终于南渡昆仑关，历史唯物主义真正成为指导历史研究的基本原理，许多问题才得以还历史原来面目。刘永福的评价也是如此。

现就几个主要问题简述如下：

* 原载广西钦州市政协文史资料和学习委员会编：《钦州文史第10辑》，2003年11月，第271—277页。

一、关于加入农军的动机、性质以及脱离吴亚忠的问题

这些问题学术界历来有不同的评论，近来又提出一些新论点，认为刘氏先祖之所以四处颠沛、生活贫困，是由于年成不好、经营不善，并非地主压迫剥削；刘永福身处穷乡僻壤，没有文化，不了解时局，一日三餐已难为继，何来政治理想和道德情操！认定他加入农军的动机只是为了“一日两餐”，一旦吃饱，就会回家当顺民。正是由动机卑微，便决定他后来的行动方式，即只要不危及生存，就不在乎与谁合作，也就是俗话说的“有奶便是娘”。正因为刘永福本来就不具备革命意识，后来他离开吴亚忠，接受清、阮王朝的官职，也就谈不上逃兵、叛徒。刘永福的抗法，主要是法国人威胁到他在保胜的生存，否则，他也会像对待堵布益过境那样，任其来去自由。

此说从表面上看，似乎是将刘永福从阶级斗争、反帝斗争的旋涡中超脱出来，一个朴实无华的农民随波逐流，既无当英雄的革命动机，也就不能说他有叛徒的过失。用心虽好，可以为刘永福解脱。但是，这样就将刘永福说成一副没有头脑的作战机器，谁给他加油（粮饷），他便为谁卖命，谁影响他的利益，便与谁拼命。显然，这种人即使戴上英雄桂冠，也不会受人景仰。而刘永福的真实情况如何？值得进一步去探索。

在旧社会，某些自然灾害，的确会加深农民的贫困，有的严重灾害甚至造成流离失所、家破人亡。但与苛政猛如虎和地租、高利贷、捐税相比，毕竟有主次之别。关于刘永福加入农军时的情况，《历史草》及《调查实录》均有详细的记载。他是在走投无路的情况下，为了逃避地主的迫害而加入农军的，对迫害他的地主老财充满仇恨，这实质上就是地主阶级对贫苦农民的压迫。至于刘永福当时是否具有打倒地主阶级，推翻封建制度的思想认识，并不是关键，关键是他走上了拿起武器向地主阶级封建官僚进行武装斗争的大道。在封建社会，两个

对抗的阶级是地主与农民，地主对农民的压迫、剥削，尤其是镇压农民都属于阶级压迫；农民对地主的各种反抗，尤其是武装斗争都是阶级反抗。刘永福既然参加农民起义队伍，理所当然属于反抗地主阶级的斗争。不管参加者是否有认识，都不会改变这些斗争的阶级属性。这是已为千百次斗争所证实的历史事实，也是历史唯物主义的基本原理，只能依据对反抗地主阶级的斗争的利弊来评论参加者的行为。

其次，关于刘永福在靖西率部脱离吴亚忠避入越南山区的是非问题，依据当时的具体情况分析，刘永福并无不当。因为：

（一）当时全国的农民武装斗争转入低潮，广西当局已集中优势兵力进行围剿，在靖西邻近各县已无迂迴余地，避开强敌的围攻，转入敌人势力薄弱的越南山区，以保存实力，是唯一的出路。不久，吴亚忠也被迫入越。

（二）刘永福事先已一再向吴亚忠建议，是在劝说无效的情况下才率部离吴入越。可以说已尽了作为下属的职责。而且当时吴、刘之间虽有上下级之分，又有合作伙伴之谊，农军间时分时合司空见惯，自谋出路，谈不上背叛。

二、关于接受阮、清王朝封职、军饷，丧失农军独立地位问题

刘永福率部进入越南山区之后，身在异域，摆在他前面的路子不多。一是像覃四娣、苏国汉那样，占山为王，靠抢劫维持生计；一是像后来入越的吴亚忠、黄崇英、李扬才那样，用武力攻占越南城镇，强征暴敛；一是向越南地方当局投降，接受改编；一是解散队伍，各自谋生。历史事实已经证明，这四条路都走不通，而且任何一条路都不可能达到保存黑旗军的目的。而刘永福这位没有文化，没有高尚情操的朴实农军首领，却能创造出有文化、有名气的吴亚忠等也做不到的新路子。用他的话说则是“护商榷税，受封不受调。”既摆脱了清王

朝的追剿，又缓解了阮氏王朝的疑虑，依靠当地商贾绅民在保胜山区立定脚跟，休养生息，发展壮大，还保持黑旗军的独立地位，这是在农军起义转入低潮时期罕见的奇迹。

至于与黄崇英的火拼，众所周知，完全出于黄崇英的贪婪和恃强；后来协助清、阮两军围攻，既有私怨也有公愤，因黄崇英后来沦为法国人的走狗，刘永福消灭法方埋伏在中越边境的别动队，于私于公，于中于越都十分有利，是正义举措。

法军北侵河内之后，刘永福协助越南阮氏王朝抗法，在逐步扩大的战争中又接受了清王朝的接济，协调战守，听从清朝将领调度，成为清、阮各军的先锋，黑旗军在编制上仍自成一军，而刘永福则渐渐改变了农军首领的性质，有时成为阮氏王朝抗法武装的组成部分，有时又成为援越清军的前哨。在刘永福说来，是什么地方战事紧迫，他就往什么地方冲，生死名利已置之度外。而有的后世学者却忽视援越捍边的主流，抓住他由一个农军首领变成清、阮军事官员这一事实，说他实际上已成为农军叛徒，或者批判刘永福是为维持清、阮王朝的反动统治而卖命的双料走狗。

刘永福黑旗军确实在抗法战争中逐渐发生变化，最后发生了根本性的变化，改变了农军的性质。问题的关键是这一变化是在特定的历史条件下发生和完成的，是新的、更紧迫的历史使命促使他去接受这一不以他个人的意志为转移的变化。所以，发生在黑旗军、刘永福身上的根本性变化，既不是什么错误，也不应由刘永福承担。相反，应该称赞刘永福、黑旗军的全局胸怀和赤诚的爱国心。

因为当法国侵略者的铁蹄蹂躏友邦、威胁祖国南疆的安全时，任何一个身处前线的中国人都有责任、有义务挺身抗法，可法国侵略军是一支武装到牙齿的庞大军队，所以，黑旗军刘永福与越南抗法志士、援越清军联合抗法，是反帝斗争的需要，是时代的使命，因为这时国家民族利益高于一切，他们的抗法，不仅是为清、阮王朝的生存而战，更为重要的是为中越两国人民的生存、尊严而战。正是采取了联合抗法的正确抉择，刘永福才能充分发挥他的积极性和聪明才智，没有联合，就没有辉煌的胜利，当然，也涌现不了受中越两国人民景仰的抗法英雄。当时在中越边境确实还存在另外一些农军，不为轰轰烈烈的抗法斗争所动，满足于小山头的安乐，百年来又有谁去提到他们？刘永福在讨法檄文中的铮铮誓言：“为中国捍边，为越南平寇。”确实是他战斗生涯，思想感情的真实写照。

三、关于奉调回国，担任南澳总兵官问题

1885年4月《中法停战协定》签字后，百战之余的刘永福环顾嗷嗷待哺的许多孤儿寡母及遍体鳞伤的黑旗战友，何去何从，他颇费周折，所以在走、留的问题上犹豫达半年之久，刘永福及大部战友都愿意继续留守北圻山区。但是，这时的阮氏王朝已接受法国保护，越南北圻也是法国军队的天下，黑旗军的留守，肯定不容于法国军事当局；清政府对召回黑旗军也具不可或延的迫切性，因法国远东分舰队在冯子材攻克谅山的第三天即攻占澎湖，并将在台湾的军事设施迁来澎湖，有意长期占领，将澎湖建成大商业港口，既可与英国控制下的香港竞争，又可控制中国的长江出海口。法国侵略者这一着十分险恶，对清政府构成极其严重的威胁。经多次交涉，双方才达成协议，以黑旗军回国换取法军从澎湖撤走。所以，刘永福的应召回国，牵涉到国家领土的完整，有不容抉择、不可抗拒的责任和义务在起作用，而非个人名利思想作怪。应该肯定刘永福在这个关键时刻，又一次作出顾全大局的正确抉择。

刘永福的威名传遍遐迩，若留守越南边境，固然有利于延续抗法斗争，但孤立无援，能坚持多久，后来的事实已作出结论；刘永福回国为祖国海防线上增加一员威慑远近的虎将，是非得失不言而喻。何况刘的回国，义不容辞，刘的为官，从不扰民，似不应将个人小节置于国家大义之上而苛求古人。

四、关于赴台抗日、辞印、和谈、潜逃问题

1894年8月，刘永福奉调赴台帮办军务，只率6营新兵起程，可两任台湾巡抚都无心布防，刘永福一筹莫展。

1895年4月，清政府签署《马关条约》，割让台湾，是台湾沦丧的罪魁祸首。无论刘永福如何苦战，已回天无力。有几个问题，应具体分析。

（一）拒任总统问题

刘永福从自己一生的戎马生涯中得出一个明确的结论，坚守台湾，必须有内地强有力的、源源不断的支援，离开内地去搞民主国，不管是真是假，都近乎儿戏。他之所以公开宣布与台湾共存亡，是由于得到谭钟麟、张之洞等实力派的大力支持。所以，无论台南士绅如何劝勉推崇，他都不改变初衷，宁愿以“偏将”的身份帮助军务违旨保卫国土，也不愿做炫耀一时的“总统”来分裂国土。这是刘永福朴实、忠厚、重实际不贪名利优良品格的再次验证。第一次是在越南拒绝唐景崧取代越王号召抗法的建议，前者避免了对中越关系、人民友谊的无谓损害，这一次则为台湾人民做出在任何情况下都不能做分裂祖国的蠢事的光辉榜样。

（二）与日军和谈问题

经安平、新竹、彰化……几场激战之后，守岛精锐已伤亡过半，台南孤城也弹尽粮绝，携款潜逃、聚众索饷……接踵而来，强敌压境，后援无着，刘永福面临绝境。为保全部属、群众而与敌军作有条件的和谈，虽不光彩，但迫于局势，责任不在刘永福。刘永福即使发出求和信件，但最终还是趁机潜回大陆，并未向敌军投降。既然已经为挽回败局竭尽全力，就无损个人名节。因为任何将领都难以完成无法完

成的任务。可悲的是刘永福直到最后仍不明内情，哀叹“内地诸公误我，我误台民。”其实误他和误台民的都是派他担任帮办军务的清政府。

刘永福解甲归田之后，并不是做一般只管三餐饱饭的顺民，也不是做不问世事的隐士，仍然关心国家大事，仍然是一名反帝斗士，如竭力支持越南志士抗法，支持辛亥革命有关活动，八国联军入侵的紧急关头，他不顾年迈，奉召兼程北上，辛亥革命胜利后，出任广东民团总长，安定社会秩序，袁世凯签订“二十一条”卖国条约时，他闻风而动，通电反对。生命不息，斗争不止。

刘永福的一生是反对帝国主义、殖民主义，保卫祖国的一生，是中国近代史上永葆青春的英雄。

注释：

1997年10月10日，在“钦州市民族英雄刘永福诞辰160周年学术研讨会”上的发言材料。

西林教案*

西林县地处广西西部边陲，与云南、贵州交界。境内层峦叠嶂，山高林密，交通不便，人烟稀少，是开发较晚的山区。据有关志书记载，直到宋代才开始建制，属上林峒；明初改为上林长官司，隶庆远府，皆为土官世守；明神宗万历间（1573—1620年），因土官亡故无嗣，并于泗城土官；崇祯六年（1633年），境内河西六甲又为云南广南土官侬绍周所并；从此诉讼不息，民不聊生，纷纷外迁避难；清康熙三年（1664年），乃命滇黔粤三省会断，几经周折，磋商经年，终以上林长官司旧地改土归流，① 建西林县，隶于思恩军民府②，县治设于砦角村。全县辖十二甲、六十村，壮、瑶、苗、彝、汉各族杂居其间。县境东西为340里、南北为360里、至府城1100里、至省城2800里，③ 征赋民田约106顷。除设知县、典史等官员外，只有守备一员、千总一员、守卒193名。即使简陋如此，经费尚难自给。其偏僻穷困情况可见一斑。法国巴黎外方传教会不顾传教士的安危，不计后果，派遣传教士马奥斯汀（Lepère August Chapdelaine俗称马赖）潜入广西。选定这个交通闭塞、贫穷落后的山区“传教”，显然有不可告人的政治目的。

---

* 原载庚裕良:《广西人民反洋教斗争》，南宁：广西人民出版社1986年2月，第1—22页。

① 县内主要官员改世袭制为流官制，即县官由上级委派。

② 治所武缘（今武鸣）。

③ 大约根据当时盘回的山径里程计算。

一、历史背景

18世纪中叶，法国和英国经过争夺殖民地的“七年战争”（1756—1763年）之后，法国殖民主义势力受到严重的打击，丧失了全部北美辖地及印度大部分领土，野心勃勃的法国东印度公司也因而解散。但拼命向外扩张的法国大资产阶级却不甘心落在英国资产阶级的后面，千方百计地在远东寻找新的殖民地以作补偿，越南和中国因而成为它的新目标。越南被他们称为“法兰西皇冠上的一粒新明珠”，中国西南各省也被视为幻想中的“伟大法兰西东方帝国”的一部分。为了达到目的，他们挖空心思，连法国巴黎外方传教会的许多传教士，也被利用成为法国殖民事业的支柱和先锋。法国传教士在越南的肮脏活动，早已臭名昭彰。而他们之中奉命转向中国“宣讲圣教”“传布福音”的所谓传教士也是一丘之貉。

18世纪中叶，越南黎氏王朝的内讧延续多年，而农民起义的烽火也愈烧愈旺。清乾隆五十一年（1786年），阮文惠领导的农民起义，在击败郑氏、阮氏两个实权派之后，终于推翻了黎氏王朝，建立了新的阮氏朝廷。乾隆五十七年（1792年）阮文惠死，其子阮光缵继位。新旧阮氏政权又展开了争夺王位的搏斗，内讧时常是外侮的导火线。这时，在越南窥测方向的法籍教士伯多禄（Pigneaude Behaine）见下手的时机已到，而且看准了旧阮余孽阮福映是一条忠实的走狗，毅然将赌注押在他身上，极力诱迫他投靠法国，借法国势力恢复王位。他还自告奋勇，携带阮福映的长子到法国恳求援兵，而且直言不讳地向法王路易十六提出建议：

目前，在印度政治势力的抗衡上，似大有利于英国人。如果认为恢复均衡，不是一件容易的事，这看法也许是有道理的。我认为在交趾支那建立一个法国殖民地是达到这个目的最稳妥、最有效的方法。实在说，如果考虑这个国家的出产和它的埠口的位置，我们便不难看出，如果我们把这个国家占领，则无论平时战时，都可以获得最大的利益。……打击在印度的英国人的最稳妥的方法，就是摧毁它的商业——这是无论如何都要做的——或削弱它的商业。……由这样一个有利的地位，我们将不难阻碍英国人显欲将边界更向东扩张的计划。此外，还有其他的利益。虽然这些利益在今天也许不甚急切，但是在将来会更为重要。这些利益就是这个国家的天然富源以及从此建设一条达到中国中部去的商道，所将获取的莫大利益。建设通往中国中部的商道，将使我们获得那个人们不认识的国家的财富。[①]

伯多禄的建议由于全面而集中地反映了法国资产阶级向远东获取补偿，并从中摧毁、削弱英国在远东的商业活动的野心，立即为路易十六所接受，进而拟定了“东方帝国”计划。几经密谋，又由伯多禄代表阮福映和法国签订越法《凡尔赛条约》。路易十六将派兵协助阮福映夺取王位，而法国则获得土伦港（即今岘港）、昆仑岛的主权以及在越南内地的贸易和航行权。但事有不巧，1789年法国爆发了资产阶级革命，路易十六自顾不暇，无力派兵帮助阮福映。伯多禄却迫不及待，自己募兵并从法国驻印度的军官处得到援助，到越南协助阮福映屠杀越南人民，打败阮光缵，于清嘉庆七年（1802年）统一南北，号称嘉隆王。阮福映虽然获得了王位，但他却是越南沦亡的“始作俑者”，是遗臭万年的历史罪人。伯多禄的赤膊上阵，尽管受到法国资产阶级的称赞，也在世人面前暴露了他不择手段为法国殖民主义效劳的狰狞面目。铁的事实说明，“传教士”“主教”尽管在许多人的心目中，是庄严的称号，但一旦加入了殖民主义的肮脏活动，就成了一文不值的遮羞布。事实还证明，法国豢养的不只是一个伯多禄，早在17世纪初期，法国传教士便以传教为名，深入越南各地从事资源调查和政治、军事

① 张雁琛译：《1787年伯多禄主教上路易十六的奏议》，转引自牟安世《中法战争》16页。

活动，为军事入侵作了细致的准备工作，而在法国军队攻城略地的紧张时刻，传教士们更是紧密配合，有的收集、提供情报；有的唆使越南教徒从事骚扰等破坏活动，有的赤膊上阵，为法军作向导或直接参加战斗，他们一直是法国殖民主义者的得力助手。伯多禄代表阮福映签订的越法《凡尔赛条约》，虽从未获正式批准，但法国殖民主义者却始终紧握不放，当作依据。伯多禄提出占领越南作为掠夺我国中部资源的跳板的奏议，更没有因路易十六的下台而放弃。越南和中国西南各省，始终是法国殖民主义者的两个掠夺目标。这就是19世纪初期和中期，法国殖民主义者在积极吞并越南的同时，又千方百计派遣传教士进入广西等地“传教”的主要原因，“西林教案”就是在上述历史背景下产生的。

二、马赖潜入西林

1852年，巴黎外方传教会委派该会驻香港总会计李莫瓦（Lepèré Libois）为两广教区主教。他便千方百计派人进入广西。当时虽然教禁已开，但只准许在五口通商传教，严禁传教士进入内地活动。所以，进入广西的几次尝试都未得逞，只知道有几名广东籍教徒流落在广西做生意，但无固定住址。[①] 1852年，马赖（原名奥古斯特·沙普德莱纳，Auguste Chapdelaine）从法国奉派来香港，李莫瓦派他取道贵州去寻找进入广西的办法。1854年春天，马赖到贵州后，在法国传教士李翁士（Lepere Lions）的帮助下，[②] 从当地彝族教徒处了解广西西林县山区，有从贵州迁去的彝族农民，其中有三人曾经受洗奉教，其余的人常来往贵州和西林之间，和贵州彝族亲友过往甚密。马赖十分敏锐地注意到彝族农民之间朴实、亲密的情谊，可以利用。他立即在当地彝

① 巴黎外方传教会教士和为贵（J.Caènot）著《广西教史》第一章，第6页，法文本，1925年，香港版。

② 和为贵：《广西教史》第一章，第7页。

族农民中，物色同去广西西林的同伴。马赖用金钱收买生活贫困的山区农民，逐渐收到了效果，陆续有些人自愿陪同他前去西林。经过他仔细挑选，最后选中了白满、卢家两兄弟、巫老五，和一个年轻寡妇曹桂英。经过马赖积极教化，这几个人很快就受洗奉教。曹桂英受洗名为曹依立斯，很受马赖重用，将银钱开支交她管理。经过一阵准备，他们于1854年6月，打扮成彝族农民走亲戚的样子，从贵州到了广西泗城府（今凌云），随后转到西林县的白家寨，在彝族农民家中住下。

马赖潜入西林的目的，并不是宣传福音，拯救贫困山区人民的灵魂，而是谋求在广西取得立足点，以便逐步向省城（桂林）及广西各地发展。天主教南宁拉丁书院廖简生神父于1964年在明德街天主堂主教府的档案中，曾发现马赖于1855年9月在西林写给他驻香港的上司、两广教区主教的信，为他广西西林之行，提供了一些可信的线索。信是这样写的：

敬爱的教长：

请让我给你叙述有关你委托我管理的教堂的一些重要事情。正如你所想的，我向你叙述的事情是很少的。当我在罗神父家住宿时，他告诉我，他认识三个贫穷的鞋匠，后来都入了教。他们现住广西省城，并已将三人的通讯处给我。以后我当派一位传道员或者可靠的人去看望他们，观察他们是否能替教会效劳。假如不需用太多的费用，我还想叫他们前来我这里住一段时间，以便试探他们为教会做事的本领。我很着急完成这件事，因为那个省城的规模很大，最好是从三人中培养一个传道员或受洗者，这对我们的事业是有益的。当然，这一切都需要时间，也需要好的方法，而这些方法目前还未计划好。请告诉我，你是否同意办这件事，我在二三月内，当再派人到香港向你报告。[①]

马赖的第一个立足点选定西林，是由于从贵州兴义来广西，先在西林立足较为方便。从他的信中可以看出，他的目标显然是广西的省城或其他城市。而马赖的入境，既未经有关部门同意，也未经地方当局办理入境登记，因而是不合法的行为。马赖之所以要冒这么大的风险入境，绝不是出于宗教信仰的虔诚，而是为了达到某种政治目的。而法国殖民主义者之所以极力鼓励，帮助马赖这种非法的越境，则有它自己的算盘：如果马赖冒险获得成功，取得立足点后，迅速打开“传教”的局面，就可以为更多的“传教士”进入广西创造条件；如果马赖的冒险出了问题，法国就可寻找借口，向清政府施加压力，谋求让传教士入境的优惠条件。后来的事实证明，马赖的冒险入境和非法活动，为法国的军事入侵提供了条件。

三、马赖在西林的罪行

清咸丰三年夏（1854年6月），马赖穿着云南兴义地区彝族农民的服装，混在来广西西林探亲访友的彝族人群中，潜入西林县境。随后即利用彝族人民之间的各种关系，在西林的一些僻静山区以及黔桂边境的其他彝族居民点，开展所谓传教活动。他披着神父劝人行善的外

① 法国传教士马赖的许多信，原存天主教贵州教区圣彼得修道院。1877年法籍传教士桑弟格烈（G.B. Chanticlair，西林一带称他陈神父）从贵州转来广西西林县一带传教时，曾在该院档案中全文照录。这些抄件后来作为珍贵的文件传到天主教南宁拉丁书院保存。但到1962年只剩数件。现存广西通志馆资料室。

这些抄件的第一页天头，都用拉丁文（Transumptum）I注明为抄件，并写明是传教士马奥斯汀·沙德列（按：即马赖）自贵州板江或大山等地发出的信；右上角有桑弟格烈的签名；信中难以理解之处，如马赖依照当地人口语将鸦片写作洋烟（yaňt-yeñ），抄录者在信旁注明鸦片（Opiun）；信的末尾，有当时贵州教区主教李万美（Lions又译李翁士）“抄件与原件完全相符”的亲笔字和签名，并加盖贵州教区的钢印或印章；当时罗马教廷特派的法庭裁判F.M.Guichard也签字作证；最后又有抄录者桑弟格烈的签名。我们虽无法查对马赖的原信，但从上述抄录和签证的慎重情况分析，这些抄件是真实可信的。

衣，在西林一带做了许多坏事。有关这方面的记录、档案已荡然无存，幸好当地群众对这件不寻常的往事，创伤既深，戒心也大，议论不绝，历代相传，为后人留下了故事的梗概。另外，天主教传教士也留下若干记载，虽多溢美、掩饰之辞，也提供了不少线索。综合起来，有如下数端：

（一）小恩小惠拉拢群众

马赖在西林山区住下之后，第一件要务，便是驱使从贵州带来的几个彝族教徒、传教员，向当地彝族农民及山区群众现身说法，宣讲天主教义，把天主说成是无所不在、无所不能的造物主，只要信奉天主，便可以免灾消难，即使死了也可以赎罪上天堂；向群众美化马赖是天主的仁慈使者，从很远的法国来西林山区，解救受苦受难的山区农民。为了拉拢那些对信教抱犹豫态度的人奉教，马赖亲自出马配合，处心积虑地四处收买人心。如当时山区人民生活十分贫困，一有病痛，不是求神拜佛便是自采草药，绝少延医买药。马赖便乘人之危，向病者赠送一些价格低廉、疗效尚可的成药，装出一副嘘寒问暖、休戚相关的菩萨面孔，并不厌其烦地宣扬这是天主的关怀。因而，有的人心中虽然不信奉什么天主，但受人之惠，碍不过情面，只好参加了天主教，与神父、传教员虚与应付。

经过马赖和他的传教员的努力，不久在西林县的定安、常井、板坡、那满、白家寨、瑶山村等地，[1] 陆续有人受洗奉教。

（二）破坏风俗干涉婚姻

西林县的壮、苗、彝、汉族都有祀奉祖先的风俗，家设祖先神位，逢年过节烧香祭拜，以表达对亲人思念之情。马赖却将这种由来很久的风俗当作一种异端来加以反对。他认为敬奉祖先，就不能受洗入教；

---

① 和为贵：《广西教史》，第二章，第24页。

信奉天主，就不能同时敬奉祖先。他严令受洗的教徒拆除家中的祖先神位，不准上坟拜祖。因而造成许多家庭、宗族纠纷。马赖又往往纠集教徒、拉拢乡绅袒护一方，从而激怒了当地群众。新教徒白三，受洗后照例奉命回家拆除祖先神位，遭到父母及族中长辈指责，自己也觉得不能忘本，提出退教，又受马赖的斥责和压制。白三气愤不过，便联合一些要求退教的人，向县衙门告发马赖“宣扬邪教，煽动宗族不睦”的罪行，马赖因而受到陶知县的传问，但是经过重金贿赂之后，便以查无实据了案。马赖乘机和陶知县拉上关系，[①] 陶知县的贪财昏庸，大大助长了马赖的气焰。

马赖还粗暴干涉教徒子女婚姻，加之他私生活淫乱，更使群众反感。西林是民族聚居地区，男女婚姻受“父母之命，媒妁之言”的影响比较少，各族男女青年有较多的婚姻自由权利。而马赖却借天主教的“教规”加以限制，并趁机奸污女教徒。据西林定安等地的群众传说：马神甫从贵州带来一个年轻漂亮的曹姓寡妇，名义上是帮助传教，实际上是他的姘妇，马神甫并不以此为满足，他还千方百计引诱长相较好的妇女入教，时常单独和这些妇女在一起鬼混；马神甫还规定教徒及教徒子女必须娶嫁教徒，如果对方不是教徒，必须等受洗入教之后才准结婚。结婚时又要由马神甫做结婚弥撒，而马神甫往往利用这种机会奸污妇女。马赖在一封致友人的信中曾说：

……姓段的人总是迟迟不来办告解，[②] 是因为他家娶了一个不信教的媳妇。我已指出他们的错误，但我没有从严惩办他们，唯恐会熄灭这一丝微弱的信仰幼苗。我还是给他的媳妇学习教理，希望他们延长到明年才办理婚事。……傅家那个寡妇已经很久不来见我了，有人说她将嫁给一个教外的商人。

---

① 同前。

② 办告解（Cougession）即忏悔，天主教的教规规定，凡教徒心灵犯罪，就当向神父秘密作忏悔告罪，求上主宽赦其罪。

我去魏家住了四天，发现他们父子都吸鸦片烟。我给他的女儿洗礼入教，又给她母亲领坚振圣事。[①]

还有一件事，我的佣人昨天和我发生纠葛。我派他去为我筹备一星期的食物，而他却偷偷地同我以前的女佣人饮酒寻欢。我斥责他，不准他参加教会仪式，不准他走出房门。他竟立即发怒，卷起包袱走了。[②]

信中涉及的事虽不多，但确实从侧面反映马赖特别喜欢和妇女接近，连佣人都是时常寻欢作乐的妇女，其生活作风可想而知。[③]

（三）软硬兼施强迫入教

马赖急于要使西林成为天主教在广西的桥头堡，并以此为基地迅速向省城等地发展。他用一些诡辩言词来强迫群众入教。1962年我们到西林调查访问时，一些老人还能回忆他们的前辈常讥笑这个狂人的某些言词。马赖威吓群众说，如果不尊奉天主，人就无法生存，死后要沉沦地狱受惩罚。马赖对于经他多次劝说，仍然不入教的人，不论男女老幼，他都气势汹汹予以斥责。而且告诫教徒，以后不要跟不奉教的人来往。至于曾经接受过他馈赠的人，如果对入教还犹豫不决，就被骂得更凶，有时还夹杂一些威胁性的话。所以，群众对他的传教活动非常反感。

（四）包庇坏人干涉政事

马赖在西林白山寨、常井住定后，曾多次前往贵州，平时与贵州省兴义县传教士之间的书信来往以及传教、生活用品的输送相当频繁，

---

① 坚振圣事（Confirmation）天主教七件圣事之一。受洗入教后的新教使应领受坚振，以巩固信仰。一般由主教主持，特殊情况下也可由神父主持，即一面祷告一面为教徒擦圣油。

② 见马赖给友人的法文信，原件存广西通志馆。

③ 清末的封建社会，男女授受不亲，这种非夫妻关系饮酒作乐的行为是非常有违当时社会的公序良俗的。

而当时从西林县去贵州兴义，所过皆荒无人烟的深山密林，多为“绿林”[1]出没之区，如果不和他们建立关系，即使每次都付出巨额“买路钱”，也很难平安通行。所以，马赖便通过当地教徒与黔桂边境的“绿林”拉关系，不仅是来往方便和旅途安全，而且还想方设法利用“绿林”来扩大自己的势力，左右地方绅士及官员；“绿林”们也想依靠这位洋大人的庇护，一旦出了事可以在县官面前做人情。有一次，一伙土匪在拦路行劫时杀死一个妇女。事发，从广东流落来的马子农与本地的林某一同被捕，经审问供认杀人不讳，判刑斩首。“绿林”们叫林某的妻子串通教徒去向马赖求情，保证林某等出狱后，无条件为马赖卖命。马见有机可乘，便备厚礼去见姓陶的县官，经过几次讨价还价，终于成交，将林犯无罪开释。消息一传开，附近的坏人都纷纷找关系来和马赖拉线，寻求庇护，有的甚至受洗入教；而地方绅士和群众，则议论纷纷，担心地方无宁静之日。有的甚至暗中联名向巡抚衙门申诉，要求撤换贪财失律的陶知县。清咸丰五年（1855年）秋后，上级派张鸣凤为西林知县。他一上任，便秉公处理遗留的民教诉讼。并公开告示禁止外人擅自潜入西林传教，更不容借传教之名为非作歹，煽惑群众。马赖虽然不敢像过去那样，穿戴我国官员的服饰，[2]乘坐四人大轿出入知县衙门，但仍然隐蔽在教徒家中要阴谋，煽动教徒对知县不满，暗中和山区“绿林”勾结，要他们派人保护，必要时护送他去贵州。

四、马赖触律被杀

过去曾经由马赖洗礼入教，后来因不遵命拆除家中祖先神位而被斥为叛教，其侄女又因被马赖奸污而自杀的白三；鉴于马赖的行踪越

① “绿林”是群众对拦路行劫的强盗的别称。他们虽为破产农民，但不同于有政治目的的农民起义者。

② 据当地老人说，马平时多穿中国官员衣服，和为贵著《广西教史》中的的马赖像，也是一身中国服装。

来越诡秘，而新任知县颇廉洁公正，便邀一些不愿继续受马赖愚弄的人，联名再向张鸣凤提出控诉，详细列举了马赖的种种罪行。

还有一些地方绅士、村民，也纷纷联名上书控诉。新任知县张鸣凤派人传讯马赖。马赖早已闻风躲藏，张鸣凤派兵分头搜捕。在知情教徒的配合下，于咸丰六年正月二十日（1856年2月25日）在西林县城罗恭叶的后园捕获了。一同被传讯的有曹桂英、白满、巫老五、卢成保、卢英龙、卢成刚、卢成江、黄丁玉、杨思以及罗恭叶的儿子等。[①]

张鸣凤原来也只打算将马赖传来斥责一番，勒令他出境或押送到广州交给法国领事认领便作了结。但事出意外，传讯马赖的消息一传出，不少过去受马赖侮辱的妇女及其亲属，纷纷递禀帖控诉马的兽行；不少因拆除祖先神位而造成家庭不睦、宗族纠纷的有关族人，也斥责马赖宣扬邪教，败坏民俗；还有曾被土匪抢劫、伤害的人，也来控诉马赖庇护坏人，勾结坏人，扰乱地方治安等罪行。张鸣凤于是升堂审讯，但马赖傲慢自大，拒不回答提问，或是一味抵赖。当提审曾供认帮助马赖和各股土匪联络多次的白满，以资印证时，白满一见到马赖那副骄横的姿态，就反口抵赖，甚至恃势辱骂。张鸣凤一怒之下，喝令将作奸犯科、恃势辱官的白满推出斩首，同时警告马赖，应伏罪认错。马赖见白满已死，查无实证，更加矢口抵赖。张鸣凤怒不可遏，便下令掌嘴三十。马赖被打之后，大耍无赖，装死躺下，张鸣凤又下令加打五十大板，以煞住这个不可一世的洋教士的威风。

马赖被两次痛打之后，估计新县官张鸣凤最大的能耐也就如此了，绝不可能伤害他的性命。所以，当张鸣凤派人来劝他，叫他承认某些错误，就答应给予体面的结案——礼送出境。他仍然一言不发，想以沉默来制服县官，即使相持不下，将来法国领事自会出面交涉。

---

① 当时被捕人数，和为贵所著《广西教史》列10人（该书25页）；法国代办顾忌在给两广总督叶名琛的信说25人（见马士《中华帝国对外关系史》一卷），而当地群众则说张知县只是传讯、关押几个包庇马神甫，顽抗县官的教徒，而当时也许全县都凑不足二十五个教徒。

在私下劝说无效之后，张鸣凤再次开堂审问，态度比较平和。马赖却错误估计形势，他当堂大发雷霆，指责张鸣凤不过是一个小小的知县，竟敢刑罚堂堂的大法兰西传教士。如果不立即赔礼道歉，不但知县将因违背条约而受处分，就是广西巡抚也难下台。

张鸣凤压住心中怒火，仍然心平气和地审问："你擅自潜入西林传教，禁止教民敬奉祖先，难道不是触犯中国法律、破坏民间习俗？"

马赖傲慢地答道："我们来中国传布圣教，有中法《黄埔条约》[①]作依据。你们限制在五个商埠范围内传教是不符合天主意愿的。我们奉天主的意愿，有权到任何地方传教。来西林传教，也是天主的意愿，你们尽可以认为不合法、而我们认为完全合法。"

张鸣凤又质问道："我是中国的地方官，必须遵行皇上的圣旨。你超过五口商埠以外，擅自潜入西林，不向地方官登记，显然是违背圣旨的非法行为。"

马赖狡辩道："我来西林传教，是因为西林有人要求信奉天主，即使不符合中国的王法，但是，中法《黄埔条约》明文规定，对进入内地的传教士，只能就近送交法国领事，不能、殴打虐待。[②]你只不过是个小小的知县，竟敢无故关押、刑罚法国传教士，完全违犯了中法《黄埔条约》。"

张鸣凤见这个罪犯动不动以每个有爱国心的中国人都深恶痛绝的不平等条约来压人，就再也按捺不住了，惊堂木一拍，大声斥责道："胡说，我逮捕你，不仅是因为你擅自入境，非法传教，败坏民俗，更为重要的是你勾结、包庇匪徒，煽动坏人反对大清皇上，你道德败坏，违犯教规奸污幼女，造成命案！"并传唤有关人证当堂对质。

马赖在事实面前，哑口无言。但是，他仍然顽抗，垂首闭目，不

---

① 是指1844年10月订立的不平等条约。强迫清王朝同意传教士可以在五口商埠自由传教。
② 《黄埔条约》。

理会任何提问。只是偶尔冒出一句充满蔑视的回答："谅你一个小县官，奈何不了我这个法国传教士。"

张鸣凤，广东人，读书明理，鸦片战后，见国事日非，洋人贪得无厌，借故起衅的事，层出不穷，素有切肤之痛。今见马赖不过是一个传教士，既触犯刑律，还胆敢出口伤人、侮辱官员，便决心为西林百姓争这口气。"拉下去，动大刑，看他的嘴巴有多硬。"说罢便拂袖退堂。

站在两旁的公役、巡捕，眼见马赖狂妄枉法，早已怒火中烧，一听到动大刑的吩咐，立即将他拖出公堂，架上刑具，马赖不久就死于刑具之下。张鸣凤听报后，怒犹未息，传令"罪当斩首示众"。咸丰六年正月二十四日（1856年2月29日），马赖和白满的首级都被挂在城门外示众。[①] 这个蔑视中国法律、蔑视中国尊严，有恃无恐的传教士受到了应得的惩罚。

两天后，曹桂英也以帮助坏人入境，协助杀人犯逃避罪责而被斩首。[②] 其余的人都陆续释放，只有巫老五因与许多土匪关系密切，甚至与一些抢劫案有关联，案情比较复杂，关押三年后，查清案情后才释放。[③]

马赖被斩首示众，西林群众莫不拍手称快，纷纷称赞知县张鸣凤有胆有识，敢作敢为，为地方除掉一大祸害。地方绅士联合附近村民，制作了"为民除害"的金字大匾额挂在县衙门中堂，以表彰他的功绩。后来，清政府屈服于法国的压力将他革职。他离开西林时，绅民又向他赠送"万民伞"，并上书广西巡抚，为他辩冤。百多年来，西林县还一直流传着许多关于张鸣凤与马赖辩论、斗法的故事，充分说明张鸣

---

① 关于马赖的死，当地群众有不少传说，大体说他因骄横狂妄获罪；天主教编写的史书，不但百般美化他为殖民主义卖命的奴性，而且还渲染他死后的灵性。夸大某些情节来骗取教徒对他的同情和崇敬。

② 据和为贵《广西教史》第二章31页记载，曹桂英于8月1日至8日间被斩首或绞死后斩首示众，当地群众则说次日即被斩首。

③ 据同上书记载，唯独马赖的仆人巫老五坚奉天主，坐牢三年才释放。

凤惩罚马赖是深得民心的。

五、第二次鸦片战争的导火线

鸦片战争后，西方列强虽然强迫清政府开辟五口通商，大量向我国倾销商品和鸦片。但中国是以自给自足为主的农业国，购买力毕竟有限，正如马克思所指出的："中国人民不能同时既购买商品又购买毒品。"[①] 势难满足贪得无厌的西方资产阶级的要求，必须增开口岸，才能倾销更多的商品。所以，美、英、法等帝国主义者，从1854年起，就厚颜无耻地抓住中美《望厦条约》条约中关于12年后，可酌量改变某些不适应条款的字句为把柄，相互串通，一再向清政府进行全面修改旧约的交涉。要求开放沿海和内地各重要城市为商埠、降低税率、开放长江，以及鸦片贸易合法化、外国公使进驻北京，等等。这些无理要求遭清廷拒绝后，帝国主义的逻辑使他们得出"除非有一个武力示威的支持和强迫，是得不到条约的修改或通商以及贸易情况的改善"[②]的结论。他们千方百计在寻找进行武力威胁的机会。而"西林教案"和"亚罗号事件"[③] 正好为他们提供了进行武力干涉的借口。正如马克思所说：英国"挑起冲突的法律根据不能成立，拘泥于国家荣誉的形式问题也不能成立。"[④] 英国侵略者却依然打出了"为捍卫国家荣誉而战"的旗号，于1856年10月23日，派军舰进犯珠江口，悍然发动了一场"极端不义的战争"。[⑤] 由于它是第一次鸦片战争的继续和扩大，史称第二次鸦片战争。

战争一开始，英军便接连失败，但这个老牌殖民主义国家并不甘

---

① 《马克思恩格斯选集》第二卷24页。

② 马士《中华帝国对外关系史》，张汇文等译，第一卷，468页。

③ 亚罗号（Loreha Arrow），又译飞箭号，原为华人苏亚成的西式帆船，于1855年9月27日在香港注册为英国保护船，为期一年，期满仍挂英国旗来广州。内有海盗12人，被广州当局逮捕。英方出面要挟释放，两广总督叶名琛不屈，英当局以侮辱英国国旗为借口，派海军进攻广州。

④ 马克思：《中英冲突》，《马克思恩格斯全集》第12卷，第112页。

⑤ 马克思：《英人在华的残暴行动》、《马克思恩格斯选集》第2卷，第14页。

心。这时法国侵略者也以“西林教案”为借口趁火打劫，打出“为保护圣教而战”的旗号，派葛罗（Beron Gros）为专使，率军舰威胁广州。接着，美国和沙俄也派专使率兵舰共同向清政府施加压力。英法侵略者得到同伙的支持，更为嚣张，再次进攻广州。虽然由于两广总督叶名琛的昏庸麻痹，广州失守，但广州人民还是进行了一场气壮山河的“保存中华民族的人民战争”。[①]

英法等侵略者见在广州未能达到换约的目的，便于清咸丰八年（1858）三月派20余艘兵舰到天津、大沽口进行更加露骨的威胁，美国、沙俄也相继派军舰到白河口要挟清廷。五月二十日，英法强盗炮轰大沽口炮台，二十六日侵犯天津。外强中干的清王朝仓惶乞和，分别和这一群强盗签订了中俄、中美、中英、中法《天津条约》，同意增开通商口岸，应允各国公使常驻北京，英法各国商民可自由到内地游历通商，自由传教，降低税率，向英、法赔偿军费分别为四百、二百万两。

马克思在《天津条约》签订后就指出：“从政治观点看来，这个条约不仅不能巩固和平，而使战争必然重起。”[②] 接着，英法侵略者又以“换约”为名，发动新的侵略战争，残暴地屠杀津、京地区人民，并焚毁圆明园。沙俄也及时派出公使及军队，时而呐喊助虐，甚至为英法军队引路；时而出面调停，暗中压清王朝妥协，以便从中渔利。清王朝在三国强盗的挟持下，再次无条件投降，不但分别与英法交换了《天津条约》，还新签订中英、中法、中俄《北京条约》，承认割让九龙、赔偿天主教堂的财产损失，任由法国传教士在各地租买田地，建造教堂，还向英法赔偿军费各八百万两。沙俄则浑水摸鱼，趁机掠夺我国乌苏里江以东地区40余万平方公里的领土。

---

① 恩格斯:《波斯和中国》，载《马克思恩格斯选集》第2卷，第20页。

② 马克思《俄国在远东的成功》，见《马克思恩格斯选集》第2卷，第41页。

六、西林教案的性质和影响

马赖潜入西林进行非法活动，绝不是一件孤立的、与政治无关的宗教活动，而是法国殖民主义对华侵略计划的组成部分。从他在西林的实际活动来进行分析，所谓宣传教义、救济贫民、吸收教徒……只不过是进行政治活动的职业掩护。他的主要精力显然不是在“传教”，而是在纠集各种力量，扩大自己的影响，左右地方政治事务。他的所作所为，绝不是传教士所应为，而在法庭上的表现，也不是传教士的应有品格。正如清王朝政府在驳斥法方来照时所说：“今广西（在）五口之外，本系越界深入内地。如果马神甫（经）问明系佛兰哂人，① 断无不递回广东之理。况天主教既系劝人为善，何至有奸淫抢劫情事？似非传教为善者所应为，则其非为马神甫可知。”②

如果说舆论对广西有关地方官及两广总督叶名琛在和法国交涉初期，矢口否认杀死马赖，只说杀了土匪马子农的外交手腕，不表同情，却十分理解张鸣凤被迫动刑除暴的处境。作为主权国家，任何在中国领土上为非作歹的人，都应受中国法律的制裁，这是国家的尊严，人民的意愿。在萎靡不振、投降媚外的清王朝所属官员中，竟涌现张鸣凤这样秉公执法、正直不阿的知县，殊属难得。由于清王朝的投降妥协，张鸣凤有功被撤，甚至登诸京报，永不录用，但广西人民，特别是西林人民却一直传颂他高尚的民族气节。因此，“西林教案”的发生和错综复杂的交涉，都远远超出了宗教信仰的范围。它既是法国殖民主义一手炮制的战争借口，也是中国人民反帝斗争光辉的一页。

以西林教案“为导火线”的第二次鸦片战争，使法国侵略者攫取了800万两的巨额赔款以及商业方面的巨大利益，为进一步掠夺中国人

---

① 即法兰西。

② 《筹办夷务始末》十七卷，第611页。

民膏脂创造了条件。而法国侵略者也没有忘记为战争立下了汗马功劳的法国天主教传教士，不但在草拟条约时请传教士做谋士，处处考虑他们的“传教”利益，在中法《北京条约》中还特别设立第六款规定天主教传教士的利益：

应如道光二十六年正月二十五日上谕，即颁告天下黎民，任各处军民人等传习天主教，会合讲道、建堂、礼拜；且将滥行查拿者予以应得处分。又将前谋害奉天主教者之时所充之天主教堂、学堂、茔坟、田土、房廊等件，应赔还交法国驻扎京师之钦差大臣，转交该处奉教之人。

而且还任由参与翻译的法国天主教德拉马神甫等私自在条约的中文本中加进“并任法国传教士在各省租买田地、建造自便”的字句，[①] 列为正式条款。所以，第二次鸦片战争后，在我国各地活动的天主教士特别疯狂，不但用中国人民的血汗，在广西西林县筹建所谓纪念马赖的“赎罪圣堂”，还毫无顾忌地在广西各大城镇、交通要道建立教堂，甚至大量购买田地、山场和房屋出租和放高利贷。用中国人的膏脂、供他们任意挥霍和盘剥、控制穷人。侵略者的军舰、商品和传教士像洪水猛兽般涌入内地。有了这些外国军舰的航行自由、洋货倾销自由、传教自由，必然要损害中国人民生存的自由。

法国政府和它的传教士之所以如此默契，绝不是由于主政者信奉天主，而是由于他们之间的共同利益。所以，不管马赖的身份如何，从“西林教案”的起因、经过、形成外交纠葛、结局等方面进行综合分析，可以肯定法国传教士之所以千方百计进入广西并不遗余力扩大自己的势力和影响，和法国侵略者的政策是一致的，并受到其关怀和保护。所以，马赖的死，不但是法国殖民事业的损失，在某种意义上

① 马士《中华帝国对外关系史》第一卷，第695页。

说又是它的需要。正因为如此，这一小小的“教案”，才受到如此重视和充分利用。这不只是深受其害的中国人民从传教士的活动和国际交往中得出的结论，也是一些公正的法国人士的看法。例如，当时法国人吉盖就认为：

这次战争是帝国政府和英国一起发动的，表面上看起来是为了要替马赖的被杀害而进行报复；实际上当时就有人讲是为了要和我们的邻邦重建更紧密的联盟关系。这次战争整个改变了宗教使团在中国社会中生存的条件，而不这样也是不可能的。1846年（应为1844年——译者）由拉萼尼先生签订的条约保证宗教使团有权在中国存在下去；他们可以安安稳稳地进行活动，即使不完全牢靠，也至少足够使被以往迫害所中断了的事业得以重整旗鼓。……1857年的战争却向它表明，宗教使团可能具有政治目的，在18个省份里来来往往的十字架将来会有可怕的宝剑作为自己的护身符。从那时开始，这些传教士也只能被人看作是法国派来的密使。[①]

总之，“西林教案”作为我国近代史上较早的教案，尽管披着宗教外衣、以宗教纠纷的面目出现，其实充满了殖民主义的火药和血腥味。马赖根本不是为宣传福音而来，广西人民也不是反对天主教，而是反对法国殖民主义的罪恶入侵。由于清王朝的昏庸腐败，这次斗争以失败告终。随着法国巴黎外方传教会传教士活动范围的不断扩大，广西终于沦为法国殖民主义的势力范围，传教士竟成为“逢官高一级”的特权人物。直到新中国诞生，人民真正当家做主，才彻底改变了延续近百年的不平等状况。历史事实证明，只有在政治、经济上获得自由，才谈得上宗教信仰的自由。

---

① 吉盖:《1858年和1860年签约后的法国在华政策》，第27页，转引自中国近代史资料丛刊《第二次鸦片战争》(六)，第178页。

1960年秋，我有幸参与广西壮族自治区通志馆中法战争史调查研究工作。无论是检阅史籍或是访问群众，都发觉在中法战争这一历史事件中，时常出现法国传教士的影子。有的虽然出现在战前数十年，但与法国对远东的侵略部署有关；有的出现于法军叩关之际，更是内外呼应，通同一气；即使出现在战后十数载，仍然带有浓郁的火药味。无情的事实证明，这些温文尔雅、道貌岸然的传教士中的许多人，干了许多不光彩的坏事，使广西人民受了不少苦难。

将这些长期掩盖在宗教外衣下，尚未引起人们重视的帝国主义以宗教为工具的侵略活动和广西人民反洋教斗争的内幕充分揭示出来，对于深入研究广西近代史、近代宗教史，并从中吸取教训，无疑是必要的，因此从1964年起便着手收集、整理这方面的史料和口碑资料，直到1981年才有机会来继续执笔。

本书的编写，曾参考了区通志馆60年代的一些调查资料、有关“教案”和天主教传教士在广西的活动记述，法国传教士的专著、回忆录、函牍等，也吸收了前人有关“教案”的研究、统计成果。

贵县三板桥教案*

一、贵县成为传教基地

贵县古名布山，位于西江之滨，是广西开发较早地区之一。秦始皇于公元前200多年统一岭南，设桂林郡时，布山即为郡治所在；汉王朝平定岭南，改三郡为九郡，布山仍为郁林郡郡治。据传马伏波南征交趾，也由布山经钦州渡海。布山是当时重要的军事基地。因此，贵县不但为历代州郡治所，而且是兵家必争之地。清同治十三年（1874年）后，成为天主教在广西的基地之一，当然不是偶然的巧合。

法国传教士虽然在法国殖民主义者坚船利炮的掩护下，通过中法《天津条约》《北京条约》取得了进入内地传教、建教堂以及购置田产的特权；但在民情强悍的广西，对他们说来，仍然是难以涉足的禁区。清咸丰末年,（1860—1861年）法国巴黎外方传教会不顾一切，严令贵州主教派杨司铎[①]到西林了解情况，想趁机恢复在西林的传教活动。他虽然与马赖不同，有了合法的身份，可以大摇大摆进入西林。但西林的教徒们却心有余悸，唯恐再来一个主宰一切的“马神甫”，不但使已死的祖先不宁，而且弄得家庭不睦、四邻不安。除个别一直靠教会接济的老人以外，都坚决表示不再信教。杨司铎只得摇头叹气地退回贵州，以后虽然不断派人来西林活动，却没有什么进展。正如和为贵在《广西教史》中所说：“根据中法《北京条约》第六款规定，许可法国传

* 原载庾裕良:《广西人民反洋教斗争》，南宁：广西人民出版社1986年2月版，第23—33页。

教士到全中国境内传教、建立教堂房舍、购买土地，但这些有利条件，在广西长期以来都是一纸空文。”[①]

1867年，两广教区主教居勒敏（Mgv. Guillemin）向罗马梵蒂冈教皇建议单独成立广西教区，派主教主持广西教务。1868年，法国巴黎外方传教会派法国籍传教士梅希满（Le Pene Mihièr）为广西教区主教。他虽然煞费苦心，但却从未进入广西一步。1870年，法教士巴先（Le. P. Bazin）奉派到西林察看情况，设法建立新的传教点。他虽然出重资将一些表示愿意奉教的人收容到常井村养起来，并由教会出钱，教徒出面在附近建屋、买田，专供愿意奉教的人居住及耕种。并通过各种关系去暗中讨好地方官员、绅士，不久又在西林县城买得一间房屋。

与此同时，梅希满又派在广东传教多年的法籍传教士富于道（Le Père Foncard）设法在梧州取得立足点。富于道费尽心机托人在梧州买得一间房屋[②]但一经宣布是天主教会购买，将作建教堂之用时，卖主便提出异议，向地方官提出诉讼，梧州知府乘机将房屋查封待处。富于道见无法立足，便改变主意，从越南北部找到关系进入灵山，又通过灵山山区瑶族的关系到上思十方山区的米强落脚，再分头深入上思县城和贵县县城建立传教点，[③]逐步吸收教徒。清光绪元年（1875年），法籍传教士芍理（Pere Jolly）任广西正权主教，富于道为副主教之后，贵县和上思县便成为天主教在广西两个重要基地。接着富于道又把法籍教士司立修（P. Chouzy）从贵州调来贵县协助他管理教务。他们以这两个基地为中心，逐步向崇左、宁明、龙州、武鸣、南宁、桂平、玉林、武宣、柳城等地扩张。据法国传教士陆文思（F. La-bully）的统计，[④]清光绪四年（1878年）广西教区已有教徒508人，其中灵山350人，上思的十万山区100人，贵县41人比前数年只能在境外徘徊的情

① 和为贵:《广西教史》第10页。

② 同上，第8页。

③ 见和为贵《广西教史》第12页。《中法超南交涉档》37条第62页。

④ 见陆文思《广西南宁教区开教而史》，由南宁天主教廖简生神父圈译，原件及译文均存区通志馆。

况，有了较大的进展，所以富于道在写给他的主子法王拿破仑三世的信，得意地吐露了许多真情：

……我们这些传教士，能进入这个长期封锁的中国传教，完全靠着1860年签订的条约，[①] 靠陛下的关怀和法驻北京公使馆的调停和监督条约的忠实执行。……的确，往往由于中国人对条约不够忠信，给我们的事业带来严重的损失。但也不能否认，由于有了传教特权，我们的教徒人数在逐日增加。因此，那些违犯或不执行条约的事，也能变成好事，它能催促我们法国去寻找争取中国人回头的办法。……由于陛下英明的督促，使1860年签订的条约，能按时得到审核，这将是使我们法国强盛的好时机。……我们将始终努力使他们都成为教徒。到那时，他们必将更忠于执行签订的条约。我们的教徒已经在爱护法国了，由于法国给他们带来自由。[②]

贵县这个天主教的传教基地，就是在这种想“使中国人都成为教徒”，更想“教徒更爱护法国”的传教士们的精心筹划下建立和发展的，几年功夫，传教士就在县城、桥圩、三板桥、木格，东津、大乌洞等地建立了教堂或传教点。贵县县城的教堂还取代上思教堂成为广西的天主教传教中心。为了收买人心，吸引更多的人信教，教堂还附设小学、幼儿院、赠药站等慈善机构，形成了一股咄咄逼人的声势。尤其是光绪三年（1878年）3月芍理病死于巴黎，由野心勃勃的富于道，接任广西正权主教，主持广西教区的工作。他在赴贵阳接受李翁士主教（Mgn Lions）的祝圣之后，先后从法国等地调来六名传教士。他本人则奔走于桂林、广州、北京、上海之间。后来，活动在桂林建堂传教的事情再次失败，才无可奈何地决心先从贵县做起，并且使贵县实际上成为广西的主教府。

① 指中法《北京条约》。

② 着重点是引者所加。原信由廖简生神父翻释，原件及译件均存区通志馆。

二、时代背景

法国殖民主义者对越南的吞并，可以追溯到18世纪中叶，而大规模入侵则始于19世纪中叶。他们在基本上巩固对越南南方的控制以后，便向越南北部蚕食，并妄图以越南北部为跳板，攫取我国西南各省资源。因此，法国侵略军的北侵，对广西的安全，造成了直接威胁。援越抗法是全中国人民的意愿，而广西人民则更为迫切。正因为如此，先后发生了黑旗军1873年12月21日的河内罗池大捷和1883年5月19日的河内纸桥大捷。

黑旗军原是广西天地会起义军的余部。太平天国起义后，刘永福组建黑旗军，转战在桂西南各地，曾给清王朝在桂西地区的统治以沉重打击。太平天国失败后，无力抗拒清军的围剿，被迫避入越南西北部山区。由于部队成员绝大多数是广西边境的破产农民，所以，虽然漂泊异乡，仍与广西人民血肉相连、祸福与共。黑旗军的奋起抗法，实际上体现了广西人民援助越南兄弟、保卫家园的迫切要求。尤其是清军出关，援越抗法的局面明朗化以后，广西军队奉命出关者日益增多，全省各族人民都从人力、物力、财力等方面支援前线，广西成为援越抗法斗争的第一线。人民群众耳闻目睹法国侵略军在越南的暴行和行将侵犯广西南部的种种阴谋，抗法情绪日益高涨。

与此同时，广西的法国传教士也在紧张的活动。他们有的为法国侵略者收集清军的装备、兵力、供应、调动等方面的军事情报；有的暗中拉拢、收买坏人，从越南偷运军火入境，阴谋扰乱清军后方；有的挑拨离间，煽动教徒传播谣言，破坏援越抗法的正义事业。加以当时的西江，是担负运送军用物资的主要干线，很多从中原各省支援前线的军队、军火，粮秣、军饷等，都经西江运达南宁，然后沿左江运至龙州及鸭水滩，转运入越南。而分布在西江沿岸各传教点的法国传教士则乘机进行各种破坏活动。“贵县三板桥教案”以及下章的“上思教案”，便是这场特殊斗争的一环。而法国吞并越南，危及广西人民的安全，则是这两次教案的时代背景。

三、法国传教士在三板桥的罪行

三板桥，是贵县八塘附近一个小村庄。早年由于水源不足，少数水塘沟渠多控制在豪绅富户手中，贫苦农民大都靠畲地维生，生活十分贫困，这是善于乘人之危的天主教传教士来这个偏僻村落传教的原因之一。

天主教于光绪元年（1875年）在三板桥设点传教，并建立教堂。[①]最先建堂的神父的姓名，人们已经淡漠，但以后常来的传教士中受人议论最多的有司立修、罗惠良（J.M.Lavest），以及常驻三板桥并作恶最多的伯业（P.Pernet），又被称为李神甫。他们所犯下的罪行综述如下：[②]

（一）出租放债重利盘剥

罗惠良和伯业都十分势利，精于打算。他们初到三板桥时，见农民十分贫苦，无心理会信教的事。便趁机提出：“只要虔诚奉教，天主教就为穷人提供贷款，对于患病的老弱妇孺，还无偿赠送药品和救济款”，因而入教的人有所增加。为了进一步收买人心，传教士又提出购置田产来帮助缺田耕种的教徒，于是由传教士暗中出钱，由教徒出面，在本村及附近村庄购置田产。另外，无力偿还教堂债款的教徒，也逼迫他们把抵押的田地作价卖断。后来，罗惠良转到别处传教，由李神甫（伯业）主持三板桥的教务，他见已经在三板桥站稳脚跟，便借口

---

① 和为贵：《广西教史》记载为1875年。笔者在该村江杨氏家见到从打教堂时拾回的匾额左上角一行“光绪兀年×月吉日”的小字。当时辨认为“光绪九年”，现结合和为贵的记载考证，“兀”字，应为“元”字。

② 本节资料主要依据陆文思：《广西南宁教区开教简史》《贵县县志》，和为贵：《广西教史》，以及笔者在贵县及三板桥的实地调查资料（部分选入《中法战争调查资料实录》）。

经费困难，决定提高地租和利息，而且教堂的地租是“硬租”，不管天灾人祸，都要如数交足，不得拖欠减少。他还在每年青黄不接时，大放青苗，[①] 这样，仅几年时间，很多人的田地都作价卖给了传教士，成为佃户，而李神甫则成了当地最大的富户，拥有田地百数亩，放高利贷数百担（谷）。如果有人稍有不满，他便用夺佃等手段给予惩罚。

（二）强迫教徒改变风俗

贵县的居民，都有敬奉祖先的风俗，不但家中设有祖先神位和贡桌，每逢家中长辈逝世也请道公打醮超度、送葬，并砌坟立碑。但李神父却认定教徒只能信奉天主，不能再奉其他神灵，强迫教徒将家中的祖先神位、贡桌拆除，改挂圣母、耶稣像。教徒的家人逝世，一概不准照当地习俗请道公打醮，而由神父做弥撒。砌坟立碑时只能将墓碑立在死者头顶，不准立在脚下。群众称这种做法为“倒转埋，故意使死者在阴间受罪”[②]，三板桥及附近各村的群众对李神父的专横跋扈非常气愤。

（三）阻止群众参加援越抗法活动

自从清光绪八年（1882年）清廷命广西部队出关援越抗法之后，西江的军运任务，也随之繁忙。地方官员，不时从贵县征调民工到江上协助搬运或参加牵缆，人来人往，川流不息，入越各部队也不时来贵县竖旗募兵以补充缺额。[③] 清光绪九年（1883年）秋，贵县又奉命募兵，知县委托团总李亚英主持其事。只要报名入伍，就可以领到一笔安家费，故应征的人颇为踊跃，其中也有教徒子弟应募。传教士便利

---

① 放青苗，是一种十分苛刻的剥削。即当禾苗已包胎之时，乘农民缺粮，将存粮高价出售将粮款折夏收时的便宜粮价借给农民。一个多月时间，往往获利近倍。

② 无论道公打醮或神父做弥撒，头顶石碑或脚踏石碑，都是迷信性习俗。土迷信当然并不比洋迷信好，反之亦然。但既然是群众的习俗，只能说理劝导。外国传教士强迫教徒（他们首先是中国公民）改变自己的习俗而执行天主教的教规，它的性质就有所不同。

③ 兵员不足是当时清军普遍存在的流弊，一营兵员原定400人，但平时往往不足300。要等待有战斗任务时，才临时募足应战。

用做弥撒及家访等机会，向教徒散播谣言，说什么法国人是世界上最讲良心、最有教养的人，他们见越南人生活太贫苦，才不惜耗费巨资，帮助越南消灭土匪，过幸福生活，中国人不应该干涉越南的事。他们还吹嘘：法国军队拥有世界上第一流的武器，所向无敌。越南土匪不堪一击，即使中国军队去帮助，也只是白白送死。法军的大炮，射程数十里，最坚固的城墙都经不住一炮，何况是人。你们应好好管教子弟，不要多管闲事，不要去越南送死。一些见识少，不大明白事理的老人，听了这些恐吓的话，便拼命拉住家族中的青年，不让他们报名应募，也不让他们参加支前活动。有的青年知道是李神甫在暗中搞鬼，便相约去提出质问。而李神甫神气十足，不但不认错，还对一个名叫江三开的青年进行人身污辱，甚至用赶他家老人“出教”、收回教堂的水田相威胁。江三开很有骨气，不信那一套，毅然和几个好友离家投军。他们一到招募新兵的团部，便将在家受法国传教士欺侮的情况向同伴们倾诉，也谈到李神甫平时在三板桥的种种恶行。这些年轻人顿时火冒三丈，共同商议在出发之前，为家乡做件好事，去找李神甫“算账”，[①] 煞煞他的威风。

四、教案的经过

清光绪九年九月初五（1883年10月5日），新投军的江三开在数十个同伴的支持下奔向三板桥找李神甫评理，当他们说说笑笑走到三板桥时已是夜深人静，但教堂内仍然灯火通明。[②] 李神甫正和他的助手们忙于核算秋收账目。一阵急骤的拍门声，打乱了教堂内的如意算盘，甚至带来几分惊慌。经过打听，他们才知道是江三开带人回来找李神

① 当地群众的口头语，含有辩论、质问、教训一顿的意思。教案经过《贵县县志》有简略记载，可惜不详。

② 教案发生的时间，当地群众说是光绪十四年，《贵县县志》记为光绪八年，天主教神甫的手稿则记为1883年10月6日（光绪九年九月初五）。结合其他记载考察，以1883年10月5日较确切。

甫评理，李神甫自知理亏，有些话根本不能在公开场合解说，加以他做贼心虚，唯恐半夜开门会发生意外，便叫佣人们紧闭及守住前后门。他自己则持短枪上楼，观察外面动静。

这一群带有几分火气的青年，见进不了教堂，便在墙外向李神甫提出质问。李神甫见话柄被人抓住，唯一的办法就是抵赖。他不但将为法军张目等各种谎言推得干干净净，还将自己打扮成从来不过问政事的虔诚教士，劝说新兵们立即归队，不要为江三开所捉弄。可是，他的诡辩，立即受到江三开等及闻讯前来看热闹的人们的反驳，有的过去受李神父欺凌的人，更是慷慨陈词。平时骄横成性的李神父，忍受不了这种从未见过的责斥和奚落，立即撕去假面具，气势汹汹向围观的人群宣布：限三分钟内离开教堂周围，否则，就以盗贼抢劫教堂报官。他为了增加自己的命令的分量，还朝天放了两枪。他以为只要一提到报官，一开枪示威，群众和新兵们便乖乖散去，但事实却恰恰相反。新兵们一听到李神父恃势压人的狂言，一听到吓人的枪声，便怒不可遏。有人大声叫喊："法国鬼的机枪、大炮尚且不在话下，还怕教堂几支破枪？兄弟们，冲进去缴他的枪，不准他在这里横行霸道！"人群一拥而上，破门而入。李神甫见大事不妙，急忙将手枪藏入厕所，自己钻到床底。当群众把他从床底拉出来时，他虽然满口承认过去的不是，但要他交出枪支时，他又抵赖说，教堂从来没有枪，传教士劝人行善，也用不着枪，刚才两声巨响，不过是燃放两枚纸炮。直到群众在教堂佣人的示意下，从厕所中找出手枪，李神父才哑口无言。愤怒的人群的注意力这时却从手枪上转移到大厅里的各种账簿、借据上面。真是仇人见面，分外眼红。有人提议将它烧掉，有人提议向李神甫索回血汗，要他将租谷、利息谷、青苗谷等退回农民。一呼百应，得到了大家的拥护，立即鸣锣会众，开仓分谷，天明不久，数百担谷子，全部分完。但群众怒气未消，提出这座教堂也凝结着村中群众的血汗，立即有人动手翻瓦拆墙，半天工夫，教堂成为平地。

一切事情都办完了，新兵们才将李神甫连同缴获的手枪一同送县衙门审理，但昏庸怕事的知县焦肇骏，害怕开罪洋人，让衙吏推说外出未归，而不予受理，新兵们只好转送给团总李亚英法办。

李亚英为人正直，勇于任事，平时颇能为乡里说话，对李神甫的横行霸道，时有所闻，只是力薄势单，不便出面。今见李神父居然公开阻挠青年应募，开枪威胁群众，村中父老自动起来分谷拆堂，扭送法办，团总应为乡里撑腰。于是将李神甫暂时看管。一面向县官请示，并派人劝告李神甫到县城教堂暂住，待众怒平息后，再秉公处理。但李神甫却有恃无恐，态度蛮横，坚持赔偿损失，惩办凶手等无理要求。李亚英深知洋人怕群众的奥妙，便叫人放出风声，说三板桥绅民要求将李神甫押回三板桥审理，可能以武力拦劫。李神甫立即改变态度，要求悄悄护送出境。李亚英乃示意看守的团丁放松监视，安排两个教徒暗中陪同他乘船东下，从广州出境。而伯业（李神甫）一到香港，便大肆吹嘘他坚守岗位，打算为天主殉道，又诬蔑三板桥群众是匪徒，几次要杀害他，幸而虔诚祷告天主，感动了看守，才得逃脱，[①] 因而被巴黎外方传教会捧为活着的马赖。

由于当时法国传教士这一类的活动不是个别的行动，几乎带有普遍性，因而在贵县木格、飞上坪、东碑、沙塘以及玉林、桂平、武宣等地，都发生了驱逐传教士出境，或攻击教堂等事件。可是，这些传教士们却颠倒是非，将广西人民的正义行动诬为野蛮行为，说在广西发生了“教难”，将这一群维护法国侵略者的所谓传教士描绘成受害者，显然是不符合历史实际的。

贵县三板桥教案之所以破天荒没有被侵略者用作入侵口实，引起交涉而无声无息地结束了，那是由于它发生在中法之间已兵戎相见的年代，它已失去作为挑起事端，进行要挟的条件。

---

① 见和为贵《广西教史》关于三板桥“教难”的叙述。

上思教案*

一、法国传教士在上思的活动

法国传教士富于道奉天主教广西教区主教梅希满的派遣，通过灵山、防城的瑶族教徒，在上思米强立定脚跟之后，便积极经营这个山区瑶寨，除千方百计笼络这里的数户瑶族居民之外，还通过他们将附近各山寨的瑶族山民拉来奉教。米强不但成为天主教在广西的第二个突破口，而且成为他们一直十分重视的老基地。原因固然很多，而上思对法国侵略者说来，具有十分重要的战略地位则是主要原因。

上思州地处广西边陲，十万大山纵横州境，山高岭峻，径杂人稀，南有八隘与越南相通，北有栈道直达南宁。不但常为宵小渊薮，劫杀无常，更为入越通道之一，边界两侧人民交往频繁。故早在唐代，即从边防着眼，建上思羁縻州，属邕州都督府，宋属左江道，元属思明路。明弘治年间（1488—1505年）才改设流官。清初复建上思州，属南宁府。清军三次入越用兵，都经上思并倚为基地；援越抗法战争期间，上思州成为广西前沿，成为军需供给、转运重地；战后，法军临境，边防日急，改隶太平思顺兵备道，列为边防要地。

米强正处于这个要地南端，是十万大山之巅的一个瑶寨。南邻越南，有许多小径可通，北近南宁，采购物品、探听消息都还方便。而周围数十里山菁林密，人迹极少，只有十数户瑶民散居其间，刀耕火

* 原载庾裕良:《广西人民反洋教斗争》，南宁：广西人民出版社1986年2月版，第34—45页。

种，采猎维生。对心怀叵测的传教士说来，显然是理想的基地。所以，富于道如获至宝，决心大力经营好这个隐蔽而位置优越的基地。

（一）精心经营米强

最初，富于道带来专款，为瑶民搭盖、修理茅屋，购买杂粮，帮助度荒，还从外地买来药品，无偿为瑶民治病，甚至买工具、买种子，帮助瑶民发展生产，这一连串的“关怀”和“无私援助”，使这些世代被人遗忘，受人歧视的朴实山民，受宠若惊，不但全家奉教，还走亲访友，成了富于道的义务传教员。有的慕名迁居米强，有的就地设立新的传教点。米强很快成为一个初具规模的山寨，开山取石，伐木盖屋，不但建成一座墙身高厚，开有枪眼的牢固教堂、教士住房，还建造不少牢固民屋，供新来或路过人员居住，米强已成为当时天主教在广西的传教据点，更是一个隐蔽的军事据点。米强实际上只有少数妇女、老人依靠天主教传教士的周济从事简单的生产，维持简朴的生活，这里的青壮年男子，经常在为富于道奔波，不是陪同到附近“传教”，便是帮助教堂购买、挑运物品、送信、接送客人等。他们的生活开支由教堂包支，家有困难，也会由教堂“救济”，生活上无虞。不少为非作歹、打家劫舍之徒，也纷纷前来受洗奉教。米强及其附近，居住的都是受命于富于道的人，就是富于道去县城办事，也由这些人前呼后拥，威风十足，群众不敢过问，连关卡也畏惧三分，他们也赖以横行无阻。

（二）建立教徒村庄

富于道除将米强山区变成清一色的教徒山寨之外，还充分利用这些人的亲戚、朋友向外拉关系，不久又在那蒙、功德等地接受教徒，发展教徒，并在这些村庄购买水田、鱼塘、畲地、山场等，廉价出租，拉拢附近居民，或将收入所得补贴为教堂效劳者的生活。经过富于道等人的软硬兼施，大力经营，这里也成了全村奉教的教民村。村中一切活动都受传教士控制，村中的人也仰伺富于道鼻息，甚至无条件维护教堂的利益。不信教的人无法在村中立足，附近各村的人，也要看教徒村人的脸色，有的人迫于生活或其他原因，也就设法受洗奉教，于是，形成了一股不可忽视的地方势力。

（三）在上思州城建立教堂

富于道以及接替他的司立修在山区及部分平原地区村庄站定脚跟之后，便通过各种关系，向州城扩张。在他们高价收买下，州城陆续有几个商人、绅士和流氓散仔入教，但一提到买地建立教堂，则反应冷淡。后来几经周折，终于以教徒的名义，高价向李家买得屋地一幅，但一提出属于教堂产业，计划兴建教堂时，群众议论纷纷，连州官和有影响的绅士都私下出面干预，李家也因某种嫌疑案受牵连而涉及房产，后来，传教士通过本地富绅田有秋等向各方赠送厚礼，才使这桩房屋买卖成功。于清光绪元年（1875年）备料兴建，次年完工。[①] 坚固宽敞，高耸的钟楼，是州城中视野最宽的堡垒。如果说米强山顶的教堂是天主教在广西第一座教堂的话，那么，广西教区副主教富于道经营的上思州教堂则是广西第一座主教府。

二、上思教堂成为暴乱指挥所

在中法两国兵戎相见的年代，法国传教士在中越边境上思州的活动，也纳入了法军的侵略计划。随着法军在越南北圻军事进攻的加强，传教士们在援越清军的后方的各种活动也日益活跃，以各种方式，直接威胁清军的供应基地，使清军首尾难顾。[②] 所以，这一时期，不但广

---

① 和为贵《广西教史》记上思教堂于1875年兴建，1885年被群众捣毁，当地史籍志书未见记载。笔者在上思调查时，当地老人相传，先辈曾见教堂正梁有“光绪五年吉日”字样。

② 参见凌彝铭函，见《徐延旭来往函犊》八册，第29页。又倪文蔚函，同上者，三册，第30—31页。

西教区主教富于道坐镇上思教堂，他还将赖保理、周绍良、马若望、苏西叶等人都调集到上思活动，占当时在广西“传教”的七个法籍教士的百分之七十。这么多传教士集中到上思，是出于传教的需要或是出于对越南法军攻势的配合？事实是最好的说明。

自从清军应越南阮朝政府的请求，出关支援越南军民抗法以后，上思州即成为支援出关清军的基地。很多武器弹药、粮秣用具等大批军用物资，都经上思源源入越。又因当时运输工具落后和缺乏，这种巨大的运输工作，大部分靠人力和马驮完成。因此，上思州的很多青壮年男子都投入了紧张的支前运输工作。还有相当数量的人随军入越，作些辅助工作，各地都呈现一派支前抗法的激昂气象。这些法国教士看在眼里，急在心头，再也顾不上伪装和身份，利用各种宗教集会，大肆散播谣言，妄图扭转抗法局势。他们常用的手法是胡说越南遍地是土匪，越南王懦弱无能，人民生命财产无保障。法军应越南政府的请求，派军协助越南王消灭土匪，保护人民。但清朝皇帝却派兵去帮助土匪打法国军队，法军固然要和清军打，越南老百姓也要和清军打；而法国军队是世界上武器最好、最强大的军队，清军扛着大刀、破枪上阵，十去九无回，你们千万不要让自己的子弟去越南送死；法国人和法军都信奉天主，这次帮助越南教友打异教徒，是依照天主的意旨，帮助他们消除灾难。因此，很多法国神父随法军做祷告，做弥撒。你们千万不能帮异教徒来打自己的教友，谁违背天主的意旨，就会受到惩罚。这些别有用心的宣传，在一般群众中虽无什么影响，但在教徒或和教徒接近的群众中却有一定的迷惑力，造成不良影响，严重干扰了支前工作，这是他们大活动的一个方面。另一项更为严重的活动，便是积极组织军事暴乱，扰乱清军的后方。上思州地处中越边境，历来是邻近各县流氓惯匪啃聚之所，他们打家劫舍，出没无常，一直是地方隐患。富于道一伙，为了扩大势力，曾收罗三教九流之徒，并由他们拉线和这些亡命之徒勾结。传教士为他们提供武器弹药及庇护所，他们则听从传教士指挥；平时做传教士左右地方政事的后盾，在战时则趁机袭击清军的供应线，以配合北圻法军的北侵计划；必要时，还可拉队入越，由法军支持，骚扰中越边境。因此，他们之间的活动相当频繁，匪徒们到米强、那蒙教堂寄宿、联络，固是常事，传教士们到广东、越南活动，由匪徒们随身护送，更是司空见惯。有的匪徒，运送枪械赃物，只要打着传教士的旗号，群众无权过问，关卡也不敢盘查。对这种极不正常的状况，关心地方治安的人，也只能暗中着急。

清光绪九年十二月初七日（1884年1月4日）中午，法国传教士周绍良、马若望率领教徒数十人，将从防城偷运入境的武器数十担，运来上思，一部分运到教徒家存放，一部分运入上思教堂。周、马二人亲自押送的数担军火在进城门时，不准守卡的清军检查；第二批十余担进城时也声称是传教士的私人行李，不准旁人过问。守卡士兵见他们前呼后拥，持枪护送，心中生疑，于是向都司岑国祥报告。岑国祥据报，心想可能有人已把军火运进了教堂，考虑到上思教堂近来又将围墙加高加固，在四角加修炮楼。而城中守兵不过数十人，因此不敢贸然去检查教堂，只好飞禀上思州知州张垲。张垲也以事关重大，不敢擅自做主，一面派千总傅起鹏带人到城外各处暗中调查，摸清“教徒”的情况。[①] 一面派人报告南宁知府何昭然和左江镇总兵刘光裕。上思的正直乡绅和群众对传教士这种无法无天、侵犯主权的罪恶行径，早已议论纷纷，暗中提防。今见官兵察出线索，更是群情激愤，纷纷要求搜查教堂及各教徒村庄，没收武器，将传教士驱逐出境，将为非作歹的匪徒法办，如果官府怕引起外交纠纷而受上宪责难，可以由各乡的团丁来对付，为地方除害。[②] 上思州知州张垲恐怕事情闹大，自己的乌纱帽难保，只好劝告各乡团总，暂时按兵不动，自己急忙赶往南宁府，向知府何昭然面请机宜，并补充报告近日来陆续发现传教士在夜间派人四处探听情况，白天又令教徒将辎重分运各处，据传富于道将亲自

---

① 左江镇总兵刘光裕给广西巡抚徐廷旭的禀报，见《徐运加来往函牍》九册28-32页。

② 见《徐延旭来往函牍》九册28-32页。

率领上思各地悍匪到越南支援河内法军等情况。[1]何昭然、刘光裕鉴于南宁府城只有守兵四百多名，时届年关，各隘卡都需派兵防守，一时难以派兵支援上思，所以，他们又飞禀在龙州督兵的广西巡抚徐延旭，请求火速决策并派兵支援。

三、群众是真正的铜墙铁壁

徐延旭在广西为官多年，从知县擢升巡抚，其间曾任太平府知府，多次办理越南事务，熟悉边情。清光绪九年（1883年）法军陷越南南定，越南阮氏王朝向清廷求援，徐延旭以广西布政使率兵出关援越，曾驻越南谅山督师，旋升任广西巡抚，又常回龙州兼顾省内。

正当法国侵略军攻占越南山西、切断了出关清军东西线的联系，堵住西线滇军门户，集中兵力围攻驻守北宁的桂军的关键时刻，法国传教士在紧紧靠近桂军后方的上思州勾结土匪滋事，作为广西巡抚及全军统帅的徐延旭清楚事件的严重性，正如他在向清廷的奏折中所说，……臣查上思州地方，接壤越南之广安省。法人不得逞于北宁，日久旷持，势成骑虎，到处勾结教民为铤而走险之计，原在意中。该教匪等若只于出境助贼，为害犹轻，若勾引匪徒滋事内地，为害实非细故。”[2]

他在接到禀报之后，立即命南宁知府何昭然、左江省总兵刘光裕，派原驻扎上思州的抚标左军前营参将周天意一营，协同上思营都司岑国祥所部，加强侦察、严密防守，一旦有事，及时飞报。他还从较近的思恩府（治所今武鸣）调都司王兰富一营，赶到南宁候命，以便需要时由刘光裕率领前往增援。调动的令函刚刚送发，他又联想到上思地势险要，情况复杂，山高林密，悍匪哨聚，既然早已内外勾结，现在

① 《广西巡抚徐延旭奏教堂勾匪滋事法人窥视北宁折》，特引自《中法战争》五册第276-277页。

②同上。

外患日急，内乱势在必发。王兰富一营只在南宁候命，一旦有事，恐应援不及，又改令王兰富立即率部赶赴上思，[①]又令张垲迅速集中各地民团，协助防军放哨守卡，严防匪徒窜扰。再募新兵二百名，充实防营。并函倪文蔚及巡抚衙门，请他们及时派兵弹压，确保后方的稳定。这时刘光裕也唯恐事体扩大，难以收拾，于是加派参将肖荣升赶往上思州，专司探报，以便及时了解情况，采取相应措施。

桂林巡抚衙门接到何玉林（昭然）、刘光裕的禀报之后，也十分着急，立即从浔州府调一营赶往上思州增援，[②]又令刘光裕屯一营于南宁候命，随时增援上思。

上思教士勾结土匪滋事的问题，由于上思州的群众不断送来请求派兵堵剿，以免事体扩大，影响前方士气的禀报，使徐延旭坐卧不安。他深知北宁局势十分危急，上思不能再出问题，必须有足够的兵力压境，才能消乱于未萌。于是他命从梧州府调往关外参战正在途中的参将姚大英一营，千总邱世朝一营，折回上思州，协同弹压；再派副将李云梯添募一营开往上思，统一指挥上思各军；又命太平府、宁明州、龙州厅各募一营，严守地方要隘，查缉越境匪徒，防止教匪窜扰，必要时支援上思州。[③]甚至他们还考虑将左宗棠奏调支援前线的王德榜八营，暂屯龙州、太平，顾全后路。

徐延旭以及南宁知府何昭然，总兵刘光裕等人一系列调兵遣将的防范措施，得到清廷的认可。

光绪十年正月二十二日奉上谕："徐延旭奏教堂勾引匪徒滋事，法人窥犯北宁，现经添营备御……一折，览奏均悉。上思州地方，与越南接壤，该处教堂，勾引匪徒，不服盘查，且有教士带匪徒赴援河城

---

① 《徐延用来往函犊》九册，刘光裕复函。

② 凌彝铭信："至上思州教士滋事一层，……已饬拨调浔州府一营赴南宁，前往帮同弹压。"《徐延旭来往函犊》八册，第29—30页。

③ 《广西巡抚徐延旭奏教堂勾匪滋事法人窥视北宁折》，中国近代史资料丛刊《中法战争》五册，第276—277页。

之语，难保不乘间滋事。法人据山西后，时以火船游弋扑犯防营，越之建昌府又为法踞，内外交讧，事机甚紧……着即督饬各营，严密防范，如有土匪藉端勾动，立即捕拿，以清内患……”[①]

奉调援助上思的各营清军，于光绪九年十二月二十四至二十七日陆续到达，根据上思的地形及天主教传教士活动情况，教徒村的分布情况，土匪活动地区等，作了防范部署。既然大军云集，要隘已封，已不怕传教士挑起事端。各地待命已久的团丁及绅民，都迫切要求采取行动，搜捕匪徒，收缴武器，但奉派前来上思统率各营的副将李云梯和知州张垲等人，却死抱住徐延旭“急则生变，缓则难图，只好暗中预防，不能率然先举”的命令，迟迟不敢行动。直到富于道等见大事不妙，将枪支弹药、人员都悄悄转移到山区教徒家中，甚至连已暴露的周绍良、马若望等人都已出境，李云梯等才决定搜查上思州教堂。

光绪九年十二月二十九日（1884年1月26日），李云梯、张垲率领各营将领及地方官绅去教堂搜查匪徒、武器。虽然也派兵在教堂外面巡查，如临大敌，其实，富于道等早已做好了应付搜查的工作。

当李、张一行官绅进入教堂，富于道等镇静自若，立即以名茶好烟招待，甚至还拿出法国的白兰地，如迎嘉宾。张垲绕了半天弯子，才触及本题，提出传教士应安分守己，不宜私藏武器。富于道除满口天主、福音，否认暗藏武器外，还主动叫教室佣人打开各室门柜，请官绅过目。经过一番客气的、也算相当仔细的检查，教堂内除传教经卷书籍用具衣物外，只有洋枪五支，富于道声明，这是传教士防身之物。其他没有留下任何痕迹。李、张无可奈何，只好说明，察看教堂，是近来外面议论甚多，为了保证地方及教堂的安全，奉上级命令宣布三条：

一、教徒、教士既是劝人为善，不宜私带武器外出活动，以后出

---

① 中国近代史资料丛刊《中法战争》五册，第295页。

入州城及各处关卡，都应照章接受检查；

二、目前时局较紧，兵员过境频繁，各教士、传教员、教徒只宜在堂内、家中念经奉教不宜外出传教；

三、为了保证传教士人身安全，希望尽快出境。

富于道等见一场不幸的风暴竟然轻易度过，也满口应允完全遵行。[①]

上思州城及附近的群众，对传教士的不法行径早已议论纷纷，今见州官、参将终于顺乎民情，率兵包围教堂，搜查武器，人心大快，奔走相告，赶来看热闹，出怨气的人越集越多。他们满以为一定能够查获大批枪支和匪徒。可是，到头来一无所获，州官、副将还和传教士点头哈腰，客气异常。他们认定是传教士玩弄了不可告人的把戏，因为众目睽睽运进教堂的数十担武器弹药，不可能凭空飞走。愤愤不平的群众，不等州官首肯就自行冲进教堂，四处寻找。他们虽然同样查不出更多的枪弹和坏人，但却在厨房查出许多烧不完的、装运枪弹的木箱和竹篓，而这些明显不是上思所产。群众便向富于道、赖保理质问这些木箱、竹篓的用途和来源，马若望、周绍良以及数十个挑运辎重武器者的去向，日期、人名，数量……都十分确凿。富、赖虽然吞吞吐吐，但因无从查对，态度十分横蛮。怒气难平的群众，不知道这些枪弹、人员已分批趁黑夜在教徒掩护下撤出州城，而认定是传教士掩埋在教堂地下。“再搜！挖地三尺，看它藏到哪里。”这一来，就不只是翻箱倒柜，而是翻地拆墙。越是搜不出，人们越气愤，从搜寻武器发展到平毁教堂。半天工夫，就将最近才加固添修的教堂，包括钟楼、围墙、住房等全部推倒，李云梯、张垲见众怒难犯，连忙派兵将富于道、赖保理护送到南宁转广州出境，上思教案到此告一段落。它的产生和结束都和当时的中法战争有关，法方因它无利用价值而悄悄结束了。

---

① 综合地方口碑及徐延旭奏稿（见《中法战争》五册，第282—283页）。

这件曾经轰动边境各州县的教案，并不起止于十二月初五和二十九日。早在这年的春夏之交，法国传教士们已在上思着手准备叛乱，群众和地方官也有所察而层层上报，并作了必要的防备。如早在光绪九年七月间，倪文蔚在向清廷奏报《近日边报筹办情形》中曾提出：

至边防各军加募至三十营，足资关外布置，臣前已具陈梗概。续查南宁以至龙州所在地方，恒多伏莽，而上思一带与广东钦州、越南广安相接，教民颇多，意怀叵测，宜有重兵镇抚其间，藉固后路，而壮边声，内外庶臻周密，拟即选派统将招募四营，驻扎南宁，作为游击之师，听候调发。[①]

他在八月十一日写给徐延旭的信中也提到：

弟饬新募四营为游击之师，正以内地防营各有分郡，南宁乃龙州后路，麾下既驻龙州，两路防军皆在前敌，且上思教民与钦境逸匪、邕管内讧，在在可虑，不得不有以防之。[②]

又在八月廿四致徐延旭信中提及：

……何玉林函称：上思教民形迹叵测，东省各隘俱已布置，然仅各守疆界，大举赴敌，恐亦未能。[③]

因此，在事发之后，无论是上思州，南宁府及徐、倪等省一级官员，都认为上思教案是“意料中事”。由于早有预防，因此没有造成

---

① 见《中法战争》五册，第189页。
② 见《徐延旭往来函牍》三册，第10—11页。
③ 见《徐延旭往来函牍》四册，第39页。

严重的混乱和损失。但是，法国传教士在上思的阴谋活动，却先后拖住广西十四营兵力。计抚标左军前营参将周天意一营、上思州守军及新募二百名连同团丁共一营、王兰富一营、抽调浔州府一营、姚大英一营、邱世朝一营、副将李云梯一营、刘光裕一营，又募四营作游击，以上十二营随时支援上思、太平；另外，宁明、龙州各募一营，以作预备。被牵制的官员计总兵一、副将一、参将三、都司二。如果以出关桂军五十营计，为对付上思传教士的军事暴乱，所分兵力超过了四分之一。所以，上思教案，虽然是一次未见诸外交谈判、未形成明显纠纷的民教案件，但却是广西影响最大的一次教案，也是政治因素最为明显的一次教案。如果说，广西发生的其他几次教案，多少罩有一层“宗教”的薄纱作掩护的话，而上思教案则抛弃了任何掩盖。因此，法国传教士来广西“传教”的目的，在上思教案中真是原形毕露。

上思州的群众虽然在一怒之下，平毁了阴谋武装暴乱的上思州教堂，驱逐了心怀叵测的传教士，但当中法战争一结束，传教士们表示真心传教而再回到上思的米强、那蒙时，诚朴的山城人民，不咎既往，仍然热情接待这些远方来客。即使这些传教士中某些人在以后的岁月中，又作了一些与传教不相干，实质上是为法国侵略者效劳的坏事，上思人民在采取相应的措施之后，未予深究，仍然坚持自己的宗教信仰。直到解放前夕，上思的米强、那蒙、功德等处的教徒，仍然坚持信奉天主，并且培养出自己的神职人员，主持教务。事实再次证明，“教案”确是那些披着宗教外衣的人因从事非法活动所引起的，虔诚的教徒固然不排斥真正的教士，即使不信教的群众，也并不反对正当的传教活动。

凌云县乐里教案*

一、天主教传入乐里

乐里镇是解放后新建田林县人民政府所在地。在教案发生的清光绪二十三年（1897年），乐里尚是泗城府凌云县的一处山村圩场。泗城府的天主教活动，虽然早在1854年马赖潜入西林时就开始了，而乐里被当作天主教的传教点，则是随着西林各教堂的传教士对外联系频繁，需要在乐里投宿而逐步形成的。因此，与其说乐里是天主教的传教点，不如说是传教士们的中转站更为确切。

法籍传教士陆文思（F. Labully）所撰的天主教史曾记载：

> 西林这个地方，法国传教士从来没有绝迹过。在刘家托、曾家托及其附近都有人坚持奉教。巴先教士曾设法在松山兴建教堂，作为他的常驻地。……马勒雨安（Le. P. Mallevial）病死后，传教士桑弟格烈从贵州来西林接替……后来，他采用在贵州试行的办法，在新村、者凉、八桃、八赖口努力劝化人们入教，并在八桃、乐里、平光建立教堂，使从西林到潞城，一路上都有地方投宿。”

又据乐里的老人们回忆，清光绪末年，乐里虽然是圩场，在街上定居的住户不多，奉天主教的人更少，连附近山寨也不过十多户。乐

* 原载庚裕良:《广西人民反洋教斗争》，南宁：广西人民出版社1986年2月版，第46—59页。

里的教堂是从几间民房改修而成，主要是方便从西林来往百色、南宁、梧州的传教士投宿。他们为了使这个客栈办得省钱、可靠、方便，又在乐里买了十多亩田地和一些山场，租给教徒或教徒的亲友耕种，还拨出一些资金放债，将租谷和利息所得，除雇人管理教堂的费用外，供给传教士及教堂雇用的挑夫等人员的各种开支。

所以，乐里只是由于地理位置的关系，才成为天主教士们的投宿处或转运站。虽然没有传教士常驻，却是传教士们出入必经、常经之地，他们还利用出租、放债来控制着乐里教徒及相当一部分居民的经济命脉。

二、时代背景

19世纪末叶，一贯垂涎我国西南各省的法国侵略者，由于得到沙俄等列强的支持，除强迫清政府签订《中法续议商务专约》，为法国商品输入西南各省攫取特权外，还要为法国商品倾销和掠夺原料的运输创造优惠条件，强迫清政府签订与费务林公司承包龙州、同登铁路合同。计划车通龙州后，再向南宁、百色伸延。他们还强迫清政府招回留在越南继续抗法的黑旗军及其他农军余部，甚至还强词夺理，以确保越南的“安全”为理由，强迫清政府保证不将海南岛、广东、广西、云南割让与他国，我西南各省，俨然成了法国的势力范围，越南人民的厄运，无情地一步步向广西人民逼近，广西各族人民也加强了反侵略的戒心。

还有一个重要因素是光绪十五年（1889年）以后，法国侵略者为了打通红河，在云南蒙自开埠设立领事馆，出动大批法军及越南反动军队，围攻在红河沿岸坚持抗法的黑旗军余部。他们在后援不继的情况下，无法坚守而被迫撤回我国边境。有的被清军驱散，有的被苏元春安排到边境修筑炮台、公路，有的被编入边防军。但随着国防工程相继完工，[①] 苏元春奏请增加边防兵勇的计划未获允准，被迫大量裁减兵员；加上甲午战起，苏军曾奉命北上，又裁减了部分兵员。这些被裁汰的官兵，除一部分再入越南联络越南志士继续抗法外，大部分无家可归，难以维生，流落边境。而边境各地，地脊人贫，他们难以久留，便成群结队向桂滇、桂黔边境转移，沿途靠向富户筹捐维持。由于这些裁汰人员多身穿在军队服役时的号褂，一部分人还携带武器，有的还保留某些部队组织的称号，有“勇”的外表，无“勇”的粮饷，四处游荡度日，时人称为“游勇”。从边境的上思、宁明、龙州、归顺，到田东、百色、凌云以至云贵边境，几乎都有游勇的踪迹，彼来此往，络绎不绝。泗城府属凌云县乐里圩，地处从百色至云、贵大道上，更是川流不息的游勇打尖投宿之所。

游勇的成分虽然复杂，一些无业流氓、盗匪之徒也混迹其间，而大部分是曾经援越抗法的战士。他们亲眼看见法国侵略者远渡重洋到越南残酷屠杀无辜的越南人民，不但给越南人民带来无穷的灾难，也给广西人民造成严重的威胁；他们亲眼见到道貌岸然的法国传教士愚弄越南教徒为法军卖命，有的甚至抛掉十字架，身背快枪，赤膊上阵；他们曾浴血奋战，亲手打击过这些侵略强盗，但用血肉换来的胜利却被昏庸软弱的阮氏王朝和清王朝断送了；最使他们气愤的是，正当法国侵略者完全吞并越南逼近国境的危急关头，他们保卫祖国的权利竟被剥夺而成了无业游民。由于他们有强烈的爱国精神和勇敢的斗争意志，有比较开阔的政治眼光和较丰富的社会经历，所到之处，必然会产生程度不同的影响，推动广西各族人民的反帝斗争向前发展。凌云县乐里教案，就是在这种情况下发生的。

---

① 广西边防各炮台、公路工程于光绪二十二年三月竣工。见《大清光绪朝实录》四〇〇卷，第七页。

三、传教士横行霸道

西林教堂以及它的传教点或称中转站的乐里教堂都在贵州和广西教区之间，有时属于广西教区，有时又属贵州教区。传教士的变更，来往也很频繁，除个别停留时间长，印象很深的，当地群众一般都无法分辨，统称为法国神甫，尤其对这些传教士犯下的罪行，基本上都记在这一总账之下。再经历代相传，后人就更难分辨。根据乐里一带群众的口碑，传教士们的活动，最使群众反感的是下列三方面：

（一）阎王租

巴先等传教士先后在乐里附近买有百多斤种子的水田，[①] 及数处山场数百亩，出租给教徒们耕种，租谷收入除雇人看守教堂，雇人挑送行李等开支外，就地向贫苦农民放债，以引诱他们奉教。租谷和本地富户相近，好田每插十斤种收租三百斤，中等田二百斤，望天田（即土质差，无固定水源）一百斤；但一律为“硬租”，（即不得改变）即使旱死雷公，淹死龙王颗粒无收的水旱灾年，也不得少交分毫。每逢灾荒年景，传教士便到乐里坐催，逼那些交不够租谷、利息的人，将抵押的田地，房屋山场断卖给教堂。抵押品卖完了，租种教堂的田地、山场的机会也就丧失了。所以，乐里的男女老少，一听说法国神甫要来催租，便胆战心惊，即使卖儿卖女，也要凑足租谷，保住田地。人们将教堂的硬租称为“阎王租”。

（二）讨命债

法国传教士控制的天主堂，除低价收买田地山场、房屋、鱼塘之类出租，用来控制穷人外，还备有一定的流动资金，用来放债。初时，

---

① 当时，山区农民不以亩计田，而以插田时所需秧苗即播种数计田，大约每插十斤谷种的秧苗，相当一亩。

只是一种诱人入教的手段，后来，便成为剥削、控制贫苦农民的手段。例如，贫苦农民在青黄不接，口粮不继之际向教堂借谷子，借期不过两个月，利息达百分之二十。在付款方式上，又故意玩弄花招，克扣农民。本来是借谷子，教堂却用银子、法光[①] 支付，在折价时扣除一二成。归还时也照样从中盘剥债户，当债户用银子还债时，教堂却要用法光折价，当债户用法光还债时，教堂却用法纸[②] 折价。教堂支付时，总要加水[③] 一二成，收入时又扣水[④] 一二成。当地穷人出于无可奈何才向教堂借债，不但借期短，而且克扣花样多，借一元只得九角八分，不到两月，却要还一元二角二分多。利率超过本地财主，而且绝对不能拖延，故比喻为讨命债。

（三）夺魂工

乐里圩的教徒或教堂的佃户、债户，无偿为教堂做工，为路过的传教士挑送行李，送往迎来，是习以为常的事。最初，还多少讲些人道，虽不给工资，还供应两餐青菜便饭，不至饿肚做工。后来竟叫作工的人自备饭菜。在乐里附近做工，农民们还可以回家吃饭；如要护送教士或挑运行李去百色、西林，就困难重重。因有的人家中缺粮缺钱，临时上路，无从筹借，往往喝碗稀粥便走，爬过几道山梁，肚子一空，体力不支，便跟不上骑马或坐轿的教士。教士们不是恶言相加，诬蔑为趁机偷盗；便是拳打脚踢，侮辱人格、侵犯人权；即使勉力送到住地，教士们又不负担住宿伙食，无亲友可投的，只好露宿山林，野果充饥。因此，穷人们一听说帮传教士挑担，便担心受饥被打，有去难回，因此将它比为“夺魂工”。

---

① 法国银币。法吞并越南后，逐渐流入我国西南边境。

② 法国东方汇理银行发行的纸币，大约在1895年间起，长期在云桂边境流通。

③ 在支付和收入时，利用时价拍高或克扣兑换的货币，类似商行中的九八行的折扣方式。

④ 同上。

四、游维翰为民除害

游维翰[①]龙州水口人，家境清贫，幼失怙恃，流落江湖。稍长，膂力过人，好打抱不平。曾投萃军，跟随冯子材入越抗法。镇南关、谅山诸役，奋勇当先，屡立战功，擢升把总。[②]中法议和停战后，萃军大部裁撤，余部东归钦廉，游维翰转隶苏元春麾下。虽然奉命专司修建沿边炮台，但仍和越南志士关系密切，时常率部协助越南义军，袭击法国边防部队，战功卓著，深受越南边民爱戴。渐为法方察觉，屡向苏元春交涉。苏屡戒无效，于光绪二十二年（1896年）趁炮台竣工，裁军节饷之机，将他裁撤。游维翰平时轻财尚义，乐于助人，更重江湖义气，深受士卒及同僚拥戴。有功受裁，更为众所不平。纷纷解职依附，相依为命。逐渐形成"游勇"中实力最大的一支，在边境各县，举足轻重，颇有影响，与王合顺、陆亚发、陆亚宋，号称为广西"游勇"四大首领。

游维翰率领的"游勇"，队伍庞杂，人数众多，既不能在贫困的边境长住，也不便在商旅云集的城镇久留。没有专饷，生活无着，唯一的出路是西经百色，进入滇黔边境活动。因当时的西江，是云南、贵州某些土产出口的必由之路。而百色至云、贵间，山道崎岖，人杂势乱，治安不好，商货不前，亟须有一定实力的武装沿途护卫。游维翰的"游勇"应来往于滇桂商家的吁请，暂住旧州一带护商，游维翰则

---

① 《田西县志》又作尤维翰，或称游维汉。当地群众也尤、游难辨，暂从《清实录》作"游维翰"。他的籍贯、经历，《田西县志》有简单记述："游维翰者，龙州水口人，初隶冯子材部下，参加中法战役，有众数千，后归苏元春统属。光绪十二年，中法议和，游极愤慨，因私攻法营不利，不容于苏，粮糈断绝。遂率众西来。抵乐里时，法新来教士三人，甫至三日，游愤恨，捉教士杀之。"

② 把总即百总，是清军的基层军官，近似今排长。关于游维翰在清军中的职务，当地群众说法不一，有说百总，有说哨官，有说营官，有说统领。但冯、苏部属营官以上军官中，未见排列游维翰之名、故不可能是统领、营官。但根据马盛治曾为他开脱的情况分析，似又不止是百总。很可能是群众见他在潞城时，部属甚众，故相应提高了他的官衔。

常在乐里落脚。由于他出身贫穷，同情民间疾苦，和当地农民关系颇为融洽。穷人有什么困难，多求他帮助，甚至家人争吵，也求他出面排解。

光绪二十三年二月中旬（1897年3月中旬）西林常井教堂法籍传教士马仙（Mazel），当地人称为邓神甫，在香港治病后经广州、梧州、南宁、百色、乐里回常井。常井教堂派卢传教员及佣人韦亚生专程到百色迎接，邓神甫一行于阳历三月二十九日到达乐里，当他得知教堂的租谷、债款、利息都尚未收齐时，大发雷霆，限三日扫数交清。他见教堂佣人对完成任务有困难，便决定亲自在乐里坐催。

邓神甫住在乐里坐催租息的噩耗，几乎像猛虎伤人一样使乐里人民惶惶不安。因为春荒开头，十室九空，生活尚且无继，哪里有钱粮还旧债？但生活的经历告诉他们，天主堂的租和息，都是阎王债，交不了租，抵押品就将折半卖断，穷人的命根子将被卡断。在告借无门、走投无路的情况下，穷人们便照例去和游维翰商量，请他出面和邓神甫交涉，宽容到秋后补清。来自各村求援的人，一时竟达十人。这给游维翰很大的刺激。越南兄弟的苦难，似乎已在乐里再现。春荒逼债，置人死地，是可忍，孰不可忍！他热血沸腾，拍案而起：

弟兄们，法国鬼居然在我们头上拉屎了！乐里的逼租如不及时制止，将有更多的穷兄弟走投无路。我们去找番鬼佬评理。

游维翰说得出做得到，立即带领十多个部属，跟随前来求助的农民弟兄，连夜冒雨奔向乐里圩。由于天黑路滑，他们赶到乐里教堂时，已是次日（4月1日，农历二月三十）清晨二三点钟了，[①]教堂里围炉烤火的人还在高谈阔论。游维翰上前拍门，说明要会见邓神甫的来意。守门人见游维翰率领部属深夜造访，邓神甫又酣睡未醒，不敢惊动，也不敢开门，便劝告游维翰天亮后再来。而游维翰等冒雨走了七八里山路，衣裤半湿，冷冻难耐，提出借教堂炉火烤干衣裤再见邓神甫也可以。守门人以游勇人多，时值深夜，未经邓神甫允许，不敢开门。双方各持己见，相持不下。个别游勇见自己的头领恳求再三，而教堂却闭门不纳，天雨夜深，拒人门外，于情理不合。便大声斥责，双方发生口角，惊醒了邓神甫。

邓神甫是个狡诈多疑、狂妄成性的怪人，一听说十多个游勇乘夜来访，便断定来者不善，非抢即劫。立即叫人加固前后门，并将枪弹分发给韦亚生、卢传教员，守卫前门，必要时开枪封锁门窗，顶到天亮，即可派人到附近驻军处报警求援。

游勇们不知传教士们正在举枪对准他们，仍一个劲儿在门外拍门、叫喊、谩骂，个别人还以身撞门，想造成一种强烈的气氛，迫使守门人开门。邓神甫见门外人声鼎沸，怒气冲冲，便朝前门连击两枪，企图吓服游勇。但一个拍门的游勇却腿部中弹，应声倒地。

游维翰虽无动武念头，但见邓神甫如此猖狂，实在难以再忍，便下令还击。游勇所带的几支单响[②]无法与教堂的三支快枪相匹，游维翰在当地群众协助下，及时登上了附近的制高点，仅用几发点射，就将狂妄的邓神甫、卢传教员、韦亚生打死。[③]守门佣人立即开门迎接游勇

---

① 关于乐里教案发生的时间，笔者在田林县乐里及西林常井等地调查时，当地群众大都说是庚子年，即清光绪二十六年，公元1900年深秋。《田西县志》前事编则记："光绪二十二年游匪尤维翰杀法教士于乐里。"《大清光绪朝实录》四〇三卷则载，"光绪二十三年三月己酉（二十日），谕军机大臣，电寄史念祖：广西泗城一带，游匪肆劫，居民受害，并有伤毙洋人情事。"和为贵、陆文思所写广西教史，则记为1897年4月1日或8月31日（光绪二十三年二月三十日或二月廿九），与《清实录》基本一致。

② 一次只能装、击一粒子弹的旧式步枪。

③ 有说死亡十多人，《田西县志》、传教士手稿及教徒卢玉贞（韦亚生的甥女）都认为死三人。见《中法战争调查资料实录》，第286—287页。

们和闻讯赶来协助游勇的群众入堂。一见邓神父已死在地上，莫不拍手称快。

游维翰见邓神父等三人都已中弹毙命，虽然罪有应得，但法帝国主义者乘机讹诈，清政府被迫推出替罪羊以讨好洋大人，都是意料中事。既然事情已经闹大了，索性为穷兄弟做件大好事。他当场向群众宣布：

邓神甫平时欺压盘剥穷兄弟，已是罪大恶极，今天开枪行凶，我们已将他打死，给予应得的惩罚。但他有法国侵略者作靠山，朝廷难免要加以追究。一人做事一人当，我既然决心为民除害，就决不连累地方父老。上面来追查，就说是我游维翰杀的。目前正值春荒，很多穷苦兄弟无米下锅，而教堂则存有两三年的陈谷。穷人的血汗，应该分给大家，一人一箩，计口分谷。大家立即动手，趁官军来到之前分完。

在场的人立即奔走相告，乐里圩及附近寨子的群众，纷纷涌向教堂，分完了数十担存谷。最后，游维翰还找来三副棺木，收殓三具死尸，派人通知附近驻军，才从容率领部属离开乐里。

中午前后，驻守附近的清军估计游勇已离开乐里远去，才集队来乐里追捕凶手，他们到教堂各处查问一番之后，便向游勇离去的方向，追击一程，放了几排空枪，声称已将游勇驱散，便收兵交差。

五、游维翰被害

游维翰仗义除暴，打死邓神甫等三人之后，滇桂边境人们都在议论纷纷，大多数人拍手称好，赞扬游维翰有骨气，也有人在称赞之余，为游维翰担忧。人们都预料法国会借机起衅，清政府会惩凶求和，所以，不少人都在暗中劝告游维翰趁早离开乐里，离开滇桂边境，改名换姓，远走高飞，以免吃眼前亏。但游维翰却认为自己打死欺压百姓、开枪伤人的法国传教士，是为民除害，伸张正义的好事，上对朝廷，下对百姓，都无愧于心、无悖于理，用不着改名换姓，潜匿他乡受人耻笑。如果朝廷真的不分是非，以臣民的生命去讨好洋人，势必会累及地方父老。他坚决不走，以实现“一人作事一人当”的诺言。

法国驻龙州领事馆，接到西林常井教堂、广西教区主教关于传教士马仙在乐里被游维翰打死的信息后，立即电告法国驻华使馆，要求出面干预。一连串照会、抗议便纷纷送到清廷总理各国事务衙门，“缉凶”“赔款”“保证传教士安全”固然不在话下，还给广西的游勇横加许多反对法国的罪名，对清政府施加压力。昏庸无能的总理衙门立即电询广西巡抚史念祖，史又催问泗城知府。法领事看透了清廷的腐败无能，再提照会，要求限期答复。清廷只好拿广西巡抚出气，严电申斥他不及时上报，并限令派兵缉拿凶手，追究游勇由来。

史念祖和苏元春受到当头棒喝，不敢怠慢，立即将驻防中越边界、专门对付法国侵略军的边防军统领马盛治调去泗城围剿“游匪”，缉拿“凶犯”。于是，广大群众看到：援越、抗法战争中屡立战功的英雄，即使无端被裁，漂泊异乡，仍然挺身抗暴，为民除害。而戍边卫国的边防军，在大敌当前之际，却掉转枪口，助纣为虐，长敌人威风。他们怎能保持沉默？所以，当马盛治率军路过百色时，就受到群众和旧昔同僚的劝告或指责，街上不断出现揭帖。[①] 马盛治出身行武，虽然明白此中道理，也同情昔日同僚的境遇，不忍挥刀相向，但王命在身，事关中外交册，稍有差错，性命不保，只好挥军向泗城府前进。同时派出心腹人员先与游维翰、何十二[②] 等暗中协商，提出表战里和，不伤同伴，便于交差的办法，以掩盖外人耳目。因此，乐里、旧州各地，帐篷遍地、旗帜满山，攻打游勇的枪声震动山谷，冲杀之声，数里之

---

① 针对某人某事，用语尖锐、刻薄的短文、山歌、灯谜、打油诗等，贴在当眼场所，供人传阅。

② 何十二是当时活动在桂黔边区另一个游勇首领，群众中留有传说，清政府曾指名剿捕。见《大清光绪朝实录》四〇三卷，第8页。

外可闻，战况激烈。而实际上却是虚张声势，一到晚上，许多老朋友畅叙别情，来往不绝。

经过几天的“激烈进剿”，一个既能复命邀赏，又可照顾同僚的办法也拟定了。于是游勇“溃退”，转向桂黔边境，边防军沿途“追击”，斩获甚多；打死法国神父的“凶手”之一的曾国良也被擒获，他供认抢劫财物枪弹不讳，已就地正法：游勇余部已溃散。经史念祖、苏元春电报捷音后，清廷即已认可，叫他们将曾国良的详细供词及擒获讯问法办情况，送总理衙门转法国领事馆销案。[①] 但法国驻龙州领事不买账，提出邓神父既是游维翰亲自率队打死的，非抓住游维翰法办不可，不能以他人搪塞了案。清廷无可奈何，只好再令云贵总督崧番及广西巡抚史念祖，着三省派兵会剿桂滇黔边境游勇，必须擒获匪首游维翰归案。[②]

清廷指名搜捕游维翰归案法办，云贵总督派贵州副将黄呈祥率队到黔桂边境合兵围剿等情况，给马盛治、游维翰、何十二等人带来了新的困难。拖延下去，不但马盛治的乌纱帽不保，还有增派三省兵力的可能，而三省联合围剿，势必给陷于困境的“游勇”兄弟造成致命的威胁，会给边区百姓带来无穷祸害。游维翰感到自己为民除害，累及数千兄弟安危，目前又万难应付三省围剿，唯一的出路是自己献身结案，避免三省会剿的不幸局势，以换取数千兄弟的安全和维持滇桂边区的基地。于是乐里的军事形势，发生了急剧的变化：

马盛治率领的边防营勇，在会剿的贵州军还未到边境之前，就主动、迅速地向乌冲等地进攻，一举“扫平”游勇在乌冲等处数十个驻地，斩获过半，余部溃散，游勇首领游维翰被俘。经审讯，游供认曾在乐里教堂令部属杀死邓神父，开仓分谷等不讳。游维翰已于六月初在潞城斩首示众，其供词及搜获的邓神甫的物品一并送龙州法国领事

① 见《大清光绪朝实录》四〇三卷九页，四〇四卷，第15页。

② 参见《大清光绪朝实录》四〇四卷第7—8页及四〇五卷，第7—8页。

征询意见。法领事见主犯已经擒获法办，足资儆戒，感到满意。[①] 清廷也立即下令三省撤兵，令广西抚恤法国传教士及两个被杀教徒的家属，结束了这个曾使清廷惶恐不安的泗城乐里教案。

案件虽然结束了，但由于游维翰的被杀害，人民更加仇恨法国侵略者，仇视法国传教士，痛恨清廷的昏庸无能，为即将到来的广西会党游勇大起义作了准备。

另外，关于游维翰被害，《田西县志》(民国版）有一段记载：

……后法国提起交涉，大府特派边防军马统领盛治率带熙字营驰抵路城剿办，泗城府知府王方田、凌云县知县陈风楼同时赶至。匪党闻风窜入滇边，大军星夜跟踪进剿，因匪势不支，游遂率部下三千余人到路城归顺，但法人仍抗议惩凶，乃将游处斩于路城。王知（府）亦吞金身故，事乃寝。[②]

王方田为什么因处斩游维翰而吞金身故？联系到游维翰和马盛治、王方田等人关系的传说，联系到推出曾国良作“替罪羊”以及被处斩的是假游维翰等传说，内中情况颇复杂。但当地一时找不到较确凿的口碑，文献也未见记载，一时难以得出准确答案，有待进一步考证。

① 参见《大清光绪朝实录》第四〇九页，第3页。
② 《田西县志》(民国版）第六编。

永安教案*

“永安教案”的发生，虽然与中法战争相去已十多年，永安也与中国军民严惩法国入侵者的战场镇南关（今友谊关）也相距很远。可是，因斗争的双方都和这一事件有密切联系，使教案的起因、经过和结案的每一环节，都和中法战争及其影响相关。因此，也可以说，“永安教案”是这场反侵略战争的余波。

一、永安州的历史沿革和斗争传统

永安州地处浔江支流蒙江上游。据史籍记载，早在秦皇汉武之际，这里已分属桂林、苍梧古郡。崇山峻岭纵横州境，苗、瑶、壮、汉杂居其间；物产丰富而交通闭塞，民情朴实而强悍难制；揭竿之旗，时隐时现；结义之民，叛服无常。自古以来，列为多事之区。故历代统治者在改朝换代变更建制时，都煞费苦心，为它冠以“崇仁”“纯义”“正义”“永安”等溢美之词，但不管名称如何动听，农民揭竿起义之声却常年不绝，“永安”实际上是长期不安。

清咸丰元年（1851年）九月，永安人民以极大的热情迎接我国近代史上规模最大的农民起义军——太平军，为太平军提供了第一座州城。太平军得以摆脱清军追击，获得半年多时间，进行休整、建立政权、健全内部、确定斗争方针，最后，跳出重围，挥师北上。这些胜

* 原载庚裕良:《广西人民反洋教斗争》，南宁：广西人民出版社1986年2月版，第60—104页。

利，是和永安人民的大力支援分不开的。永安人民一直珍视这段光荣历史，后人总是将“金田起义”和“永安封王”紧密联系在一起。

1883—1885年的中法战争，永安籍清军将领苏元春、马盛治等，被中国人民抗法斗争怒潮推到第一线，肩负抗击法国侵略者、保卫边疆的重任，因为乡梓关系，大批永安子弟相继投入这场正义战争，在镇南关、船头、纸作社、谅山等战役中英勇杀敌，不少青年壮烈牺牲。[①]

停战后，苏元春、马盛治奉命戍边，全力投入桂越边界的国防建设，永安子弟往投者更多。他们或亲自与法国侵略者英勇搏斗，或亲眼见到法军对越南人民的屠杀凌辱，或亲身体验过法国军队对我国边境的野蛮入侵。因此，见识较多，思想境界较高。光绪二十二年（1896年），边防工程告竣，苏元春奉命裁军，不少永安子弟回乡务农，便带回了边防军的抗法激情和卫国壮志，对家乡风气颇有影响。尤其是在战场上受伤致残的官兵和殉难烈士的亲属，对法国侵略者怀有刻骨仇恨。他们痛恨法国官兵的残暴，也痛恨法国传教士的奸险。法国传教士在永安受到的反抗比其他地方更为强烈，这是原因之一。

二、罗天生引狼入室

离永安州城七八里，有个小村庄，据传早年为蒙姓所居，故人们称它为蒙寨。几度沧桑，蒙姓渐少，陆续迁来了魏姓、罗姓等。魏姓已定居一二代，成为蒙寨老户。罗姓原是广东客家，于光绪初年从桂平迁来。罗家兄弟三人，老大名冬生、老二名天生、老三名贵生。三人都已完娶成家，儿女成群。由于罗家迁来较晚，村头巷尾的荒坡角地大都已经开垦种植，而罗家劳力强、人口多，力求有所发展。加以为人刻薄，不大睦众，尤其与邻居魏七叔时常因种菜、鸡狗等小事口

---

① 蒙山县的老人回忆，当年投苏元春麾下参加抗法战争的永安人约四五百。龙州“万人坟”碑所记124名殉难者中，籍隶永安的23人。

角。好在七叔敦厚量大，随吵随和，总算相安无事。可是，魏家两老无子，女儿远嫁，房多地广；罗家却人多房窄，扩建之心甚切，对魏家园地早有觊觎之心。只是碍于群众舆论，不便贸然下手。

魏七叔屋后与罗家相邻近的园地上有一株野果树，当地群众称为猪肚木，随着岁月流逝，树高枝长，稍带倾斜的枝叶，渐渐伸向罗家菜地。平时罗家兄弟修枝砍叶，以免挡遮菜地阳光，魏家从不理会。时间稍久，罗家便以为魏七叔已放弃主权，暗中图谋因树占地，将魏家菜地据为己有，作为建房之用。

猪肚木的果子虽不能吃，但村中小孩却喜欢摘来玩耍。每当秋实累累，孩童们三五成群，相率爬树摘果，魏七叔担心树高枝脆，可能造成事故，便将果树砍倒。不料倾斜的树身和枝叶碰坏了罗家的几处屋瓦、压坏了一些青菜。罗家借机闹事，说魏七叔砍了他的果树，要求赔偿。还趁魏七叔到罗家解释时，强逼他签字，承认园地和果树都属罗家产权，甚至动手打人，魏七叔受伤吐血。

罗家兄弟欺负老弱、霸占园地的无理行为，引起了村人不满，尤其是魏姓族人更愤愤不平，相约来和罗家兄弟讲理，由口角形成诉讼，州官何臻祥根据魏家是世居，罗家属新迁，而果树是数十年的老树，生长在魏姓后园，从未进行买卖等情况，判归魏家七叔，令罗家兄弟赔礼道歉。但罗家势强，罗魏两家纠纷仍然不断。光绪二十三年（1897年）秋，象州龙女村天主堂杂工吴三祝（广东梅县客家）因事路过蒙寨，适逢魏姓族人相约来质问罗家兄弟无端欺负魏七叔的事，双方成见甚深，因口角发展到动武，魏家人多，罗家势单。吴三祝一贯混迹江湖，精通武术，有十夫莫敌之功。见罗家兄弟是客家人，便挥拳相助，将魏姓族人赶跑。罗家兄弟见救星天降，喜出望外。同是客家人，一见如故，挽吴留宿，以示酬谢。

吴三祝原是犯案累累，无法在梅县立足，借助天主教会势力掩护，活动于广西广东的“绿林”。见罗家兄弟在蒙寨颇孤立，便趁机拉拢罗家兄弟投靠天主教。在吴三祝的劝说下，罗家兄弟愿意跟他去象州龙女教堂，先向苏安宁神甫要求受洗入教，再求苏神甫来永安和州官交涉。罗氏兄弟中，冬生、贵生比较朴实，唯有天生能说会道，善于阿谀奉迎，这件对外办交涉的大事，自然由他去办。罗天生便随吴三祝到龙女教堂，拜见苏安宁。在吴三祝的指点下，凭他一张油嘴，将三兄弟及家属们的虔诚心情，说得活灵活现。还再三表示，要为天主教在永安的传播效力。

苏安宁早想向永安州发展，苦于无人向导，今得罗天生相助，便加快了去永安的准备工作。

三、苏安宁在永安州的罪行

伯多列（Le. P. Bertholet，又译伯尔德尔）是经过巴黎外方传教会精心挑选、训练的传教士，曾在法国的外地天主教堂见习有年，于清光绪十五年十月初五日（1889年11月27日）奉派来广西教区。最初，在当时广西天主教活动中心之一的上思教堂实习，了解广西边境各县的风土人情及各方面的情况。1890年4月，又转到贵县天主教堂活动。大概由于他的才干或对法国殖民事业的忠诚，几个月后，这个25岁的年轻教士便被当时的广西主教司立修派到象州龙女村天主堂独当一面，主要在象州县的瑶族地区开展传教活动，同时兼顾柳城、修仁、永福、荔浦、永安州等六个州县的传教事务。他为了便于和教徒接触，不但积极学习当地语言，还取了一个中国名字“苏安宁”。传教士又往往自称“司铎”，所以群众又称他为苏司铎。由于他有一副不安宁的性格，他在贵县传教时就物色到一个流氓成性的江飞祥作佣人。江飞样原籍平南，是个嫖赌吹偷无恶不作的亡命之徒。玉林五属几乎都有他的作案卷牍，投奔洋教士作护身符后，便逍遥法外。他那见风使舵的性格，阿谀奉承的油嘴，很受苏安宁赏识，故从贵县带到龙女村作心腹。后又加上一个吴三祝，成为苏安宁的左右手。主仆三人，狼狈为奸，干了许多见不得人的勾当。初来龙女时，苏安宁为了诱骗贫苦农民奉教，玩弄了许多花招，例如：他们挖空心思，从教堂的剥削收入中拨出一笔专款，举办“结婚会”，一面宣扬凡有困难的教徒及其子女在办婚事上有困难时，都可以向教堂的“结婚会”提出借款，不收利息，三年还清。一面又规定必须有房屋、田产作抵押，到期无法还清，便将这些抵押品卖断抵债。结婚的男女双方都必须奉教，而教徒结婚又必须到教堂做弥撒，在神父面前办告解。他便可以利用这些机会来接近、侮辱、玩弄妇女。

苏安宁在象州龙女、柳城、修仁等少数民族地区，还干了许多坏事。主要是利用金钱和传教士的特殊地位，拉拢、收买地方官员，包揽诉讼，偏袒教徒，欺压群众。象州、柳城一带，凡是教徒和群众发生纠纷，不管教徒横蛮到什么地步，苏安宁都给予袒护，而地方官，只要苏安宁一出面，甚至只看见苏安宁一张名片，就照苏的意见办理。附近的坏人，便以天主堂为避难所。有时，苏安宁甚至私设公堂，审问、拷打教外群众，地方官充耳不闻。例如象州望教村农民覃恒信，年近六十。过年时，在赌钱中与一个教徒争吵，强拉输了钱无法付款的教徒的耕牛作抵押。苏安宁闻讯后，便命江飞祥、吴三祝带几个打手将覃恒信抓到教堂，用特制的大木枷连同双手套在颈上，又令江飞祥等一面讯问、一面拷打。覃恒信无端受捕，不堪刑辱、伏地大哭，而苏安宁却拍手大笑。苏安宁就是这样凭着不平等条约攫取的特权，在中国领土上胡作非为。

苏安宁有江飞祥、吴三祝一对心腹，还感不够，又留罗天生在龙女教堂使唤，在罗天生的巧言奉承下，苏安宁下决心提前巡视修仁和永安州，相机在永安增设传教点，除命吴三祝和罗天生先行到永安准备外，还致函给沿途各州县官员，要求派兵保护，[①] 他自己则于光绪二十四年三月初四（1898年3月25日）[②] 随带传教员唐启虞，佣人彭亚

① 和为贵《广西教史》，第38页。

② 和为贵《广西教史》记载；3月25日出发。黄槐森奏稿说是三月初九（阳历3月30日）到达。

昌、江飞祥，教徒陆本祥、邱有业、陈光秀[①] 等人，经荔浦前往永安州开辟新的传教区。永安州官何臻祥闻讯，急忙派亲兵到新圩峡迎护，还特地在官邸设宴为这位洋稀客洗尘。苏安宁也特备一份厚礼相送，并趁机向何臻祥提出：天主教徒罗天生兄弟三人，去年初秋无故遭邻居魏姓欺凌，请给予保护，何臻祥当即满口承诺。第二天便另下一道宣判，令魏七叔将园地退还罗家，并挂红放炮赔礼道歉。

苏安宁不费吹灰之力，便使州官改变原判，罗家兄弟当然感激涕零。为了报答苏安宁的帮助，不但罗家大小近十口都表示虔诚奉教，罗天生还带着苏安宁的名片，出入团总乡绅门庭，为苏安宁的登门造访穿针引线，成了新任的传教员，罗家也就成了苏安宁在永安州第一个（也是最后一个）传教点。

苏安宁来永安州的目的，是希望能在永安州城或其他条件较好的村镇建立教堂，但并不排除以蒙寨为临时传教点，逐步带动周围村庄的传教计划。所以，只几天工夫，不但罗家的成年人全都受洗奉教，在他们的劝导下，罗家的亲戚，如罗天生的岳母和联襟[②] 等也很快受洗奉教。而苏安宁的活动重点还是拜访团总乡绅，逢圩日到州城街上向人群传教。除用洋琴招来群众外，还当场分赠小件药品。但是，苏安宁的“传教”活动，却带来了一连串为永安人民无法容忍的事件。

（一）无耻的煽动

永安虽是山区，交通闭塞，人民生活也较贫苦，但当清光绪年间，由于有几个武将在外发迹，他们的亲属、友好相率外出谋事，见世面的人渐多，政治眼光也逐渐扩大，即使在本地掌权的团总、乡绅，也和外出谋事的人有各种各样的联系。因此，不但有较强烈的地方自豪感，也有强烈的民族自尊心。尤其对法国侵略者吞并越南染指我西南边疆的罪行，有较深刻的体会。而狂妄成性的苏安宁，不了解也不愿

---

① 见黄槐森奏稿。原件藏中国第一历史档案馆（《朱批奏折类·帝侵项》第308卷，第3号）。

② 罗天生妻妹的丈夫。

意了解这些地方性的特点。他还是运用在象州、柳城的一套老办法，通过请客送礼，拉人入瓮。苏安宁平日不是设宴请客，便是登门造访。每当杯酒落肚，高谈阔论之时，便将一些法国日用品、化妆品等，分送客人，趁机大肆吹嘘法国的强大和文明。胡说什么在法国的帮助下，法国许多殖民地人民的生活都在由穷变富。例如广西的近邻越南，原来比广西穷苦得多，一年之中难得几餐饱饭，十多岁的姑娘还无钱买布缝裤子。但和法国结成联盟之后，得到法国的多方帮助，十多年时间，面目就大大改观，社会安定，人民生活好，就连过去长期反对和法国联盟的人，在事实面前也改变了态度。现在的越南，几乎每个大村庄都有天主堂，大部分人信奉天主，亲如姊妹。你们中国，虽然地大物博，但内乱不止，外侮不绝，百姓的生活，只会越来越苦。其中一个重要原因是信奉天主的人太少，愿意相信我们，和我们合作的人太少……苏安宁的用意很明白，就是要中国人走越南的老路。

（二）强迫教徒改变习俗

永安州也和广西其他各地一样，群众历来有敬奉祖先的习俗，无论贫富，各户的正屋都设立祖先神位。逢年过节或先人的生日忌辰，家中晚辈都要烧香焚纸，备酒礼跪拜，表示对先人思念之情。这是一种习俗，不是任何性质的宗教仪式。

当苏安宁发现不少教徒对祀奉祖先显得格外虔诚，而对于敬奉天主却随便应付之后，自大狂促使他下决心斩断教徒们和祖先的情感，命令教徒立即撤除家中的祖先神位。罗天生和其他一些与苏安宁来往较多的教徒，迫于苏的淫威，不得不忍痛照办；将祖先神位及香炉等转移到不常开门的小屋，暗中贡奉。

罗天生的联襟李某，为人敦厚善良，薄有家产，在村中颇有威望，各家大小纠葛，莫不听他的排解。自从听信妻姐和岳母的劝告，信奉天主之后，村中友好多疏而远之，有时还传来风言风语，他内心对信奉天主的事已有疑虑。苏安宁来家访时，偏又叫他带头撤除家中的祖先神位。当他还在犹豫不决之际，妻子竟在岳母的指逼下，自己作主将祖先神位、香炉、贡台等，统统抛入村边污水塘中。虽然受到苏安宁的夸奖，却在他内心造成难以忍受的痛苦。尤其是族中老人的“贪图洋钱”“背弃祖先”“忘恩负义”“不肖子孙”，等等，严厉责骂，更难以忍受。深夜扪心，夫妻抱头痛哭。为了挽回过失，他们连夜又将神位请回，[①] 并向族中老人认错。还公开向村人表示，如不准敬奉祖先，宁愿退出天主教。李家的正直行动，不但在村中得到称赞，而且很快在附近各村引起反响，他们说出了许多能触动教徒心灵的心声。可是，也触动了苏安宁的痛处，他在派人劝说无效之后，立即率领罗天生及其岳母、妻子，以及传教员、团丁等，到李家施以压力，强令李某当场动手将祖先神位、香炉等打坏、抛弃，还勒令他披麻戴孝，放爆竹游村悔过，以挽回影响。否则，就要向州官衙门提出申诉，抄没他的家产来赔偿教会所遭受的损失。李某自量斗不过洋教士，微薄的家业也得来不易，族中父老见此情景，也不再吭声。李某只好忍痛拆毁祖先神位，并遵照苏安宁的意见，买来数十包鞭炮，全身披麻戴孝，在传教员和岳母等人的监陪下，游村悔过。一面走，一面放鞭炮，还得一面高声叫喊。

但是，苏安宁这一手却造成相反的效果。教徒和不信教的人都十分同情李家的遭遇，相互告诫不要接近苏安宁，免得连累祖宗三代也要遭殃。地方团总们对此也十分不满。他们表面上虽然不动声色，暗中则在相互商量赶走苏安宁的可行办法。

（三）禁讲“番粘米”

长期以来，永安州人都将一种色泽光滑、米质香软的黏米（通常称为油黏米）称作“番黏米”。据说这个品种从国外传来，所以用个“番”字，以与本地粘米加以区别。其中并无贬意，更与苏安宁无关。

---

① 指在安放神位时烧香跪拜，表示忏悔。

但苏安宁也和其他传教士一样，患有一个通病，害怕群众称他们为“番鬼”。一听到“番”字，就大发雷霆，强行压制，甚至动手打人，无理之至，横蛮已极。

农历三月中旬一个圩日，苏安宁照例率领一班传教人员到永安州城街上传教。当他们经过米行时，听到有些人在议论“番黏米”好，“番黏米”差，怀疑是在故意讽刺他，便向江飞祥了解，广西别的地方是否有人讲“番黏米”。江见苏满面愠色，趁势挑拨：“各地都称‘油黏米’，从未听说有‘番黏米’，唯有永安州特别，看来有意用来骂洋人。”苏安宁立即走向一个卖米的老年人问价：“这是什么米，多少价钱？”回答当然是“番黏米”。苏安宁竟勃然大怒，大声斥责老人：“胡说！明明是‘油黏米’，为什么要说‘番黏米’？以后一律讲‘油黏米’，不准再讲‘番黏米’了！”老年人无故受责，心中不服，口中却不愿多分辩。但老人身旁一位中年壮汉，见洋教士欺人太甚，便站出来打抱不平：“是你胡说！我们永安州一向讲‘番黏米’，不知道什么‘油黏米’，要禁止，除非州官出告示。”周围的群众见苏安宁强横无理，也纷纷靠拢来和他辩论。苏安宁理屈词穷，但态度恶劣，有人禁不住讽刺说：“番鬼佬就是和‘番’字亲，谁提到‘番’，就好比踩了他家的祖坟。”人群中立即发出阵阵哄笑。苏安宁恼羞成怒，一面叫江飞祥拿名片去通知州官火速派兵护卫，一面竟挥舞手杖任意打人。胆小怕事的纷纷退避，几个血气方刚的青年怒不可遏，挺身上前，夺下手杖，制止这种恶霸行径；群众也大声起哄助阵，米行秩序大乱。苏有恃无恐，不顾传教员的劝告，硬要挤入人群去捉拿敢于反抗并夺去手杖的青年，人多手杂，难免挨了几下冷拳。苏即趁机大耍无赖，捧腹大叫，说有人谋财害命。正相持间，江飞祥率衙门亲兵赶到。苏安宁又大声呼救，令亲兵捉拿“凶手”，有的竟被苏打得头破血流。当亲兵驱散人群后，苏安宁一伙便以胜利者的姿态，将所谓“凶手”带往州官衙门。

何臻祥作为永安州的父母官，当然深知“番黏米”的名称不是始于今天，更不是针对苏安宁而发，也同情被抓被打的青年农民们的无辜。但为了维护苏安宁的面子，不得不装腔作势，对被捕的人大声训一顿，下令关押候审。待好言送走苏安宁一行之后，才又悄悄将被押的农民释放。特别告诫，今后不得再惹是生非，自讨苦吃。

苏安宁横蛮禁讲“番黏米”、行凶打人、无理押人的消息一传开，几乎震动了整个永安州。各阶层的人士都在结合自己的处境、自己的认识大发议论。尽管对这一问题的认识深度不一，大部分人都感觉到：法国传教士居然在永安人面前作威作福，是需要认真对待他们的时候了。所以，“番黏米”不但禁不了，而且越叫越响亮，如果说过去没有针对性，经过苏安宁这一禁、一打、一抓，便真的产生了针对性，索性叫他为“番鬼”的人越来越多。

（四）包庇坏人把持地方政事

石琢村有个武秀才黄锦堂，族旺势大，家有资财，习武好胜，以重金买得“武魁”功牌炫耀乡里。平时常调戏妇女、欺压乡民。旋因与同伙争风吃醋，遇凶杀人，虽出重金贿赂，仍判终身监禁。乡人莫不为他的入狱称快，而家人则在为他出狱奔波。后闻苏安宁神通广大，能使定案官司转败为胜，甚至能令死囚得生。黄家于是托人与苏安宁密谋，答应事成之后，不但负责全部费用并送厚礼，还率领全家入教，为天主效劳。苏安宁见黄家是大户，有钱有势，正是在永安开展工作的支柱，便满口答应了这笔不可告人的交易。经唐启虞、江飞祥等携重金到州官衙门商洽，黄锦堂不久就“越狱”逃到龙女教堂受洗奉教，成为传教员。后来到永安州会见州官，州官竟开中堂迎接，以上宾相待，以后公开在永安州活动。

苏安宁包庇杀人犯的事，在永安产生了深刻的影响。一些过去被立案缉捕的匪徒，纷纷托人向罗天生、江飞祥说项，投入天主教门下，结束了东窜西避的生活，而正直的人们，却因此引起了惊恐。维持地方秩序的团总们，也因而分成反教派和拥教派，甚至各村群众也在不同程度上卷入这一旋涡。大塘村团总岑华甫、李鹤龄，寺村团总姚少臣等，鉴于苏安宁来头大，通过法国驻龙州领事可以直达总理衙门，既然巡抚、州官都无可奈何，我们又何必自找麻烦？他们接受礼物，不时赴宴，与苏安宁来往密切，有求必应，包括派团丁保护等。由于他们多住在州城之东面村庄，群众又称他们东乡派；古排塘各村团总杨治臣、吴良松、陈福秀、陆兆廷等，在归田参将黄政球、边防督办苏元春、统领马盛治等人的影响下，颇重民族气节，对苏安宁庇护坏人，干涉地方政事，欺压群众等胡作非为，甚为不满，敢于抵制，拒绝和苏安宁往来，也支持村民抵制传教士，对挂着天主教徒之名的坏人，敢于捕捉。由于他们大多居于州城以北，群众称为北乡派。两派针锋相对，矛盾日益尖锐。上面提到的李某退教和被罚游村、庇护黄锦堂和捕捉坏人，禁讲“番粘米”和群起围攻，以及以后痛打李氏兄弟、围攻罗家、派团丁解围、制定禁约等一连串事件，几乎都有两派斗争的阴影。不过团总乡绅有时是直接出面，有时是幕后指挥而已。

（五）伤风败俗玩弄妇女

神父按教规不结婚，但苏安宁的私生活却荒淫无耻。他来永安的时间虽然很短，而玩弄妇女的兽性却流露得很充分。他到罗家不久，就自恃是罗家的救世主，利用金钱、布料为诱饵，借传教讲经的机会，奸污了罗家的少女。接着又如法炮制，通过罗家姑娘为媒介，千方百计去串联邻近村庄的年轻妇女来读圣经，再以送药治病、送布缝衣等各种方法和她们接近，通过做弥撒、做圣事来达到他不可告人的目的。凡是参加读圣经的人（大多数是年轻妇女），一听到罗家的法经钟声，不论正在做什么工，即使在给孩子喂奶，也得立即放下，赶到罗家听苏安宁宣道、读经。而苏安宁便设法和有姿色的妇女厮混。作风好的妇女，心中有苦难言，便借故躲开；个别作风不好的妇女，则和苏安宁混得火热，形影不离。村中群众非常气愤，曾用白头帖来揭发苏安宁的丑行。白头帖的形式有打油诗、山歌、漫画、灯谜、三字经等，其中最常见的是言简意赅的顺口溜，写的人和看的人都不甚费力，一目了然。

打油诗不但骂天主教，还讽刺一些贪小便宜的人，为了几个臭钱，竟然不敬祖先，不顾妻女。应该说是众怒所归，也是一针见血的概括。同时也生动的说明，尽管苏安宁得意洋洋地上下沟通，左拥右抱，自以为得计，其实，他正坐在嗞嗞作响的火药桶上。

（六）私设公堂肆意行凶

清明时节，永安州的群众，大都以宗族为单位，用祖先遗留下来的蒸尝田租，全族会餐，由族中老人率领儿孙扫祭祖先坟墓。因而这是一个怀念先人，显示天伦之乐的节日。苏安宁为了要贯彻只信天主，禁祀祖先的教规，为了扭转教徒们扫墓、迁坟的传统活动，故意选择清明节这天在罗家做弥撒，规定已受洗的教徒或将要受洗的人都必须参加，不得参与扫墓活动。由于苏安宁平时注意拉拢妇女入教，而有些家族的族规，会餐、扫墓都只准族中男子参加。所以，来罗家参加弥撒的，多数是妇女，内外都坐满，十分热闹。苏安宁又故意教她们大唱圣歌，声播远近。这时，回龙村田厂农民李发隆、李发秀兄弟二人，挑祭品（酒、肉、糕点、香、烛、纸钱等）去扫墓，路过蒙寨，为川流不息的人群和高昂奇异的歌声所吸引，便走近罗家看热闹。但见苏安宁吱吱呀呀教一群妇女唱圣歌，一些老年妇女唱的不伦不类，引起哄堂大笑。李发隆唯恐耽误太久，便催李发秀上路，发秀好奇，还想多看一会，应而不动。发隆便故意吓唬他说："我听人说，番鬼佬会法术，听他唱歌、传教，听多了就会着迷，变得六亲不认，乖乖地跟他出洋。你可要小心着迷。"发秀没有领会哥哥开玩笑的用意是劝他快点走，却认真的争辩道："我就不信，番鬼佬敢来迷我，我就给他几拳。"他的话刚好被走出门的江飞祥听见，江硬说发秀要打苏司铎，于是强拉发秀进罗家问罪。发秀挥拳挣扎，发隆也从旁相助，双方争吵不休。苏安宁闻讯赶出，不由分说，举手便打。他的几个跟班也立即冲出助威，将李家兄弟推入罗家。苏安宁威风十足，当着一群教徒和读经妇女，升堂讯问李氏兄弟。将李家兄弟痛打一顿之后，推出门外，祭品也践踏无遗，还威逼他们立即离开蒙寨。

李家兄弟无处申冤，只好跑回村中向前辈倾诉情由。族中兄弟十分气愤，认为这是对李姓家族的欺侮。数十个青年，一哄而起，随手扛锄头铁锹，奔向蒙寨，找苏安宁评理。人群一到蒙寨，便团团将罗家围住，首先让读经唱歌的妇女小孩退避回家，然后指名要苏安宁出来讲明行凶打人，践踏祭品的道理。

苏安宁自知理亏，不敢出来评理。而苏不出来，李家青年如何罢休？苏明知会闹成僵局，一面令他的随从关闭门窗，紧守前后门，又派人向附近的团总和州官求援。

李家青年们见苏安宁闭门不理，怒气更盛，有人打算砸开大门，拉苏安宁出来评理。蒙寨一些群众知道苏安宁带有短枪，如果硬冲，会逼使他们狗急跳墙。不如从长计议，待苏安宁上街传教时，再找他评理，但青年们咽不下这口气。他们的办法还未商议出来，团丁们已闻声赶到，牢牢保卫着罗家的前后门，李家青年们只好含恨而退。但苏安宁见有团丁来撑腰，李家的人纷纷后退，他的气焰又嚣张起来，命江飞祥率领几个打手冲出去，抓几个人向州官交差。等到州官何臻祥派遣的兵勇赶到蒙寨时，李家的青年们早已散去，只有几个被江飞祥等人抓回的老年人，成了所谓“聚众闹事，逞凶毁房”的祸首，被带回州城关押。

后来经过回龙村联络各村的乡绅联名具保，被押的老人虽然悄悄地被释放了，但是，审讯、殴打李家兄弟，无故捕捉、关押李家老人的事一传开，各村寨普遍认为，苏安宁俨然成为永安一霸，对永安人民是奇耻大辱。因此，很多在地方上管事的绅士、团总及各村老人都在议论纷纷，谋求驱逐苏安宁的办法。回龙村一带群众的反抗情绪尤为激烈，他们在某些团总的暗中支持下，决定为地方除害：趁苏安宁外出活动时，派人在僻静之处拦路伏击，打死之后，立即火化灭迹。所需的火油、干柴等物都已准备齐全，后来为一个在州官衙门当差的李三劝止。但各村群众，仍在商议对付苏安宁等人的办法。有的村子甚至公开会众，[①]通过一些制裁的办法。如：不和天主教神父、传教先生来往，不到外村参加天主教的活动；不接受天主教徒转送的物品等。虽然是不成文的公约，可也颇有约束力。

古排塘和北乡一带，对法国传教士苏安宁在永安的霸道行径特别仇恨。不仅通过了“不和传教士、传教先生来往；不参加天主教，一人入教，全家出村”的禁约，[②]而且，用大红纸将禁约写好贴在各村的路口。有的村子还在禁约旁边加上一张讽刺苏安宁的“白头帖”，红白分明，分外显目。具有公开抵制传教士入村传教的用意，也警告为传教士效劳来村拉线的人。

四、教案的经过

苏安宁到永安“传教”虽然只短短的20多天，而他的霸道行径却造成极为恶劣的影响。疾恶如仇的中年和血气方刚的青年，难以忍受苏安宁所强加的奇耻大辱，正在暗中策划除暴安良；安分守己，不问世事的老年人，也感到多一个洋家婆，媳妇更难当，对传教士恶而远之；即使已奉教或参加读经的教徒、准教徒，也因看不惯苏安宁的邪恶行径，受不住亲友的议论而日渐消极，寻找退路。所以苏安宁“传教”的势头，或者说他在群众中的形象，已一落千丈。他到永安州街上传教，再也看不到过去那种人山人海、水泄不通的场面，即使拉破手风琴，唱哑嗓子，路人投来的仍是冷漠、蔑视的眼光；当他们抱摸底的心情去拜访绅士、教友时，有人借故回避，有人支吾不言；过去一再要求受洗的人，现在也闭口不提了；对比最为明显的是曾经门庭若市的罗家，现在却冷冷清清，门可罗雀。罗天生是个机灵人，听到故意

---

① 即召开村民大会，商议全村大事。当时各村组织团丁自卫，每月最后一天晚上为会众时间。

② 即由村民共同议定，共同遵守的公约。由于它的主要宗旨是“禁”，故又称为“禁约”。

传给他的一些风言风语后，唯恐连累自己，何况官司已经打赢，屋地已经到手，没有必要再侍候这个难以对付的洋老爷了。他于是将听来的传闻，添油加醋地说给苏安宁听，使他胆战心惊，促使他早日离开永安。

（一）苏安宁恃势挑衅

苏安宁表面上虽气壮如牛，而实际上胆小如鼠。当他听说有人正在设法伏击他时，立即慌了手脚，表示要尽快离开永安，但又有一些事使他留恋不舍，直到罗天生提出不久将亲送侄女到龙女教堂时，他才毅然决定第二天，即4月21日（润三月初一）起程。

清晨，苏安宁一行七人在罗家兄弟护送下，悄悄奔向州城，沿途虽没有出岔子，州官还是应苏安宁的请求，派官轿两乘、马一匹、亲兵六名，荷枪实弹，负责护送他们走出永安州境。还精心安排苏安宁、唐启虞藏身轿内，江飞祥骑马荷枪在前面侦察开路，六名亲兵和苏安宁带来的随从前呼后拥，马不停蹄，直奔修仁。由于罗家兄弟挖空心思搞了许多小动作，苏安宁离境的事，外面的人绝少风闻，以致回龙村一带有计划要伏击他的群众，也一无所知。但残暴成性的狂人，总是要寻找机会表现自己。苏安宁在古排塘的所作所为，就是生动的事例。

上午十时许，苏安宁一行，抵达离州城十余里的古排塘。这里有一座凉亭，很早以来一直是来往于修仁、荔浦、永安的行人体息、吃饭的场所，有酒有菜全天供应。轿夫们抬着肥头大耳、身高体胖的苏安宁，一口气跑了十多里，已是又饿又渴，一到凉亭，便照例停下来吃午饭。苏安宁等人也认为这里离危险地区回龙村已较远，再走不远便离开永安州地界，进入修仁县境，紧张的心情已经松弛，酒足饭饱之后，便在村旁散步，欣赏山村景色。江飞祥发现大路旁联兴酒店山墙上，贴着禁约和许多白头帖。其内容除了相约不和传教士来往，不信天主教之外，甚至连苏安宁和罗家姑娘的丑事也说得有头有尾，他立即揭下几张去向苏安宁报信。苏安宁狂妄成性，见一处小小的村子，竟敢于禁止村民奉教，侮辱圣教，甚至将他的隐私丑闻，贴在路旁示众。立即大发雷霆，将近来关于伏击他的许多惊心动魄的消息置诸脑后了。他自恃有州官的亲兵护卫，完全能够制服这个小小的山村。

经过短暂的商议后，他即率领唐、江和亲兵等人，冲到联兴酒店，气势汹汹地向掌柜李元康提出质问："你们为什么敢于违背皇帝圣旨，阻止百姓信奉天主圣教?"李元康见这位突如其来的洋教士手中拿着前天刚贴出的"禁约"和几张"白头帖"，当即明白是它们招来的是非，买卖人特有的应变本领帮助他一推了事："我只是这个小酒店的管账，无法兼顾外面的事。大路之旁，人来人往，不知是何人所贴。""胡说，既是古排塘的村民禁约，又贴在你的墙上，推说不知道就能推脱责任?"苏安宁步步进逼。经过一阵争论之后，苏安宁的兽性又发作了，强词夺理地斥责李元康："你说不出是什么人贴的，就是你。"他的话音刚落，便用手杖乱打。江飞祥等人也如奉旨，随手拿起店中器具，横扫店中酒瓶、杂物，瓷片乱飞，酒流满地，店中几无完物。

折腾得差不多了，苏安宁再逼李元康交出贴禁约的人。李元康当然不敢说是奉团总之命贴的，只推说不知道。苏安宁手中的解数已经用完了，最后，只好叫江飞祥等将李元康五花大绑，勒令他沿途一面放炮赔礼，一面当众悔过。李元康鉴于好汉不吃眼前亏，只好一面准备上路，一面示意叫人去向黄政球报信求援。[①]

（二）黄政球义愤"起团"[②]

李元康的职务是联兴号的账房，而实际上是古排塘一带调和各方、

① 关于苏安宁等在古排塘挑衅的事，当地老人和传教员曹南山等还有另一种说法：即1898年3月，苏安宁从象州去蒙寨路过古排塘时，即因群众中有人说了句："番鬼老有什么看头?"而和群众冲突。当地群众是有计划的待苏安宁回象州时，才和他评理，再次形成冲突而毙其命。（见《中法战争调查资料实录》第295—296页）但更多的人说是在归途中才发生冲突，这与当时广西巡抚黄槐森的奏稿（见附件）、和为贵:《广西教史》38页的记述一致。本文采用后一种说法。

② 当时各村都组织团练自保、联防，由团总指挥。平时各务本业，一旦有警，便打锣鸣号，集队应变，当地称集队应变为"起团"。

八面玲珑的人物。李元康经营的联兴号酒店（兼营杂货），是古排塘几个村的团总联合经营的，故取名“联兴”。店主中最有权势的是龙气村的归田参将黄政球，因他的官衔高、资历老、部属多，地方上大小事情，莫不由他拍板。苏安宁大闹联兴号的事情发生后，已有人跑去向黄政球报信。这突如其来的祸事，他事先毫无思想准备。经他点头的“禁约”，是否如洋教士所说，属于违背圣旨，他一时拿不定主意。从他自己的认识来推论，洋人来中国传教，大都不安好心，有的公然为非作歹。中国人自己约束自己不信奉洋教，并无什么不是。皇上既没有下谕旨，命令全国百姓信奉教，“禁约”也就谈不上“违背圣旨”了。苏安宁公然当众撕毁贴在我们自己墙上的“禁约”，捣毁酒店，显然是指着鼻子骂自己，欺到头上来了，应该有所表示。但过去不少人因开罪洋教士而遭祸殃，甚至身家性命不保，又告诫他不要冒昧从事。

黄政球正在苦思对策之际，他的族侄、联兴号酿酒工人黄三，同他的管仓佣人黄二又匆匆跑来，报告李元康被五花大绑带走，强迫他沿途放鞭炮赔礼悔过的事。他对苏安宁的暴行十分气愤，加上黄三在一边火上加油：“叔叔，全古排塘的人都在等你拿主意，元康叔被绑走，我们今后如何见人？”自尊心促使他下决心接受苏安宁的挑战。毅然告诉黄三起团去把元康拦回来，他说话时，打着习惯的手势——用手掌作刀砍状，意思是动作要快。黄三、黄二都是好胜的青年人，对苏安宁的霸道行径，早已满腔怒火，一听到“起团”的命令，立即提起大铜锣一面敲，一面跑，口中大喊：“洋鬼子行凶抓人，快去营救元康叔！”

当时，社会治安混乱，各村团练间商定联防默契，一村有警，四邻支援，一村“起团”各村响应。所以，龙气村的“起团”锣声一响，古排塘各村的“起团”锣声立即响应，各村团丁，手持枪支、棍棒、锄锹、刀矛蜂拥而出。一听说洋教士行凶抓人，更是火冒三丈，跟随锣声奔向新圩峡大道，人群如潮，喊声雷动，形成了一股巨大的声势。

（三）李亚安奋勇诛凶

苏安宁一伙，正在得意地欣赏李元康的沿途悔过的窘状，突然听到远处响起了紧急的铜锣声、号角声，而且越来越响，越来越近，还隐约传来人群的怒吼声。苏安宁意识到情况有变，立即下轿察看情况。这里虽然处于土岭丛中，松林密布，仍能看到向他们涌来的人群，有的已赶到他们的前方拦截。苏安宁和他的随从们清楚地看到，他们已经处在人群包围之中，要想公开突围，是不可能了。

苏安宁虽然是年青的传教士，但却有一些军事知识。他令护送的亲兵分前后两组，阻拦从两方冲近的人群，并令他们立即鸣枪示警，阻止人群靠近。但这六个亲兵都是本地人不愿开罪本地群众，州官只是交代保护出境，并没有指明遇警开枪，因此，相互推诿，不愿贸然从命。苏安宁见情况危急，人群一靠近，一切都完了。只好叫江飞祥鸣枪示威，满以为有州官亲兵在场，枪声一响，便可制止人群向他们靠近。但事与愿违，枪声似乎在促使人群冲得更快，距离在飞快地缩短。再不逃走就失去机会了，苏安宁决定来个“金蝉脱壳”，令五个亲兵护轿押着李元康继续往前奔跑，吸引人群向前冲，他带领唐启虞、江飞祥、彭亚昌（又名阿大）和一名熟悉小路的亲兵避入松林，拟从小路逃回永安州城。但是群众并没有上当，随着几声大喊，人群便向松林合围。苏安宁只好硬拼，回到大路，向永安州城狂奔。引路的亲兵，唯恐跟随洋教士会吃亏，借机溜上茅岭逃跑了。江飞祥见形势不妙，也借口脚腕受伤不能再走而坐在一旁，跟随亲兵逃回永安。只有传教员唐启虞、佣人彭亚昌紧随苏安宁往回跑。

苏安宁毕竟是个娇生惯养的人，跑了几步就两腿发软，两眼发花。个子矮小的唐启虞也带不动这个庞然大物，只好叫彭亚昌抛弃行李，背苏逃命。可是，跑出一二里路之后，彭亚昌也力不从心，两眼一黑，两脚一跪，两人都向路旁水圳滚去。苏安宁还来不及爬起，便发现路旁水圳有个涵洞，他逃命心切，便叫唐、彭二人继续往南跑，引开人群，他则如丧家之犬，垂头夹尾，钻进涵洞。不幸的是洞口小、身躯胖，苏安宁尽管费九牛二虎之力，也只能藏住上身，屁股全露在洞外。

这时，追赶苏安宁的人群已渐渐逼近，跑在最前面的是黄三、李亚安、黄二等十多人，见这个洋教士如此藏身，觉得好笑，喝令他出来，并没有动武伤害他的念头，最多也不过是拉他到团总处痛骂一顿、赔礼道歉而已。而残暴成性的苏安宁却以自己的逻辑行事，以为一旦被抓，定会粉身碎骨，根本不考虑赔礼道歉、和平解决的办法，而顽固做垂死挣扎，竟拔枪向李、黄等人射击，不料第一粒子弹瞎火，[①] 一个青年从后面扑上，将苏安宁拦腰抱住。李亚安飞起一脚，将手枪踢掉，顺手一拳，将苏安宁打倒在地。蜂拥上前的愤怒群众，拳脚齐下，刀棒交加，一会工夫，苏安宁就死于乱刀乱棍之下。唐启虞、彭亚昌也因顽抗到底，被乱棍打死。陆续赶到和闻讯赶来的人越来越多，群情激愤，议论纷纷。只有奉黄政球之命赶来约束团丁勿出人命的几个团总，见此情景，叫苦不迭。

（四）古排塘联合抗暴

中午稍过，州官何臻祥率领数十个兵勇、巡捕等赶来营救。苏安宁的亲信江飞祥也身穿号褂，混杂其间，可见是他逃回永安州城向州官求援的。何臻祥一听说苏安宁在古排塘出事，就料定大事不好，立即亲自率兵赶来营教。及见苏安宁等三人已被打死，对他说来，是最不堪设想的事，乌纱帽是难保了，唯一的希望是争取一个较体面的下台。所以，他面对情绪激昂的群众，态度比较温和，还详细了解事情的起因和经过。除好言劝慰之外，对捉拿凶手等容易动感情的事，一

① 即打不响。关于苏安宁持枪顽抗的事，有不同的记述。法国传教士和为贵写的《广西教史》，对永安教案的经过虽有记述，但没有提苏安宁随身带枪的事；广西巡抚黄槐森的两次奏稿，也曾涉及苏安宁致死的细节，亦未提到苏安宁向追击群众开枪的情节，在开列交回传教士的遗物的清单中，也未见开列枪支。但当地老人的叙述中，却一再提及苏安宁开枪的事，该枪后来曾由黄政球及其他团总使用多年。陆盛典及其他老人还曾见过，说是一支“六口连”（即左轮手枪）。我认为教史、奏稿中不录，内中别有原因，而群众提供的情节详尽可靠。但毕竟未见实物及旁证，特注明待考。

字不提，一面请各村团总来验尸并商量对策。

各村团总对苏安宁等三人的死，毫无思想准备。即使最先下令“起团”的黄政球也只是打算叫团丁拦回李元康，教训一下苏安宁，出一口气便完事。现在，一下子打死三个人，其中一个还是招惹不起的洋教士。大难临头，都显得惊慌失措，不约而同地集中到黄政球家，请他出主意。闯下如此大祸，黄政球也六神无主，他内心明白，乱子出在他身上。主意未定，而州官的请柬已到。大家顾虑重重，唯恐州官设下圈套，借商量对策和验尸之机，扣留各村团总，勒令交出凶犯。最后，只好将团总分为两组，一部分乡绅去和州官协商，寻找不危害古排塘群众，又使州官能够交差的两全其美之策；另一部分团总率团丁在程村附近警戒，保护乡里不受官兵骚扰，必要时营救被扣的乡绅。由于何臻祥采取合作和相互保全的态度，州官和团总、乡绅的会商较顺利，共同验查尸体，证实法国传教士苏安宁和教徒彭亚昌、传教员唐启虞三人均属被民众殴打致死。经过反复协商，州官应允如实奏报，[①] 保全地方。乡绅们答应就地筹集棺本收殓死者，正在气头上的群众，听说要各村捐献棺木来收殓洋教士，立即火冒三丈，愤怒大喊：“要三堆干柴容易（意思是用干柴将尸体烧掉），找三副棺材万难。”州官见群情激昂，难以对付，便派人回州城买运棺材来收尸。自己没精打采，打轿回城。

光绪末叶，清王朝已日暮途穷，摇摇欲坠。一方面是帝国主义的血盆大口，越张越大，深壑难填，赔款、割地、不平等条约接踵而来，清政府失去了招架之力；另一方面是各地人民起义斗争彼起此伏，烽烟四起，清军疲于奔命。尤其是广西各地的游勇联合会党的活动，渐成声势，更使清王朝胆战心惊，屡次告诫广西各级官员，要严加防范。永安教案一发生，清王朝就更多了一层心病。一是担心法帝国主义乘机要挟，使宣布滇、粤、桂三省不割让与他国这个刚刚平息下来的问

---

① 何臻祥在第一次奏报时，完全避开了禁约及起团拦截诸项，说是圩期围观人多，众怒难遏，不知何人殴伤致命。

题又趋复杂，更担心在广州湾肆虐的法国军舰会趁机挑衅；[①] 二是担心永安州地连瑶、侗，这星星之火，会激成事端，难以收拾。所以，从一开始，就定下了“不惜代价，从速了结，免生事端”的调子。一面令广西巡抚黄槐森捉拿凶犯，参革地方官，以讨好法国侵略者；一面又要平息民愤，给地方绅士施以压力，但又留有余地，[②] 即使对永安州官何臻祥，也是在革职之后，又留下来协助缉凶，如果办理妥善，还可望官复原职。

法国侵略者是贪得无厌的豺狼，对我国西南各省的资源和市场，早已垂涎三尺。不但千方百计强迫清政府承认他们拥有滇越、桂越铁路的承建权，还要求拥有从龙州到南宁、从南宁到百色等铁路的承建权；法国驻龙州的祁领事，几乎成了广西的太上皇。平时，所有在广西活动的法国巴黎外方传教会的传教士都向他汇报情况，听从他的指挥。他对苏安宁的丧命，因事出突然，一时找不到什么借口，但也照例向清廷提出：

革官——将永安州官及办理不力的官员革职，并通报各地，加强对传教士的保护；

缉凶——要求将杀死苏安宁、唐启虞、彭亚昌的真正“凶手”缉拿归案，不能大事化小，冒名充数，以儆戒仇教者；

赔款——要求赔款四万两，以赔偿天主教的损失，并抚恤死难者家属；

建堂——在永安州城建立一座规模宏大的天主教堂，永远纪念苏安宁；同时广出告示，告诫所属，今后不得侵犯传教士的人身安全，信教者也一律受到保护。

既然是法国传教士凭借不平等条约在中国国土上凌辱群众，开枪

---

① 1898年3月，法驻华大使吕班向清廷提出要挟，租借广州湾，强迫清廷承认法国拥有滇越铁路的建造权。接着又强迫清廷公开宣布不将滇、粤、桂三省割让给他国，实际上是承认划为法国势力范围。同时，还派军舰侵占我雷州附近炮台，骚扰吴川、遂溪等地。

② 见《大清光绪朝实录》四一八卷第16页。

行凶、干预政事因而被群众惩罚，并不是中国人无故虐待、伤害法国传教士，所以，这些是不能接受的无理要求。但是，对外已无招架能力，只是一味屈辱妥协的清政府，却全部接受了，并强令广西当局遵照办理。这样，各级官员，都扑向永安州人民，站在第一线的仍然是永安州的知州。

何臻祥虽然丢了乌纱帽，但在广西巡抚衙门有后台，上报案情时，都关照他，为他留有余地。只要他能积极协助捉拿“凶手”归案，还可望官复原职。所以他把，“缉凶归案”当作自己仕途的大事。

最初，他亲笔写信、送请帖、邀请古排塘各村团总到州城协商解决的办法。各团总都设法推托不去。接着就亲自到古排塘各村拜访，各团总唯恐露出破绽，相约一律回避，而请官衔资历都在何臻祥之上的黄政球出面周旋，并为代他拟好了以退为进、“以身代过”的应付办法。两人一见面，寒暄之后，黄政球即以年老多病，不过问地方闲事为辞，答非所问。何臻祥绕了几圈不得要领，只好单刀直入，正面提出请黄大人及团总大力协助缉拿凶手归案法办，以免连累地方的事情。黄政球知无可再避，就直率回答道：

传教士苏司铎来永安不久，但作恶多端，怨声载道。路过古排，无故挑衅，毁店抓人，开枪行凶，实属罪有应得。非地方之过，非村民之过，更非见义勇为者之过，故无凶可缉。父母官详察秋毫，想能为万民辩冤。设若大人有难言之隐，不分是非曲直，定要以古排村民抵命，老夫身为古排乡绅之首，既无力防患于未然，又昏然失察于事后，获罪至大，唯有以身赴法，稍释大人重咎。至于地方子弟，固因身受大辱，乃群起抗争，驱恶除暴，安定乡里，又何罪之有？请大人善自为之。

古排塘群众的英勇回击，本来就是维护民族尊严，维护地方治安的正义行为。而黄政球一席话，又伸张了正义，何臻祥天良未泯，即使心急如焚，也不便再讨没趣，只好唯唯而退，报请上司设法出面调处。由于黄政球是一个曾为清廷立过汗马功劳的归田参将，资历颇深，当时的边防军统领马盛治等人都出自他的部下。巡抚黄槐森也碍于苏元春、马盛治的面子，不便亲自出面向黄政球加压，便奏请清廷定夺。于是有将黄政球革职的谕旨："丙午，谕军机大臣等，电寄黄槐森，电悉。黄政球著先行革职，勒令将犯交出。如办理妥速，尚可开复，倘仍延玩，再行严参。"①

由于黄政球的被参革职，加上新任署知州吴廷燕的走马上任，原来消声隐迹的一些天主教传教人员，又渐趋活跃，一些似是而非的谣言，在悄悄传播："法国政府对苏司铎被杀，十分恼怒，已派军舰到广州湾待命。如果皇上不接受法国政府的条件，就要开兵进来。到那时，古排塘横直三十里内，村庄要铲平，逢人过刀，逢狗割尾；法国人提出要惩办杀苏司铎的真凶手，凡是那天参加追赶、殴打传教士的人，都是凶手，都要抵命；光绪答应用三百个永安古排人来活祭苏司铎三人；要在永安州建立一座全省最大的教堂纪念苏司铎，全永安州人要为苏司铎祷告三年；新任州官从平乐带一营兵来专门对付古排塘，如再不交出凶手，就将古排塘各村的男人关起来……

这些别有意图的谣言，像生了翅膀，在永安各地悄悄流传。首当其冲的当然是古排塘，群众纷纷要求团总、绅士们快些拿主意。而团总们连同黄政球在内也只是唉声叹气。只好集思广益，大家的事，大家拿主意。经过几次"议众"，绝大部分群众赞成有祸同当，绝不能交出"凶手"，不能出卖古排塘兄弟，应联合抗暴，保卫地方不受骚扰。于是各村的团队迅速扩大，16岁至45岁的男子都成了团丁，各村的鸟枪、大刀、长矛都集中调用，还鼓励向亲友暂借，人手一件，严备不懈。即使犁田、送肥，也随身携带，随喊随到；又在附近的岭上筑寨搭篷，将村中的粮食、衣物、耕牛、老幼等先行迁入，并在各处关隘

① 《大清光绪朝实录》四〇八卷，第16页。

放哨，禁止外人进入滋事；一切对外联系都由团总出面交涉，任何人不得对外透露追打苏安宁的情况。所有这些预防措施，不但古排塘的人忙个不停，附近各村甚至修仁、荔浦也有人来帮助。有的带来武器、工具，有的挑来粮食、酒肉，有的来协助搭篷筑寨，有的来协助送肥、备耕。古排塘的田野，人来人往，热气腾腾。

新任署永安知州吴廷燕，原是一个候补知县，才疏志大，人矮手长，多年沉浮官场，未获实缺。这次碰上何臻祥革职的机会，在平乐府知府吴其珍的帮助下，得到了"署永安知州的实缺，颇想大显身手，以迅速逮住凶手来作为自己晋身之阶。所以，当他一听说上司叫吴其珍酌带营勇到永安州"传商绅团，晓谕百姓，督同该州悬赏购线，拿获正凶，俾速议结。"[①] 的消息时，立即从平乐先率营勇一哨赶来上任。黄政球等出于礼貌也派人到官道旁迎候，以探听虚实。但吴廷燕妄自尊大，目中无人，刚一踏上永安地界，便令随从亲兵连续燃放九响"地雷公"。[②] 古排塘人认定是对他们的示威，立即撤回迎候的团总、团队，并传令各村鸣锣、吹号角相互报警，意思是有坏人入境，各村防备。

吴廷燕见古排塘一带的民情强悍齐心，又是当今提督苏元春、边军统领马盛治的家乡，还未上任就出事，难以交代，便将带来的一哨营勇留扎在新圩，自己只带少数随从，悄悄经过古排塘到永安州城上任。黄政球等见新州官已有收敛，便随后派人送帖到州城致问候之意。接着，吴其珍也率领一营防勇来到永安，经过几次协商，都找不到双方能接受的方案。吴其珍、吴廷燕坚持要古排塘团总交出真正参加追打苏安宁的凶手：李亚安、黄三以及酿成祸事的罪魁李元康三人公判抵命。而黄三是黄政球的族侄，李元康又是黄政球的亲信，用这两人抵命，无异毁了黄政球自己，所以他一再借故推延，不置可否。而古

① 见广西巡抚黄槐森于清光绪二十四年四月，关于永安教案的奏折。原件藏于中国第一历史档案馆（《朱批奏折类·帝侵项》第308卷，第3号）。

② "地雷公"是一种五寸至一尺高的铸铁管状容器，颜似玻璃花瓶而稍小。盛满火药压实后，从底部一侧小孔点火，响声如雷鸣，故名。桂北一带民间的婚丧斋醮，多用作礼炮，吴廷燕以小官而鸣九炮，被视为向永安古排塘人示威。

排一带群众既然联合自卫，四处放哨守卡。如果强行围村捉人，非但找不到凶手，而且会激成事端。不但于苏元春、马盛治面前不好交代，而且有违上司一再交代协商解决，避免出事的本意，而难以自保。于是又将皮球抛回巡抚衙门，提出这里是苏元春的家乡，乡绅团总都依仗苏的势力，颇为棘手，非苏出面难以了结。

黄政球等团总乡绅，认为以古排子弟和官军对抗，终非良策。几经协商，唯一的办法是向苏元春、马盛治求援，请他们出面疏通，设法保全乡梓。并推派苏、马的好友韩云卿、莫寓道二人兼程赶往龙州，当面汇报和请援。同时叫人四处放风，说苏、马很关心家乡安宁，已派兵一营回永安保护乡里，不日即可到达。目的是既警告新州官不要孟浪从事，也可借以稳住人心。

在封建社会，乡土观念是非常浓厚的，尤其是在外面谋事当官，稍有地位的人，总是千方百计为乡里做些好事，取悦于乡中父老，博取个人的好名声。苏元春、马盛治这些人也不例外，当他们得知乡中子弟，因不堪法国传教士的侮辱，奋起除暴而遭灾难，急需支援的情况后，立即将营中闲置的锁头枪40支，子弹4000发交给韩云卿、莫寓道运回永安，交各村团总使用，保护乡里。并向韩、莫面授机宜，必须和新任州官融洽相处，共商对策，切勿任性孟浪，贻害地方。又专差送信给黄槐森，委婉说明故里永安，民情强悍，因不堪法教士凌辱，造成事端。教士毙命，实事出有因，罪有应得。现既形成交涉，尚祈惠予转圜，勿令蒙冤。

当时在广西活动的传教士，在苏安宁被杀后，也在集中精力，注视永安局势的发展，不少神秘消息，显然是他们有意散布的。通过一些教徒的打听，他们也清楚杀死苏安宁的凶手是黄政球身边的人。所以，前些时候提出一定要惩办正凶，不能冒名应付，便是他们对着黄政球放出的暗箭，对黄政球施加压力。永安州的缉凶工作进展缓慢，他们当然也清楚官员们碍着苏元春的面子，不敢贸然下手。他们的逻辑是，要制服古排塘人，必须先制服苏元春、马盛治。于是在祖国南疆边境大连城，又展开一场激烈的交锋。

某日，三个法国外交官从越南到镇南关求见苏元春。苏也知道他们的到来，是为了永安人杀死苏安宁的事。便吩咐在来安馆设便宴招待，还邀马盛治和一位文案作陪。法国外交官员竟不顾起码的外交礼节，未及喧寒问好，就气势汹汹提出法国传教士苏安宁在永安州被众多土匪围攻杀死，两个教徒也同时遇难，要求尽快捉拿凶手法办。还故意影射苏元春等，说是经过交涉，清朝政府已答应派兵剿平仇教的永安州土匪，严惩凶手，只是有人从中庇护坏人，以致不能早日了结，扬言法国政府的忍耐是有限度的。如果广西当局没有能力剿灭永安州的土匪，法国政府将考虑其适合的途径予以干预。最后又进行拉拢，说什么越南和广西是近邻，我们之间也是友谊敦笃的朋友，不忍看到为此事造成不幸局面，特来相劝，希望以友谊为重，早日结束永安州的不幸事件。

面对三个不速之客的狂妄言词，苏元春、马盛治等极力忍耐，一再解释永安虽是自己的家乡，千里迢迢，情况不甚了解，也从未过问家乡的事，一切由地方政府经办。既承三位善意相劝，如有机缘，当尽力协助地方官员，从速了结。席间闲谈时，苏元春还婉言劝告法国官员，应适当节制传教士的行为，不宜轻入僻静山区传教，以免发生意外纠葛。即使在城镇传教，也要告诫传教士束身自爱，不宜干涉地方事务，更不能强迫群众改变几千年来敬奉祖先的风俗，以减少民教纠纷，也加深我们政府间的友谊。

苏元春这番话，是针对法国传教士在广西各地横行霸道的实际情况而发，本来是合情合理的，而且是与人为善的。但法国官员却认为苏的话，直接攻击法国传教士的传教活动，损害了天主教的威信和特权，而大发雷霆，横蛮地宣称，来中国传播天主教义，劝人为善，早有条约规定，中国的任何地方都可以传教，任何人无权阻挠，广西教区的传教事务，完全由广西教区的主教决定，中国官员无权过问；信奉天主教义，是当今全世界进步人士所共同公认的真理，所有文明国家的人都信奉天主。你们广西，即使在中国来说，也是极为落后的野蛮地方，只有抛弃一切落后风俗，虔诚信奉天主，才能得到拯救，根本没有资格提出改变教规的要求。目前当务之急，是在限期内保证剿平永安州的仇教土匪，严办杀害传教士的凶手，并保证传教士的人身安全。

马盛治是个急性子，面对如此无理的法国外交官，内心的怒火早已按捺不住，若当面驳斥，又恐有碍外交礼节，只好拂袖退出。苏元春身为提督和边防督办，和法国官员接触较多，对这种场面，已司空见惯，所以，还是耐心说服。而法国外交官却认为苏元春软弱可欺，竟不断粗暴打断苏的解释，一再强迫苏元春提出保证，在一星期内剿平永安州的仇教土匪，惩办凶手，并保证在永安州传教的人员的安全。否则，一切不幸的后果，由苏元春负责。至此，苏元春已被逼得忍无可忍，甚至退到无地可退的地步。便拍案而起，大声怒斥道："敢来中国逞凶，再杀你三个又怎样?"其中的"三个"，原是从永安州杀了三个传教人员而来，可又刚好与当时在座的三个法国外交官的人数相等，模棱两可。法国外交官误会是指他们三人，吓得浑身发抖。他们深知"好汉不吃眼前亏"的诀窍，什么要求都不再提了，一再鞠躬道歉，匆匆溜出镇南关。

五、教案的结局

正如教案的发生，总是受到各种力量制约一样，教案的结束，也是各种政治势力较量结果的反映。由于清王朝腐败懦弱，对外一味屈辱妥协，即使是正气凛然的反抗斗争，洋大人一提出交涉，便总是以革官、惩凶、赔款而告终。如果说永安教案的结局有什么特点的话，那就是清王朝政府压内媚外的丑恶嘴脸暴露得更加充分，各级大小官员、地方豪绅负义变节的肮脏灵魂也表现得淋漓尽致。因而永安人民不畏强暴，不屈不挠的英雄形象也就显得特别鲜明高大。

（一）威逼妥协

法国外交官在与清政府交涉中，在玩弄政治、外交手腕方面是臭名昭彰的能手。他们企图通过驻越南的外交官的拜访、劝告而制服苏元春手腕遭到失败后，便改变策略，通过驻华大使来向清王朝政府施加压力，一面要求限期完成革官、缉凶等项措施；一面又暗示广西提督苏元春籍隶永安，乡梓谊深，是永安州“仇教匪徒”“地方劣绅”的支柱。缉凶工作之所以进展迟缓，甚至停滞不前，主要是地方绅士首领黄政球得到苏元春的暗中支持，有恃无恐。他们威逼清廷责成苏元春派兵缉凶，限期交出所谓凶犯。

与此同时，新任知州吴廷燕、平乐知府吴其珍以及广西巡抚黄槐森等人，也将永安缉凶进展迟缓的责任往外推，认为黄政球等人的态度暧昧，直接间接与苏元春有关联；该州地连瑶、侗，民情强悍，又不便派兵强行围剿，担心激成民变，而拖延过久，对自己的政声不利。因而希望朝廷明下谕旨，责成苏元春出面，做地方团绅的工作，既可免除派兵强剿，激成事变之虞，又能防止“凶犯”漏网远逃之弊。总理衙门在内外挤压下，只好妥协，在给黄槐森的电谕中，加上“并着苏元春派弁协缉，务须刚柔互用，毋致激成事端。苏元春籍隶永安，想能设法妥办也。”①

在永安教案中，清王朝及各级官员急于向法国侵略者忍辱妥协的丑态暴露无遗，几乎达到了不择手段的地步。例如：法国传教士通过他的驻华使节提出要追查地方官的责任，便不分青红皂白，推出何臻祥作替罪羊，“暂行革职”，留任协缉凶犯；当缉凶受到广大群众抵制，“教案”无法迅速了结时，有人反映是黄政球作梗，又不明不白地将并无实权的黄政球革职，还勒令他交出“凶手”，同样又留有余地，如果办理迅速，还可开复原职。但是，“永安教案”并未因革了何、黄的官

① 《大清光绪朝实录》四一八卷第16页。

职而迅速了结，反而越演越烈，出现了群众联防自卫的场面。任何人都清楚，这是激成民变的先兆；这时，清王朝在法国外交官的压力和广西地方官吏的要求下，竟要远驻龙州的广西提督兼边防督办苏元春派兵缉凶，理由是他“籍隶永安”。虽然，清政府这一着棋，堵塞了苏元春维持乡梓正当利益的所有渠道，也堵塞了黄政球等永安团绅的一切外援，加速了“永安教案”的了结，但也说明清王朝政府已是山穷水尽、黔驴技穷。

（二）勾结出卖

黄政球其人，虽曾投身过抗法斗争，有些民族思想，但气节不佳，把身家性命看得过重，在奉到革职但又留有余地的谕旨之后，初时还能坚持，但毕竟经不起亲友的劝说、家属的怨诉，经不起清朝政府和各方面的压力，最后妥协了，偷偷去拜见新任州官吴廷燕，申诉自己的艰难处境，协商结案办法；要求州官给他时间，慢慢作说服乡中父老，用大家都可接受的办法，既交出凶手又不激怒地方群众，从而得到新旧州官的谅解，不再向他施加压力；接着他又派人到龙州向苏元春、马盛治求助，请他们拿出既不损害古排塘声誉和绅民利益，又能使州官结案复命的两全其美的办法。他已意识到，他的仕途凶吉，操在州官手里，只要州官严奏一本，他就会因抗拒谕旨而身家性命不保；最后，为了彻底推卸下令“起团”的责任，他派人在各村散布黄三和黄二“错将摆手作挥手”的流言。大意是：润三月初一上午，当苏安宁捣毁酒店，强拉元康叔沿途悔过时，黄三见事情闹大了，赶紧跑去禀告黄大人，在黄家门前遇见黄二，两人一道进屋报讯。黄大人为官多年，深知洋人难惹，便摆手叫他们莫管闲事。黄三等退出大门不远，又遇见许多怒气冲冲的团丁前来向黄大人申请“起团”，以援救元康叔。黄三学黄大人摆手的姿态，叫莫管闲事，当时人多嘈杂，“莫管闲事”的话没有听清，而站在后面的人只看到挥手的手势，以为是黄大人叫“起团”拦回元康叔。回头便大喊“起团”，有人敲锣，有人去取棍棒刀矛。各村闻警，便随着“起团”追拦。事有凑巧，苏安宁竟敢开枪行凶，于是死于乱棍之下……

经过这一解释，黄政球就从指挥者的地位改变到反对而又阻挠不力的地位了。既然与此事关系不大，将来官复原职，也就是理所当然的事。黄政球的态度一转变，就为交出“凶手”铺平了道路。

苏元春作为守边大员，对法国传教士在自己家乡横行霸道，十分气愤，对家乡青年在忍无可忍的情况下采取的过激行动，深表同情，对地方官一味迁就的缉凶措施，有抵触情绪，所以才冒风险接济枪弹，写信求援等。但当奉到派弁回乡协助缉凶的谕旨后，也叫苦不迭。上面在有意堵塞苏元春再援助乡里的路，如果凶手抓不到或拖延误事，苏元春也不能置身事外。正在苦于无法应付之际，苏的童年好友韩云卿再专程赶来求援，一是要求派兵保护地方，免受新州官欺凌；二是希望提出两全其美的办法。

谕旨令派弁协助缉凶，父老们希望派兵保护地方。苏元春却从中悟出了一个舍车保帅的办法。他想，现在上意决心谋求从速了结，任何有碍结案的人都将受到严惩，事已如此，也只能保自己、保乡里，牺牲二三子弟从速了结了。于是，他立即派随身哨官候补都司黎瑞春（又名亚庚）精选一哨永安籍兵勇，日夜兼程赶回永安，并面授机宜：对外大力宣扬奉命回乡协同缉凶，对家乡父老则说是保护地方；一面向新任州官吴廷燕投刺报到，听候派遣，但要求驻在古排塘，以便了解内情。一面向黄政球送信，表明朝旨，再抗无益，应不惜乡中二三子弟，以一命抵一命，了此巨案。至于所交凶犯，因法人耳目甚多，不能全假；乡中父老感情也要考虑，不宜害及族中子弟，故不必全真，可与州中当道者从长商定。还特别关照他，开复之事，已蒙中丞（即巡抚）关注，结案之时，当一并上闻。

黎瑞春率一哨永安籍边防军回到古排驻扎，群众不知内情，以为是苏元春关心乡里，派兵护卫，各处都洋溢感激、振奋之情，纷纷搬回村中住宿，撤去卡哨，结束了联防生活。唯有黄政球，一收到苏元春的密信，就在为交“凶手”而绞尽脑汁。既然是以一命抵一命，势必交出三个“凶手”。不能全假，免遭口舌，必须有一个真凶手。他首先想到在团局打杂的李亚安，他亲自参与其事，远近皆知，可塞法人借口。他不务正业，族人异议不多，另一个当事人是黄三，既是族侄，他和族中老人都不能同意。但得有个替身，考虑再三，落到佣人黄二头上。他原姓陈，广东人，来黄家入赘后改姓黄，因与妻、母不洽，长期帮黄政球看守谷仓兼做杂工，因和黄家内眷过往较密，曾受黄政球怀疑，更为重要的是，他是黄政球下令“起团”的见证人之一，(另一个是黄三，他信得过）如果黄二被杀，“起团”之事便永无对证；第三个可以是假凶手了，经各团总商议，选中了外地流落来古排塘一带行乞的阿四。

黄政球一点头，各团总亦无异议，新旧州官只求有三命相抵结案，其他无关紧要。这一肮脏交易，经黄政球、吴廷燕以及他们之间的调停人黎瑞春点头之后，接着的便是诱捕“凶手”和抚恤家属。李亚安是谭扼村人，家有双目失明的老母。李平日嘴长手多，不洽于族中长辈，也不见爱于老母，常在团局厮混。当团总和李家族人密商抵命之事时，毫无异议，只求由村中拨谷赡养其母；其次是黄政球的远房侄孙女招赘婿黄二，本是外乡人，平时与妻、母不甚和睦，长期为黄政球做工，既少回家也不养家。她们早有另找快婿的设想，现在要拿黄二抵命，也就没有异议了；至于叫花子阿四，就更容易了，他乡孤魂，不会有人为他申冤。

初秋某日，古排塘一切都恢复了常态，各村团总设宴招待黎瑞春和回乡兵勇。平时爱在团总身边混吃的李亚安，这次破例让他坐正席，还赞扬他在追打苏安宁时勇敢。李亚安受此礼遇，感激不迭，正值大嚼大喝，已有几分醉意之时，团总叫李送一紧急信札给州官亲收，除临行再敬他一碗酒以补未完之席外，还特别赏给他一把碎银子。李亚安更是感激涕零，拔腿便向州城飞奔。当他上气不接下气地将密信送给州官时，忽听一声大喝，几个亲兵立即将他拿下，五花大绑还外加脚拷。李亚安这时还蒙在鼓里，极力挣扎，大呼冤枉。而吴廷燕即将手中密信一抖，怒斥道："谁冤枉你？你是杀害苏司铎三人的头号凶手，有古排塘团总的文书为证，铁证如山。"李亚安这时才恍然大悟，原来是黄大人出卖了自己，后悔已晚，不禁潸然下泪。同一天，黄二也破例被邀参加宴会，虽然没有和团总们同桌入席，却也菜丰酒足，任其醉饱。再加上黄三兄弟等人又特别殷勤，轮流敬酒，不到散席时黄二已酩酊大醉，同伴们将他扶回住处。三更将过，他就被人连拖带拥地抓走了。第二天他才知道已被关入死囚牢房，任凭喊天呼地，也无人理会。叫花子阿四，当天也破例得到比平时更多的残汤剩饭，饱食一顿之后，于夜间一同被抓关进监狱。为了不留后患，除李亚安已取得族人同意交出抵命，而且必须用真实姓名外，其余二人都改名换姓，原来姓陈名七[①]的黄二，被改为李三，叫花子阿四改名为廖七。这也是一着诡计，因为名实既不符，身首又异处，便无从核对。即使有人鸣冤，也是无头公案。

（三）就义反抗

正当古排塘人衷心歌颂苏元春、马盛治关心乡梓，在危急关头派兵保护地方的高恩厚德的时候，人们万没有想到"抵命"的厄运已落到为古排塘人扬眉吐气的李亚安、黄二的头上。在他们秘密被捕后，多日不见他们露面，偶尔有人问及，回答是风声紧，到外地避风去了。而黄政球、吴廷燕的密信则紧张地送往平乐、桂林、龙州，经过私下交易，一个能满足法方四项要求，又可照顾已革州官何臻祥、新任州官吴廷燕、已革参将黄政球、广西提督苏元春以及古排塘团绅的利益、唯独出卖永安人民利益的结案方案终于出笼了。集中表现在当时的广西巡抚黄槐森会同两广总督谭钟麟给皇太后、皇上的奏稿上。

广西巡抚臣黄槐森跪奏：为永安州民逞忿致毙教士教民一案，拿获

① 当地有人说是陈其。

正凶三名，审明拟结缘由，恭摺仰祈圣鉴事。窃查光绪二十四年闰三月初九日，承准总理各国事务衙门电："奉谕旨，黄槐森电报永安州有戕毙教士之案，殊堪诧异。著一面严拿凶犯，按律惩治；一面酌加赏恤，并将地方官查参，迅速了结。钦此！"臣伏查此案，前据禀报，当将永安州知州何臻祥撤任，勒限缉凶，另委候补知县吴廷燕驰往接署，并电知龙州祁领事商办；一面电饬该管平乐府吴其珍酌带营勇，驰赴该州，传商绅团，晓谕百姓，督同该州悬赏购线，严拿凶犯，俾速议结。先行查明去后，嗣据查覆起衅缘由，并因逾限尚未获凶，将该州何臻祥奏参留缉。奉朱批：

"何臻祥著即行革职，仍勒令会同署知州吴廷燕缉凶，务获究办。钦此！"并查有该州团绅候补参将黄政球，庇凶不交情事电奏。奉旨：

黄政球著先行革职，勒令将犯交出，如办理妥速，尚可开复，倘仍延缓，再行严参。钦此！

均经奉行钦遵办理在案。该革员何臻祥会同署该州吴廷燕，先后会营督率兵役，并已革参将黄政球及该州各团绅，商向提臣苏元春派来候补都司黎瑞春等，将凶犯李亚安、李三、廖七三名拿获解案，提集一干审明具禀到，臣批司扎饬该府吴其珍督同该署州吴廷燕，提犯复审录供，议拟由按察使蔡希邠复核，具详前来，臣复加查核。

缘李亚安、廖士均籍隶该州，李三籍隶广东高要县，向与李亚安等均在州属古排村居住，彼此认识。光绪二十四年闰三月初一日，法国教士苏安宁带同教民唐启虞、彭亚昌、江飞祥、陆本祥、邱有业、陈光秀一共七人，由永安蒙寨村前往荔浦，当经该前州何臻祥移拨兵役护送。行至州属凉亭地方，苏安宁见墙上贴有劝人不宜从教说帖，即向附近之联兴号杂货店伙李元康（询）问。李元康答以不知系何人所贴。苏安宁用言向李元康斥骂，李元康不服回詈，彼此口角争闹。苏安宁喝令教民唐启虞、彭亚昌将李元康拿住带走，当经护送兵役代为求情，苏安宁不允。

是日正值圩期，往来人众，均各上前观看。李元康当众赔礼央求释放，苏安宁仍不允许，喝令唐启虞等拉向前面行走。行至古排塘地方，观看之人愈聚愈多，约有二百余人，众忿莫遏，齐声喊夺。适李亚安携带竹铳赴山捕雀，廖七携带铁咀禾枪与李三赴田工作，先后走近该处看见。李亚安因与李元康素好，大为不平，即向苏安宁斥骂。苏安宁喊拿，李亚安点放竹铳，飞沙中伤苏安宁脐肚倒地，观看各人随即惊慌走散，李元康乘势挣脱跑走，唐启虞扑向李亚安捉拿。李三恐李亚安吃亏，拾石掷伤唐启虞左太阳倒地。彭亚昌扑向李三殴打，廖七上前将彭亚昌拉开，彭亚昌仍向李三扑殴，李三拔出身带尖刀，戳伤彭亚昌右腿倒地。苏安宁、唐启虞、彭亚昌滚地辱骂。李亚安忿怒不息，拔出身带小刀叠戳，伤苏安宁左胯下身、左耳根、左右手背等处；李三、廖七亦气忿莫遏，临时共起杀机。李三用刀戳伤彭亚昌左眉、右肋、右腿、脊骨等处。廖七用禾枪戳伤唐启虞胸膛心坎、左右肋、右臂膊等处，均各登时殒命。该州差役黄友、营兵谢荣贵赶急上前喊拿，黄友被李三用刀砍伤右手腕，谢荣贵被李亚安用刀戳伤左肋，均各倒地。李亚安等随即走散……

嗣署州吴廷燕到任，接准移交。提验该役黄友等，伤已平复。查起教士竹箱、竹箩，会同何臻祥点验封固存库，列单具报。一面督饬黄政球等及在事营弁，悬立重赏，先后将该犯李亚安、李三、廖七等拿获讯供，议拟具详。维时，该府吴其珍业已回郡。当经该司扎饬吴其珍赴州督同该署州吴廷燕提犯复鞫。据各供认前情不讳，诘无预谋纠殴情事，此外亦无在场帮殴之人。究诘不移，案无遁饰，由司复核议拟，详情具奏前来，臣复核无异。

查例载因争斗擅将竹铳施放杀人者，以故杀论；又律载：故杀者，斩、监候、各等语。……该犯等逞忿故杀，殊属凶残，将来秋审，应入情实。案关中外交涉，拟即将该犯等就地处决，以示惩儆。电奏请旨遵行。

臣出省督师郁林，在平乐舟次，于光绪二十四年八月初三日奉电旨：

"李亚安、李三、廖七三犯，著即就地正法，以昭炯戒。并将办理情形，照会领事完案。钦此!"

臣当即恭录转行平乐府钦遵，督饬永安州立即将凶犯李亚安、李三、廖七三名，就地正法。并将办理情形，照会龙州祁领事查照完案。该州起出教士竹箱等件，先经报明存库，俟领棺时并给。至标贴劝人不宜从教揭帖，不知何人所贴，李元康实不知情，应毋庸议，无干省释。所有失察职名，系前任永安州已革知州何臻祥相应开报。何臻祥因此案革职留缉。当时教士等毙命，为口角擅拿民人，激成众怒，实属事出意外，并无纵容情事。现已将凶犯全获究办，尚知愧奋，应请开复知州原官，仍留广西差遣补用，照例免缴捐复银两，并免送部引见。已革团绅候补参将黄政球，虽曾庇凶于前，后已帮同拿获凶犯，办理妥速，拟请开复原官，出自天恩。……

光绪二十四年十一月十七日的朱批：著照所请，该部知道。[1]

中秋节前夕，吴廷燕接到平乐知府吴其珍专差送来的密札，奉旨将李亚安三人立即就地斩首示众。为了避免出事故，也为了藏假，决定在半夜就将李亚安三人悄悄杀害，天亮后示众，并派人四处张贴告示，告诫百姓，束身自爱，不得干预传教士的活动，保护传教士的安全。

李亚安等三人被斩首示众的消息，像晴天霹雳震动了整个永安州。一个时期以来，人们对苏安宁的行径深恶痛绝，对李亚安和古排塘人的英勇回击，衷心钦佩，引为永安光荣，传颂不绝。一夜之间，英雄突然成了"凶犯"，不只是李亚安等人不瞑目，全永安人都愤愤不平。虽然天雨泥泞，各村群众依然在议论、叫骂声中涌向州城。尤其是古排塘人，不只是惊异，而是莫大的屈辱，团总们都避不见面，问不出原因，便奔向州城。

① 中国第一历史档案馆所藏档案《朱批奏折类·帝侵项》第308卷。

在州城西门外的刑场上，挂着三个竹笼，内装三颗鲜血淋淋的人头，除李亚安尚勉强可辨外，其余都血肉模糊，即使是古排塘人，也分辨不清李三、廖七。但这些都成为无关紧要的事，不管被害者是谁，他都与李亚安一道，成为永安人民心目中的英雄，受到最高的崇敬。刽子手们的大刀，不光是砍在李亚安三人的脖子上，而是深深地砍在永安人民的心坎上，深深地损害了永安人民的自尊心。

从四面八方涌来的人群，有的在默默地向受害的英雄致哀，有的在激昂陈词，有的在大声叫骂，骂法国侵略者派“传教士”来欺凌永安人民，骂苏安宁生时在永安横行霸道，死了还借洋人势力，杀害永安人民，也骂新任州官吴廷燕用永安人的血染红他的顶子，群情激愤。突然有人振臂高呼，“这一切都是罗天生引来的，找他算账去！”真是一呼百应，浩浩荡荡的人流，立即涌向蒙寨。罗天生一家早已闻风而逃，无法消除怒气，人们便对这座临时教堂怒骂，先是掷石打瓦以解恨，继而冲门推墙作报复。三间瓦房，顿成瓦砾。这实际上是永安人民对清王朝及广西、永安的压内媚外官员们的愤怒回答，是对法国侵略者要求杀害李亚安三人以儆戒永安人民这一行径的回答，也是对在永安建教堂纪念苏安宁的这一侮辱性决定的回答。

杀害李亚安三人之后，各级官员都在为“结案”而奔忙。有的忙于将苏安宁的遗物及“恤款”送交法国驻龙州领事，赔款道歉，以示结案；有的则忙于奏报缉凶、结案出力人员，开复原官，而永安人民却在积极准备迎接更艰巨的战斗。

在巴黎外方传教会掌握下的广西教区主教司立修，是一个野心勃勃的人。由于他的努力，广西教区的“教务”有较大的发展，不但受到巴黎外方传教会的称赞，甚至受到广西地方官的好评。他对永安州人竟敢打死他的得力助手苏安宁，特别恼火。他在草拟赔偿条件，除索取四万两[①] 赔款外，特别提出在永安州城建立一座规模宏大的教堂，

① 《清实录》四〇二卷，第8页，只记“永安教案偿款已议妥交收”，未记数目。当地老人及教会人士则说是“四万两”，有待查证。

纪念在此“殉教”的苏安宁。还向法国政府出谋献策，要政府出面要挟，由法商承包修建从北海到南宁的铁路。[1]

所以，当“教案”一了结，司立修便急忙选派两名得力的传教士到永安州宣传教义，筹建教堂，料理苏安宁后事。他们先送信给永安州官，要求派兵保护，晓谕全境，一体保护传教士安全。他们以为经此次打击，永安州人一定俯首帖耳，听从摆布，但实际情况却正好相反。他们一到永安州，便先去看望老教友，结果使他们大吃一惊。不是回避不见，便是闭门不纳，甚至公开声明，不再奉教，所以连落脚点都找不到，只好住在州官衙门。当他们在圩上公开传教时，任凭唱哑嗓子，也无人来听，无偿赠送糖饼、药品、图片、圣经……也无人接受。只有一些好奇的小孩，不即不离地站在一旁，不时讥笑，不时和传教士对唱。

至于在永安州城筹建教堂的事，更为不妙。广西教区主教司立修原来计划在永安州城最引人注目的地方，建立一座规模宏大的天主教堂，但购买教堂地基的计划却无法实现。他们问遍永安州城各处，回答总是“自用不卖”。最初，来自巴黎的传教士不相信世界上有不贪钱的人，将收购地价提高一倍、二倍甚至十倍，而得到的回答却是“一两黄金一寸地也不卖。”

法国传教士到处碰壁，州官吴廷燕唯恐逼得太紧又出乱子，便劝他们改变建堂计划，不在街道上买地，而由州署在城外荒坡划一丘地作堂址，可免去许多麻烦，传教士被迫同意。但是，州官划出的地刚定下，立即就有群众去铲草开荒，挖坑积肥，有的挖基砌石，在周围建厕所。群众还有意传出许多使传教士头痛的消息：不卖砖瓦、石灰、木材给传教士建教堂；不为建教堂做任何工作；不卖食品给传教士……总之，传教士们感觉到，他们面对的是一堵无缝可钻的铜墙铁壁。即使从外地运来材料，雇来工人，在荒坡上建立教堂，没有人来信教，

① 转引自刘彦《帝国主义压迫中国史》，第210页。

又有什么作用？最后，被迫放弃建堂计划。将苏安宁遗骨运回龙女墓地，将一部分建教堂的赔款在南宁市明德街建立一间法文学校，权作纪念苏安宁之用。永安州人靠自己的坚决斗争，抵制住了殖民主义者的压制，[①] 从此以后，既无传教士前来传教，更没有在永安建立教堂了。这在当时的情况下，确非易事，迄今蒙山人民还引为自豪。

结　论

1949年，中国人民在中国共产党的领导下，推翻了三座大山，建立了中华人民共和国，结束了千百年来的深重苦难，使“教案”迭出的屈辱时代一去不复返了，人民群众反洋教斗争，也告一段落。但由于长期以来，“教案”总是带有浓厚的宗教色彩，加之年代久远，一提及“教案”，人们往往顾名思义，以为是因宗教信仰不同、民教相轻而酿成的宗教纠纷。事实证明，这完全是误解。“教案”的发生虽然也牵连到传教士和群众信教等问题，但只是无关重要的表面现象。几乎大多数“教案”的主要原因，都不是或绝少是宗教信仰因素。如果单纯是宗教信仰的分歧，根本就不可能形成“教案”。

众所周知，“教案”是1840年以后帝国主义用武力庇护他们的宗教势力闯入我国内地，为非作歹，受到群众抵制而形成的冲突。道貌岸然的传教士们，虽然一再宣称他们是为劝人行善、拯人苦难而来，但实际上干的却是欺压群众、剥削贫民的种种罪恶勾当。巴黎外方传教会虽曾再三表白属于民间慈善机构，只救济贫民，不过问政事。但实际上却是法国殖民机器的组成部分，蝇营狗苟，横行乡里，鱼肉百姓，攫取不当殖民利益，蚕食社会基层，拉拢官绅，收集情报，挑拨离间，

① 和为贵著《广西教史》有如下记述：“中国政府已经作了赔偿，还在永安州划一片土地作建堂之用。”“蒙寨村教友在本地已感到不安全，望教者也已不坚持信教了，有的教友只好迁到龙女村居住，后来又迁到修仁。苏安宁在那里的传教事业，没有得到继续，只好将赔款在南宁建立苏安宁法文学堂。教堂在永安的土地，迄今还未用上。”

制造混乱，而且随着帝国主义入侵活动的升级而相应加剧。本书叙述的西林教案、三板桥教案、上思教案、乐里教案、永安教案，都是法国巴黎外方传教会派来广西的传教士挑起的。这些“教案”的发生、发展和结束，绝少涉及宗教信仰方面的事情，却和当时法国侵略者的侵华政策以及迫不及待地将广西纳入它的势力范围的措施密切相关。这些所谓传教士，不但依靠法国侵略者的庇护进入广西“传教”，而且也根据法国侵略者的需要到指定的地方用特定的方式“传教”。开始“传教”时，不惜支付巨款，拉拢、讨好贫苦农民，以便在僻静山区建立据点，接着便勾结官绅，到通都大邑打开局面。由乘人之危廉价购买土地，到高额放租、高利贷剥削教民。进而欺凌群众，侮辱妇女，挑拨离间，武装匪徒，煽动暴乱……无所不用其极。因此，这些所谓“教案”，实质上是法国侵略者侵略广西的组成部分，也是广西各族人民反对法国侵略者的斗争的组成部分。

在这场特殊的斗争中，也正像其他战线的斗争一样，对各个阶级、阶层的参加者是一个严峻的考验。一次“教案”的全过程，好像一面清晰的反光镜，使那些投降媚外、投机取巧、临阵退却、变节叛变的丑类，原形毕露，不屈不挠的群众和他的代表人物则巍然屹立。

清王朝在建国初期，为了巩固自己的统治不受外来势力干扰，曾颁行禁令，严禁外人擅自进入内地传教，一再顶住各种压力，颇为坚决。但随着帝国主义侵略势力的增强，清王朝的宗教政策也和军事上的溃败一样，由层层防守向投降媚外转变。“西林教案”和第二次鸦片战争之后，教禁令开，各种各样的“传教士”立即根据主子的需要，钻到内地建立传教点。其中虔诚宣传教义者固不乏人，而披着传教外衣为帝国主义效劳者更大有人在。有侵略必然有反抗，“教案”因而屡屡发生。可是，横行霸道的传教士有帝国主义撑腰，敢于斗争的群众却得不到清王朝的支持，“教案”多以“革官”“缉凶”“赔款”而结束。1856年以后，广西发生的五次影响较大的“教案”，除“贵县三板桥教案”“上思教案”发生在中法之间已处于交战状态没有发展到外事交涉外，其余几次“教案”，清王朝都一味屈从于法方的要挟。尤其是“永安教案”的处理，奴才相暴露得更为充分。他们完全不顾法国侵略者肆无忌惮地将我西南各省纳入它的势力范围的严重局势；无视苏安宁公开挑衅，凌辱群众，辱及国格的严重罪行；无视群众奋起抗暴的严正立场，竟然以屠杀群众中涌现的英雄人物来满足侵略者的无理要挟，丧权辱国，抑民媚外，莫此为甚。

至于清王朝中的各级官员，既要仰承洋大人的鼻息，又要窥测上司的脸色。一贯以善于投降卖国的李鸿章固不待言，即使追求名节，以儒家自诩的曾国藩，在处理天津教案时，也是奴才相毕露，大杀爱国群众以媚外，遭到了当时舆论的谴责。

广西各级官绅，则因种种原因，前后表现也不一致。总的说来，他们有接近人民、了解民间疾苦的一面，在一定程度上要维护自己管区的利益而“为民请命”；但又有以群众的膏脂、生命作垫脚石，乘机往上爬的一面。一旦涉及切身利益，就会牺牲群众而保全自己。像西林知县张鸣凤那样有民族正气、敢作敢为的官员，一直受人民的称赞，但不多见。而苏元春、马盛治、黄政球以及永安壮乡派的团总们，则前后不一。当苏安宁的活动危及乡里以及他们自身的利益时，他们也曾支持群众的正义斗争，甚至仗义执言，出谋献策，一时颇为积极，大有伸张正义、毁家纾难的气概，以求扬名于乡里。但当事体扩大，牵连自己的乌纱帽、身家性命时，便谋求脱身，进而欺骗乡里，出卖群众，这种表现在当时统治阶级中很具有代表性。

西林、贵县、上思、泗城府乐里、永安以广西其他各地群众展开了如火如荼的反侵略斗争，他们是真正的英雄。他们认识到像苏安宁一类的传教士，绝不是什么与人为善、拯人灵魂、传播天主教义的真正神甫，而是妄图挑动广西人民走“要求法国保护”所谓越南式道路的法国殖民主义忠实走卒。所以永安人民和苏安宁的斗争，乐里人民和游勇对邓神甫的惩罚，是广西人民对法国殖民主义者妄图将广西纳入势力范围的阴谋的响亮回答，是广西人民反击法国殖民主义蚕食策略的一环。因此在某种意义上说，是在中法战争之后，双方在另一条战线上的继续交锋。尽管这次交锋也和13年前的镇南关大捷一样，抗法英雄们用血肉换取的胜利，又被昏庸腐败的清王朝政府断送殆尽。但却给侵略者当头棒喝：利用传教士来挑拨、煽动，同样行不通。同时，由于清王朝政府在处理“乐里教案”“永安教案”过程中，充分暴露了它腐朽、卖国的本质，进一步激起人民群众的公愤，为即将爆发的广西会党大起义插上了导火线。因此，“乐里教案”“永安教案”在广西近代史上有着十分重要的地位。

《广西会党资料汇编》前言*

我国民间会党，上可追溯到战国时期的游侠活动，可谓源远流长。随着历代王朝的更替，它们的名称、宗旨以及活动方式虽然有许多变化，并派生各种支流，但却一直根植于贫苦群众之中。因此，似乎可以认定，会党历来是贫苦农民、手工业者、无业游民等自发的群众组织。由于他们来自社会最底层，长期挣扎在饥饿、死亡线上，历史曾赋予他们以强烈的反抗精神。因此，虽然不断遭受封建统治者的严酷镇压，但仍屡扑屡起，经久不衰。尤其是近代以还激烈的阶级搏斗和民族自卫战争，更将他们锻炼成一支实力雄厚和具有广泛影响的社会力量，并一再受革命组织的倚重而勇敢地投入如火如荼的武装斗争，致使封建统治者胆战心惊、恨之入骨，而人民群众却冒险支援、箪食壶浆，后世史学家也给予很高的评价。

正是由于封建统治者一贯采取残酷镇压的政策，明文规定“潜谋纠结复兴天地会名目，首犯与曾经纠人之犯，俱拟斩立决”，即使被胁入会的“不良分子”也“拟绞立决”。他们之间的差别不过是身首异处和全尸而终而已，所以会党活动被迫长期处于秘密状态，加上政治、文化素质方面的差异，他们的活动情况和社会影响，当代人知之不多，流传后世的记述也绝少，以统治者严刑拷打获得的供词形成的档案和以御用文人随意罗织的记述，虽然篇幅可观，但既然出自胁迫和编造，可信度当然不高，这就给后世的史学科研工作造成许多不易克服的困

---

* 原载庚裕良、陈仁华等编:《广西会党资料汇编》，南宁：广西人民出版社1989年5月版，序言。

难。姑且不论历代学者绝少对会党进行深入的研究，也未形成较系统的著述，就是解放30多年来，许多有才华、有造诣、有毅力的学者曾为此作过十分艰苦的努力，也未能弥补这一“薄弱环节”。即使像曾经在近代政治和武装斗争舞台上屡露锋芒并遍及10多省区的天地会的源流、宗旨、创始人、创办时间等一系列问题，迄今仍然众说纷纭。有说天地会起源于四川、有说发源于福建，有说创始于广东、有说肇始于台湾；天地会的创始时间则有康熙十三年、雍正十二年、雍正末年，乾隆二十六年、三十二年、五十一年等诸说：关于天地会的创始者也提法不一，提得较多的有郑成功、陈近南、陈永华，洪二和尚（万和尚、提喜、洪二房、郑开、郑洪）、朱一贵等；天地会的宗旨也是诸说并存，如反清复明、反满复汉，甚至认定它具有宗教迷信色彩，毫无政治目的等。至于内中细节的分歧，更难以计数。

历史上的广西，地瘠民穷，厘重税多，阶级关系复杂，封建王朝的统治力量相对薄弱，是山高皇帝远的边陲地区。会党的活动因而相当频繁、广泛，天地会、哥老会、三点会、三合会、龙华会、龙虎会……名目繁多，声势浩大。不但在偏远山区树旗设堂、攻占州县衙署，捕捉、驱逐朝廷命官，而且公开张贴檄文，控制河运驿道，包围桂林、柳州等重要城市，迫使广西巡抚、提督困守一隅，濒于瘫痪。各级封建官员惊呼“山堂林立”“会匪遍地”“势将燎原”，确是生动、如实的概括。许多事实也一再证明，广西近代史上许多重大事件如太平天国革命、中法战争、辛亥革命等，无不与会党活动密切相关。但是，长期以来，我们对有关会党的史料搜集、整理工作重视不够，除各地方志有零星记述外，常为人们检阅的只有《堂匪总录》《股匪总录》等数种，而且只列部分会党人物、事件的梗概，有的只列条目，致使专题研究也显得相当薄弱，许多重要问题，迄今仍浑噩不明。主要原因固然是百年来广西战乱频仍，档案资料、私家著述等多毁于战火，从事史料收集、整理既以难度大而却步不前，从事专题研究也就难为无米之炊。但纵观全局，这与我们主观努力不够也可能有关。区内外毕竟许多档案、奏议、文集、方志等可供查阅。例如罗尔纲先生早年曾从贵县修志局的资料中发现天地会的文件抄本，并从“一拜天为父，二拜地为母”的诗句论证天地会的名称由来和含义，后来广泛为史学界所引用；1985年王熙远同志又在田林县浪平乡搜集到很可能是流传于道光初年的天地会文书抄本，成为我区发现的第三种天地会文书抄本。而类似的资料和抄本，似非绝无仅有。另外，多年来研究太平天国史、中法战争史、辛亥革命史、广西地方史志的人士，都曾搜集、查阅不少有关会党活动的珍贵史料，国家档案馆、图书馆以及地方志、私家著作中有关史料也有待发掘、搜集、整理，这是有目共睹的。

为了吁请史学界及社会人士共同关心会党史料的搜集、整理工作，也为了适应当前各地编写地方志的需要，我们将广西社会科学院历史研究所、广西通志馆资料室关于会党方面的资料选编成册，送请广西史志资料丛书编委会出版。大部分是反映清嘉庆、道光、同治、光绪年间广西各地会党活动的奏折、附片以及《堂匪总录》《股匪总录》中较重要的记述，虽然相似的资料较多，反映面较窄，但考虑到分别反映各地的会党活动情况，适应不同地方的参考，只好一并选入。衷心希望通过这本汇编的编辑出版，能引出更多高质量的会党资料以及它的汇编，以充实、推动会党史的科研工作。

本书的编辑出版，得到广西社会科学院历史研究所、广西通志馆、广西史志资料丛书编委会、中国第一历史档案馆、广西人民出版社等鼎力支持，谨致谢忱。

参加本书编辑工作的有：庾裕良、张胤、陈仁华、吴国强、黄振南、秦邕江、廖宗麟、徐舸、王熙远。由于政治、业务水平所限，遗误在所难免，敬希教正。

师范永垂*

——怀念罗尔纲先生

1960年我有幸调到广西通志馆从事广西通志的研究和编纂工作，开始接触、学习罗尔纲同志的著作，并从史学界同行的议论中得悉罗先生治学勤奋严谨，考证独到周密，是国内太平天国史研究的奠基人。仰慕之情，与日俱增，但又求教无缘，常引为憾。“文革”期间，通志馆被当作“四旧”而解散，我也被下放到林场劳动，修山扛木之余，偶尔念及罗老的遭遇，仍感慨不已。

党的十一届三中全会之后，全国形势大变，史学研究也出现了蓬勃的生机，我又有机会到广西社会科学院重操旧业。1983年我到北京故宫历史档案馆及有关单位查阅史料，很想去拜见广西籍的著名史学家罗尔纲先生，面聆教言。但又顾虑以无名小辈去打扰史学泰斗，似不自量，屡行屡止，犹豫再三。后经中国社会科学院近代史研究所的同志多方鼓励，才斗胆径赴史家胡同登门求见。当我确信正受到一位朴实、敦厚、和蔼可亲而且关心备至的老者接待时，我的顾虑才逐渐消除。

罗先生十分关心广西史学界、教育界以及经济建设、人民生活等方面的情况，尤其对史学研究方面，他问得十分详细、具体，对广西的一人一事，即使是微小的进步，他都感到高兴。可惜我一介青衣，又长期奔波于深山老林之中，对广西的整体情况所知甚少，即使搜索枯肠，也难以为答。对贵县（今贵港市）一般情况，我似乎谈得颇为

* 原载广西社会科学院历史研究所编:《罗尔纲纪念文集》，1998年5月，第73—77页。

具体。罗先生问我为什么偏重贵县，我只好如实汇报：我曾数次深入贵县各地调查，加之我爱人是该县覃塘人。妻妹一家在县城工作，来往较密，故听闻较多。想不到几句家常话，却引发罗先生的思乡情绪，他高兴地站起来，紧握我的手，还频频拍抚我的肩膀，还大声向在厨房的夫人说：好哇！我们又结识一位亲戚！气氛之热烈，我仿佛身处岳家。他还立即给我一把“尚方宝剑”：“你以后来北京，可随时来我家谈谈家乡情况，不必打听我是否有空，更无须经哪个同意，接待亲戚的时间总是有的。”

我万想不到和罗先生初次见面，便一见如故，并获如此厚爱。当然也就十分珍视这来之不易的学习机会，从1983年到1988年间，我每次到北京开会或办事，都挤时间去看望罗先生，前后一共四次，其中有三次承他设家宴招待，他虽然因素食独自在书房用餐，委托夫人或文起伉俪作陪，但饭后即回客厅交谈，热爱家乡、爱护家乡学子的情怀溢于言表。对他的谆谆教诲、拳拳鼓励，我永世难忘：

一、发挥优势，弥补不足

在第一次拜见罗先生行将告辞时，罗先生问及我的学历及身世，当他知道我是半路出家，没有学过历史专业并长期身处逆境时，他拉我重新坐下，坦率而推心置腹地对我开导：我也没有读过历史专业，也曾有人因此而轻视我，但我全然不顾，路总是靠自己奋力拼搏开拓出来的。专业基础知识固然很重要，但并不能解决一切，影响一生。其实，半路出家也有某些从学校到机关的人难以相比的优势，如政治学习较系统，实际锻炼较严格，马列主义理论基础较牢固等。应该辩证地对待这些问题，应充分发挥自己的优势，并努力在工作中设法弥补自己的不足，若两者都作到了，从事史学研究工作，并无什么难以逾越的困难。千万不要自馁，千万不要把缺乏专业知识变成束缚自己的包袱。罗先生还以自己的经历鼓励我加强学习，争取早日加入共产党，更自觉地将自己的工作与共产主义事业融为一体。当时我的信心虽然不足，但罗先生语重心长的教诲，确实触及深心，不忍辜负他老人家的厚望，我庄严向他保证，一定努力去争取。

我当然清楚自己碌碌半生在各种运动中度过，学习谈不上系统，并无什么政治优势可言，而专业基础知识不足则是明显的劣势，而罗先生的用意是勉励我刻苦学习，迎头赶上。“听君一席话，胜读十年书”，听得很多，说得也不少，可这一次真是我一生中最深刻的亲身体验。

二、站稳脚跟，再发议论

有一次在拜见罗先生时，偶尔谈及李秀成自述的真伪全缺问题，我便征求他对我的一篇习作《辨（自述）全缺，雪忠王沉冤》的意见（我遵嘱曾寄呈审阅），他在肯定我对李秀成自述所作的考证后，就历史研究与史料考证问题说了十分中肯的意见：历史研究的主要依据是史料，可无论是多如牛毛或片纸只字，都是出自各方有自己立场、观点的人士之手，究竟哪些记载、评述如实反映或部分反映史实，哪些带有偏见甚至歪曲史实？……完全靠研究人员去认真分析、考证，因此，充分占有史料、认真考证史料之后，才算站稳脚跟，在这个基础上阐述的议论才算言之有据；否则，依据有误或正误参差，所阐发的议论无论如何冠冕堂皇，都属空谈、谬论。李秀成的评价如此，其他的历史人物、事件的评述也是如此。

我过去也曾听到烦琐考证一类的批评，但接触不多，认识不深。当时听了罗先生的议论和几个十分生动具体的例证，茅塞顿开，坚信考证是历史研究的基本功。许多历史人物的活动和历史事件的发生和解决都与社会其他方面有着千丝万缕的联系，必须依据有关的史料作综合、全面的分析，才能得出正确的结论。

三、立足广西，面向全国

罗先生知道我当时正在为《中国近代史资料丛刊续编·中法战争》一书法国档案的翻译、编辑、出版而奔忙，为推动中法战争史、中越近代关系史的研究尽一点力，他十分关心和支持争取在广西社会科学院建立中法战争史研究基地的设想，认为这是一个立足广西，面向全国，既符合广西实际，也适应全国的重要课题。他似乎也担心广西的人力、财力是否可以胜任，曾不止一次问及广西各科研机关、大专院校中研究中国近代史及中法战争史的人员、史料情况，广西党政领导对学术研究的关注和支持情况，当我向他汇报自治区党委及政府、广西社会科学院领导对这一课题都十分重视和支持，曾在外汇十分紧张的情况下，拨给三万美元的外汇指标，陈辉光书记、韦纯束主席曾特别批给《中法战争史专刊》每年7000元专款（按：此项专款只拨一次，后便无下文了），但在人力方面，还得依靠国内学者共同努力，才可在较短的时间扭转中法战争史研究这个薄弱环节。他听后大加称赞，并表示，太平天国、中法战争是广西的重大历史事件，也是全国的重大历史事件，广西有责任倡导、推动，但单靠广西是难以完成的，必须联络广东、云南、福建、浙江以及国内其他近代史学者共同努力，除了请他们参加学术研讨会之外，也可以吁请或者和他们联合培养这方面的人才，你们可以提供教学史料，基地的作用也就发挥出来了。

罗先生的精辟分析、教诲，给我不少启迪，也使我坚定走出去，请进来，共同攻关的信念。十多年来，我们广西先后举办了六次全国性的学术研讨会（国内共举办十次），出版五本《中法战争史论文集》，有20多个省市的近代史专家或青年学者参加研讨，讨论逐步向纵深发展。如果说我们在确定中法战争史研究方面，在改变中法战争史是中国近代史研究中的薄弱环节方面作了一点努力，应该说与罗先生的教导密切相关。

四、坚持真理，不拉山头

有一次我去看望罗先生，将我入党并已转正的消息报告他。他激动地抓紧我的双手说：我们应以同志相称了。接着，他又颇有感慨地说：我虽已入党多年，但许多人给我写信或写文章仍称先生，为什么呢？有时感到不是滋味。我连忙向他解释：据我所知，学术界一直将先生当作对学术界前辈、宗师的尊称，同志的称呼虽然亲切，似乎还难以表达内心尊敬之心情。因此，学术界心目中的先生，与一般交往中的先生的含义完全不同，他听了不禁莞尔一笑。

接着，罗夫人给他一封刚送到的信，他看完之后，以颇为严肃的神情向我提到广西史学界的情况，重点为团结问题。我谈了我的看法：争论不休，团结无虞。他似有所指地讲了许多：学术研究，理所当然要靠比较、讨论甚至争论才能进步。但讨论、争论的双方或几方都应坚持真理，对事不对人，千万不能因意见不一就拉山头，分派系。一旦走上感情用事，人身攻击的歧途，学术研讨也就变成无原则、无休止的纠缠，最后反目为仇，什么事也无法进行。广西人才本来就不多，千万不要卷入这种山头、派系的旋涡。他还向我谈了一些具体的事和人，并表白说，无论是什么朋友，什么论点，一涉及山头我就不赞成，不表态。

大概是由于高兴，或者是来信触动很深，罗先生那天谈得很多，也比平时严肃，像严师在告诫行将远行的学生，推心置腹，情真意切，我受到的教诲也就特别深刻。在我的心灵深处，罗先生真正成了我的亲戚、宗师、前辈！

罗先生高年仙逝，著作等身，论理不应有什么遗憾，但毕竟不能再听到他的教诲了，使广西史学界乃至全国史学界痛失良师，幸运的是他老人家为我们留下精辟的论著和做学问、做人的光辉榜样，师范永垂！

牟安世先生与中法战争史研究*

2006年6月中旬，接到中国人民大学历史系教授杨遵道先生长话，传来牟先生仙逝噩耗，事出突然，脑子嗡嗡作响，以致对杨先生提到曾代我在告别簿上签名并恭送花圈的厚意也失礼忘谢！

我和牟先生天各一方，是中法战争史研究使我们相识并走到一起，说不清是以文会友或是什么缘分。大概是牟先生精通中国近代史，有感于中法战争史研究是其中的薄弱环节，需要对我这个南陲后学多加关照，使我受益良多，感激怀念之情，从未或忘。

1960年秋，一个颇为偶然的机会，将我从科委系统调到新成立的广西通志馆从事地方志编纂。当时的通志馆从广西历史的特色及人力情况考虑，先成立太平天国史、中法战争史、辛亥革命史三个小组，着手搜集、整理史料，我被分配在中法战争史小组，从而改变了我后半生的生活。

当时的中法战争史小组也和其他小组一样，白手起家，史料极少，不过购置中国史学会主编的中国近代史资料丛刊《中法战争》、牟先生的专著《中法战争》以及数册有关中越边界的资料而已。前者是史料汇编，牟先生的专著则是对中法战争的系统论述，因而成为我的入门教材和工作蓝本，甚至成为思考问题的指导方针，是为我“认识”牟先生之始，虽然相去千里，谋面无缘，而思想感情却已十分靠近。经过数年的努力，我们的工作有不少进展，沿中越边境作了实地考察和

---

* 原载《牟安世先生纪念文集》编辑委员会:《牟安世先生纪念文集》，北京：中华书局2008年7月版，第142—159页。

民间口碑实录，搜集到一些流失的史料，还召开了学术研讨会等。

不幸的是学术研究刚迈步，“文革”灾难便随之而来，朝气蓬勃的通志馆一夜之间被打成“四旧”而撤销，人员四散，我身陷底层，下放林场劳动锻炼。但“贼”心不死，除随身携带马列著作外，也夹带牟先生的专著《中法战争》。艰苦的山林生活，体力消耗恢复较易，而思想苦恼却难解脱，寂寂长夜，多与《参考消息》为伴，有时也曾念及刚入门的业务，而茫茫林海，既找不到港湾，更非归宿，牟先生的身影便渐行渐远。

1979年，党的春风终于南渡昆仑关，广西各项工作转入正轨，流放人员逐渐安排工作，调我到广西社会科学院历史研究所重操旧业，虽然又是白手起家，可形势大好，信心特足。1981年秋，我到北京搜集史料，在故宫第一历史档案馆及科研单位，大专院校图书馆查阅目录，抄写、复印、拍照史料，并拜访史学界专家，寻找新线索，其中交谈最多、受教最深的当是对牟先生的请教。在他堆满书籍的小书房里，促膝长谈，乐而忘返。正是一次又一次的深谈，加深了我对中法战争史的理解和热情，有几件事，印象特别深刻。

一、搜集整理史料是当务之急

史料是历史研究的基础，是众所周知的常识，而牟先生的言传身教、潜移默化非常坦诚、中肯。在我们谈论有关中法战争史上的重大问题时，牟先生好几次郑重其事地对我提出，你们看重我写的《中法战争》，我很高兴也十分感谢，但同时也深感不安。因为我在撰写该书时，越写越感觉史料不足，曾经几次停笔设法补充史料，都未能如愿，后来虽然勉力成书，可不少提法、论点，有待进一步求证、思考，我一直为此操心。中法战争牵涉中越法三方，而当时三方国内对战争的认识、态度都有不同派别，进程十分复杂，必须纵观全局，切忌以偏概全，正因史料严重缺乏，才成为中国近代史研究中的薄弱环节，从某些角度看，我的书也可以说是这一薄弱环节的反映。令人高兴的是现在条件好多了，史料线索和来源都大大拓宽，衷心希望你们广交学术界朋友，下大力气去搜集、整理史料，打好学术研究的基础。他甚至如数家珍，提出专著中的一些问题，提到学术界一时无法统一的争论的具体例子……坦诚、求实、谦虚、深邃的风范，一一展现，从而加深了我对牟先生的认识和崇敬，尤其提高了我对搜集、整理史料的理解和迫切感，决心集中精力先打基础。

俗话说天道酬勤，苍天不负有心人，在热心于中法战争史、中越近代关系史的有关专家、学者和部门负责同志的支持关照下，我们搜集整理史料的工作有了较明显的进展。先是请法国学者，后又派专人赴法国复印外交部、海军部、陆军部有关中法战争档案并广泛寻找收购有关专著、回忆录、通讯录等史料；多方设法检索、复印英、美、日、俄外交部有关档案；托有关部门到香港、越南购买《中法越南交涉档》《法军侵台始末》《大南实录》《抚边杂录》……等涉及中法战争、中法交涉史料达数千万字，集汇了较广泛、翔实的史料。经有关专家推荐，当时国务院古籍规划小组负责人李一氓先生将编纂中国近代史资料丛刊续编《中法战争》的任务交给广西社会科学院历史所完成，商定由中华书局负责出版，预计八册约500万字。但因法国档案馆提供的是微型正片，广西无法制成负片并扩印成十六开本，加上档案是百年前法国人的手写体，笔画不清，字迹模糊，青年翻译无从下笔，只好到北京、上海、广州等地敦请老专家译校，几经波折，直到1993年才陆续由中华书局出版。整理和公开出版法国有关中法战争档案，到目前为止，这是第一部，为研究中法战争史提供了弥足珍贵的史料。回首往事，牟先生的倡导、支持功不可没。

二、做好学术交流是重要战略

广西地处祖国南陲，与越南山水相连，边境人民风俗、语言相通，交往密切。中法战争期间，广西是援越抗法基地和前沿，数以万计的广西青年直接参加了抗法战争，有名的黑旗军多数是广西子弟，至于参与支前运输工作的群众，更难数计。中法战争对广西人民的思想、地方经济、军事设施等方面，都有较广泛、深远的影响。所以，中法战争既是中国近代史、中越近代关系史的重要事件，也是广西地方史的重大课题。但是在广西，除几所大专院校、科研单位的十多位中国近代史学者外，只有广西社会科学院历史所中法战争史研究室配有三个专职人员，全国也仅此一家，左顾右盼，孤掌难鸣。我这个半路出家、临缺受命的研究室主任虽干劲十足却又常有一筹莫展之感。因此，这也是我在京沪向专家求教的重要课题，与牟先生交谈最多。牟先生早年受党的培养，在解放区受到严格锻炼，思想敏锐，心胸开阔，给我很多精辟的启迪。记得在一次晚餐时，他突然停下来郑重其事地对我说，你好几次提到现在机构设置、课题选项的原则是“立足广西，面对全国”，其实这也是开展学术交流的重要战略。就一个地区，一个单位而言，都免不了人力、设施不足的问题，若从全国一盘棋的角度着眼，采取“请进来”“走出去”的方式，路子就宽广灵活了。由某个单位发起举办学术研讨会，花钱耗力不多，但却可充分调动、发挥全国各地有关专家学者的积极性，受到邀请的专家、学者都围绕预定的题目进行考证、写论文，诸如集思广益、取长补短、学科互补、资料交流……一系列问题，都可望逐步解决。“文革”前，有的地方举办过，事半功倍，现在条件更好了，办起来会更有成效，其他专家也曾对我进行开导。

从1983年起，广西社会科学院、广西通志馆、广西文化局、广西中法战争史研究会、地方政府等先后联合举办了五次全国性中法战争史研讨会，邀请全国各大专院校、科研单位的中国近代史专家、学者与会，牟先生、丁名楠、张振鹍、杨遵道等专家都曾亲临指导，法国、越南、日本学者也曾闻讯赶来与会；我们曾联合出版部门，汇集优秀论文近200篇，出版《中法战争史论文集》五集；我们还应邀参加了福建、云南、浙江等地的中法战争史研讨会，由于这些学术交流，大体上能循序渐进，逐步深入，既拓宽了研究领域，推进了研究深度，取得较明显的研究成果，也扩大了影响，不少历史系教授带领研究生参加讨论或专程前来聆听专题讲座，或留下来检阅史料、撰写毕业论文，学术活动十分频繁，公认的薄弱环节，居然呈现了一个小高潮，而祖国南疆俨然展现了一个中法战争史料及科研基地的雏形。饮水思源，牟先生与有荣焉！

可惜！又是一次好景不长，这一连串艰苦努力和来之不易的成果，很快就被随之而来的汹涌澎湃的市场经济大潮所淹没。蓬蓬勃勃的史学研究（甚至整个哲学社会科学）因不能适应市场经济的“创收”新原则而面临灭顶之灾，不能“创收”，就无法得到支撑科研活动的经费，不幸而奇异的事情层出不穷，有的历史系学生无法分配而招不到学生，被迫改为“历史信息系”，培训电脑人才，有的改为“历史旅游系”甚至改行培训保安人员。许多科研机关因经费无着而七零八落，无所事事。我所在的历史所由十多人减员为一人，最后只剩“文史所”半个定额，由我院承办的续编《中法战争》课题，最后由我这个退休老头支撑，初时，还给个“返聘”美名，每月给40元补贴，待课题费支完，就任它自生自灭凭良心办事了。而最令我不解和难以忍受的是，苦撑20多年才见到的成果竟面临难以想象的惨状。中华书局克服许多困难出版的中国近代史资料丛刊续编《中法战争》第1—5册（第6、7册正在编校）绝大部分都压在仓库，无人问津；而南宁及广西各地新华书店都无法买到。我疑虑之余，曾向新华书店老总查询，答复很干脆：“书店到年终结算，若有百分之一的书销不出，负责进书的业务员的奖金就要泡汤，他们不得不精心选购。”集结了专家学者们心血的精品命运，竟系于业务员大笔一钩。虽有悖事理，可业务员头上也悬着“创收”法则，环环相扣，难判是非，难分源流。如果说市场经济利润法则本质上会排斥史学、社会科学的话，而当今最发达的资本主义国家的史学、社会科学却运转得颇为正常。我虽百思难解，但并不后悔，也不尤人，更不相信共产党领导的社会主义市场经济会长期排斥史学及社会科学。若牟先生健在，当有以教我。

三、关于李福谈判及“天津协议”的评价

牟先生知识渊博、笔耕勤奋，从鸦片战争到义和团运动都有专著，是中国近代史通才。和他相处，如入近代史学术殿堂，左右逢源。只因我是中法战争史专业户，我们的议论，大多围绕本行，谈得较多、较深的当数中法战争中的怪胎：李鸿章与福禄诺的谈判及疑点重重的“天津协议”(《中法简明条约》)。

中法战争期间，李鸿章官居直隶总督，荣膺一等肃毅伯、大学士，统领清王朝半数陆海精锐拱卫京津要塞，享有外交风云人物美誉，颇受慈禧朝廷倚重；他自视甚高，以淮系首领自诩，不时将盘根错节的湘系压得透不过气，俨然以新军、新事业的倡导者自居，在朝中及各省都举足轻重。1884年夏，边境告警，朝命赴粤统率粤桂滇三省防军，统筹援越战争，他却滞留上海，表面理由是无军可统，只身出关于事无裨。实际认为这一任命是“以珠弹雀”得不偿失，不应派一等大臣去应付一隅战事。但是，当他接到福禄诺托原天津税务司德璀琳转来的密信后，却连忙电托张树声从中撮合，令马建忠与福氏沟通，促其赴津面议。而福禄诺何许人也？乃法国驻日本、中国海域舰队司令利士比麾下“伏尔达”号的中校舰长，论官衔只相当于中国的参将，李鸿章费尽心思也只抬高称作“总兵”，与李身边护卫官相近。福氏曾任职法国海军及殖民地部，熟悉一些高层人士，曾与李鸿章有一段交往。

李鸿章为何前倨后恭，不愿作三省防军统帅与法国陆军中将对垒，后来却主动屈尊与一个中校谈判？要解开这个谜团，必须从福氏的密函——也可说是外交说帖——谈起。密函分为“中国病症”和“医治药方”两部分，要害有四：(1)中国开罪法国，法国将派米乐主持越南战争，派孤拔率舰队北上与利士比汇合，对中国大为不利；(2)中国

边境三省素多内匪，现既与法国交界，法国若予接济，中国边境将永无宁日；（3）法国占领越南，大局已定，中国应放弃对越保护权，与法国修好、通商；（4）曾侯失礼开罪法国，结怨已深，只有调回才便于恢复两国交往。以李鸿章的精明通达，应该一眼就会看破这些恫喝滥调，但他更看重它的欺骗性：既点中清王朝的要害，也能帮助他正在建设中的北洋舰队避开与强大的法国舰队发生正面冲突而保存实力，还可能给宿敌曾纪泽背后一刀，另外，也符合他“轻南重北”的战略思想。所以，他如获至宝，顾不上外交惯例，多方设法，立即拉福氏到天津面议，并将福氏密函转送总理衙门，附上有分量的建言，概括起来是：（1）密函虽侈陈军情，多为夸张恫喝习套，可将来此事收束，亦只能办到如此地步，若此时与议，似兵费可免；若待彼深入，兵连祸结，日久不解，饷源匮绝，兵民生变，不若早图收束。（2）劼刚与法相怨毒已深，事关大局，鸿与之虽属世好，亦不敢为之深讳。李鸿章的言辞虽然婉转，但态度十分明确：调开曾纪泽，尽快在天津谈判，挽救大局。而清政府担心的是“兵连祸结，饷源既绝，兵民生变”，只好接受李鸿章建议，复示“事属可行、许其讲解”，并告曾纪泽不再兼任驻法大臣。

李鸿章奉旨与福氏谈判，与其说是与福氏谈判，不如说是在福氏指使、摆布下草拟投降协议。首先，为了向法方示好，将曾纪泽本人尚未知道的“撤任”消息告诉法方代表，将对越保护权拱手相送，甚至连中国南部边疆的安全也要依赖虎视眈眈的侵越法军的维护；表面上福氏不提赔款，却在今后签署通商条款时留下心照不宣的“优惠”伏笔。梦想一夜之间成为政治暴发户的福禄诺，见到这位富有的总督如此慷慨，在临别时再次出手，交给李鸿章一张难以冠名的便函，居然在这个日前再三声明一字都不能改动的协议之后，增加限中国防军撤离的最后限期，要中国方面照办。李鸿章深知这一举措，形同战败签降，难以上报朝廷，更难向国人交代，可又不敢违背福氏要求，只好要求福氏收回文字上的硬性限期，撤军之事由他与边境将领私下协商，如期撤回。福氏相信李鸿章的权位能办结此事，同时也不便使李鸿章过于为难，便接受了李氏建议，用铅笔将便函中的撤军限期划掉，并签名（F）表示已圆满解决，事后，照原计划将撤兵限期电告法国当局及驻越法军统帅部，以显示自己立下的旷世之勋。

可是，天有不测风云，世事难料，奉命接收谅山的法军头领也是一个不可一世的狂徒，不理会中国营官的劝告，一意孤行，屠杀中方信使，炮轰华军营地，受到狙击，损失惨重，冒出个“观音桥事件”（法方称为北黎事件）。法国当局利用它大做文章，趁势将战火烧向中国沿海，“天津协议”虽然化为乌有，而两国外交部门各执一词，追究“撤军期限”，李福两氏各有难言之隐，只能用“没有接受”和“没有划掉”相搪塞，任由世人指责。

至此，这次不寻常、不相称、不平等的谈判和达成的“天津协议”，似乎已画上句号，可1885年4月《中法停战协定》仍有它的影子。福禄诺的“巧取豪夺”虽然因故未能得逞，令他饮恨终身，而李鸿章的借和自保只苟延一时，造成丧权辱国的严重后果，成为这位在中国近代史上举足轻重而备受争议的人物身上一桩难以抹去的罪过。

就法理而言，凭福氏一纸便函，无论提出什么要求，李氏作何口头表态，没有李氏的文字回复，均不能证明李氏责任，单方便函，也无法律效力，福氏致米费之电报，也是一面之词。

沉痛悼念钟文典教授*

我与钟公相识于1960年秋，交往日久，志趣相投，相知较深。1978年十一届三中全会的春风南渡昆仑关，广西历史科学迎来了自己的春天。学术团体如雨后春笋，学术活动应接不暇，尤其是太平天国史和中法战争史的研讨，因与广西地缘相关，步子迈得更大更快。当年主攻“太史”（太平天国史）的钟公，出身名校，勤奋钻研，功底厚、造诣深，既是“太史”研究中坚，也是广西史学界的领军人物，在他的领导下，广西史学研究朝气蓬勃，广西师大历史系，广西史学会在国内外史坛都有一定影响。

可惜好景不长，经济风暴带来新的不平衡，创收自救扩大了贫富不均，“一切向钱看”把人文社会科学晾在一边。限于主客观条件，一时难以转入创收的历史学科，被冲得焦头烂额，晕头转向。在“多创收多得，少创收少得，不创收不得”的市场经济新法则下，历史研究、历史教学等基础科目，一筹莫展，除人头费尚勉力维持外，别无分文。社会活动、广播电视、报纸杂志，也只见经济一枝独秀。一时间历史书无人问津，历史院校无人光顾，历史学员无人接受；历史研究机构无事可做，做了也无人打理，名存实亡；历史院校为了生存，不得不与诸如旅游、保安、烹调等结缘，讲述地方掌故、历史趣闻、武术门类、名菜特色……吃尽酸甜苦辣，钟公不时南北奔波，也不过应景打杂而已。有时见面，多以“保重”互嘱，无史事可谈，看上去钟公虽

* 原载广西历史学会编：《永恒的情思——钟文典先生纪念集·上》，南宁：广西师范大学出版社，2016年6月版，第72—73页。

仍炯炯有神，而心事重重则在不言之中。

2004年秋冬间，钟公来电，说是来邕开会数日，下午可偷闲外出，嘱我于清静处一叙。我拉本院萧德浩兄作陪，到人民公园白龙潭八角楼吃灵川狗肉，这是灵川人待贵宾的习俗。老朋友见面，谈笑风生，我乘兴透露一个好消息：我院一位领导，托我物色历史所所长及研究人员，我虽征求有世交之谊的某博士的意见，他斟酌再三，认为社科院目前工资偏低，未来空间不大，婉谢了。或许史学第二个春天将至，拟请钟公助一臂之力。钟公当即浇了一盆冷水，认为当前条件不具备，社科院恐难独撑门面，看准了再干，不要误人子弟。他还谈了许多史学方面令人不快的事，三人都很沉重，不知说什么好，连香气四溢的锅中狗肉也觉索然乏味。

十多年过去了，事实证明钟公的高瞻远瞩，广西社科院历史所仍在“文史所”的牌子下面呻吟，广西师大的历史系虽升格为“学院”，但仍然离不开“旅游文化”的牌子，举目四顾，多地同行，多蓬头垢面。

钟公悄然走了，我深知他一直在期望他奋斗一生的事业的重振。事情总会好起来的，钟公，安息吧！

12月5日，应邀参加广西社会科学院、广西历史学会为悼念钟文典教授座谈会，与会学者济济一堂，有人哽咽难继，有人高声悲叹，情真意切，我即席草成四句，送钟公远行。

道德文章万口碑，奎星遽陨杏坛悲；
宏业未竟来贤继，尽管释怀驾鹤归。

2010年12月21日

七五初度感怀*

1998年中秋后二日于南宁峤粟斋

韶华七五半蹉跎，皓首寒斋憾疚多；
破壁登峰东逝水，残毫漫蘸画新坡。

* 我的老家灵川三街土坡村，地脊人穷，改革开放十多年来变化不多，每次回家所见，大多是我幼年时熟悉的破旧砖房，水田坡岭依旧，为父老担忧之余，也十分内疚，我在外奔波数十年，未及为她做一点儿微薄的贡献，现在退休了，残毫尚存，希望为新土坡尽一份力。

七八初度感怀

七八憨翁未敢休，百年战史系心头；[①]
考证铨核难入梦，纠讹补漏暂消愁；[②]
澎湖镇海罹烽火，马尾基隆纪世仇；[③]
雄关乙酉曾歼寇，伟业何年耀九州。[④]

---

① 我从1960年起即从事中法战争史、中越关系史的研究，1982年又接受国务院古籍规划小组下达编辑中国近代史资料丛刊续编《中法战争》的任务，由于篇幅浩繁，法文档案手稿笔迹杂乱，翻拍复印模糊难辨，翻译、校对、编辑等项工作难度之大，难以言喻。加上正逢商品大潮冲击，校对以及出版工作都受到严重影响，一拖再拖，任务未完，不敢停笔，从立项到第六册出版，长达35年。

② 同上。

③ 镇海、马尾、基隆、澎湖在中法战争时都曾遭受法军攻击侵犯，损失既大，遗恨也多。

④ 乙酉（1885年）春，镇南关（今友谊关）我军大败法军，威震中外，而不少史籍，仍泥于旧传，称清政府未闻捷报，匆忙与法方签订丧权辱国和约，严重失实，有待更正。

八秩初度感怀

癸未中秋后二日于南宁

一

八秩春秋转瞬过，习文治史坎坷多；
廉洁勤奋聊堪慰，功过得失任评说；
老马伏枥蹄自奋，权将统谱作新坡；
欣闻海外传捷讯，暗叹暮年未蹉跎。

二

经邦论道教东宫，孝友谦恭掌庾风；
两晋衰亡贻后祸，鄢陵显贵避山中；
憨翁八十敦联谱，世胄三千庆序宗；
莫怨村童庚作庾，博学巨富九州崇。

八五初度抒怀兼谢亲友

戊子中秋后二日

往事惊心未淡忘，红蓝两派孰兴邦；①
甲山受教私心少，武鸣遭批锐气伤；②③
盛世稍迟龙起舞，微躯尚可鹞低翔；④⑤
请君常品红葡酒，脑健心宁百岁郎。⑥

---

① 我在中学时代即关心时政，广交朋友，但对国共两党认识肤浅，彷徨不前。

② 1950年1月，原广西革命大学在桂林甲山开课，我有幸入学聆教，立志为人民服务。

③ “文革”后期，广西区直机关在武鸣壮校办斗批改学习班，审查牛鬼，我身羁其中，饱受逼供之苦，尊严尽失，锐气大伤。

④ 改革开放虽迟来数年，东方巨龙已迎风起舞，民富国强，堪称盛世。

⑤ 纸鹞，泛指风筝，放风筝有益老人健康。

⑥ 生日寿宴，我以自酿红酒敬客，祝宾朋长寿。

九一初度抒怀

2014年中秋后二日于南宁

一

余生晋九古来稀，盛世延年不足奇。
酷夏严冬毋在意，民安国泰我心仪。

二

自喻峤西一颗粟，祈增父老半瓯粥。
不期风后盆泼雨，初苗即枯从未熟。

三

高阳一派遍中华，孝悌读耕多名家。
久隐山村沦小户，齐心赶上绽奇葩。

四

秦皇汉武拓南疆，礼教文明播越裳。
任赵分庭邦内事，不容宵小窥粤湘。

九二初度感怀

乙未中秋后二日

一　常乐篇

年方九二把家搬，分享榕园富氧餐；
早走湖滨红棉路，夕观江岸蕙兰山；①
风筝结伴身心健，微信新通妙趣传；②
饱受风霜知冷暖，常乐享寿最相关。

二　老人篇

眼花耳背秃头寒，膝痛腿酸步蹒跚；
胜景同游常贯耳，民航动快不接单；
虽说桂境山川美，怎可年年去重看；
网络名山开卷见，江南塞北任参观。③

① 青秀山大片兰花，全国有名。
② 每天能从网上看到国内外亲友的活动，十分惬意。
③ 静坐书房欣赏各地风光，其乐融融，何必奔波。

三　寄语篇

鱼台被占九州悲，亚太平衡霸逞威；
七七烽烟三省陷，九三大典盛名归；[①]
东风系列超神箭，必胜宏言响巨雷；[②]
瀚海宽阔资产富，缘何舍命化炉灰。[③]

① 九月三日大阅兵，中国受到全世界人民称赞。
② 习主席提出正义必胜、和平必胜、人民必胜，是真理，胜巨雷。
③ 与我国一衣带水的太和民族，有较高的智商，相信会回归正道。

九三初度感怀

2016年中秋后二日于泽峰苑

一 回眸篇

往事萦怀未如烟，茅庐未出陷深渊；①
求官弃教迷心窍，买证缓征半辈冤；②
三反搏奕失方向，改正脱身不是奸；③
邓公巨手拨天锁，平反复职拜大贤。④

二 养生篇

养性修身觅妙方，宽容善待列家常；⑤
目标志趣当适度，万贯权臣惹麻烦；
淡饭粗茶肠胃健，深思运动脑心康；
晨昏半杯红葱酒，百岁妪翁甩手行。⑥

---

① 我十二三岁时，因羡慕县长前呼后拥，便立志往上爬，灵川国中毕业后不愿做小学教师，去桂林补习英语考高中，17岁又遭陷害被征兵，花钱买一张国民党区分部书记证书来缓征，为此背半辈子黑锅。

② 同上。

③ 1947年夏三反运动席卷全国，我是桂林中学班代表会主席，初期阻止同学参加游行，后经进步同学帮助，改变态度，暗助通过游行决议，而内情无法公开，仍受同学批评，受组织审查。

④ 1978年复查平反，衷心感谢共产党，感谢邓公给我作人的机会。

⑤ 93岁了，好友常问养生要诀，能想到的都是大家熟悉的，而放风筝，坚持思考写作，常饮洋葱葡萄酒，有实效！

⑥ 同上。

三　歌颂篇

千年梦想将成真，亿万同胞笑失声；
豁赋扶贫华夏富，双高保健九州春；[①]
东风入列军威振，墨子巡天霸失魂；[②]
领导合作新普世，双赢互利大同村。[③]

① 免交农业税、全国脱贫、高铁高速八纵八横、全民健康、现代城建遍地开花，中国奇迹，世界奇迹。

② 东风系列导弹、量子高科卫星等许多利器，迫使敌人退避三舍。

③ 中国共产党领导下的多党合作和两会制度，以最大的幅度、最好的方式凝聚人心人力投入社会主义建设事业，创建了最有效、最和谐、最平稳的局面，大大超越了西方的普世模式。中国的外交经济政策也使西方一筹莫展。中国提出的人类命运共同体、大同理想，必然会实现。

九四初度有感

2017年中秋后二日于泽峰苑

一

百岁人生尚待六，粗茶淡饭颇知足；
名园散步心舒坦，斗室轻揉健耳目：
扇舞大娘纵情笑，高歌老叟有清福；
欣闻社院筹文库，小品成集伴名宿。

二

幼小常闻百姓难，无法改变自羞惭；
遍地瓜棚山挂果，庄园迭片墅环山；
提升医教民同步，改善航天霸焰黯；
青山绿水中华梦，蓝海碧空世界安。

三

林茂风清旭日东，休闲老汉练晨功；
推车漫步谈家事，静坐长廊话助农；
艳舞名曲停飞鸟，功精太极胜蛟龙；
老当益壮传家宝，十亿炎黄百岁翁。

四

户对南湖楼上楼，夕阳柳岸浮花舟；
红棉白絮迎风舞，玉桂黄花沁情愁；
藤树森森松鼠跳，滨湖濛濛鹭鸶啾；
桃源世外无缘见，陨莅邕城任我游。

怀念张云逸校长及革大校友

丙申仲秋年方九三

一

初入革大绪如麻，谋事求官往上爬；①
百战将军兼师长，愠心开导泛红花。②

二

思想改造曾自豪，听党安排情绪高；
偏远山区磨意志，一生坚守看今朝。③

三

甲山往事未如烟，小组交心舞蹁跹；
勤政为民重奉献，白发相聚志弥坚。④

① 桂林市刚解放，革大即公开招生，知识界不甚了解，多抱个人目的报考，也有革命青年由组织保送入学，参差不齐。

② 张云逸将军奉调任中共广西省委书记兼任广西革大校长，曾拨冗向学员作政治报告，在涉及抗日战争的领导权问题时，特别生动、深刻。

③ 广西革大若熔炉，短短半年学习，走出校门的是成千上万朝气蓬勃的革命者，党指向那里，便奔向那里，不少同志在偏远山区的工作岗位上，艰苦奋斗，坚持一辈子，是革大的骄傲，是人民敬重的革命英雄。

④ 甲山的学习情景仍历历在目，小组会上交谈、辩论、交心；在大草棚里听大课，在球场上翩翩起舞今天相聚，一头白发，而豪情满怀。

四

千年梦想今成真，民富国强九州春；
革大同仁歌盛世，张公英灵共欢欣。

贺雷猛发教授五卷大作出版

南疆艺苑绽奇葩，争妍斗艳五金花；
妙语连珠难释手，文坛从此重杂家。

祝贺盛加让同志九秩大寿

2016年11月9日

盛世丰和九秩翁，加餐健体笑东风；
恭谦俭让风格好，百岁佳肴更崇隆。

纪念反法西斯战争及抗日战争胜利70周年感怀

2015年8月6日于南宁

70年过去了，日寇暴行历历在目，余痛未已

日寇侵华惨人寰，只惩十四罪难偿；[①]
神供战犯法理悖，否定侵略人性丧；[②]
肆虐南京频狡辩，广岛空袭每年谈；[③]
帮凶好战无出路，诚信和平才安邦。[④]

---

① 抗日战争14年间，日本军队屠杀中国军民三千多万，惨绝人寰，日本投降时，只严惩十四个战犯，罪责难偿。

② 日本右翼不但将东条英机等世界人民公敌的战犯灵牌置于国家法定的祭祀场所供人祭拜，对抗联合国国际法庭的审判，甚至挖空心思将“侵略中国”篡改为“进入中国”，狼子野心，暴露无遗。

③ 日军进攻南京时屠杀军民30余万，铁证如山，可日本右翼团伙无耻抵赖，而对广岛空袭，则年年开大会纪念，甚至提出要组织世界人士参观，用心险恶。

④ 和平发展才是人间正道，切勿忘记无核三原则。

歌颂中共十八大以来光辉业绩

2017年8月泽峰苑

一

千年梦想正成真，万亿储金国库丰；①
豁赋脱贫华夏富，双高纵横九州春；②
东风入列军威振，墨子巡航霸落魂；③
多党协作共携手，投行带路大同村。④

二

千年美梦已成真，入藏高铁昨架通；
治党从严扬正气，肃贪反腐祛歪风；
依法理政昭民主，巧布防区固海空；
巍巍中华诤巨霸，核心领导建奇功。

---

① 我国外汇储备全世界第一，国家的发言权也最有分量。

② 免交农业税，全力扶贫，中国亘古未见，举世未闻。中国高速公路、高速铁路，发展之快，质量之高，里数之长，都是世界第一，大大促进经济发展。

③ 东风导弹系列、量子通讯系列属世界尖端。

④ 中国共产党领导多党合作的两会制度，受到各国民主、公正人士的称赞、推崇，誉为最具凝聚力、最稳定、最具协商力、最善于发扬民主的好制度。这是中国人民走出的好制度，要加倍珍惜。人们正在唾弃尔虞我诈、争斗不休的美国等奉行的两党制。亚投行、"一带一路"广受欢迎，纷纷加入，大同村的宏伟目标也成为世人共同理想。

后 记

1960年5月，我从科委系统调到通志馆工作，从只写豆腐块报道改作系统研究，又没有专业知识，真是白手起家，新建的通志馆没有传承史料，也是白手起家，除到书店购买一些史籍外，我们便从抢救口碑史料着手，我跟着几位青年专家到中越边境及有关历史人物的家乡实地调查，这是我学习中法战争史的开端。接着参加了两三次学术研讨会，劲头很足，1963年冬广西历史学会成立时我便撰写《试论黑旗军》向史学界交呈第一份试卷。“文革”风起，通志馆没了，我也到林场锻炼。1980年5月，我有幸调来广西社会科学院历史研究所重操旧业，又是白手起家，缺少史料，研究难以开展，而广西的史料收藏情况，大体有底，只有向京沪各地捞针。凑巧，当时近代史刊物上登出一篇报道，中国社科院近代史所一学者赴法国访问，带回有关中法战争史料。我立即赶往北京,到近代史所拜会张振鹍先生，热情接待之余失望和希望并存：没有带回史料，法国有关中法战争的档案极多，应该去复印，他可以提供帮助，我虽然充满希望，但深知此梦难圆。不久，法国学者巴斯蒂夫人来北京访问，张先生向她转陈了我的要求，她慷慨允诺给予协助。接着经过努力，解决了经费及外汇的困难，派专人往巴黎将法国外交部、海军部、陆军部等部门的关于中法战争的档案复印带回，并请各地法文专家翻译校审。这时，我们承担了国务院古籍规划小组下达的中国近代史资料丛刊续编《中法战争》的整理、编辑任务，我们怀着建立中法战争史资料库的理想，拼搏大干。可来势汹汹的商品经济大潮把我们抛到一边，无法动弹，30多年过去了，我虽然勉力完成续编的任务，我实现了曾经对学术的保证：在续编出版完成之前，我不出版专著，和大家在一条线上起跑。现在，我可以写专著了，而面对拟好的提纲，陌生得只见框架，具体生动、有个人见解的细节，已模糊不清，面对数本精心积累的索引，也只似曾相识。再检阅曾经存在电脑里的稿子，只剩第一章：清阮宗藩关系与中法战争，其他数章已不翼而飞，94岁就是老之已至了，从头开始，力不从心。作了半辈子资料工作，交不出一部专著，无脸见江东父老。

8月，回院过组织生活，看到一个出版研究员文库的通知，喜出望外，立即收集整理旧作送审，这些论文虽然成文匆促，多是开讨论会的入场券，但都充分反映了我当时的观点和水平，可以用几句话概括：在明确法国侵略者是罪魁祸首的前提下，批判清王朝的腐败无能时，要有全局观念和具体分析，不应将有利于国家人民的积极决策举措，当作投降卖国来批判，澄清史实才能吸取教训；在包容阮氏王朝的积弱受凌时，不能忽视它引狼入室，首鼠两端，祸国殃民的罪责，而且要警惕它的历史后遗症。这也是我勉力将我的论文投入文库为后来学人参考的心愿。因为，这是过去研究、评价中法战争史时常被忽视、曲解的重要问题。